中华文化

国际传播

（第一辑）

孙宜学　主编

上海三联书店

发 刊 词

孙宜学

习近平总书记强调,"讲好中国故事,传播好中国声音,展示真实、立体、全面的中国,是加强我国国际传播能力建设的重要任务。"2022 年 9 月 13 日,国务院学位委员会、教育部印发《研究生教育学科专业目录(2022 年)》,国际中文教育获得专业学位类别博士授权资格,这都表明,国际传播能力提升和人才培养已成为国家的重要战略,责任重大,使命光荣。

在中华民族伟大复兴战略全局和世界百年未有之大变局深刻交织的历史交汇期,地缘政治愈加复杂多变,国际舆论和科技、文化竞争日趋激烈,中华文化国际传播面临着巨大的挑战,文化传播风险逐渐从规模化、集团化转向具体化、散点化、日常化,这使得中华文化走出去面对的风险更具随机性、不可预测性,并且对我们的传播意识、传播能力与技巧、化解风险的方法与走出去的思路与路径设计,都提出了更具时代性的挑战和要求。

面对中华文化国际传播的美好愿景与不确定性,国际中文教育学科应以中国共产党第二十次全国代表大会胜利召开为新起点,聚焦关键问题、核心问题,培养未来能适应中华文化国际传播新形态、新业态和新需求的传播人才,用中国实践升华中国理论,打造融通中外的新概念、新范畴、新表述,全面提升全民国际传播意识和传播能力,加强国际传播顶层设计,全方位建构立体式、复合型、动态化的国际传播体系,打造多元途径交叉融合的中华文化国际传播矩阵,使新时代中华文化国际传播在实践中形成具有典型中国特色、世界影响的哲学社会科学理论体系,推动新时代中华文化国际传播的健康发展,推动国际中文教育人才培养体制的改革与创新,不但全面培养懂传播、会传播、能传播的专业人才,更要"从娃娃抓起",使得越来越多的中国人都自觉或不自觉地从价值观念、现代语境到国际表达等方面成为中国文化的代言人和传播者,中国形象的发言人。

目录 | Contents

国际中文教育话语体系研究

中华文化传承与国际传播研究

中外人文交流研究

国际中文教学研究

中华文明传播与文化互鉴研究

行业汉语研究

国际中文教育研究生论坛

国际中文教育话语体系研究

主持人语

杨金成

习近平总书记在 2016 年 5 月 17 日哲学社会科学工作座谈会上的讲话中提出了不断推进学科体系、学术体系、话语体系建设和创新的要求。指出："哲学社会科学发展战略还不十分明确，学科体系、学术体系、话语体系建设水平总体不高，学术原创能力还不强""目前在学术命题、学术思想、学术观点、学术标准、学术话语上的能力和水平同我国综合国力和国际地位还不太相称。"要求"着力构建中国特色哲学社会科学，在指导思想、学科体系、学术体系、话语体系等方面充分体现中国特色、中国风格、中国气派。"相对部分成熟学科，国际中文教育学科体系、学术体系、话语体系（以下简称"三大体系"）建设水平不高、学术原创能力不强的问题更为突出，学术命题、学术思想、学术观点、学术标准、学术话语的能力和水平与新时代国际中文教育发展不相称的问题也十分明显。这些问题，阻碍了国际中文教育事业和学科的发展，为此，我们需努力构建与新时代国际中文教育相符的具有中文本身特质的"三大体系"，这是我们的重要责任和使命。

学科体系、学术体系、话语体系是一个有机整体，三者间互有交叉，相辅相成。学科体系建设是基于社会发展需求以及国家利益形成的学科门类，是全局性的、整体性的。学术体系是揭示本学科对象本质和规律的理论和知识；话语体系是理论和知识的语词表达，是学术体系的外在表现形式。学科体系通过与此相应的话语体系表达出来，并被人们所理解和传播，成熟的话语体系可以准确充分表达本学科的学术体系。当谈到"学科体系、学术体系、话语体系"时，此时的"话语体系"一般讲的是学术话语体系，也就是与学科体系、学术体系相联系的话语体系。话语体系具有一定的独立性。除学术话语体系外，还有政治话语体系、群众话语体系，就国际中文教育话语体系而言，我们认为，除学术话语体系外，还有国际中文教育作为事业的话语体系、作为职业的话语体系。

目前,国际中文教育存在着主要概念缺乏共识、学科性质有争议、基本理念不统一等问题,新时代国际中文教育的发展也不断出现新的课题需要建立新的概念和理论,话语体系构建显得尤为重要。目前,对国际中文教育话语体系的研究距构建中国特色、中国风格、中国气派话语体系的要求还有很大差距,仍需学界做出更大努力。

本专栏收录四篇文章。王昕生的《构建中国国际中文教育话语体系的重要意义和实现路径》分析了国际中文教育话语体系的构成要素,从新时代中国特色社会主义发展、推动国际中文教育高质量发展、提升国际中文教育领域话语权、构建国际中文教育"三大体系"、助力构建人类命运共同体倡议等五个方面论述构建国际中文教育话语体系的必要性,提出了坚持学术自信、坚持创新思维、坚持实践立场、坚持国际视野等四个方面的构建国际中文教育话语体系的路径,具有重要的理论意义和现实意义。包亮的《国际中文教育话语体系构建基础和原则探析》基于国际中文教育实践是话语体系构建的基础,从国际中文教育实践的国内国外两个场域的现实出发,从实践场域、实践主体、实践方式这三方面,阐释了国际中文教育实践的独特性,认为国际中文教育实践场域具有超本土性、参与主体具有多元性、实践模式具有双向性,提出了基于全球实践、坚持对话交流、立足学科传统三项构建国际中文教育话语体系的原则。文章对国际中文教育实践独特性的阐释,对于构建国际中文教育话语体系具有重要价值。万众的《"对外汉语教学""汉语国际教育"和"国际中文教育"的属性——基于话语的考察》,从事业、专业、职业三个维度以及从历史的进程分析了"对外汉语""汉语国际教育""国际中文教育"的内涵,认为虽然三者一脉相承,但是内涵和外延并不等同,事业属性、专业属性和职业属性的强弱表现不同,不能直接以后者替代前者。三个维度的论点对厘清国际中文教育话语体系、确认学科性质等具有重要的现实意义。杨金成的《"中文+职业技能"话语体系的历史逻辑、理论逻辑和实践逻辑》对"中文+职业技能"的概念进行了解析,从历史逻辑、理论逻辑和实践逻辑三个方面分析了"中文+职业技能"的内涵和话语体系逻辑架构,认为"中文+职业技能"本质上是中文作为第二语言/外语教学,是基于职业技能中文人才需求的专门用途中文教学,其核心是培养在某项职业技能工作场域的中文语言能力。

本专栏的四篇文章,既有宏观上对国际中文教育话语体系的论述,也有像"中文+职业技能"这样具体问题的分析;既有对国际中文教育实践独特性的思考,也有从历史发展的角度对"对外汉语""汉语国际教育""国际中文教育"这些人们常说的概念内涵的剖析。国际中文教育话语体系的构建,是一个宏大的命题,本专栏的四篇文章只是四位作者的初步思考,希望学界同仁给予关注与批评,并做更多、更深入的研究,呈现更多的研究成果,为国际中文教育"三大体系"建设做出积极贡献。

主持人简介:杨金成,世界汉语学会副秘书长,研究员。

"中文＋职业技能"话语体系的历史逻辑、理论逻辑和实践逻辑[*]

杨金成

摘　要: "中文＋职业技能"是近年来国际中文教育界的热点,也是中国业界提出的独创的概念,是国际中文教育中国话语体系最典型的表现,有必要在理论上对此进行研究,使其从概念上升为理论。本文从话语体系的视角,对"中文＋职业技能"的概念和"中文＋职业技能"的历史逻辑、理论逻辑和实践逻辑进行了论述,明晰了"中文＋职业技能"话语体系的逻辑关系,明确了"中文＋职业技能"是专门用途中文教育的一种特有类型,是基于与职业技能融合发展的中文二语/外语语言教育。

关键词: "中文＋职业技能";历史逻辑;理论逻辑;实践逻辑

2018 年 12 月 4 日时任国务院副总理孙春兰在成都举行的第十三届孔子学院大会的主旨报告中首次提出"汉语＋"①的概念,2019 年 12 月在国际中文教育大会的主旨报告中提出"中文＋职业技能",②大会首设"中文＋职业技能"论坛,自此,国际中文教育与职业技能教育融合发展模式引发了包括学界在内的各方广泛关注。2021 年 6 月 26 日至 27 日北京语言大学汉语国际教育研究院举办的首届专门用途中文学术研讨会上,"中文＋",特别是"中文＋职业教育"成为研讨会的重要议题。2022 年 11 月举办的第二届专门用途中文研讨会仍然将"中

* 本文为 2022 年国家社科基金社科学术社团主题学术活动资助"新时代国际中文教育中国话语体系构建研究"(22STA056)阶段性成果。

① 新华社:《孙春兰出席第十三届孔子学院大会并致辞》,http://www.gov.cn/guowuyuan/2018-12/04/content_5345736.htm,2022 年 12 月 15 日。
② 新华社:《孙春兰出席国际中文教育大会并发表主旨演讲》,http://www.gov.cn/guowuyuan/2019-12/09/content_5459817.htm,2022 年 12 月 15 日。

文＋职业技能"作为研讨的话题之一。除以上两个研讨会外,近年来,关于"中文＋职业技能"的研究也呈增加趋势,涉及的主题有:职业中文能力等级标准的构建,①基于认识论、方法论和技术表达的研究路径,提出了职业中文能力等级标准的基本框架;构建"中文＋职业技能"教育高质量发展新体系,②阐述了在海外实施"中文＋职业技能"教育的意义,在总结"中文＋职业技能"教育实践的基础上,提出了推动构建"中文＋职业技能"教育高质量新体系的举措;"中文＋职业技能"教育发展脉络、现实挑战与路径选择③以及国别"中文＋职业技能"实践研究等。然而,对"中文＋职业技能"内涵的探讨还不深刻,对其逻辑架构缺乏系统研究,影响了人们对"中文＋职业技能"的本质认识,进而影响了对与此相关的"中文＋职业技能"教师、教学资源及教学法的认识。本文将从话语体系逻辑架构的视角,研究"中文＋职业技能"的历史逻辑,理论逻辑和实践逻辑,探讨其历史必然性、理论路径和实践的基础性,揭示"中文＋职业技能"的本质,为"中文＋职业技能"的顺利发展提供理论阐释。

一、"中文＋职业技能"概念解析

概念是构建话语体系的基础。概念的含义要从其特定的场域中去理解,"汉语＋""中文＋职业技能"是在孔子学院大会、国际中文教育大会的场域中提出的,其基本的要义是国际中文教育,而不是职业教育或其他的专业教育,所以,我们要从语言教育的视角、从专门用途语言的视角去理解"中文＋"和"中文＋职业技能"的概念。

我们也关注到在职业教育场域中提到"中文＋职业技能"。如,2020 年 9 月 16 日由教育部等九部门印发的《职业教育提质培优行动计划(2020—2023 年)》④明确指出:推进"中文＋职业技能"项目,助力中国职业教育走出去,提升国际影响力。2021 年 10 月中共中央办公厅 国务院办公厅印发《关于推动现

① 宋继华等:《职业中文能力等级标准的构建》,《语言文字应用》2022 年第 2 期,第 2—14 页。

② 教育项目研究组:《构建"中文＋职业技能"教育高质量发展新体系》,《中国职业技术教育》2021 年第 12 期,第 119—123 页。

③ 孟源、商若凡:《"中文＋职业技能"教育:发展脉络、现实挑战与路径选择》,《中国职业技术教育》2022 年第 29 期,第 28—33 页。

④ 教育部等九部门:《关于印发〈职业教育提质培优行动计划(2020—2023 年)〉的通知》,http://www.moe.gov.cn/srcsite/A07/zcs_zhgg/202009/t20200929_492299.html,2022 年 12 月 15 日。

代职业教育高质量发展的意见》①中指出:推动职业教育走出去,探索"中文＋职业技能"的国际化发展模式。在此场域中,"中文＋职业技能"的功能是推动中国职业教育走向世界,具有为职业教育国际化服务的功能。该场域下"中文＋职业技能"的含义可理解为国际中文教育与职业教育的融合发展。这一含义在教育部公布的对政协委员相关提案的答复中也有所体现。该答复中提到:发展"中文＋职业技能"教育,鼓励国内职业教育机构、中资企业参与国际中文教育,促进职业技能与国际中文教育"走出去"融合发展②。

关于"中文＋职业技能"概念,有论者给出了解释,认为"中文＋职业技能"教育是国际中文教育与职业教育"走出去"融合发展的教育形态,教学对象是海外受众,教学内容和方法上既要注重语言教育中的交际性和实用性,又要注重职业教育中的专业性和实操性。③也有论者强调,要立足国际中文教育和职业教育基本属性,坚持以中文教学为基础、以职业教育为特色,多措并举推动"中文＋职业技能"教育高质量创新发展。④有学者以与此相对应的概念——职业中文教育来诠释"中文＋职业技能"教育,认为职业中文教育是不同专业结合中文展开的多类专业课程的总和,是一种"需求导向型"语言教育,目的是使学习者在语言习得、职业技能学习和职业发展等多方面得到同步提升。⑤以上观点虽侧重点不同,但关于国际中文教育是"中文＋职业技能"教育的基本属性的认识是共同的。

我们认为,"中文＋"或"中文＋职业技能"在国际中文教育话语体系下是一种专门用途语言教育,在这种情景下,它与"职业中文""职场中文""商务中文""医学中文"等具有同样的含义。其本质是培养学习者所从事或将要从事职业相关的中文能力,是中文二语/外语教育,而不是职业教育,突出特点是依据学习者职业需求设置中文课程,是国际中文教育与职业技能教育融合发展的一种教学模式。以下的论述将进一步论证这一观点。

---

① 中共中央办公厅　国务院办公厅:《关于推动现代职业教育高质量发展的意见》,http://www.gov.cn/zhengce/2021-10/12/content_5642120.htm,2022 年 12 月 15 日。

② 教育部:《关于政协第十三届全国委员会第四次会议第 2624 号(教育类 091 号)提案答复的函》,http://www.moe.gov.cn/jyb_xxgk/xxgk_jyta/yuhe/202111/t20211104_577702.html,2022 年 12 月 15 日。

③ 孟源、商若凡:《"中文＋职业技能"教育:发展脉络、现实挑战与路径选择》,《中国职业技术教育》2022 年第 29 期,第 28—33 页。

④ 教育项目研究组:《构建"中文＋职业技能"教育高质量发展新体系》,《中国职业技术教育》2021 年第 12 期,第 119—123 页。

⑤ 宋继华等:《职业中文能力等级标准的构建》,《语言文字应用》2022 年第 2 期,第 2—14 页。

二、"中文＋职业技能"话语体系的历史逻辑

任何一个概念形成话语乃至话语体系都有其独特的历史逻辑。在话语体系的视域中,历史逻辑是话语体系中的生成逻辑、衍化逻辑及基础性逻辑,体现着话语体系所内含着的历史进程的连续性及所表征出的因果关系。历史逻辑是"历史"与"逻辑"的有机结合体,揭示的是历史的必然性。①"中文＋职业技能"的提出并形成话语体系是历史的必然,具有其独特的历史逻辑。

1."中文＋职业技能"是培养"一带一路"共建国家人才的历史要求

2013 年秋,习近平主席提出共建丝绸之路经济带和 21 世纪海上丝绸之路重大倡议。共建"一带一路"的倡议得到越来越多的国家积极响应,到 2022 年12 月,与我国建交的 180 多个国家中已有 140 多个国家签署了共建文件。2015—2021 年,我国对"一带一路"共建国家非金融类直接投资累计达 1125 亿美元。与"一带一路"共建国家贸易 2015—2021 年货物贸易总额约 9.17 万亿美元。2015—2021 年,我国在"一带一路"共建国家承包工程营业额累计 5988.8 亿美元,我国企业在"一带一路"共建国家建成了一大批交通、通信、能源、水利、市政等基础设施项目,②创造了大量的就业岗位,带动了当地对中文人才的需求,这种需求不仅仅是中文翻译,而且包括具有某种技能且懂得中文的人才。中国与共建国家的贸易量的不断增加和中国企业走出去在共建国家建厂兴业的实践表明,共建国家更需要"中文＋职业技能"人才,这是"一带一路"倡议不断推进的历史要求,"中文＋职业技能"概念的提出及项目的实施是应时代要求而产生和发展的。对于"中文＋职业技能",我们应该放在"一带一路"倡议的历史进程中去理解,应该在历史逻辑的话语体系中去理解。可以说,共建"一带一路"倡议不仅成为中国与世界国际合作的重要平台,成为推动构建人类命运共同体的生动实践,还为中文国际传播注入了新动能,有力地推动了国际中文教育的发展。

2."中文＋职业技能"体现了语言国际传播的历史规律

语言国际传播的历史经验表明,一种语言,随着其语言的经济价值、科技价

---

① 吴汉全:《话语体系初论》,人民出版社 2020 年版,第 147 页。
② 经济日报:《共建"一带一路"开创美好未来》,https://www.sohu.com/a/564325382_120702,2022 年12 月 16 日。

值等的提升,这种语言的使用不再仅仅是一种交流的工具,而是被广泛地运用到经贸等领域,从而出现了专门用途语言这一概念和教学。最有代表性的语言,便是英语。专门用途英语诞生于20世纪60年代。当时,正值世界进入第二次世界大战以后的和平发展时期,随着美国的不断强大和科学技术的发展,英语成为国际贸易、科学技术等领域的"通用语",英语的国际影响力显著提升,学习英语的人数也随之快速增长,出现了需要用英文阅读文献、用英语进行国际贸易等强大社会需求,类似科技英语、商务英语等专门用途英语应运而生,专门用途英语教学也逐渐成为应用语言学的一个重要分支。

专门英语在中国的境况也再现了其发展的历史规律。改革开放后,大批外资涌入中国,设立了许许多多的外资独资企业或合资企业,其高工资激发了青年人学习外语,特别是学习英语的热情,引发了"外语潮";随着对外贸易、科技交流等不断发展,对外语人才需求大幅增加。为适应经贸、科技交流等需要,专门用途英语等专门用途语言应运而生。与国外的专门用途英语的缘起一样,中国的专门用途英语最先为科技英语。1979年3月教育部印发的《加强外语教育的几点意见》要求高校大力"培养既懂专业又掌握外语的科技人才""有条件的院校要开展科技外语教学研究,通过试点,开办科技外语专业,培养从事科技外语教学的教师和其他有关人员。"[1]1979年上海交通大学成立科技外语系,80年代中期各高校开始尝试开设科技英语和专业英语。1983年教育部修订的外语专业目录在外国语言文学一级学科下设置了外国语言、外国语言文学、专门用途外语和语言学四个二级学科。专门用途外语设有4个方向:科技专门用途外语、外贸专门用途外语、旅游专门用途外语和外事管理专门用途外语。虽然1997年版的《授予博士、硕士学位和培养研究生的学科、专业目录》中将专门用途外语删除,但随着"一带一路"倡议和"双一流"建设的推进,专门用途英语再次掀起高潮。《英语专业国家教学质量标准》和《大学英语教学指南》第一次将专门用途英语纳入了主要教学内容。[2]以商务英语为代表的专门用途英语的发展正受到越来越多的重视。

在历史上,汉语也曾是世界上重要的交流语言,也曾出现过专门用途的汉语教学。如古代王氏高丽和李朝时期的教材《老乞大》表明了当时商务汉语已得到

---

[1] 蔡基刚:《新时代视野下专门用途英语教学研究——40年回顾、反思与对策》,复旦大学出版社2019年版,第21—22页。

[2] 蔡基刚:《新时代视野下专门用途英语教学研究——40年回顾、反思与对策》,复旦大学出版社2019年版,第137—138页。

很好的发展。近年来,孔子学院结合自身特点和当地经济发展需要,因地制宜、因材施教,在坚持语言教育主业基础上,推出一系列"中文＋"特色项目。如,泰国、马来西亚、坦桑尼亚、埃塞俄比亚等40多个国家100多所孔子学院开设"中文＋"课程,涉及高铁、经贸、旅游、法律、海关、航空等数十个领域,受到当地政府和人民的热烈欢迎,越来越多的外国人出于职业发展需要而学习中文,以"中文＋职业技能"为代表的专门用途中文教学应运而生。可以说,"中文＋职业技能"概念的提出与发展是中文国际传播发展到一定阶段的必然产物,是语言国际传播历史规律的再现,是中文在世界上走向实用化的标志,是中文作为二语/外语教学成熟的标志。[1]

3. 满足"中文＋职业技能"人才培养需求是中国作为中文母语国的历史责任

过去一段时间,各高校和学者重点关注我国"一带一路"共建国家语言人才的培养,加大开设共建国家语种的力度,公立教育体系中的非通用语教学语种已基本覆盖了"一带一路"共建国家语言,同时积极探索"语言＋专业"的复合型人才培养模式。[2]然而,我国高校培养规模有限,共建国家语言人才需求难以得到有效满足。在"一带一路"共建国家的中资企业是语言人才需求最大的主体,仅仅靠给中方项目人员提供职业导向的语言培训是不行的,需培养共建国家的中文人才,而这些人才应该是"中文＋专业"的综合型人才,对这类人才的培养我们曾一度重视不够。对此,文秋芳将"未能双向思考语言人才培养"列为"一带一路"语言人才培养中的三个主要问题之首。她指出,面对语言人才短缺,学界和决策者往往只从我国作为投资方出发,未充分考虑"一带一路"共建国家作为被投资方对语言人才的供给。在共建国家的中资企业会雇用大量的本地员工,其中部分双语水平高的人会参与中高层管理,这样会为中资企业节约成本,也会为当地创造很多就业机会。雇用当地员工参与管理,便于与当地政府沟通,利于企业的发展。会汉语的人获得好的就业机会,获得好的待遇,从而使更多的当地人学习中文。[3]

中国政府对国外中文人才新需求给予了积极回应。2018年12月时任国务

[1] 李泉:《论专门用途汉语教学》,《语言文字应用》2011年第3期,第110—117页。

[2] 岳圣淞:《语言战略构建与"一带一路"在南亚的可持续发展》,《南亚研究》2021年第4期,第1—27页。

[3] 文秋芳:《"一带一路"语言人才的培养》,《语言战略研究》2016年第2期,第26—32页。

院副总理孙春兰在第十三届孔子学院大会的主旨报告中指出:要实施"汉语＋"项目,因地制宜开设技能、商务、中医等特色课程,建立务实合作支撑平台。[1]在2019年国际中文教育大会讲话中孙春兰强调:中国政府把推动国际中文教育作为义不容辞的责任,积极发挥汉语母语国的优势,在师资、教材、课程等方面创造条件,为各国民众学习中文提供支持。[2]可以说,满足国外"中文＋职业技能"人才培养新需求,是中国作为中文母语国的历史责任,这也是"中文＋职业技能"历史逻辑的应有之义。

三、"中文＋职业技能"的理论逻辑

理论逻辑是构建话语体系的重要因素。理论逻辑反映了事物的内在联系和规律性,具有学理性的显著特点。"中文＋职业技能"不仅具有理论支撑,也是对相关理论的发展和实践,其展现出的理论逻辑构成了其独特话语体系框架。我们从以下三个方面就"中文＋职业技能"的理论逻辑展开论述。

1. 是对专门用途中文教学理论的丰富与发展

专门用途语言学是应用语言学的一个分支,已形成了自己理论体系。如韩礼德(Halliday)等从功能语言学视角提出的支撑专门用途英语(ESP)的语域理论,即语言的词汇和句法随着学科使用场合不同而发生变化。吉登斯(Giddens)从社会语言学视角提出的社会分层结构理论,即不同的社会活动都有自己的游戏规则,各个学科专业也都有独特的研究范式和话语传统。基于哲学认识论提出的不同学科知识来源及形成过程各异,各自的理论构建时使用的修辞手段、话语方式和句法结构均有所不同。[3]就专门用途英语而言,较为有影响的理论视角有语域分析、听说读写交际技能、语篇修辞分析、体裁分析与批评体裁分析、语料库分析、跨文化修辞分析等。[4]

按照约翰和达德利·埃文斯(Johns & Dudley Evans)提出的专门用途英语的四项必要属性,"中文＋职业技能"属于专门用途语言教学范畴。这四项必要属性是:课程设计目标为满足特定学习者需要;教学内容或主题与学生需求相关

① 新华社:《孙春兰出席第十三届孔子学院大会并致辞》,2022年12月15日。
② 新华社:《孙春兰出席国际中文教育大会并发表主旨演讲》,2022年12月15日。
③ 蔡基刚:《学科交叉:新文科背景下的新外语构建和学科体系探索》,《东北师大学报(哲学社会科学版)》2021年第3期,第14—19、26页。
④ 杨瑞英、姜峰、董记华:《专门用途英语新发展研究》,清华大学出版社2021年版,第45页。

的学科、职业或活动有关；教学聚焦于与上述活动相关的句法、词汇、语篇特征等；与通用英语教学不同。①以"中文＋职业技能"为例，课程设计对象为希望用中文从事某项职业的学习者；教学内容与希望从事的职业有关，如列车服务员、空中服务员等；教学的重点是从事某项职业所需要的中文的句法、词汇和语篇等；与一般的中文二语教学不同。

我国自 20 世纪 50 年代便开始开展近似现代意义的专门用途中文教学实践的探索。主要是为留学生在中文学习阶段开设一些涉及政治经济学、理工知识（科技词汇）的阅读课程。一般来讲，1960 年为理工科预备教育开设专业阅读课是中国专门用途中文教学的发端。20 世纪 70 年代北京语言学院按文科班、理工班、西医班、中医班分班教学体现了按用途分类教学理念。1980 年代以后，专门用途汉语教学逐渐成为独立的教学类型和教学模式。1985 年，张道一在第一届国际汉语教学研讨会上的论文《建设对外汉语教学这个新兴学科》引进了 ESP 概念。1991 年开始使用的吕必松的《对外汉语教学概论（讲义）》将普通教育、预备教育、专业教育和特殊目的教育作为第二语言教学的四种类型。从理论到实践，专门用途汉语在我国形成了相对完整的体系。②美国加州大学圣塔芭芭拉分校教授关道雄基于需求分析，将专门用途中文课程分为四种：专业学习专门用途中文教学、预科教育专用中文课程、公共课或通识选修课专门用途中文课程和以职业培训为目的的"中文＋职业（技术）"课程。③

以前专门用途语言教学的概念构成范式基本上是"用途＋语言"，如"商务英语""商务汉语"等，"语言＋用途"则是一种新的概念构成范式。这种新的范式在理论上需要进行更多的探讨，如"中文＋职业技能"，其"中文"的词汇和句法与通用中文教学、传统的科技汉语等有何不同？ 对于中文、职业技能都为零起点的学习者来说，语言学习和职业技能的学习顺序有无先后？ 这些理论的探讨将是对专门用途中文教学理论的发展和丰富。宋继华教授领衔的"《职业汉语能力标准》构建及支撑平台"课题组，从技术表达、方法论、认识论三个方面提出了职业中文能力标准框架，对"中文＋职业技能"的理论进行了有益的探索。其核心是：基于典型工作任务进行语言需求分析，挖掘与此相关的专业术语、典型句式、语体修辞等语言知识，以此作为职业中文能力培养的语言基础，通过与典型任务相

---

① 杨瑞英、姜峰、董记华：《专门用途英语新发展研究》，清华大学出版社 2021 年版，第 2—3 页。
② 张黎、张晔、高一瑄：《专门用途汉语教学》，北京语言大学出版社 2016 年版，第 23—33 页。
③ 班晓悦等：《职业汉语国际需求攀升》，《中国社会科学报》2022 年 12 月 2 日。

连接的教学内容和教学方式,帮助学习者实现完成典型工作任务所具备的语言能力培养。①我们可将此归纳为"典型工作任务语言能力"理论范式。

2. 是依托内容的语言教学(CBI)、内容语言融合(CLIL)教学理念的具体实践

依托课程内容的外语教学(content-based instruction,CBI)是依据学科内容进行的外语教育,即用目标语/外语/二语教授某一学科知识,从而使学生学习目标语言。在这种教学模式下,语言教学围绕学科内容展开,学生用目标语获取信息,从而提高学生的语言能力。从教学目标上讲,依托内容式教学是语言教学,而不是学科教学。②

语言内容融合教学(Content and Language Integrated Learning,CLIL)是指将外语作为教学用语来教授如地理、生物、历史等非语言类课程,是一种兼顾学科知识和外语学习的具有双重教学目的的教育模式。较 CBI,CLIL 更强调语言与内容的融合,语言既是学习内容也是学习手段。CLIL 模式有三个理论前提:第一,学习者可以有足够的认知学习水平来获得伴随性语言学习;第二,单靠外语课堂不能提供足够的多样的语言输入;第三,语言不能被作为孤立的系统来教。这也就是说,CLIL 是在一个适合学习者当前认知水平的语境下,以学科内容为驱动,促使学习者主动地获得语言输入。③

"中文+职业技能"是典型的课程内容依托式或语言内容融合式教学。因此,我们应该在语言教学的话语体系下而不是职业教育的话语体系下去认识、理解"中文+职业技能",其目的是通过这种教学模式去学习与某种职业技能相关的中文,包括术语、典型句式、语体修辞等,从而为学习者日后从事某项职业打下语言基础。

3. 是语言学习理论的生动阐释

语言学习理论的核心内容之一是学习者的动机理论。学习动机强,则学习的积极性高,学习的效果好。在"中文+职业技能"模式下,由于学习者有着较为明确的学习目的,即学习对自身职业发展有用的职业技能,所以,学习者学习中文有着较为强烈的学习动机,这是"中文+职业技能"教育取得成效的重要因素。

---

① 宋继华等:《职业中文能力等级标准的构建》,《语言文字应用》2022 年第 2 期,第 2—14 页。

② 袁平华:《依托课程内容进行外语教学之理据及教学元模式探究》,《学位与研究生教育》2006 年第 3 期,第 31—36 页。

③ 盛云岚:《欧洲 CLIL 模式:外语教学法的新视角》,《山东外语教学》2012 年第 5 期,第 65—69 页。

四、"中文＋职业技能"的实践逻辑

实践在话语体系的构建中具有基础性地位，话语体系的构建根植于实践。话语体系有着其自身的实践逻辑。实践逻辑是在社会实践的视域中，基于实践的基础性地位而形成的逻辑体系，包括实践的条件、实践的发展进路、实践的基本类型、认识与实践的关系、实践的规律性等能够体现逻辑规则与逻辑规律的方面。[1]"中文＋职业技能"话语体系的形成和发展随着实践的深入而得到加强。

1."中文＋职业技能"的实践条件

"中文＋职业技能"的形成与发展有着深厚的实践基础。实践逻辑主线是中文学习者需求的变化，学习者的需求已从单一的语言交流向多元化转变，其中一个重要的需求是将中文作为学习职业技能的工具，从而达到从事与这种职业技能相关的工作要求。这种需求是"中文＋职业技能"的首要实践条件。

中国政府及相关机构的大力支持是"中文＋职业技能"实践逻辑的第二个实践条件。在 2018 年首次正式提出这一概念后，便通过政府文件及有关机构的推进，"中文＋职业技能"这一概念不断被强化，形成了独立的话语及话语体系。自 2019 年 12 月时任国务院副总理孙春兰在国际中文教育大会主旨报告中提出实施"中文＋职业技能"以来，该项目取得了积极进展。据 2022 年 5 月 24 日教育部举行的"教育这十年""1＋1"系列第三场新闻发布会发布的信息，我国已在 40 多个国家和地区开展"中文＋职业教育"特色项目。[2]2019 年 12 月以来推进"中文＋职业技能"重要事件如下表：

中国政府及相关机构推进"中文＋职业技能"进程主要事件一览表

时间	事　件	主要内容
2019.12	国际中文教育大会	时任国务院副总理孙春兰在主旨报告中提出实施"中文＋职业教育"项目
2019.12	国际中文教育大会	专设"中文＋职业教育"分论坛

① 吴汉全：《话语体系初论》，人民出版社 2020 年版，第 154 页。
② 教育部：《"教育这十年""1＋1"系列发布会③：介绍党的十八大以来职业教育发展成效》，http://www.moe.gov.cn/fbh/live/2022/54487/，2022 年 11 月 7 日。

续表

时间	事　件	主要内容
2020.9	教育部等九部门印发《职业教育提质培优行动计划(2020—2023 年)》	推进"中文＋职业技能"项目,助力中国职业教育走出去,提升国际影响力。
2020.11	教育部中外语言交流合作中心与南京工业职业技术学院共建全国首个"中文＋职业技能"国际推广基地	基地将探索推进专业标准、教学资源、国际化师资人才、职业汉语水平考试、国际化"1＋X"证书等方面创新发展;统筹推进"中文＋职业技能"数字资源体系建设,实现海外本土化人才培养和企业需求的精准对接,打造成全国职业教育国际化师资培训基地、国际化教育教学资源开发基地、"1＋X"证书国际化培育与推广基地、产教融合"携手出海"基地、职业教育理论研究和政策咨询基地、人文与技术技能交流基地。
2021.10	中共中央办公厅　国务院办公厅印发《关于推动现代职业教育高质量发展的意见》	推动职业教育走出去。探索"中文＋职业技能"的国际化发展模式。
2021.12	教育部中外语言合作交流中心 2021 年 12 月发布《"中文＋职业技能"教学资源建设行动计划(2021—2025 年)》	争取利用 3—5 年时间出版完成 300 本"中文＋职业技能系列教材,开发 50 个紧缺专业(机电设备维修技术、矿山采选技术、冶金技术、安全生产与管理、建筑工程、电子商务等)的 500 门网络课程资源和 2000 个微课程等教学资源,研发"中文＋职业技能"App 手机学习端。建立多语种数字化教学资源库。

　　有效的中外合作机制是"中文＋职业技能"实践逻辑的第三个实践条件。目前,所推行的"中文＋职业技能"项目基本上在国外实施,该项目的顺利实施得益于有效的中外合作机制。2020 年 12 月 18 日,中国教育部中外语言交流合作中心与泰国教育部职业教育委员会,在线签署了《关于开展"中文＋职业技能"合作的谅解备忘录》,双方将共同启动建设全球第一所语言与职业教育学院,推动中文教育和职业教育融合发展。[①]孔子学院是在国外最早实施,且正在继续推进"中文＋职业技能"的机构,项目的实施、推进也是在中外合作机制下实现的。

2. 实践与认识关系层面的"中文＋职业技能"

　　"中文＋职业技能"的提出来源于实践,我们对"中文＋职业技能"的实践逻

---

① 中国新闻网:《中泰将共建全球第一所"语言与职业教育学院"》,https://www.chinanews.com.cn/gn/2020/12-18/9365772.shtml,2022 年 11 月 8 日。

辑的认识也基于实践。为便于我们加深基于实践的认识,现列举两个案例:

案例 1 巴基斯坦费萨拉巴德农业大学孔子学院"汉语＋焊接技术"①

针对巴基斯坦对焊接技术人才的大幅增长的需求,费萨拉巴德农业大学孔子学院与华能山东如意(巴基斯坦)能源有限公司萨希瓦尔燃煤电站签订协议,合作开展"汉语＋焊接技术"教学培训。培训分汉语培训课程和实训课程两个阶段,共 1160 课时。第一阶段为汉语培训课程:学员通过 12 周 360 课时沉浸式学习,对学员汉语技能进行系统性培训,由孔院教师采用集中强化培训模式帮助学员在短时间内达到 HSK 三级水平。在中后期学员达到相应汉语水平之后,加入焊接技术相关的汉语知识学习,为之后的焊接实训夯实语言基础。第二阶段为实训阶段:学员将进行 6 个月 800 课时的理论＋实操课程学习,由专业技术人员进行实践教学,将学员掌握焊接技术理论知识与实际运用结合,在实际操作中学习并掌握焊接技术。

案例 2 泰国孔敬大学孔子学院"中文＋铁路运输"②

泰国孔敬大学孔子学院"中文＋铁路运输"三段式培养课程(模式):第一阶段,在泰国各职业院校选拔具有一定中文基础的学生进行中文基础巩固教学;第二阶段,开展职业中文教学,内容为铁路中文术语,达到 HSK3 级及以上水平;第三阶段,选送学生到武汉铁路职业技术学院学习相关专业知识。

从案例 1,我们可以看出,作为语言教师完成的是第一阶段的汉语教学,这一阶段教学分为两部分内容,一部分是通用汉语知识,另一部分是与焊接相关的汉语知识。第二阶段是由专业技术人员完成的,不是语言教师的职责。案例 2,第一、第二阶段的任务属于语言教师的职责。两个阶段的教学任务与案例 1 的第一阶段相同。我们认为案例 1 的第一阶段、案例 2 的第一、第二阶段是我们所说的"中文＋职业技能"的范畴,案例 1 的第二阶段、案例 2 的第三阶段属于职业教育,即专业教育的范畴。

从实践中,我们认识到"中文＋职业技能"是一种中文教学模式,其目的是学习与某种职业技能相关的中文知识,我们从专门用途中文教学的话语体系角度去理解"中文＋职业技能"、去构建相关理论体系,从而完成实践—理论—实践的

---

① 孔子学院全球学术资讯网:《"汉语＋"推动各国复合型人才培养,创新驱动助力国际中文教育可持续发展》,http://www.ccis.sdu.edu.cn/info/1002/3943.htm,2022 年 11 月 8 日。

② 中华网:《"中文＋职业技能"或成中国职业教育"走出去"最佳路径》,https://hea.china.com/article/20210930/092021_890434.html,2022 年 11 月 8 日。

循环,推动"中文＋职业技能"良好发展。

五、"中文＋职业技能"实践中的几个问题

1. 与"培养既懂中文又懂专业复合型人才"之关系问题

在实践中,我们常常遇到"培养既懂中文又懂专业复合型人才"的提法,国内许多高校也提出"外语＋专业"的培养模式。基于"中文＋职业技能"是专门用途中文教学、属于语言教学性质的认识,"中文＋职业技能"的培养目标是不是"培养既懂中文又懂专业复合型人才"值得探讨,但它是培养"复合型人才"的基础,这一点是确定的,其作用类似在华外国学生的预备教育中的工科汉语、医用汉语等课程,培养留学生进入专业学习的语言基础。

对于国内一些高校倡导的"外语＋X"培养模式,如"通用语＋非通用语""多语种＋X""非通用语＋非语言专业(如国际关系、法律等)"等培养模式,是否能成功,有专家提出了质疑。文秋芳在《"一带一路"语言人才的培养》一文中指出,非通用语本科教学为零起点,学习一门外语达到熟练工作的程度至少要花费2000小时,按一个星期15课时计算,一年总学时约为480课时。按照现有的课程体系,学习4年,总课时还不足2000课时。大学4年,熟练掌握一门外语时间都不够,没有时间系统地学习另外一门专业。据此,她认为,这种模式只能学点专业基本知识,培养普通的复合型外语人才还有可能。[1]许多人认为汉语是难学的语言之一,有人说,学习中文达到中等水平需要2205学时,每周五节课要学16年。也有人认为,学汉语要用四倍于法语、德语、西班牙语的学习时间才能达到相同的水平。[2]这些说法是否科学,值得商榷。但学习中文不易,学好更不易确是人们的共识。所以,要培养既懂中文又懂专业复合型人才是一项艰巨的任务。如果说,要培养既懂中文又懂专业的复合型人才,在华外国留学生经过一定的中文培训后进入大学攻读学士、硕士、博士学位,用中文完成全部课程和学位论文,那是最好的"复合型人才"培养途径。

2. "中文＋职业技能"中文起点之问题

以上两个案例表明,学习者都是在学习一段汉语后或已具备一定汉语基础后开始学习与某种职业技能相关的中文知识。即"非中文零起点＋职业技能"模

---

① 文秋芳:《"一带一路"语言人才的培养》,《语言战略研究》2016年第2期,第26—32页。
② 李泉:《关于汉语难学问题的思考》,《语言教学与研究》2010年第2期,第31—38页。

式。这种模式应该是大多数人的观点,但在学术界对此并没有形成共识。布洛尔(Bloor)等认为,专门用途英语可以在任何一个级别的英语学习者中开始,甚至是初学者。①蔡基刚也认为,通用英语教学(EGP)和专门用途英语教学(ESP)没有先后关系,专门用途英语没有先决条件或门槛,即使是像护理英语、银行英语这样的职业英语,也不需要先打下英语语言基础。②在实践中,我们注意到中外语言交流合作中心组织编写的"中文＋职业技能"系列教材将教材的使用者定位为双零基础(零语言基础,零技能基础),学习者为来华学习中文和先进技能的长、短期进修生。这就是"中文＋职业技能"中文起点的另一个模式,即:"零中文起点＋零技能基础"模式。当然,也可以有"零中文起点＋非零技能基础""非零中文起点＋非零技能基础"等不同组合的模式。

3. "中文＋职业技能"教师定位问题

在"中文＋职业技能"为专门用途中文教学的话语体系下,担任该课程的教师应是中文语言教师还是应为职业技能专业教师? 这是"中文＋职业技能"实践中急需解决的问题。从专门用途中文的视角,"中文＋职业技能"教师应为语言教师,但对于大多数专业背景为语言学的中文教师来说,要很好地完成"中文＋职业技能"的教学任务还是有一定难度的,正如斯特雷文斯(Strevens)所言:语言教师教专门用途英语时存在着对涉及自然科学的英语教学的排斥心理,同时与学生之间存在着专业知识鸿沟,学生懂的知识,教师不懂,使教师处于尴尬的境地。③就"中文＋职业技能"的教师而言,一般的语言教师缺乏职业技能专业知识,不能很好地理解专业领域的词汇、使用场景等,教学的效果就会受到影响。如果让职业技能专业教师担任"中文＋职业技能"教师的话,则缺少中文作为二语/外语教学方面的知识和教学方法,同样也不会达到理想的教学效果。因此,"中文＋职业技能"的教师是语言教师,但与通用中文教学的语言教师还是有很大区别的,至少在知识结构上,得需要具备一定的某项职业技能方面的知识。或者说,某项职业技能的专业教师经过语言学,特别是中文作为二语/外语教学方面的训练后,担任"中文＋职业技能"教师也是合适的,但在"中文＋职

---

① 蔡基刚:《新时代视野下专门用途英语教学研究——40 年回顾、反思与对策》,复旦大学出版社 2019年版,第 81 页。

② 蔡基刚:《新时代视野下专门用途英语教学研究——40 年回顾、反思与对策》,复旦大学出版社 2019年版,第 82—83 页。

③ 蔡基刚:《新时代视野下专门用途英语教学研究——40 年回顾、反思与对策》,复旦大学出版社 2019年版,第 130 页。

业技能"教学中,教师的身份是语言教师而不是专业教师应该是确定的。

4."中文＋职业技能"与"职业技能＋中文"区别

在实践中,除"中文＋"的话语范式外,还有"＋中文"的话语范式。关于"中文＋""＋中文"的区别,吴应辉、刘帅奇已有论述。他们认为,"汉语＋"的重点在于"汉语",即以汉语教学为中心,辐射有关行业领域。而"＋汉语"的重点在于以行业领域为中心,汉语处于从属地位,发挥辅助作用。①我们认为,虽然这两种话语范式强调的重点不同,但就语言教学而言,均可认定为专门用途中文教学范畴。前面我们阐述了"中文＋职业技能"的几种组合模式,"职业技能＋中文"便是"零中文起点＋非零技能基础"组合模式,即具备了一定的专业技能的学习者学习中文的模式。以上的阐述基本上适用于非学历的培训教育。如果这种模式是在大学,对学生而言,其主要的学习目的是学习专业,而不是中文,中文只是众多课程中的一个,学习中文的目的是今后利用其专业从事与中国有关的工作或研究。例如,有的外国大学开设的"哲学＋中文",毫无疑问,学生的专业是哲学,即使学习的内容有涉及中国哲学的内容,学生也可以用母语学习业已形成的自己国家中中国哲学教科书的内容,但如果要深入地研究中国哲学,则有必要读一些中文的原著,了解更多的当代中国哲学研究的信息。这种模式下,能否在学校学制内达到学中文原著的水平那是另一个问题。

六、 结言

话语体系在本质上是社会实践的产物,具有社会实践坚实基础。②这种社会实践反映了基于某种事件的历史成因及进程,在社会实践的基础上经过不断的总结、提炼形成了独特的理论体系。"中文＋职业技能"同样如此。"中文＋职业技能"产生于特定的历史条件之下,展现了历史进程中对中文人才的特定需求。纵观"中文＋职业技能"的发展历程,形成独特话语是源于轰轰烈烈的孔子学院的实践,这种实践既是对特定需求的回应,也是对时代的回应。"中文＋职业技能"的历史逻辑、理论逻辑和实践逻辑"三大逻辑"建构了其话语体系的逻辑框架。

---

① 吴应辉、刘帅奇:《孔子学院发展中的"汉语＋"和"＋汉语"》,《国际汉语教学研究》2020 年第 1 期,第 34—37＋62 页。

② 吴汉全:《话语体系初论》,人民出版社 2020 年版,第 156 页。

话语体系作为知识体系,需要在实践—认识—再实践—再认识的基础上构建。"中文＋职业技能"话语体系的构建,我们要基于其来源于中文教学实践、属于专门用途中文教学的认识去构建。首先,"中文＋职业技能"本质上是语言教育,是第二语言/外语教育,其知识体系则具有一般第二语言/外语教育的属性;其次,"中文＋职业技能"是专门用途中文教学,有着特殊的规律和知识体系。专门用途英语所形成的理论体系可为我们提供有益的借鉴。

鉴于"中文＋职业技能"为专门用途中文教学的认识,我们要制定与此相适应的职业技能中文能力标准、教师能力标准,研发与此相适应的职业技能中文教材,加强"中文＋职业技能"作为专门用途中文教学的理论研究,逐渐形成独特的知识体系和理论体系,构建基于历史逻辑、理论逻辑和实践逻辑的"中文＋职业技能"话语体系。

"中文＋职业技能"教师的培养是当前面临的急需解决的重大问题。将一般的国际中文教师转型,或职业技能教师通过培训转型为"中文＋职业技能"教师是当前较为有效的、快捷的途径之一。长远来讲,应该在国际中文教育的硕士、博士培养体系内,设立类似于商务中文这样的职业技能中文课程或方向,培养该方向的专门用途中文高级人才。另一个有效途径是建立包括"中文＋职业技能"在内的专门用途中文教师发展学术共同体,可考虑在世界汉语教学学会下设二级分支机构——专门用途中文教学专业委员会。

"中文＋职业技能"从历史逻辑、理论逻辑和实践逻辑来看,本质上是中文作为第二语言/外语教学,是基于职业技能中文人才需求的专门用途中文教学,其核心是培养在某项职业技能工作场域的中文语言能力。我们要从专门用途中文的话语体系视角而不是从专业的职业教育的视角去推进"中文＋职业技能",坚守国际中文教育初心和使命,培养更多时代需要的、世界需要的外国中文人才,为中外语言文化交流、构筑人类命运共同体做出积极的贡献。

作者简介:杨金成,世界汉语教学学会副秘书长,研究员。

Historical logic, theoretical logic, practical logic
of the "Chinese language ＋ vocational skills" discourse system
Yang Jincheng

Abstract: The concept of "Chinese language ＋ vocational skills" has gained popularity in recent years in the field of international Chinese language education. It was originally proposed by the academic community in China，which is the most representative expression of the Chinese discourse system in international Chinese language education. The concept needs to be studied theoretically in order to be developed into theory. This paper discusses the concept of "Chinese language + vocational skills" as well as its historical logic，theoretical logic，and practical logic from the perspective of discourse. It clarifies the logic within the "Chinese language + vocational skills" discourse system and concludes that "Chinese language + vocational skills" is a particular approach to Chinese language education that combines second/foreign language education with vocational skills acquisition.

Keywords："Chinese language + vocational skills"; historical logic; theoretical logic; practical logic

构建中国国际中文教育话语体系的重要意义和实现路径*

王昕生

摘　要：习近平总书记在 2016 年 5 月 17 日哲学社会科学工作座谈会上的讲话中提出构建具有中国特色、中国风格、中国气派的学科体系、学术体系、话语体系的要求，构建"三大体系"成为中国哲学社会科学工作者的重要使命。国际中文教育作为中国哲学社会科学的重要组成部分，同样应对其进行深刻的研究和反思。本文基于前人的研究，厘清话语、话语体系、话语权等重要概念，在此基础上重点分析新时代中国国际中文教育话语体系构建的重要意义和构建路径。

关键词：国际中文教育；话语体系；三大体系

一、　话语、话语体系

1. 话语

"话语"一词在《现代汉语词典》和《辞海》上的解释分别为"可以言说的话，表达的思想，记录下来的文字"①和"言语交际中运用语言成分建构而成的具有传递信息效用的言语作品"②。在英文中，话语（discourse）源自拉丁语，原意为"四下行走、到处跑"，引申含义为"话传到各处"③，《新牛津英语词典》将"话语"定义

＊　本文为 2022 年国家社科基金社科学术社团主题学术活动资助"新时代国际中文教育中国话语体系构建研究"（22STA056 项目研究阶段性成果）。

① 中国社会科学院语言研究所词典编辑室编：《现代汉语词典》，商务印书馆 2016 年版，第 1600 页。

② 夏征农、陈至立：《大辞海》，上海辞书出版社 2010 年版，第 8 页。

③ 刘继林：《"话语"：作为一种批评理论或社会实践——话语概念的知识学考察》，《烟台大学学报》（哲学社会科学版）2011 年第 3 期，第 78—81 页。

为"口头或书面的交流或论辩"①。综合"话语"的中英文含义，可以将"话语"的日常用法简单地定义为通过文字或语言进行的思想交流。

　　"话语"作为学术用语肇始于西方，马克思强调话语的物质性和实践性，他认为"思想、观念、意识的生产最初是直接与人们的物质活动，与人们的物质交往，与现实生活的语言交织在一起的"②。索绪尔区分了话语的个体性和社会性，他在《普通语言学教程》提出言语活动（language）"有个人的一面，又有社会的一面"，可以分为"语言"（langue）和"言语"（parole）两个方面，语言（langue）是"一种表达观念的符号系统"，言语（parole）是"是个人的意志和智能的行为"③。随着学界研究的深入，对"话语"的探讨逐渐由语言学单一学科研究走向哲学、历史学、社会学等多个学科交叉研究，对话语的社会性和实践性的理论阐释不断丰富，如罗兰·巴尔特在《历史话语》中把"话语"界定为"超越句子层次的词语系统"④。詹姆斯·保罗·吉认为"话语是社会实践，是精神实体，也是物质现实"⑤。巴赫金认为，"话语是一种社会事件，它不满足于充当某个抽象的语言学的因素，也不可能是孤立地从说话者的主观意识中引出的心理因素"⑥。布迪厄讨论了话语的符号权力，吉登斯关注话语中的意识形态，福柯注重话语的权力属性，哈贝马斯强调话语的交往性。

　　中国学者强调话语的社会性和实践性。如刘建平认为，"话语作为一种文化与社会实践活动的表达，反映从事这种实践活动的主体的思想观念和价值诉求"⑦。吴刚认为，话语是"一种符合特定结构和人种志规范的交流方法，并通过为其成员提供一种团结的手段和一种将该群体与其他群体区分开来的手段来标识一个特定的社会群体"⑧。李双套认为"话语是系统化、理论化、组织化和标准化的一套语言系统，它为人们认识和改造世界提供了词句、概念、范畴、范式和思

① Pearall Judy, *The New Oxford Dictionary*, Oxford, 2001, p.124.

② 马克思、恩格斯：《马克思恩格斯文集》（第1卷），中共中央翻译局译，人民出版社2009年版，第524页。

③ 索绪尔：《普通语言学教程》，高名凯译，商务印书馆1980年版，第29—36页。

④ 韩震：《20世纪西方历史哲学》，北京师范大学出版社2015年版，第287页。

⑤ 詹姆斯·保罗·吉：《话语分析导论：理论与方法》，何清顺译，重庆大学出版社2011年版，第33页。

⑥ 米哈伊尔·巴赫金：《巴赫金全集》，钱中文译，河北教育出版社1998年版，第92页。

⑦ 刘建平、莫丹华：《实然·必然·应然：中国共产党红色文化话语体系建构的三重逻辑》，《求索》2021年第6期，第29—36页。

⑧ 吴刚：《教育理论话语形成的条件及进路》，丁钢等：《教育学的中国话语体系建构：问题与路径》，《基础教育》2021年第1期，第13—39页。

维方式等工具"①。综合以上，可以将话语定义为是一套帮助人们开展社会交往，进行社会实践，丰富社会认知，形成社会共识的语言系统。

2. 话语体系

话语体系是以"话语"为基本单位构建而来的思想体系，是具有鲜明中国特色的理论概念。习近平总书记在2016年哲学社会科学座谈会上指出"要按照立足中国、借鉴国外、挖掘历史、把握当代、关怀人类、面向未来的思路，着力构建中国特色哲学社会科学，在指导思想、学科体系、学术体系、话语体系等方面充分体现中国特色、中国风格、中国气派"，并进一步指出"要善于提炼标识性概念，打造易于为国际社会所理解和接受的新概念、新范畴、新表述，引导国际学术界展开研究和讨论"②。

围绕习总书记的重要指示，我国学术界迅速展开关于话语体系的研究讨论。对于"话语体系"概念的解读，主要可以分为三类：一类将话语体系与学科体系、学术体系合并定义，注重三大体系的相互关系，如谢伏瞻指出"话语体系是学术体系的反映、表达和传播方式，是构成学科体系之网的纽结，主要包括：概念、范畴、命题、判断、术语、语言等。话语体系不单纯等同于语言，它是有特定思想指向和价值取向的语言系统"③。郭英剑认为"话语体系是思想理论体系和知识体系的外在表达形式，是受思想理论体系和知识体系制约的；有什么样的思想理论体系和知识体系，就有什么样的话语体系"④；一类是从整体上对话语体系作理论性研究，如吴汉全认为"话语体系是由语言通过相关的词语、句子、段落并通过一定的逻辑加以表达而形成的"。贺耀敏认为"话语体系是国家思想文化与价值体系对自身存在和外部存在发展变化的系统思考与回应，话语体系反映着一个国家思想文化与价值体系的发展程度和表达程度"⑤；还有一类是在各类专业学科中展开对话语体系的研究，如洪大用认为"所谓话语体系，至少应该是建立在一定知识、概念、命题和理论基础上的，包含有研究范式、方法论和具体方法的话语组合，这些话语内容丰富但又有共享的问题意识和研究方法，逻辑自洽但又具

① 李双套：《马克思的话语革命与当代中国话语的建构》，《江海学刊》2017第5期，第5页。
② 习近平：《习近平谈治国理政》（第2卷），外文出版社2017年版，第346页。
③ 谢伏瞻：《加快构建中国特色哲学社会科学学科体系、学术体系、话语体系》，《中国社会科学》2019年第5期，第20页。
④ 郭英剑：《外语学科话语体系的构建：现状、机遇与要素》，《上海交通大学学报》（哲学社会科学版）2021年第4期，第29页。
⑤ 贺耀敏：《中国话语体系的建构》，中国人民大学出版社2021年版，第16页。

有开放性和延展性。能否形成具有自身特色的完整的话语体系是社会学学科是否成熟的重要标志"①。

本文认为，关于话语体系的三类探讨本质上并不冲突，话语体系的构成包括结构性要素和功能性要素。从结构性要素的维度来看，话语体系是"体系化的话语"②，它强化了话语的理论性和系统性，即将思想观点以概念、范畴、命题、理论等形式高度凝练、系统组合，在不同的研究领域，话语组合将形成不同的专业特色，且与学科体系和学术体系互为表里、高度关联。从功能性要素的维度来看，话语体系继承了话语的实践性和社会性，即通过话语主体将系统化的思想和知识体系向话语对象进行传播，在不同的传播维度，呈现出不同的表达方式。

二、 国际中文教育话语体系

我国对外国人进行中文教育的发展历程经过三个阶段，分别是：早期的对外汉语教学阶段、21 世纪初的汉语国际教育阶段和国际中文教育阶段。2019 年12 月召开的"国际中文教育大会"，使"国际中文教育"这一概念正式登上历史舞台。作为一个新名词、新概念，学术界对其内涵尚且缺乏清晰的界定和明确的共识，对其话语体系的讨论和研究更是处于空白阶段。

2021 年教育部、国家语委发布的《国际中文教育中文水平等级标准》（语言文字规范 GF 0025-2021）中，将"国际中文教育"（International Chinese Language Education）定义为"中文教育面向中文作为第二语言的学习者的教育"③。从这个定义看，国际中文教育涵盖了国内、国外的对外国人的中文教育。王辉④、吴应辉⑤认为国际中文教育包括国内面向留学生的对外汉语教学、国外面向当地居民的中文教学和面向华侨华人的华文教学。本文采用《国际中文教育中文水平等级标准》中关于"国际中文教育"的概念定义，"国际中文教育"范围涵盖了国

---

① 洪大用：《超越西方化与本土化——新时代中国社会学话语体系建设的实质与方向》，《社会学研究》2018 年第 1 期，第 16 页。
② 周栋：《中国特色社会主义话语体系初探》，人民出版社 2019 年版，第 45 页。
③ 教育部、国家语委：《国际中文教育中文水平等级标准》（语言文字规范 GF 0025-2021），北京语言大学出版社 2021 年版，第 1 页。
④ 王辉：《新冠疫情影响下的国际中文教育：问题与对策》，《语言教学与研究》2021 年第 4 期，第 12 页。
⑤ 吴应辉：《国际中文教育新动态、新领域与新方法》，《河南大学学报》（社会科学版）2022 年第 2 期，第 103—110 页。

内、国外中文二语教育。

"国际中文教育"与教学对象主要为来华留学生的"对外汉语教学"相比,内涵更为丰富,应属于两个不同的概念,李泉认为,"对外汉语教学"在国内并没有过时,从尊重历史和名称约定俗成的角度来看,应该保留"对外汉语教学"这一说法①。"国际中文教育"与"汉语国际教育"概念相较,二者内涵基本相同,覆盖的范围相对一致,虽在概念表述方面,"国际"的位置不同,且存在"中文"和"汉语"的差异,但在一定意义上,两个概念基本可以等同。

本文认为,从宏观上讲,国际中文教育话语体系具有事业、学科(专业)、职业三个不同属性,本文所讲的国际中文教育话语体系是从学科(专业)的属性(也可称为学术话语体系)来论述的。

1. 国际中文教育话语体系的结构性要素

从话语体系的结构性要素看,国际中文教育话语体系是国际中文教育学术及学科领域内概念、范畴、命题等理论和知识的有机集成。话语体系是理论体系和知识体系的外在表达形式,因此,国际中文教育的理论体系和知识体系是国际中文教育话语体系的基础。"国际中文教育"由"汉语国际教育"及更早的"对外汉语教学"演变而来,继承了"对外汉语教学"和"汉语国际教育"的知识结构和理论体系,并在此基础上有所发展和突破,涵盖更加广泛,更加具有包容性②。

"国际中文教育"理论体系包括基础理论、学科(专业)理论和应用研究性理论。基础理论包括教育学、语言学等,学科理论主要包括二语/外语教学方面的理论,应用理论包括课堂教学、教材研发等方面③。

"国际中文教育"的知识体系,包括教什么、怎么学、如何教三个方面的内容④,具体可分为:语言学知识、教育学知识、汉语言文字学知识、传播学知识、中国文化知识、中国历史地理知识、中国社会知识、世界文化知识、网络与智能技术

---

① 李泉:《对外汉语教学,国际汉语教学,汉语国际教育》,《世界汉语教学》2019 年第 2 期,第 161—163 页。

② 高立平:《论国际中文教育语言和文化的双重建构》,《上海交通大学学报》(哲学社会科学版)2022 年第 3 期,第 41—50 页。

③ 刘利:《大力加强学科建设,提升汉语国际教育科学化水平》,《世界汉语教学》2019 年第 2 期,第 147—149 页。

④ 赵金铭:《注重汉语特点,创新汉语教学体系》,《世界汉语教学》2019 年第 2 期,第 150 页。

知识、百科知识等 10 个方面的内容①。

本文认为,国际中文教育的知识体系与理论体系密不可分,其内容涵盖互有交叉,有些概念、范畴、命题既可归于理论体系之内,也可归于知识体系之内。作为第二语言教学,国际中文教育理论体系和知识体系应紧紧围绕学习者学习效率的提升来构建。也就是说,学习者在最短的时间内能够达到的中文听说读写技能最大提升所关联的理论和知识均是国际中文教育理论体系和知识体系的重要成分,也是国际中文教育话语体系构成的基础部分。

2. 国际中文教育话语体系的功能性要素

从话语体系的功能性要素看,国际中文教育话语体系具有阐释理论概念、构建学科体系、构建学术体系等功能,其社会实践性极强。国际中文教育话语功能的实现涉及话语主体、话语对象、话语内容等。从历史上看,自"对外汉语教学"到"汉语国际教育"再到"国际中文教育",其话语主体、话语对象、话语内容和传播形式同样经历多次调整和重新定位。王辉认为,"对外汉语教学"的话语主体一般为中国学者和教师,话语对象是以来华留学生为代表的外国学生,话语内容为第二语言或外语的汉语,传播形式限于中国国内;"汉语国际教育"的话语主体既包括母语为汉语的中国人,也包括母语为汉语的华侨华人和外国人,话语对象是所有母语非汉语的学习者,话语内容作为第二语言或外语的汉语,传播形式一般限于中国境外。"国际中文教育"则在前两者的基础上进一步延展,其话语主体包括中国人、华侨华人及外国人,话语对象包括母语非汉语的外国人、母语或第一语言非汉语的华侨华人及其后裔,话语内容是第二语言、外语或者其他语言的汉语,传播形式包括国内国际的实体环境和虚拟空间②。

理论概念阐释是国际中文教育话语体系的基本功能。在国际中文教育实践中会不断出现新的概念或根据实践中的问题建构出许多新的概念,这就需要按照问题的本质和一定的规则,对新的概念进行阐释,使其成为话语体系的构成要素。因此,概念阐释的功能在话语体系构建中具有重要作用。没有科学的、基于实践的概念阐释,"概念"将不能称之为概念,而仅仅是一个词语。

学科体系、学术体系、话语体系是一个有机整体,三者间互有交叉,相辅相

---

① 崔希亮:《略论汉语国际教育学科的知识体系》,《世界汉语教学》2019 年第 2 期,第 156—157 页。
② 王辉:《何为"国际中文教育"》,《光明网》2021 年 3 月 15 日。

成,能够在一定条件下互相转化。有学者认为,学科体系是学术体系和话语体系建设和发展的基础与依托,学术体系是学科体系和话语体系建设和发展的内核与支撑,话语体系是学科体系和学术体系建设和发展的纽带与出口①。也有部分学者将学术体系视为"三大体系"中最基础的部分,将学科体系视为学术体系、话语体系的内在知识系统,将话语体系视为学科体系、学术体系的外在符号系统②。本文认为,话语体系是学科体系、学术体系构建的基础,构建学科体系和学术体系,首先应有相关的概念、范畴等,没有话语体系就没有学科体系和学术体系,任何学术思想和话语体系都需要借助一些重要的概念、范畴和表述才能向世界传播。因此,国际中文教育话语体系重要的功能就是为国际中文教育的学科体系和学术体系的构建提供基础。

三、 构建中国国际中文教育话语体系的必要性

1. 新时代中国特色社会主义发展的需要

2017 年,习近平总书记在接见驻外使节工作会议上提出"中国特色社会主义进入了新时代。做好新时代外交工作,首先要深刻领会党的十九大精神,正确认识当今时代潮流和国际大势。放眼世界,我们面对的是百年未有之大变局"。百年未有之大变局呈现出的特征包括:一是世界经济中心正由西方逐步向东方转移,世界经济版图正在改写;二是国际力量对比发生了近代以来革命性的变化;三是新科技革命加快重塑世界;四是全球治理体系变革加速推进;五是维护人类文明多样性成为新的历史潮流③。这些政治的、经济的、科技的、文化的"变"都对国际中文教育的规模、手段和目标产生巨大的影响。如新技术革命,特别是智慧教育的发展,带来了国际中文教育手段的变革,由此而产生了基于新技术的教学模式,由此带来新的概念、新的理论,均需构建与之相应的话语体系。

党的二十大报告指出,"从现在起,中国共产党的中心任务就是团结带领全国各族人民全面建成社会主义现代化强国、实现第二个百年奋斗目标,以中国式

① 崔建民、王子豪等:《中国特色哲学社会科学"三大体系"建设进程评价:理论与实践探析》,《中国社会科学评价》2022 年第 1 期,第 10 页。
② 李心峰:《人文社会科学"三大体系"的相互关系》,《中国政协报》2020 年 6 月 8 日。
③ 于沛:《百年未有之大变局与世界历史进程》,《世界社会主义研究》2022 年第 4 期,第 10—19 页。

现代化全面推进中华民族伟大复兴"①。中华民族迎来了从站起来、富起来到强起来的伟大飞跃,实现中华民族伟大复兴进入了不可逆转的历史进程,中国日益走近世界舞台的中央,在国际上的政治、经济地位将不断提高,中文的价值也将随之提升,学习中文的外国人也会越来越多。在此进程中,国际中文教育在实践中不断提出新问题,如中文+职业教育的发展,汉语学习者"低龄化"现象等,过去传统的国际中文教育体系已不适应新时代的要求,建构新的话语体系便成为一项重要的任务。正如党的二十大报告指出的那样:"问题是时代的声音,回答并指导解决问题是理论的根本任务"。

2. 推动国际中文教育高质量发展的需要

时任国务院副总理孙春兰在 2022 年国际中文教育大会上指出,要深化务实合作,打造更加开放包容的国际中文教育新格局,努力为各国民众学习中文提供优质体验和服务,对国际中文教育发展提出了新的要求。②质量是国际中文教育的生命线,高质量的国际中文教育既可满足学习者提升中文水平的需求,也可吸引更多的人学习中文。在质量和规模的关系中,质量已成为规模发展的根本保障。推动高质量发展是新时代国际中文教育可持续发展的必然要求。

国际中文教育高质量的发展离不开教育者与学习者之间高水平的动态供需平衡。从国际中文教育需求方来看,新一代学习者渴望现代化、多元化、个性化的教育,"随着科学技术进步和教育理念革新,各国民众特别是青少年学习的渠道和方式越来越现代化、多元化、个性化"③。从国际中文教育供给方来看,国际中文教育事业发展面临市场化、民间化、国际化的战略转型。时任中国教育部副部长田学军在 2021 年在《国际中文教育交流周讲话》中提到的"面向新时代国际中文教育发展需求,采取民间化、市场化方式,为各国民众中文学习和职业发展提供精准服务"④,《中华人民共和国国民经济和社会发展第十四个五年规划和 2035 年远景目标纲要》中明确提出"建设中文传播平台、构建中国语言文化全球传播体系和国际中文教育标准体系"。为保障国际中文教育的供需平衡,推动国

① 习近平:《高举中国特色社会主义伟大旗帜,为全面建设社会主义现代化国家而团结奋斗——在中国共产党第二十次全国代表大会上的报告》,人民教育出版社 2022 年版,第 21 页。
② 马箭飞:《推动新时代新征程国际中文教育高质量发展》,《神州学人》2023 年第 1 期,第 7—9 页。
③ 马箭飞:《国际中文教育开创新局面》,《神州学人》2022 年第 1 期,第 10—11 页。
④ 叶雨婷:《教育部副部长田学军:努力推动国际中文教育改革创新》,《中国青年报》2021 年 12 月 14 日。

际中文教育事业的高质量发展,必须要研究基于中文特点的教学方法,必须要研究基于学习者母语及文化的汉语习得规律,必须要建立教师、教学等与国际中文教育相关的标准体系,必须要研发适应不同年龄、不同国家的教材等等,这就需要构建旨在推动国际中文教育高质量发展的话语体系。

3. 提升国际中文教育领域话语权的需要

"话语权"指的是包括概念、范畴、命题、理论在内的一整套体系得以表达的"权利"和获得认同的"权力"。对于话语权的早期研究可以追溯到葛兰西的"文化霸权"理论,他提出文化的意识形态功能,认为知识分子"行使的是社会霸权和政治统治的下级职能"[1]。萨义德进一步阐释了学术研究中的话语霸权,他认为"东方学作为一种话语方式在文化甚至意识形态的层面对此组成部分进行表述和表达,其在学术机制、词汇、意象、正统信念甚至殖民体制和殖民风格等方面都有着深厚的基础"[2]。亨廷顿认为"21世纪的竞争将不再是经济的竞争、军事的竞争,而是文化的竞争"[3];并提出"吸引别人而不是强制他们来达到你想要的目的的能力"的"文化软实力"概念,他将政治价值观、文化和外交政策视为软实力的三大支柱[4]。话语权是话语体系建构的关键,学术的国际话语权是国家文化软实力的重要构成部分[5],话语权的缺失导致话语体系失去效力[6],造成学术研究"在国际上的声音还比较小,还处于有理说不出、说了传不开的境地"。习总书记强调"要深刻认识新形势下加强和改进国际传播工作的重要性和必要性,下大气力加强国际传播能力建设,形成同我国综合国力和国际地位相匹配的国际话语权"。

国际中文教育是最具中国特色的学科,也是外国学生来华留学选择的最多的专业之一,在中国具有最丰富的实践基础。中国学者在构建国际中文教育学术话语体系上最具发言权,也最能体现其中国特色、中国风格和中国气派。构建国际中文教育话语体系是中国作为中文母语国重要的责任和使命,为此中国学者义不容辞,应具有"中国担当和学术自信",基于中国在国际中文教育中的母语

---

① 安东尼奥·葛兰西:《狱中札记》,曹雷雨、姜丽、张跣译,河南大学出版社2016年版,第7页。
② 萨义德:《东方学》,王宇根译,生活·读书·新知三联书店2019年版,第2页。
③ 华侯:《作为资本的文化》,《中国高校科技与产业化》2004年第9期,第74—75页。
④ 约瑟夫·奈:《软力量——世界政坛成功之道》,吴晓辉、钱程译,东方出版社2005年版,第2页。
⑤ 文秋芳:《论外在学术语言和内在学术语言——兼及中国特色学术话语体系构建》,《语言战略研究》2022年第5期,第11页。
⑥ 郑杭生:《把握学术话语权是学术话语体系建设的关键》,《中国社会科学报》2014年1月17日。

国地位,主动参与国际标准的研究与制定,不断强化国际中文教育的"领跑者"地位①。

4. 构建国际中文教育"三大体系"的需要

习近平总书记在哲学社会科学工作座谈会上的讲话中指出:"面对新形势新要求,我国哲学社会科学领域还存在一些亟待解决的问题。比如,哲学社会科学发展战略还不十分明确,学科体系、学术体系、话语体系建设水平总体不高,学术原创能力还不强","我国是哲学社会科学大国,研究队伍、论文数量、政府投入等在世界上都是排在前面的,但目前在学术命题、学术思想、学术观点、学术标准、学术话语上的能力和水平同我国综合国力和国际地位还不太相称"。

相对部分成熟学科,新时代的国际中文教育话语体系的构建面临更加严峻的挑战,受西方话语体系影响,国际中文教育话语体系的原创性不足,进一步导致中国实践的话语体系构建上显现出"力不从心"。国际中文教育现存概念无共识、学科性质有争议、基本理念不统一等问题,导致"你说的"和"我说的"不在一个轨道上,造成概念混乱、指代不明、话语体系错乱,继而影响了国际中文教育学科体系和学术体系的构建。为此,陆俭明先生在 2019 年 1 月 10 日《世界汉语教学》编辑部举办的"汉语国际教育知识体系的特色与构建研讨会"上提出在要"在学科性质和一些基本理念上取得一致认识"②。

构建国际中文教育话语体系可视为"学科体系、学术体系和话语体系"三大体系的基础性工程。与大部分哲学社会科学不同,国际中文教育的特殊性决定了其在推动三大体系协作发展路径的独特性,不应将学科体系或学术体系视为基础,舍本逐末,舍近求远,而应注重顶层设计,优先构建新时代国际中文教育的话语体系,以话语体系的建设带动学科体系和学术体系的建设。总而言之,话语体系的规范化、概念的学理化是学科体系、学术体系构建的基础,如果缺少这些基础性的研究,学科体系、学术体系的构建便会出现概念的不统一、理解的不一致,从而造成不必要的混乱。

与此同时,构建国际中文教育话语体系也是学科体系、学术体系繁荣发展的迫切需要。应在话语体系的约束和引导下,丰富国际中文教育学术体系,理顺国

---

① 李宝贵、刘家宁:《新时代国际中文教育的转型向度、现实挑战及因应对策》,《世界汉语教学》2021 年第 1 期,第 3—13 页。
② 陆俭明:《需要在汉语国际教育的学科性质和一些基本理念上取得一致认识》,《世界汉语教学》2019 年第 2 期,第 163—165 页。

际中文教育的学科归属,完善其学科体系①。话语体系建设是学术前沿活力的呈现,在学术理论指导下进行的研究成果需要通过与这一理论相联系的话语体系去传播,从而实现学科的任务和目标,促进学科体系的发展和学术交流的繁荣。

5. 助力构建人类命运共同体倡议的需要

"当今世界,各国人民是一个休戚与共的命运共同体,市场、资金、资源、信息、人才等等都是高度全球化的。只有世界发展,各国才能发展;只有各国发展,世界才能发展"。党的十八大以来,习近平总书记站在人类历史发展进程的高度,以大国领袖的责任担当,正确把握国际形势的深刻变化,顺应和平、发展、合作、共赢的时代潮流,提出"人类命运共同体"的伟大倡议,逐步成为时代发展的主旋律和国际合作的大趋势。

语言文字作为打开沟通理解之门的钥匙和促进文明交流互鉴的纽带,是推进"人类命运共同体"理念实现的重要助力②。国际中文教育将中文作为公共产品提供给世界各国③,通过语言和文化让世界更加了解全面、真实、立体的中国,既是"为我国改革发展稳定营造有利外部舆论环境",也是"为推动构建人类命运共同体作出积极贡献"。

在全球范围内教授中文、传播中国文化,促进世界各国人民交流与合作,促进世界和平是国际中文教育的使命,国际中文教育应该在构建人类命运共同体过程中有所作为④。要实现这种使命、真正对构建人类命运共同体有所作为,必须考虑到当地的文化习俗和话语体系,做到"润物细无声",融语言与文化为一体,在全球场域构建"我们能够讲,对方愿意听"的国际中文教育话语体系。

四、 构建中国国际中文教育话语体系的路径

1. 坚持学术自信

"学术自信是构建学科体系、学术体系、话语体系的关键"⑤。中国的中文二

---

① 谢立中:《探究"三大体系"概念的本质意涵》,《中国社会科学报》2020 年 12 月 24 日。
② 陆俭明:《汉语教学为构建人类命运共同体出力作贡献刍议》,《汉语教学学刊》2021 年第 2 期,第 1—11 页。
③ 陆俭明:《新时代国际中文教育理念创新和实践探索的若干思考》,《语言教学与研究》2022 年第 4 期,第 8 页。
④ 崔希亮:《汉语国际教育与人类命运共同体》,《世界汉语教学》2018 年第 4 期,第 435—441 页。
⑤ 陈金龙:《学术自信:构建中国特色哲学社会科学的基础》,《光明日报》2016 年 6 月 2 日。

语/外语教学话语体系受到包括二语习得理论在内的西方话语体系的强势影响，导致基于汉语特点、具有原创意义的学术成果不多，在一定程度上影响了中文二语/外语教学中国话语体系的构建。但，我们应该看到，新中国成立70多年来，中国学者无论是在中国国内场域内还是在国外场域内，都形成了丰富的学术积累和历史资源，也形成了一些独具中国特色的概念和理论，如"对外汉语教学"这一概念，虽产生于20世纪80年代初期的中国，但这一概念不仅影响中国学术界20多年，还在世界范围内产生了很大影响。

同时，中国作为中文的母语国，中国学者对中文有着得天独厚的认识和情感，对中文知识及中国文化知识有着扎实的基础。在中国，有近200所国际中文教育专业硕士培养院校，从业专家学者数量多，资源投入巨大。中国学者应该有"舍我其谁"的自信，担负起国际中文教育话语体系建构的重任[①]。一方面，在国内场域积累国际中文教育的学术实践，强化中文研究的主体地位[②]。另一方面，在国际场域，通过发表学术论文、主办或参加国际学术会议，不断提升国际中文教育话语权。

2. 坚持创新思维

习近平总书记指出"理论的生命力在于创新。创新是哲学社会科学发展的永恒主题，也是社会发展、实践深化、历史前进对哲学社会科学的必然要求"。创新是构建国际中文教育话语体系的灵魂。我们不能将国外的二语教学话语体系照搬过来，也不能将其他语言二语教学的理论全盘地移用至中文二语教学上来，更不能将过去的中文二语教学话语体系直接搬到对当今问题的分析之中。

在构建新时代国际中文教育话语体系过程中，我们要坚持创新思维，用开放的、批判的态度寻求与西方理论的对话。所谓的"开放"，就是不排斥西方理论，主动借鉴西方理论中的有益观点，以推动国际中文教育话语体系的创新。所谓的"批判"，就是不能全盘照搬西方二语教学的话语体系，要有分析。西方的学术话语体系根植于西方的学术研究传统和学术价值体系，它既包括全人类价值体系的共同要素，也包括西方资本主义价值体系的独特要素。如果不在科学分析和批判的基础上选择性吸收，"刻舟求剑、照猫画虎、生搬硬套、依样画葫芦"，简

---

① 吴应辉:《汉语国际教育学科建设中的中国担当与学术自信》,《国际汉语教学研究》2019年第4期,第27—29页。

② 赵杨:《"自我"与"他者"视角下的国际中文教育主体间性研究》,《民族教育研究》2021年第5期,第170—176页。

单堆积西方思想理论体系和知识体系,直接套用西方理论的概念和术语,就会出现西学中用、水土不服等问题,导致迷失方向,远离真理、无所适从。

我们要坚持创新思维,以汉语本体为依托,体现汉语特点,创新国际中文教育各领域的知识体系。我们要坚持创新思维,要创新与继承相结合,要在前辈丰富的学科积淀基础上,拓展研究思路,优化研究方法,创新话语表达方式[①]。

3. 坚持实践立场

社会实践性是国际中文教育话语体系的根本属性。国际中文教育的概念、理论等来源于实践,又在实践中不断丰富和发展。脱离实践而凭空构建的话语体系是无用的,是不能解决问题的。正如习总书记强调的"我国哲学社会科学应该以我们正在做的事情为中心,从我国改革发展的实践中挖掘新材料、发现新问题、提出新观点、构建新理论"。

国际中文教育事业的高速发展为国际中文教育的实践提供了丰沃的土壤。截至 2021 年底,联合国教科文组织、世界旅游组织等 10 个联合国下属专门机构将中文作为官方语言,180 多个国家和地区开展中文教育,76 个国家将中文纳入国民教育体系,外国正在学习中文人数超过 2500 万,累计学习和使用中文人数近两亿[②]。应动员全球各国国际中文教育的实践者共同参与国际中文教育话语体系的构建,设立理论研究者关注参与实践、实践者积极参与研究的"研究——实践共同体"[③],增强问题意识,聚焦实践遇到的新问题,在实践中发现和关照国际中文教育的真问题,不断提出解决问题的新理念。

4. 坚持国际视野

国际性是"国际中文教育"与"对外汉语教学"最大的区别,国际性也是"国际中文教育"鲜明特征,因此,我们在构建国际中文教育话语体系时,要坚持国际视野,考虑到话语体系既要适用于目的语环境下的中文教学,也要适应非目的语环境下的中文教学,也就是说,要兼顾国内国外两个场域。在全球场域构建中国国际中文教育话语体系,既要做到"我们能够讲,对方愿意听",也要做到"我们讲得通,对方听得懂"。

"我们能够讲,对方愿意听",反映了国际中文教育的话语权力。话语体系中

---

① 曹秀玲:《提升原创力,推出精品作,构建新话语,扩大影响力》,《世界汉语教学》2019 年第 2 期,第 154—155 页。

② 李依环:《76 个国家将中文纳入国民教育体系》,《人民网》2022 年 6 月 28 日。

③ 蒲蕊:《学术话语体系建设的理与论——一项分科的研究》,沈壮海等:《构建中国特色教育学话语体系》,人民出版社 2019 年版,第 354—357 页。

的话语主体至关重要,要有一种主动构建、主动参与、主动言说的意识,完成话语的自主思考和独立表达①。要根据话语对象采取不同的话语策略,敢于发声、善于发声、积极发声、有效发声,保证话语表达和传播的理想效果②,要按照习总书记的指示,"采用贴近不同区域、不同国家、不同群体受众的精准传播方式,推进中国故事和中国声音的全球化表达、区域化表达、分众化表达,增强国际传播的亲和力和实效性。要广交朋友、团结和争取大多数,不断扩大知华友华的国际舆论朋友圈。要讲究舆论斗争的策略和艺术,提升重大问题对外发声能力"。

"我们讲得通,对方听得懂",反映了国际中文教育的话语能力。既要讲解,就要有原创性、前沿性的话语内容,保障话语引人入胜,富有启发,正如习近平总书记所指出的,"要加快构建中国话语和中国叙事体系,用中国理论阐释中国实践,用中国实践升华中国理论,打造融通中外的新概念、新范畴、新表述,更加充分、更加鲜明地展现中国故事及其背后的思想力量和精神力量"。同时,既要讲解,也要适当调整我们的话语表达方式,兼顾中国特色与地方特点,既要充分体现中文和中华文化特色,也要适当融合国外本土文化元素。要准确掌握话语重点,及时调整话语风格,不断拓宽话语渠道,"用学习者所熟悉的话语体系,按照学习者喜欢并乐于接受的话语方式,讲解学习者听得懂的中国故事"③。

五、 结语

习近平总书记 2016 年 5 月 17 日在哲学社会科学工作座谈会上的讲话中提出构建具有中国特色、中国风格、中国气派的学科体系、学术体系、话语体系的要求,自此构建"三大体系"便成为中国哲学社会科学工作者的重要使命。"三大体系"相辅相成,相互支撑。其中话语体系作为三大体系中重要的一环,在三大体系建设中发挥关键作用。党的十八大以来,关于话语体系的研究不胜枚举,既有基于历史经验的论证,也有基于现实问题的思考,其研究范围既涉及某一学科的话语体系,也涉及中国学术对外传播话语体系中的某一个领域。本文以国际中文教育这一专业学科为切入点,探讨构建新时代中国国际中文教育话语体系的

---

① 王保星:《中国教育学话语体系建构的外来因素检视》,丁钢等:《教育学的中国话语体系建构:问题与路径》,《基础教育》2021 年第 1 期,第 13—39 页。

② 王晓辉:《讲好中国故事,创新话语体系》,《天津外国语大学学报》2021 年第 6 期,第 5 页。

③ 赵金铭:《国际汉语教育中的跨文化思考》,《语言教学与研究》2014 年第 6 期,第 10 页。

重要意义和实现路径。

本文认为,构建国际中文教育话语体系是新时代中国特色社会主义发展的必然要求,是推动国际中文教育事业高质量发展和提升国际中文教育国际话语权的重要保障,也是构建国际中文教育学科体系、学术体系的基础工程,是推动其学科体系、学术体系繁荣发展的必要条件。由于目前对国际中文教育话语体系研究的积累不足、学理不清,国际中文教育话语体系的构建任重道远。因此,要坚持学术自信、创新思维、实践立场和国际视野,既要有信心和耐心,也要允许学者从多个角度去研究,从多个角度提出不同的观点,加强构建国际中文教育话语体系的研究。

作者简介:王昕生,教育部中外语言交流合作中心助理研究员。

The Important Significance and Implementation Path of Constructing a Discourse System for International Chinese Language Education

Wang Xinsheng

Abstract: At the Symposium on Philosophy and Social Science on May 17, 2016, General Secretary Xi Jinping proposed the requirements for building a disciplinary system, academic system, and discourse system with Chinese characteristics and Chinese style. Building "Three Systems" has become an important mission of Chinese philosophy and social science workers. Based on previous research, this article clarifies important concepts such as discourse, discourse system, and discourse power etc. It focuses on analyzing the significance and implementation path of constructing the Chinese discourse system of International Chinese Language Education in the new era.

Keywords: International Chinese Language Education; Discourse System; Three System

国际中文教育话语体系构建基础与原则探析*

包亮

摘　要:在推动国际中文教育高质量发展过程中,需要对国际中文教育话语
体系的相关问题进行更深入的专门探讨。本文从国际中文教育话语体系构建基
础这一视角切入,认为国际中文教育具有实践场域超本土性、参与主体多元性、
实践模式双向性的特点。在对以上特性进行论述基础上,本文提出了国际中文
教育话语体系构建的基本原则:基于全球实践构建国际中文教育话语体系、坚持
在对话交流中丰富国际中文教育话语体系、立足学科传统夯实国际中文教育话
语体系。

关键词:国际中文教育;话语体系;构建基础;构建原则

　　2016 年,习近平总书记提出加快构建中国特色哲学社会科学,并特别强
调,发挥我国哲学社会科学作用,要注意加强话语体系建设。①自此之后,"话
语体系"及其构建成为中国国内各个学科的重要议题,不同学科的学者从不同
的角度探讨了什么是本学科的话语体系、如何构建话语体系等问题。国际中
文教育领域学者也从不同角度对话语体系的问题进行了一些探讨,代表性的
如赵杨讨论了构建汉语国际教育学术话语权的基础、关键和途径;②此外还有
一些学者从侧面论及了话语体系构建中的学科建设等一些问题,如吴应辉、李

* 本文是 2022 年国家社科基金社科学术社团主题学术活动资助"新时代国际中文教育中国话语体系
　构建研究"(22STA056)阶段性成果。
① 习近平:《在哲学社会科学工作座谈会上的讲话》,《人民日报》2016 年 5 月 19 日。
② 赵杨:《汉语国际教育学术话语权构建》,《世界汉语教学》2019 年第 4 期,第 435 页。

泉、丁安琪等。①但与其他学科相比,国际中文教育学界对话语体系问题还缺少专门的探讨。而事实上,与其他以中国本土为主要实践场域的学科相比,国际中文教育是鲜少具有海外阵地、具有外部受众、具有天然对外发声渠道的领域,如果能够构建较为完备的话语体系,能够较好地在国际上发声,可以做到有理可说出,说出可传开。

因此,在国际中文教育打造"更加开放包容、更加优质可及新格局"②过程中,国际中文教育话语体系构建将是新时代国际中文教育学科建设、学术发展深化过程中的重要命题,有必要对相关问题进行更深入专门的探讨。本文从国际中文教育话语体系构建基础这一视角切入,尝试对国际中文教育话语体系构建基础的特点和基本原则进行探讨。

一、 国际中文教育实践是话语体系构建的基础

话语体系由不同的话语构成。话语,从根本上讲就是术语、概念、范畴和言说方式所构成的表达体系。③由此,某一领域内的话语体系,一般指该学科领域内所特有的术语、概念、范畴和言说体系是这一学科领域内特有表述方式和方法,根源于该学科所开展的具体实践,也就是说,某一领域内的开展具体实践是该领域话语体系构建的基础。习近平讲话中也指出了实践对于理论创造的重要作用,"当代中国正经历着我国历史上最为广泛而深刻的社会变革,也正在进行着人类历史上最为宏大而独特的实践创新。这种前无古人的伟大实践,必将给理论创造、学术繁荣提供强大动力和广阔空间"。④因此,国际中文教育领域学术创新和发展——包括话语体系构建在内,也必然根植于当前广泛开展的国际中

---

① 相关代表性成果有:吴应辉:《汉语国际教育学科建设中的中国担当与学术自信》,《国际汉语教学研究》2019年第4期;李泉:《对外汉语教学:学科建设四十年——成就与趋势,问题与顶层设计》,《国际汉语教育》(中英文),2018年第3期;李泉:《再论汉语国际化规划》,《语言教育》2021第4期;吴应辉,梁宇:《交叉学科视域下国际中文教育学科理论体系与知识体系构建》,《教育研究》2020年12期;丁安琪:《重构"汉语国际教育"学科理论体系——从"国际汉语教学"走向"汉语国际教育"》,《国际汉语教学研究》2014年第2期等。

② 新华社.孙春兰强调:扎实推动国际中文教育高质量发展,http://www.gov.cn/guowuyuan/2022-12/09/content_5730892.htm.2022年12月9日。

③ 高玉:《中国现代学术话语的历史过程及其当下建构》,《浙江大学学报》(人文社会科学版)2011年第2期,第140页。

④ 习近平:《在哲学社会科学工作座谈会上的讲话》,《人民日报》2016年5月19日。

文教育实践之中。

过去七十多年，特别是近二十年来，国际中文教育的发展如同中国其他领域波澜壮阔的变革一样，有着异常丰富的实践。以 1950 年 12 月在清华大学开设的东欧交换生中国语文专修班为起点，从早期用"对外汉语教学"来指称的在中国国内开展的、以来华留学生为主要对象的中文教学，到孔子学院这一语言文化推广机构在全球范围内蓬勃发展背景之下、用"汉语国际教育"指称的在海外把中文作为外语的教学，再到 2019 年底国际中文教育大会提出的意蕴更丰富的名称"国际中文教育"，国际中文教育在事业和学科共同推动下的发展非常迅速。

事业的发展可以从孔子学院这一具有代表性和引领性的国际中文教育机构的迅速发展中管窥。从 2004 年创立至 2023 年，迄今不到二十年的时间，全球已有 162 国家（地区）设立了 541 所孔子学院和 1170 个孔子课堂，①已经成为目前全球规模最大的语言教育机构之一，虽然在体制机制、支撑能力等方面仍有不少需要完善之处，但是毋庸置疑的是，孔子学院以超常规的速度走完了英国文化协会、法语联盟等其他语言教育机构上百年的发展历程。

对话语体系构建最为重要的学科也以超常规的速度发展。2022 年，国务院学位委员会和教育部面向社会正式发布《研究生教育学科专业目录（2022）》（以下简称"新版目录"）中，原"汉语国际教育"专业学位类别更名为"国际中文教育"专业学位类别（代码 0453），增设博士专业学位；汉语国际教育学科的规模也非常庞大，截至 2022 年 12 月，国内"汉语国际教育"硕士专业学位授权点高校已从设立初期的 24 所增加至 198 所，累计培养国际中文教育各类专业人才 7 万余人，其中包括来自 72 个国家的本土中文师资 1.5 万人，北京大学等 27 所高校招收汉语国际教育博士专业学位研究生。②虽然目前对于国际中文教育的学科体系发展还存在一些争议，例如陆俭明先生提及的国际中文教育本科的存废问题，③但总体来说，国际中文教育本、硕、博贯通培养体系已经正式建成。在事业、学科发展的推动之下，国际中文教育学术研究也逐步走向成熟，正如赵金铭先生指出的："从对外汉语教学，到国际汉语教学，再到国际汉语教育，本学科的'内涵更加丰富、体系更加完备，视野更加开阔，范围更加广泛，研究理念更加先

①　数据根据孔子学院官方网站统计，网址为：www.ci.cn。

②　中外语言交流合作中心.面向未来发展　完善培养体系（微专题第 11 期），http://www.chinese.cn/page/#/pcpage/publicinfodetail? id＝140.2022 年 12 月 31 日。

③　陆俭明:《新时代国际中文教育理念创新和实践探索的若干思考》,《语言教学与研究》2022 年第 4 期，第 1—8 页。

进,研究成果更加丰厚'"。①

总之,"汉语国际教育是中国教育史上从未遇到过的、大规模成建制、需求在外供给在内、特有的海外办学模式和社会服务形式。"②"2019 年国际中文教育大会开启了国际中文教育体系构建的新时代。新冠肺炎疫情改变了行业生态,催生了中文教学模式创新。国际中文教育学科体系构建已经起步。""在百年未有之大变局与千年未遇之大疫情背景下,世界格局正在重塑,中国逆势快速发展必然促使中文和中华文化快速走向世界"。③无论是回顾过往的历程,还是远眺未来的发展前景,国际中文教育话语体系构建的基础是坚实的,以国际中文教育实践来构建国际中文教育学科领域内所特有的术语、概念体系,形成特有表述方式和方法,是完全可行的。

二、 国际中文教育实践的独特性

在其他学科关于话语体系构建的讨论中,对于本土实践非常重视,强调以中国本土实践进行学理总结是构建话语体系的最重要基础。例如,在关于教育学话语体系构建的讨论中,"回归中国"是研究者们界定教育学中国话语体系的共性特征;④"大教育学视野下的教育学中国话语体系的建构,应紧密结合中国实践"。⑤又如在社会学关于话语体系建构的讨论中,亦非常强调本土实践,"构建社会科学的学术话语体系的基础在于对本土实践的原创性理论解释""更要以建设性、开创性的姿态从中国实践出发,将其转化为本土学术话语创新的有益资源"。⑥

那么,国际中文教育的话语体系构建基础是否也应当强调对本土实践的重视呢?习近平指出,"只有以我国实际为研究起点,提出具有主体性、原创性的理论观点,构建具有自身特质的学科体系、学术体系、话语体系,我国哲学社

---

① 赵金铭:《国际汉语教育的本旨是汉语教学》,《汉语应用语言学研究》2013 年辑,第 11—18 页。

② 宁继鸣:《汉语国际教育:"事业"与"学科"双重属性的反思》,《语言战略研究》2018 年第 6 期,第 6—16 页。

③ 吴应辉:《国际中文教育新动态、新领域与新方法》,《河南大学学报》(社会科学版)2022 年第 2 期,第 103—110、155 页。

④ 丁钢等:《教育学的中国话语体系建构:问题与路径》,《基础教育》2021 年第 1 期,第 13—39、2 页。

⑤ 侯怀银、王晓丹:《教育学中国话语体系的大教育学建构》,《教育研究》2022 年第 1 期,第 62—71 页。

⑥ 李友梅:《中国特色社会学学术话语体系构建的若干思考》,《社会学研究》2016 年第 5 期,第 27—37、242 页。

会科学才能形成自己的特色和优势"，①其中最重要的，是强调从"实际"出发。因此，我们认为，国际中文教育话语体系构建也要以国际中文教育实践的实际情况为起点，才能更为全面、更具针对性。目前，国际中文教育话语体系构建的基础——国际中文教育的实践显然是具有特殊性的，正如宁继鸣提出的，国际中文教育是"需求在外、供给在内、特有的海外办学模式和社会服务形式"，②国际中文教育话语体系构建的基础——国际中文教育的实践显然具有区别于其他学科的特殊性，概括而言可从实践场域、实践主体、实践方式这三方面展开讨论。

（一）国际中文教育实践场域的超本土性

其他学科的话语体系构建的讨论，之所以强调中国本土实践，很重要的原因是这些学科的实践发生的场域位于本土，构建其学术话语体系的基础在于对本土实践的原创性理论解释。例如，中国教育学话语体系的构建一定是建立在对中国国内的教育教学实践的规律总结阐释基础之上的；中国社会学的话语体系构建则是立于"回答当下中国社会变迁的机制问题，来理解我国民情的变迁路向和原因"基础上。③换句话说，这些学科的实践行为发生的场域是在中国国内。

在这一点上，国际中文教育与其他学科有显著区别，差异主要体现在国际中文教育实践场域日益呈现出"超本土性"的特点。从历史的角度来说，伴随着学科名称的变化，国际中文教育的学科发展所根植的实践场域呈现出了从"中国本土为主"到"中国本土与海外并重"再到"以海外为主"的趋势。在此过程中，时任国家汉办主任许琳提出的"六大转变"是此过程中的标志性转折；④2022 年的国际中文教育大会上公布了一组数据，全球有 180 多个国家和地区开展中文教学，开设中文课程的各类学校及培训机构 8 万多所。⑤从这组数据来看，很显然目前所开展实践

---

① 习近平：《在哲学社会科学工作座谈会上的讲话》，《人民日报》2016 年 5 月 19 日。
② 宁继鸣：《汉语国际教育："事业"与"学科"双重属性的反思》，《语言战略研究》2018 年第 6 期，第 6—16 页。
③ 李友梅：《中国特色社会学学术话语体系构建的若干思考》，《社会学研究》2016 年第 5 期，第 27—37、242 页。
④ 许琳：《汉语国际推广的形势和任务》，《世界汉语教学》2007 年第 2 期，第 106—110 页。
⑤ 新华社.孙春兰强调：扎实推动国际中文教育高质量发展，http://www.gov.cn/guowuyuan/2022-12/09/content_5730892.htm.2022 年 12 月 9 日。

的场域远远超出了中国本土的范围,而广泛覆盖了世界不同的地域。同时,需求在外、供给在内也已经不能完全概括目前国际中文教育的供给情况了,随着越来越多的中文教育开展国进行了中文专业、中文师范专业建设等具有内生机制的工作,国际中文教育不仅需求在外,连供给也呈现出"内外结合"的特点了。因此,要对国际中文教育实践进行规律总结、理论阐释和话语构建,显然就不能仅仅基于中国的本土实践,而是要以更宽广的视角来关注发生在本土之外的实践。

当然,国际中文教育话语体系构建最重要的根基仍然是在中国的本土范围内的实践。一方面,国际中文教育话语体系构建的基础——国际中文教育学科发展的源头、主体在国内,面向国际中文教育的汉语语言学、第二语言习得、语言要素教学等基础理论,以及教学法、教师专业发展、教学资源建设、现代教育技术、语言测试等应用理论都已经有了相当的积淀;另一方面,中国作为母语国,仍然是广大中文学习者学习中文的最终目的地和开展目的语环境下中文教育教学实践的唯一场域。

(二) 国际中文教育实践参与主体的多元性

其他学科开展的各种实践,往往是在一个群体内进行的。中国教育学话语体系,着重所解释的是在中国受教育群体内进行的种种教育实践活动;中国的社会学话语体系,寻求的是解释、解决中国本土经济社会实践所面临的现实问题,也是发生于中国、中国人的群体内。

但参与国际中文教育的实践的群体,同其实践场域的复杂性一样,具有非常多元的特点。无论是宏观的管理规划层面,还是中观的机构执行层,还是微观的个体实践层面,不同层次主体对国际中文教育的实践起着不同的作用。当然,宏观、中观、微观各层次不同类型主体在国际中文教育中起到的作用是有区别的:宏观层面——国家及代表国家的政府部门主要通过出台语言教育政策、制定语言教育规划、规划调配各类语言教学资源等方式影响中文教育;中观层面——学校等教育机构参与中文教育的主要方式是语言政策实施、执行语言教育规划、适配语言教学资源等;微观层面——个人(包括教师、学生)则主要通过教授语言、学习语言、使用语言教学资源等方式影响中文教育。

需要特别指出的一点是,上述各个层面的参与群体都不是单一某个国别地域范围内的,而是包括了中国、中文教育各开展国的各层面的,并且随着中文教育的进一步发展，这些群体的趋势是越来越多元化——因为从近几年的数据来看，将中文纳入国民教育体系的国家数不断增加，开展国际中文教育的机构类型、模式也越来越多样，走向市场、走向民间、走向线上已经越来越成为国际中文教育发展的趋势。当然，虽然参与实践的主体日趋多元化，但实际上中国人（包括在外华人）仍是构建国际中文教育话语体系最主要的力量，和其他外语教育的理论构建类似的是，面向国际中文教育各种基础理论，各类应用理论话语体系的构建者仍深受中国国内的国际中文教育学科体系的影响，所使用的各类教学资源也大多是中国国内教师所编——即使其实践场域已经超过的中国国内这一场域。

（三）国际中文教育实践模式的双向性

国际中文教育实践场域的超本土性、参与实践主体的多元性决定了国际中文教育实践模式的双向性。国际中文教育发展，事实上是中方作为母语国的资源倾斜、投入和中文教育开展国中文学习需求不断高涨双向助推的结果，具有中文教育一面超越中国本土走向"国际化"，一面在世界各国落地发展走向"本土化"，双向互动的模式特征，这也是其他学科发展中所不具备的特点。

在国际中文教育过往实践中，这种双向互动在不同的时间段显现出不同的效果。例如过去二十多年，国际中文教育的发展都处于一种"推力因素远远大于拉力因素"的状态；①在此状态下，虽然以孔子学院快速布局为标志性成果的汉语国际推广工作得到了快速发展，但是随着国际环境的变化，国际中文教育的发展迎来了"高位震荡"，孔子学院在欧美国家引发了一轮的争议，美国政府、国会出台了一系列针对孔子学院的限制措施，瑞典等少部分欧洲国家的孔子学院也部分关闭。近几年，不论是学术研究还是在实践中，国际中文教育领域的从业者对这种状态进行了某种程度上的反思和纠偏。"我们更应该清楚地认识到，从根本上说，汉语国际推广或传播的主要推力是来自'接受者'本国"。②"我们开展国际中文教育，要设法尽可能打消对象国那种'戒心和防范的心理'，要让对象国从政府机构到广大民众都能意识到、感觉到中国开展国际中文教育完全是一种'为

---

① 卢德平：《汉语国际传播的推拉因素：一个框架性思考》，《新疆师范大学学报》（哲学社会科学版）2016年第1期，第55—61、2页。

② 吴勇毅：《全球视野下的孔子学院与国际汉语教育——为纪念中国孔子学院创办十周年而作》，《华南师范大学学报》（社会科学版）2014年第5期，第50—54、161—162页。

人之举'"。①

在实践层面,最为引人注目的就是国际中文教育顶层治理架构的变化。2020 年,在原孔子学院总部/国家汉办的基础上,中国教育部设立了"中外语言交流合作中心"(简称"语合中心"),主要职能是为发展国际中文教育与促进中外语言交流合作提供服务。②孔子学院品牌则由当年新成立的"国际中文教育基金会"负责运营,基金会由 27 家高校、企业和社会组织联合发起,是在中华人民共和国民政部注册的慈善组织。③在某种意义上,这种治理架构的变革既是在意识到国际中文教育实践的双向特征之后的回应,也是对"推力因素远远大于拉力因素"这一状态的消解。

三、 构建国际中文教育话语体系的原则

基于国际中文教育实践的上述特点,在推动构建国际中文教育话语体系过程中,应当把握好以下几项原则:

(一) 基于全球实践构建国际中文教育话语体系

具有越来越显著的超本土性特征的国际中文教育实践是国际中文教育事业和学科发展的源泉,也是国际中文教育话语体系构建的基础。因此,国际中文教育领域要构建国际中文教育话语体系,就应当深入国际中文教育的全球实践中,以事实为理论来源、为论证依据,从国际中文教育在全球不同区域的实践中汲取话语体系构建的"养料"。

我们认为,基于国际中文教育的全球实践建构话语体系,应当处理好中国国内的中文教育实践与海外中文教育实践的关系。目前,国际中文教育的学科发展的根基和主体学术科研力量都在国内,特别容易造成中国国内的中文教育在教学科研等方面的"话语垄断",导致在国际中文教育整体的话语体系构建过程中,忽视海外各国的中文教育实践问题,而以中国国内目的语环境下教育实践锻造出的理论模具来处理海外的中文教育实践问题。因此,在重视

---

① 陆俭明:《新时代国际中文教育理念创新和实践探索的若干思考》,《语言教学与研究》2022 年第 4 期,第 1—8 页。

② 中外语言交流合作中心.关于我们,http://www.chinese.cn.2022 年 12 月 31 日。

③ 国际中文教育基金会.关于我们,https://www.cief.org.cn.2022 年 12 月 31 日。

对国内的中文教育实践研究的同时,不能忽视对海外的中文教育实践的挖掘,应当重视已然成为国际中文教育实践重要组成部分的海外中文教育实践,在不断通过国内的中文教育实践研究夯实国际中文教育理论基础的同时,寻找海外中文教育实践中的真问题,以融通的思维推动国际中文教育话语体系的构建。

(二) 在对话交流中丰富国际中文教育话语体系

国际中文教育实践参与主体的多元性以及国际中文教育开展过程所处的多元文化环境下对话交流是不可或缺的,不同层次的参与主体,有着不同的利益诉求,不同参与主体内具体的人有不同的社会文化背景,不同的认知模式,也只有通过对话交流,才能消解异质性、寻求同质性。具体而言,可以从以下几点着手:

首先,做好不同实践主体间的对话交流。参与国际中文教育实践的主体间,可以就不同层面的国际中文教育实践开展对话交流,作为母语国的中国的国际中文教育事务管理部门可以与中文教育开展国的教育文化交流部门就出台既符合当地教育规范和要求、也符合中文教育特点的中文教育教育政策、中文教育发展规划等开展对话协商;在参与中文教育政策实施、执行中文教育规划、适配中文教学资源的中国教育机构和国外教育机构之间,可以就各类中文教育项目的实施开展对话,例如在孔子学院建设中的中外高校理事会模式的进一步坚持和完善;在个体层面,参与中文教育的中外教师要充分考虑教学过程的制约因素以及所在地社会环境,考虑教学对象的特点和认知规律,与中文学习者开展充分的互动,使教学效能达到最大化。

其次,做到理论与实践的对话融通。理论与实践不是一种指导与被指导的关系,而是一种交互转化、交互生成的关系;实践为理论提供了活水源头,理论对实践进行分析和提升。实践孕育了理论,理论滋养了实践。[1]在目前国际中文教育理论研究的主要阵地和国际中文教育实践的主要场域呈现出一定程度相互背离背景下,需要特别警惕理论和实践互相割裂的问题,特别是国际中文教育理论工作者和实践工作者要保持畅通的对话渠道,形成共同体,避免出现空中楼阁式的学术研究;在国际中文教育发展的历程中,实践往往先于理论而行,国际中文

---

① 侯怀银、王晓丹:《教育学中国话语体系的大教育学建构》,《教育研究》2022 年第 1 期,第 62—71 页。

教育研究者不能将自己单纯地定位为理论工作者,而不参与或者不躬身入局观察国际中文教学实践,正如吴应辉指出的,"学者们应该根据汉语和世界各国语言文化、教育体制等特点,开展大量广泛深入的原创性调查研究,尤其是汉语国际教育的区域、国别问题研究,提出既符合汉语教育规律又密切联系有关国家汉语教育实际的理论与方法,在解决问题中产出高水平原创性理论和应用成果"。[①]

(三) 立足学科传统夯实国际中文教育话语体系基础

学科的建设发展是话语体系完善的基础,国际中文教育也不例外。经过七十年的建设,国际中文教育学科已经形成了相对比较完备的学科理论体系,学科地位渐显化,学科研究精细化,学科体系国际化,教学理论模式化,教材教法多元化,取得了丰硕的研究成果。[②]当前应当思考的是,如何更好地在既往学科传统的基础之上,处理好其与国际中文教育实践新特点之间的关系。

回溯国际中文教育学科发展历程,借鉴吸收相近学科的理论和方法是促进学科发展的重要方式之一。例如在教学法的研究中,"有借鉴、吸收二语教学理论和研究方法的传统,交际教学法、任务型教学法、语块教学等在汉语教学中都得到了应用,并且产生了大量的研究成果"。[③]目前,随着国际中文教育实践的场域、参与群体和模式的变化,带来了许多与学科建构发展密切相关的问题,如不同区域国别的教育语言政策、外语教育标准、教学资源建设、适用的教学方法等理论与实践问题,都亟须进一步完善国际中文教育学科体系,以提供学理性解释、学术话语支撑、人才支持。要完善学科体系,就应认识到目前的国际中文教育学科已经是一个需要多学科支撑的跨学科、交叉型专业,需要从相关学科中汲取营养,借鉴适合中文教育教学特点的理论、方法并加以应用,进而促进国际中文教育学科的进一步发展。

同时,在国际中文教育学科发展过程中,在吸收和借鉴外部理论和方法的同时,坚持自主创新、寻求符合中文教育教学自身特点理论也是优良的传统。"所谓走自主创新之路,就意味着不能期盼从其他二语教学研究中找到完全适

---

① 吴应辉:《汉语国际教育学科建设中的中国担当与学术自信》,《国际汉语教学研究》2019 年第 4 期,第 27—29 页。

②③ 李泉:《对外汉语教学:学科建设四十年——成就与趋势,问题与顶层设计》,《国际汉语教育》(中英文)2018 年第 4 期,第 3—17 页。

合汉语教学的理论和方法,也不能指望从汉语本体研究中找到完全符合教学实践的研究成果,而只能靠我们汉语教师自己去研究和探索"。[①]同样,在构建国际中文教育话语体系过程中,也不能期盼从其他相关学科找到完全符合国际中文教育实践的理论模型,而是应当深入到日益丰富的国际中文教育实践中去寻求具有学理性、具备规律性的内容,提炼出具有学科特点的原创性的学术表达、学术概念。例如目前中文教育正在逐步走向本土化,其中有没有什么规律? 可否从实践中总结中文教育本土化发展的规律特点,从外语教育这一角度丰富语言传播理论? 可否从中文学习者构成的不同,提炼出反映不同阶段、不同主体、不同场域的特定概念、范畴,进而体现出中文教育的话语体系的时代性?

总之,在建构国际中文教育话语体系的过程中,应对国际中文教育学科发展历程中优秀的传统进行挖掘,借鉴其中的经验,既不照抄照搬,又不一概否决,加强横向和纵向的比较,实现优秀传统的传承和创新。

四、 结语

国际中文教育话语体系的构建,是一个宏大的命题,不仅涉及话语体系建设自身,也牵涉了学术体系打造、学科体系建设的问题。"学术体系主要承担概念生成、知识创新、理论建构的任务;学术体系是学科体系的支撑,离开学术体系,学科体系将流于空泛;话语体系是学术体系的呈现和表达,没有学术体系作为内涵,话语体系只能徒具形式"。[②]本文仅结合笔者自身的观察提出一些浅见,挂一漏万,分析不当之处在所难免。未来,有待于更多学者从不同的角度提出对国际中文教育话语体系不同看法,从而更好地实现国际中文教育学术成果在传播和呈现,更好地推动国际中文教育学科的发展。

作者简介:包亮,博士,浙江师范大学非洲中文教育实践与研究基地办公室主任。

---

① 吴勇毅:《汉语作为第二语言/外语教学法研究四十年之拾穗》,《国际汉语教育》(中英文)2018 年第 4 期,第 47—62 页。
② 陈金龙:《学术自信:构建中国特色哲学社会科学的基础》,《光明日报》2016 年 6 月 2 日。

A Study of the Foundation and Principles for Developing a Discourse System for International Chinese Language Education

Abstract: In the process of promoting the quality development of international Chinese language education, it is of significance to conduct an in-depth study on the issues related to international Chinese language education. From the perspective of the foundation of developing an international Chinese language education discourse system, this paper analyses that international Chinese language education is characterized by the beyond-domestication of the fields of practice, the diversity of participants, and the interaction of the modes of practice. Based on the characteristics, this paper suggests the following fundamental principles for developing a discourse system of international Chinese language education: developing an international Chinese language education discourse system based on global practices, enriching the discourse system through dialogue and exchange, and consolidating the discourse system based on disciplinary traditions.

Keywords: International Chinese language education; discourse system; foundation; principles

"对外汉语教学""汉语国际教育"和"国际中文教育"的属性

——基于话语的考察*

万　众

摘　要: 文章以"对外汉语教学""汉语国际教育"和"国际中文教育"为对象, 重点考察了国内中文教学领域不同时代话语体系中核心概念的来源及其向事业、专业和职业等层面的辐射情况, 指出三者事业属性、专业属性和职业属性的强弱表现不同, 不能"等价替换"。同时认为国内中文教学领域话语体系的构建存在"学术体系发展实现话语体系创新"和"话语体系创新引领学术体系发展"两条路径, "国际中文教育"话语体系的形成即遵循后者。

关键词: 话语体系;对外汉语教学;汉语国际教育;国际中文教育

一、 引言

"对外汉语教学"的目标是什么? 是培养学习者汉语跨文化交际能力, 是培养能从事对外汉语教学、研究以及对外文化交流、宣传等实际工作的德才兼备的高级专门人才①, 还是培养正确了解中国、对中国友好、懂汉语的人才②? 显然, 视角不同, 回答不同。1994 年 12 月, 中国对外汉语教学学会、《世界汉语教学》编辑部和《语言教学与研究》编辑部联合举办了"对外汉语教学定性、定位、定量

---

* 本文为 2022 国家社科基金社科学术社团主题学术活动资助项目"新时代国际中文教育中国话语体系构建研究"(22STA056)阶段性研究成果。

① 国家教育委员会高教一司:《普通高等学校社会科学本科专业目录与专业简介》, 武汉大学出版社 1989 年版, 第 34 页。

② 关于印发《第二次全国对外汉语教学工作会议纪要》的通知,《教育部政报》2000 年第 4 期, 第 153—157 页。

问题座谈会"。会议指出,"对外汉语教学"这个名称具有职业、专业和事业等多重涵义,即"对外汉语教学"既可以指一种工作或职业,也可以指一个专业,还可以指一项事业①。由于其内涵和外延各不相同,因此在探讨相关问题时,不能一概而论,以上便是分别站在职业、专业和事业的视角得出的答案。

新中国的中文教学至今已走过 70 余年历史,当"对外汉语教学"逐步向"汉语国际教育""国际中文教育"转型发展时,后二者是否同样具有职业、专业②和事业等多重涵义? 以往学者或是主要从事业属性和学科属性角度诠释辨析其内涵③,并在一定程度上达成共识,形成较为固定的话语模式;或是直接默认其"继承"了"对外汉语教学"的多重内涵,不过在探讨相关问题时常常将多重内涵混为一谈。

实际上,每一个时代都有体现其时代特征的话语体系④。以"汉语国际教育"和"国际中文教育"概念的产生为标志,国内中文教学领域大致可分为"对外汉语教学""汉语国际教育"和"国际中文教育"三个时代(时期)。不同时代(时期)话语体系中的核心概念分别源于职业话语、专业话语和事业话语,突出反映了专家学者、教育主管部门和国家等不同话语主体的不同诉求。随后向其他层面不断拓展,以寻求职业属性、专业属性和事业属性的统一。既然如此,三个核心概念是否为"等价替换"关系? 我们认为,职业属性、专业属性和事业属性在"对外汉语教学""汉语国际教育"和"国际中文教育"中的强弱表现并不相同,且其属性强弱与话语来源密切相关。

此外,从以上发展过程中是否能够总结归纳出国内中文教学领域不同时代话语体系的形成方式,为新时代"国际中文教育"话语体系的建设提供借鉴和启示? 这些都需要我们进行深入探究。

---

① 中国对外汉语教学学会、《世界汉语教学》编辑部、《语言教学与研究》编辑部:《对外汉语教学的定性、定位、定量问题座谈会纪要》,《世界汉语教学》1995 年第 1 期,第 2 页。

② 由于"对外汉语教学""汉语国际教育"和"国际中文教育"在教育部相关文件中均以专业或专业学位的形式出现,且在职业层面和专业层面上分属不同体系,即培养汉语人才的专业和培养汉语教学人才的专业,其学术体系和话语体系自然不同。目前学界主要是围绕后者探讨学科建设的相关问题,而前者实质上并未取得学科地位,因此本文暂时称之为"专业"。

③ 参见李泉:《国际汉语教学:事业与学科》,《语言教育》2013 年第 1 期;崔希亮:《汉语国际教育学科与事业:道与时偕行》,《国际汉语教学研究》2019 年第 4 期;刘珣:《追随对外汉语教学事业 60 年——试论对外汉语教学事业和学科的发展》,《国际中文教育(中英文)》2021 年第 4 期;宁继鸣:《汉语国际教育:"事业"与"学科"双重属性的反思》,《语言战略研究》2018 年第 6 期。

④ 岳亮:《构建中国特色话语体系三要素》,《学习时报》2016 年 8 月 8 日。

二、 职业、专业和事业视角下的"对外汉语教学"

1982 年筹备召开中国教育学会对外汉语教学研究会时正式确定了"对外汉语教学"的名称,这是学界在近 30 年外国留学生汉语教学实践基础上总结凝练而成的概念,内含"对外""汉语"和"教学"三个关键要素:"对外"是范围,"汉语"是内容,"教学"是过程,充分体现了汉语作为第二语言或外语教学工作的性质和特点。新中国的对外汉语教学工作肇始于 1950 年开设的"清华大学东欧交换生中国语文专修班",办班宗旨为"培养东欧交换生掌握中国语文的一般能力,并使对中国政治文化及其他方面获得初步认识"①。后因高等学校院系调整,该班于 1952 年调进北京大学,更名为"北京大学外国留学生中国语文专修班",并在教学目的中增加"以便进入中国高等学校学习或研究"②的内容。1962 年,外国留学生高等预备学校正式成立,主要任务是"教授汉语;为文化水平低的留学生补习文化课;对留学生进行思想教育;为进入专业学习打下基础"③。同时根据需求,设立了汉语翻译专业。两年后,在调整学校发展方向时提出,学校的主要任务之一是"外国留学生学习汉语,分两种学制:进入专业学校的汉语准备,学习一年到两年;专门学习或进修汉语,学习三年到四年"④。可以说,从语言培训到语言预科再到学历教育,对外汉语教学工作的内容从未改变,始终是对母语为非汉语的外国人进行汉语教学。

在专业层面上,"对外汉语教学"是一门培养汉语教学师资的专业。1964 年北京语言学院建立出国师资系,并开设专门培养出国汉语教师的本科专业,要求学习者"系统掌握汉语语文知识,初步掌握教外国人汉语的技能和方法"⑤;1983 年北京语言大学开设全国首个"对外汉语"专业,明确该专业以培养对外汉语教师为主要目标。显然,作为专业的"对外汉语教学"是培养汉语教学人才的专业。而北京语言学院于 1975 年试办的"现代汉语"专业才是真正意义上培养汉语人才的专业,该专业于 1993 年更名为"汉语言"专业。《高等学校外国留学生汉语言专业教学大纲(2002)》指出,"本专业培养适应现代国际社会需要、具备良好综

① 程裕祯:《新中国对外汉语教学发展史》,北京大学出版社 2005 年版,第 13 页。
② 程裕祯:《新中国对外汉语教学发展史》,北京大学出版社 2005 年版,第 16 页。
③ 程裕祯:《新中国对外汉语教学发展史》,北京大学出版社 2005 年版,第 30 页。
④ 程裕祯:《新中国对外汉语教学发展史》,北京大学出版社 2005 年版,第 32 页。
⑤ 程裕祯:《新中国对外汉语教学发展史》,北京大学出版社 2005 年版,第 40 页。

合素质、全面发展的汉语专门人才";2019年北京语言大学"汉语言(来华留学生)"专业入选北京市重点建设一流专业名单。如今面向来华留学生开展汉语学历教育也多在各高校"汉语言"专业,并未因"对外汉语教学"向"汉语国际教育""国际中文教育"的转型而发生变化。此外,需要指出的是,目前学界实际上是就培养汉语教学人才的"对外汉语教学"专业探讨学科建设的相关问题。

在事业层面上,"对外汉语教学"是一项推广汉语、传播中华民族优秀文化的事业①。由于语言教育在促进人文交流和深化国际理解方面的突出作用,伴随新中国外交事业发展而成长起来的对外汉语教学事业始终受到党和国家的高度重视:1987年由国务院七个部门和北京语言学院组成的国家对外汉语教学领导小组正式成立,1989年国家教委《关于印发〈全国对外汉语教学工作会议纪要〉的通知》明确指出"发展对外汉语教学事业是一项国家和民族的事业",2000年教育部《关于印发〈第二次全国对外汉语教学工作会议纪要〉的通知》再次强调,"对外汉语教学是国家和民族的事业,是国家改革开放大局中的一个组成部分"。

三、 职业、专业和事业视角下的"汉语国际教育"

"汉语国际教育"最早见于2007年国务院学位委员会印发的《汉语国际教育硕士专业学位设置方案》。该方案指出,汉语国际教育硕士专业学位的培养目标为适应汉语国际推广工作,胜任汉语作为第二语言/外语教学的高层次、应用型、复合型专门人才。汉语国际教育硕士专业学位的设立显然是立足于学科建设与专业设置,体现了教育主管部门的意图:一是力图纠正"对外汉语"本科专业教育忽视学习者教学能力培养的问题,二是试图解决新形势下汉语教师需求多元化与国内师资培养单一性的矛盾,三是在孔子学院快速发展的背景下为培养高层次本土汉语教师搭建专业平台,因此在专业学位名称中增加了"教育"的同时,将"对外"调整为"国际"。2012年教育部修订《普通高等学校本科专业目录》,将原"对外汉语""中国语言文化"和"中国学"等专业合并为"汉语国际教育"专业,其培养目标为能从事汉语教学和语言文化传播交流工作的应用型专门人才。因此,该时期凡指称学科专业时,一般使用"汉语国际教育",不过在指称事业和职

---

① 关于印发《第二次全国对外汉语教学工作会议纪要》的通知,《教育部政报》2000年第4期,第153—157页。

业时,学界、业界并未达成一致。

在事业层面上,2005 年首届世界汉语大会的举办标志着中国对外汉语教学向汉语国际推广的转变①。随后,国家对外汉语教学领导小组于 2006 年更名为国家汉语国际推广领导小组,并组织召开了全国汉语国际推广工作会议。时任国务委员陈至立出席会议并强调,要切实加强汉语国际推广能力建设,继续加快孔子学院建设,大力提高市场运作能力。2007 年"国家汉办"加挂"孔子学院总部"牌子,直至 2020 年教育部设立中外语言交流合作中心,这一时期实质上是以孔子学院建设为核心的汉语国际推广事业。与之相对,"汉语国际教育"的事业属性并未得到凸显。

在职业层面上,汉语教学工作的从业者不再局限于国内高校教师,其范围和规模迅速扩大,并向本土化、市场化和专职化方向推进。为引领和规范汉语学习者和从业者发展,该时期多项标准陆续出台:2004 年教育部发布《汉语作为外语教学能力认定办法》(1990 年教育部发布的《对外汉语教师资格审定办法》同时废止);2007 年至 2008 年国家汉语国际推广领导小组办公室相继发布《国际汉语能力标准》《国际汉语教师标准》和《国际汉语教学通用课程大纲》;2010 年国家语言文字工作委员会发布《汉语国际教育用音节汉字词汇等级划分》(以下简称"等级划分")。在以上标准中,分别用"汉语作为外语教学""国际汉语教学"和"汉语国际教育"指称汉语教学工作,特别是《等级划分》指出,"汉语国际教育"是面向母语非汉语者的汉语教育、教学,包括世界各地的国际汉语教学和中国国内的对外汉语教学。这一表述并不规范:"汉语教育、教学"是一项教育工作还是教学工作? 如果是教育工作,第二语言(外语)教学是否应该且能够承担育人重任?② 国际汉语教学和对外汉语教学是并列关系还是包含关系? 如果是并列关系,国内对外汉语教学是否属于国际汉语教学的组成部分? 如果是包含关系,汉语国际教育和国际汉语教学又是什么关系? 显然,以上问题在这一阶段并未形成共识,即"汉语国际教育"的职业属性较弱。

---

① 许琳:《汉语国际推广的形势和任务》,《世界汉语教学》2007 年第 2 期,第 107 页。

② 与之相对,海外华文教育同时承担汉语教学和文化传承的任务,以语言、德育、文化知识和美育为教学目标,可参见贾益民:《海外华文教学的若干问题》,《语言文字应用》2007 年第 3 期。国内语文教育注重培养学习者"语文学科核心素养",包括"语言建构与运用""思维发展与提升""审美鉴赏与创造""文化传承与理解"四个方面,据此修订的普通高中语文课程标准将"坚持立德树人,充分发挥语文课程的育人功能"列为课程的基本理念之一,可参见郑昀、徐林祥:《从"双基"到"三维目标",再到"核心素养"——新中国成立以来语文学科教学目标述评》,《课程·教材·教法》2017 年第 10 期。

四、 职业、专业和事业视角下的"国际中文教育"

"国际中文教育"在 2019 年国际中文教育大会上首次提出,时任国务院副总理孙春兰表示,"中国政府把推动国际中文教育作为义不容辞的责任"。由国家领导人在国际会议上明确提出的"国际中文教育"属于国家话语,是国家意志的体现:在世界多极化、经济全球化、社会信息化、文化多样化的时代背景下,中国政府积极寻求与综合国力和国际地位相匹配的文化软实力和国际话语权,有必要突出强调中文教育事业的国际化属性,因此将"国际"前置,同时考虑到语言的规范性①,将"汉语"调整为"中文"。2021 年初,"建设中文传播平台,构建中国语言文化全球传播体系和国际中文教育标准体系"被写入《中华人民共和国国民经济和社会发展第十四个五年规划和 2035 年远景目标纲要》,同年教育部《关于政协第十三届全国委员会第四次会议第 2624 号(教育类 091 号)提案答复的函》中指出"国际中文教育是中国提供给世界的重要语言文化公共产品"。新时代,指称事业的"国际中文教育"迅速向专业和职业层面辐射,并有取代"对外汉语教学"和"汉语国际教育",实现"天下一统"的趋势。

在中国知网中分别以"对外汉语教学""汉语国际教育"和"国际中文教育"为关键词,检索其在论文标题中的使用情况,汇总形成 2003 年至 2022 年使用频次图。从中可见,"对外汉语教学"和"汉语国际教育"的使用频次在 2021 至 2022 年间骤然下降②,且前者的使用频次已低于"国际中文教育"。不难预测,后者的使用频次也即将被"国际中文教育"超越。

面向中文教学工作及其从业者,2020 年底《国际汉语教师证书》正式更名为《国际中文教师证书》;2021 年教育部、国家语言文字工作委员会发布《国际中文教育中文水平等级标准》,该标准适用于国际中文教育的学习、教学、测试与评估;2022 年世界汉语教学学会发布《国际中文教师专业能力标准》,该标准要求国际中文教师具备从事国际中文教育所需的教育知识、中文和语言学知识、中华文化与中国国情知识和第二语言习得知识,具备从事国际中文教育所需的中文

---

① 《关于政协十三届全国委员会第二次会议第 1164 号(教育类 133 号)提案答复的函》(教提案〔2019〕第 79 号)中指出,2018 年初,教育部、国家语委专门就此问题(中国语言的统一名称问题)发出文件,明确要求对内尤其在民族地区,应在正式文件、正式场合中采用"国家通用语言文字"的表述;对外,建议统一称"中文"。

② 论文撰写和发表之间存在一定时滞。

对外汉语教学、汉语国际教育和国际中文教育使用频次图

要素教学、中文技能教学和教育技术应用等技能。综上,在现行标准中,基本用"国际中文教育"统称中文教学工作,这是"国际中文教育"职业属性的体现。至于"国际中文教育"概念是否能够包含国内"对外汉语教学"以及海外"国际中文教学"和"华文教育"等三个方面①,还有待进一步研究论证。

新概念的提出同时推动了学科专业名称的调整,一方面,哲学社会科学中绝大多数学科具有显著的意识形态属性,具有明确的服务主体和服务对象②,须主动适应并服务国家战略和区域经济社会发展需求;另一方面,学界有意借助学科更名的契机,逐步理顺国际中文教育的学科定位和归属。在 2022 年国务院学位委员会、教育部印发的《研究生教育学科专业目录》中,原"汉语国际教育"专业学位类别更名为"国际中文教育",并增设博士专业学位。目前博士阶段已实现从方向到领域再到类别单列的快速发展。不难预料,下一步将对本科"汉语国际教育"专业进行相应调整。由此可见,"国际中文教育"具有较强的专业属性。

---

① 参见郭熙、林瑀欢:《明确"国际中文教育"的内涵和外延》,《中国社会科学学报》2021 年 3 月 16 日;王辉、冯伟娟:《何为"国际中文教育"》,https://www.gmw.cn/xueshu/2021-03/15/content_34688036.htm,2021 年 3 月 15 日;吴应辉:《国际中文教育新动态、新领域与新方法》,《河南大学学报》(社会科学版)2022 年第 2 期。

② 彭秋归:《哲学社会科学评价具有意识形态属性》,《中国社会科学报》2016 年 4 月 21 日。

五、 新时代"国际中文教育"话语体系构建

话语体系是学术体系的反映、表达和传播方式,是构成学科体系之网的纽结,主要包括:概念、范畴、命题、判断、术语、语言等①。其中,概念是实践探索的工具,是知识生产和理论体系的基石②。纵观新中国中文教学 70 年发展历程,不同时代本领域的核心概念分别产生于职业、专业和事业等不同层面,并以此为基础形成了不同的话语体系。

刘利指出"汉语国际教育学科建设始终贯穿着两条主线,即政府主导的学科体系规划和汉语国际教育工作者的理论实践探索"③。其实,国内中文教学领域话语体系的构建同样存在两种路径:中国的文科必须走引进、吸收、消化、结合自身实际创新的道路,逐步探索属于自己的理论体系、研究范式、观察视角、教学方式④——学术体系发展实现话语体系创新,这是其一;作为一种言说体系,话语体系则从概念、陈述、文本构成等方面为学术研究提供规范的约束和引导⑤——话语体系创新引领学术体系发展,这是其二。

话语是语言符号在一定历史条件下的群体表达形式,体现特定的意识形态⑥。就"对外汉语教学""汉语国际教育"和"国际中文教育"三个概念而言,前者遵循路径一,经过近 40 年的建设发展,源于职业层面的"对外汉语教学"广为人知且深入人心,陆续获得专业和事业属性,在此基础上初步建立起一套相对成熟的话语体系。不过由于学界、业界未能与时俱进地"提出具有主体性、原创性的理论观点,构建具有自身特质的学科体系、学术体系、话语体系"⑦,无法满足中国对外开放新形势与新战略的需要,因此从教育主管部门和国家层面相继提

① 谢伏瞻:《加快构建中国特色哲学社会科学学科体系、学术体系、话语体系》,《中国社会科学》2019 年第 5 期,第 19 页。

② 丁钢、侯怀银、谭维智、吴刚、黄忠敬、王保星、龙宝新、康永久、肖绍明、丁书林、李政涛:《教育学的中国话语体系建构:问题与路径》,《基础教育》2021 年第 10 期,第 15 页。

③ 刘利、赵金铭、李宇明、刘珣、陈绂、曹秀玲、徐正考、崔希亮、鲁健骥、贾益民、吴应辉、李泉、陆俭明:《汉语国际教育知识体系的特色与构建——"汉语国际教育知识体系的特色与构建研讨会"观点汇辑》,《世界汉语教学》2019 年第 2 期,第 148 页。

④ 陈周旺、段怀清、严峰、孙向晨、田素华、苏耕欣、李宏图、张涛甫:《新文科:学术体系、学科体系、话语体系——复旦大学教授谈新文科》,《复旦教育论坛》2021 年第 3 期,第 10 页。

⑤ 谢立中:《探究"三大体系"概念的本质意涵》,《中国社会科学报》2020 年 12 月 24 日。

⑥ 李彬:《符号透视:传播内容的本体诠释》,复旦大学出版社 2003 年版,第 309 页。

⑦ 习近平:《在哲学社会科学工作座谈会上的讲话》,《人民日报》2016 年 5 月 7 日。

出"汉语国际教育"和"国际中文教育"两个概念,以引导学界、业界展开研究和讨论,着力构建具有中国原创性的中文教育理论,这符合路径二的发展模式。不过源于专业层面的"汉语国际教育",与当时指称事业的"汉语国际推广"和指称职业的"国际汉语教学"等概念同存并用,始终未能贯通事业、专业和职业三个层面,实现国内中文教学领域不同话语范畴中核心概念的统一。这实质上便是政策话语和学术话语的碰撞,也是话语使用中延宕和交叠状态的表现①。与之相对,源于事业层面的"国际中文教育"是国家意志的体现,因此迅速在专业话语和职业话语中取得统治地位,专家学者纷纷基于各自专业知识和实践经验对其进行分析阐释,不过短时间内尚无法形成共识。

目前看来,"国际中文教育"同样具有事业、专业和职业等多重涵义,在此仅对构建其学术话语体系提出三点建议:一是建议适时召开由专家学者、学术社团、学术期刊、政府部门等多主体共同参与的"三定会议",就"国际中文教育"的核心概念达成基本共识,明确是在职业、专业和事业层面统一使用"国际中文教育",还是不同层面使用不同概念,进而逐步理顺当前话语体系,服务学科体系和学术体系建设;二是建议既要与时俱进,又要保持学术定力,特别是既要坚持学术话语与官方话语之间的联系,通过两者之间的相互影响来推动双方的发展,又要注意学术话语和官方话语之间的区别,不能简单地将两者相互照搬②;三是建议立足中文特点和中文教学实践,着力探索国际中文教育领域基础理论,转换"创新接受者"的角色,通过研究方法科学化和学术成果国际化③,完善并丰富国际中文教育话语体系。

六、 余论

从不同角度可以对话语体系进行不同的划分。文章纵向考察了中文教学领域不同时代话语体系中"对外汉语教学""汉语国际教育"和"国际中文教育"三个核心概念的发展情况,认为虽然三者一脉相承,但是内涵和外延并不等同,事业属性、专业属性和职业属性的强弱表现不同,不能直接以后者替代前者,这也是部分学者主张"场景不同,称谓不同"的原因。不过值得注意的是,横向上同样形

---

① 韩震:《论话语的内涵、实质及功能》,《外国哲学》2018年第2期,第119页。
② 谢立中:《探究"三大体系"概念的本质意涵》,《中国社会科学报》2020年12月24日。
③ 赵杨:《汉语国际教育学术话语权构建》,《世界汉语教学》2019年第4期,第437页。

成了中文教学职业话语体系、中文教育专业话语体系、中外人文交流事业话语体系等多种话语体系。这些话语体系的特点分别是什么？如何进一步建设完善，并实现不同话语体系之间的融通？这些都将成为下一阶段的研究重点。

作者简介：万众，教育部中外语言交流合作中心，学术组织联络处助理项目官员。

The attributes of "Duiwai Hanyu Jiaoxue" "Hanyu Guoji Jiaoyu" and "Guoji Zhongwen Jiaoyu"—An examination based on discourse

Wan Zhong

Abstract：This article focuses on the core concepts of different discourse systems in the field of Chinese teaching in different periods in China，taking "Duiwai Hanyu Jiaoxue"，"Hanyu Guoji Jiaoyu" and "Guoji Zhongwen Jiaoyu" as the objects of study. It examines their radiation to different levels such as undertaking，profession，and occupation，and points out that the strengths and weaknesses of their undertaking attributes，professional attributes，and occupational attributes are not equivalent. At the same time，it is believed that the construction of the discourse system in the field of Chinese teaching in China has two paths："Academic system development leads to discourse system innovation" and "Discourse system innovation leads to academic system development". The formation of the discourse system of "Guoji Zhongwen Jiaoyu" follows the latter path.

Keywords：Discourse system；Duiwai Hanyu Jiaoxue；Hanyu Guoji Jiaoyu；Guoji Zhongwen Jiaoyu

中华文化传承与国际传播研究

主持人语

蒋向艳

      中华文化国际传播是时代赋予的一个重要命题。2013 年 3 月,习近平总书记首次提出了构建人类命运共同体的重大理念。这昭示着放下文明分歧和文化纷争,和平共享人类文明和文化是构建人类命运共同体的必然途径。在这样的时代背景和国家政策的导向下,向全世界介绍、传播和推广优秀的中华文化,在全世界撒播和平仁爱的种子尤显重要。

      中华文化国际传播既是时代赋予的一个重要命题,对中华文化自身而言又有其必要性。当前,优秀的中华传统和现代文化都面临新的挑战:对传统文化而言,过去的译本受到时代的局限,需要有适合时代发展的新译本、新阐释,这既是对传统文化的一次更新和传承,同时也更能适应世界文明互鉴和文化融合的需要;对现代文化而言,则需好好加以梳理和整理,总结出其中最优秀最精华的部分,以更好地与优秀传统文化相衔接,并向世界传播和推广。

      幸运的是,我们正面临着中华文化国际传播的有利时机:中国以扎实稳定的经济实力在世界之林硬核崛起,与之相应,文化上的国际推广需求早已如箭在弦上;另一方面,自 1861 年京师同文馆设立,我国官办外语专门学校鼓励学习外语至今已达 162 年,多年的外语教育培养了大量的外语人才,外语在社会得以广泛普及,并逐渐造就了部分双语甚至多语的社会环境。在这样的语言条件下,加上有国家政策、导向的扶植,我们对中华文化国际传播事业有了更大的信心和勇气。

      本辑“中华文化传承与国际传播研究”专栏共收入五篇文章。其中三篇文章围绕有关《诗经》海外传播和接受的问题展开:主持人华东师范大学国际汉语文化学院蒋向艳副教授翻译了法兰西学士院院士程抱一先生“论‘比兴’”一文;英国埃克塞特大学英语系博士生王骁翻译了美国汉学家康达维的“《生民》的语言问题";华东师范大学国际汉语文化学院比较文学硕士姜真豪则探讨了许渊冲《诗经》法译本对"兴"的研究。此外,两篇文章从翻译学的视角探讨中国文学经典的对外传播问题:北京外国语大学顾钧教授比较分析《红楼梦》"花冢"片段的两个法译文—汉学家班文干译本和李治华夫妇合译本,华东师范大学国际汉语文化学院比较文学硕士生连星榕由法国诗人朱迪特·戈蒂耶 1867 年的中国古诗法译集《白玉诗书》探讨其对于中国古典诗词外译传播提供的启示。希望读者能通过阅读本辑这五篇文章,得出关于中华文化传承与国际传播研究大命题的一些洞见。

　　主持人简介:蒋向艳,华东师范大学国际汉语文化学院副教授,比利时鲁汶大学汉学系访问学者,华东师范大学国际汉学研究中心副研究员,国家语委全球中文发展研究中心副研究员。主要从事比较文学、国际汉学的教学和科研,出版有专著《程抱一的唐诗翻译和唐诗研究》(上海:华东师范大学出版社,2008)和《唐诗在法国的译介和研究》(北京:学苑出版社,2016)。

论"比兴"①

[法]程抱一著　蒋向艳译

摘　要:中国文学传统里有一整套原创性的语言学和文体学概念,只有对这些传统概念进行系统性的研究,才有可能有效地分析中国诗语言的功能。这样的研究在某种程度上将揭示中国几千年来赓续的传统精神和基本法则,并有助于实现真正的中国符号学。本文从"比/兴"这对最古老的概念出发探讨这个问题。"比"和"兴"构成了中国诗学的基础,它们在中国传统里的重要地位相当于西方传统里的隐喻和转喻。两者的差异在于,在西方,人们更强调隐喻和转喻在话语中的功能和规则;而在中国,人们则在"比"和"兴"基本话语功能的基础上,根据这两种形象的意涵,确定符号的构成元素,建立符号与所指以及主体之间的关系。

关键词:符号学;传统概念;比/兴;《诗经》

一

在尝试把握中国诗语言的功能时,我们面对的是一整套语言学和文体学的传统概念。我们认为,要对这些传统概念进行系统性的研究。我们相信,这样的研究对实现真正的中国符号学是有用的,甚至是不可或缺的,在某种程度上它将揭示中国几千年来赓续的传统的精神和基本法则。

我们在这里一一列出这些概念。这一对对概念在意义上通常是相对或互补的:

---

① 本文原题为"Bi 比 et Xing 兴",载《东亚语言学报》(*Cahiers de linguistique-Asie orientale*,Brill) 1979年第6卷,第63—74页。本译文为国家社会科学基金一般项目"《诗经》在法英美汉学界的接受研究"(项目号21BWW024)阶段性成果。

实/虚

动/静

活/死

比/兴

声/律

章/句

风/骨

文/质

情/景

我们建议对这些概念逐一进行考察。我们选择从"比/兴"这对概念开始，这无疑是最古老的一对概念，因为这是《诗经》传统的一个部分，是最古老，也是最现实的一部分。它不仅在历史上留下了数量可观的注释，在中国今天又重新回到人们的视线，成为人们热烈讨论的对象。

在简短的历史回顾之后，我们将揭示"比"和"兴"的基本含义。我们会看到这两个概念不仅仅是简单的样式图，它们触及一个根本问题；事实上，正是通过这些，中国人形成了他们的符号概念。

二

"比"和"兴"，一般翻译成"比较"（comparaison）和"激发"（incitation），以其相当古老而丰富的内容，构成了中国诗学的基础。我们可以说，它们在中国传统里的重要地位相当于西方传统里的隐喻（la métaphore）和转喻（la métonymie）。此外，这种比照的合理性还有另一个理由："比/兴"和"隐喻/转喻"这两对概念所指的事实几乎是相同的。正因如此，人们尝试将"比"定义为隐喻，反映了事物对等的情况；而将"兴"定义为转喻，反映了事物之间的内在联系。这种巧合只会让理论家喜出望外，因为它说明存在着某些普遍现象。然而，还可以进行更深入的研究。首先，允许观点存在差异，或许可以丰富和完善对这些转义手法（tropes）的认识。其次，在进行更深入的分析之前，先介绍我们的基本观点。我们认为，今后能够明确一点：在西方，人们更强调隐喻和转喻在话语中的功能和规则；而在中国，人们则在"比"和"兴"基本话语功能的基础上，根据这两种形象的意涵，确定符号的构成元素，建立符号与所指以及主体之间的关系。

三

我们说过,"比"和"兴"是《诗经》(中国第一部诗集,收集了公元前 11—6 世纪周王室的歌曲)传统的一部分。《周礼》里第一次提到诗的"六事":风、赋、比、兴、雅、颂。晚些时,《毛传》沿袭了《周礼》的这一说法,仅改动了一个字,将"六事"改为"六艺"。

"六艺"对应什么? 我们知道,《诗经》流传至今,包括三部分:风、雅和颂。这三部分原则上对应着"六艺"的三艺。那么其他三艺——赋、比和兴,是否同时还意味着尚不为我们所知的文本? 少数评论家提出了这个假说,其中包括像朱自清这样的现代作家。[1]

一些大注释家认为,赋、比、兴这三项与文本无关,而与作诗法有关,《诗经》的歌曲即据此创作,这种观点被广为接受。比如,唐代注释家孔颖达确切而肯定地解释道:"风、雅、颂者,诗篇之异体;赋、比、兴者,诗文之异辞耳。大小不同而得并为六义者,赋、比、兴是诗之所用,风、雅、颂是诗之成形。用彼三事,成此三事,是故同称为义,非别有篇卷也。"[2]

四

在中国,大约公元 4 世纪,才产生了独立的文学批评,有关文体学的思想首先与《诗经》有关。我们现在能见到的最古老的《诗经》评注文字是汉代文人毛苌写的,这一释经传统可以上溯至孔子学生子夏。

由毛苌的解释开始,同一时代的两位文人郑众和郑玄写下了更准确也更细致的评注。他们的注释被引为权威,并引发了后世一系列注疏文,其中最重要的注家是唐代的孔颖达和宋代的朱熹。

对于文体的思考自汉代以后多样化了。自魏晋开始,在之后的朝代里,文人从未停止过思考文学的形式、类型和文学手法等问题。如果说《诗经》始终保持为一个典范的文本,那么其后所有的文学作品同样成为了他们的观察对象。

我们尤为感兴趣的是两种转义手法,"比"和"兴"。由两郑的评注文字,我们

---

[1] 朱自清:《诗言志辨》。
[2] 孔颖达:《毛诗正义》。

可以看到两种不同的见解。郑众的注意力在于比兴的形式、性质及其与其他话语元素之间的关系,而郑玄更多关注两者的象征性内涵及其力求达到的效果。后来文人的评论多少与这两个基本研究取向有关。自然,我们首先感兴趣的是第一个取向,也就是解析这两种转义手法的形式意涵。但我们也不忽略第二个取向,因为这个取向显示了超越符号的另一个存在,即始终向其他意义开放的象征之域。这两个研究取向不断地相互干扰、影响,表明了关于世界统一的概念。为方便起见,我们按照年代顺序展示我们认为这两个取向里最重要的评注文字。要述及关于这个问题的所有文本是不可能的;这已经构建起了一种文学,用一位专家的话来说,是一种真正庞大的文学。这就是说,我们忽略了针对文学文本的无数分析和阐释,而紧紧抓住了那些提出"比兴"定义和那些真正具有影响力的评注文字。此外,大部分定义比兴的文字同样关注第三种文体手法"赋",不过本文的研究不包括它;我们只需记住,"赋"主要是阐述某一主题,或是以直接的方式描述某一事实。

A. 第一个取向:根据性质或形式定义比兴

(1) 郑众:"比者,比方于物也。兴者,托事于物也。"①

(2) 对于这一定义,孔颖达评论如下:"比者,比方于物,诸言如者皆比辞也。……兴者,托事于物,则兴者起也,取譬引类,引发己心,诗文诸举草木鸟兽以见意者皆兴辞也。"②

(3) 在同一本书中,孔颖达又写道:"比之与兴,虽同是附托外物,比显而兴隐,故比居兴先也。毛诗特言兴也,为其理隐故也。"③

(4) 挚虞:"比者,喻类之言也;兴者,有感之辞也。"④

(5) 刘勰:"比者,附也;兴者,起也。附理者切类以指事,起情者依微以拟议。起情故兴体以立,附理故比例以生。比则畜愤以斥言,兴则环譬以托讽。盖随时之义不一,故诗人之志有二也。

观夫兴之托谕,婉而成章,称名也小,取类也大。关雎有别,故后妃方德;尸鸠贞一,故夫人象义。义取其贞,无疑于夷禽;德贵其别,不嫌于鸷鸟;明而未融,故发注而后见也。且何谓为比?盖写物以附意,飏言以切事者也。故金锡以喻明德,珪璋以譬秀民,螟蛉以类教诲,蜩螗以写号呼,浣衣以拟心忧,席卷以方志

---

① ② ③ 《毛诗正义》。
④ 挚虞:《文章流别论》。

固:凡斯切象,皆比义也。至如'麻衣如雪','两骖如舞',若斯之类,皆比类者也。楚襄信谗,而三闾忠烈,依《诗》制《骚》,讽兼'比'、'兴'。炎汉虽盛,而辞人夸毗,诗刺道丧,故兴义销亡。于是赋颂先鸣,故比体云构,纷纭杂遝,倍旧章矣。

夫比之为义,取类不常:或喻于声,或方于貌,或拟于心,或譬于事。"①

(6)皎然:"取象曰比,取义曰兴,义即象下之意。凡禽鱼、草木、人物、名数,万象之中义类同者,尽入比兴。"②

(7)贾岛:"兴者,情也,谓外感于物,内动于情,情不可遏,故曰兴。"③

(8)李仲蒙:"索物以托情谓之比,情附物者也;触物以起情谓之兴,物动情者也。"④

(9)朱熹:"比者,以彼物比此物也";"兴者,先言他物以引起所咏之词也。""'兴'之为言,起也,言兴物而起其意。"⑤

(10)沈祥龙:"或借景以引其情,兴也;或借物以寓其意,比也。"⑥

(11)陈启源:"比兴皆托喻,但兴隐而比显,兴婉而比直,兴广而比狭。"⑦

B. 第二个取向:根据内容或目的定义比兴

(1)郑玄:"赋之言铺,直铺陈今之政教善恶。比,见今之失,不敢斥言,取比类以言之。兴,见今之美,嫌于媚谀,取善事以喻劝之。"⑧

(2)对于这个定义,孔颖达作疏如下:"赋云'铺陈今之政教善恶',其言通正、变,兼美、刺也;比云'见今之失,取比类以言之',谓刺诗之比也;兴云'见今之美,取善事以劝之',谓美诗之兴也。"⑨

(3)陈子昂:"仆尝暇时观齐、梁间诗,彩丽竞繁,而兴寄都绝。"⑩

(4)白居易:"风雅比兴外,未尝著空文。"⑪

(5)贺铸(贺方回):"比兴深者通物理。"⑫

① 刘勰:《文心雕龙·比兴篇》。
② 皎然:《诗式》。
③ 贾岛:《二南密旨》。
④ 胡寅:《斐然集·与李叔易书》。
⑤ 朱熹:《诗集传》。
⑥ 沈祥龙:《论词随笔》。
⑦ 陈启源:《毛诗稽古编》。
⑧⑨ 《毛诗正义》。
⑩ 陈子昂:《与东方左史虬修竹篇序》。
⑪ 白居易:《读张籍古乐府》。
⑫ 方回,见《王直方诗话》。

五

首先来分析第一个取向。

在所有的定义中,最重要的无疑是第一个,即郑众的定义:"比者,比方于物也。兴者,托事于物。"①这个定义简洁扼要,突出了符号与主体和客体的关系。之后的大部分定义或者更精确,或者有变化,多少都参考了第一个定义。

然而,南朝的刘勰和唐朝的皎然却开始从事更加细致的分析,为符号引入了更加内在的标准。皎然的定义是:"取象曰比,取义曰兴,义即象下之意。"②这个定义本身也很简洁,将符号的两极(象和义)固定在其与所指的关系中。

这两类定义决定了中国修辞学的传统。它们形成了一个双重的基轴,上面是"比"和"兴"的所有阐释。我们暂且图示如下:

（图1）

在提出综合图示之前,我们将分别考察图1的横轴和纵轴,以把握其意涵。

横轴以"比兴"在主体(人们的情感和思想)和客体(外部世界的事物)关系框架里的定义为中心。关于这种关系,最重要的评论来自李仲蒙:"索物以托情谓之比,情附物者也;触物以起情谓之兴,物动情者也。"根据这个决定性的解释(后来所有的评注者都赞同此观点),我们可以将图1的横轴完成如下:

（图2）

---

① 《毛诗正义》。
② 皎然:《诗式》。

主体通过符号这一媒介维持与客体之间的关系。我们再来看图 1 的纵轴，它代表符号的构成元素以及这些元素与所指即客体之间的关系。纵轴的两端形象和意义，分别与"比"和"兴"（"比"更多涉及形象，而"兴"更多牵涉意义）有关。关于形象，可以确定的是它既能表示表意文字的图像，也能表示该表意文字所指事物的图像。事实上，在唐代，诗人经常利用表意文字的图像性在文字之间建立联系。然而在《诗经》里，尽管并不缺少（表意文字的）图像性，但首先指的是所讨论的表意文字所指具体事物的图像。诗人将形象用为比较的元素，以使某种思想或情感得到具体化的表达。正如刘勰指出的，存在两种类型的比较，一种利用事物的外在（明喻），另一种强调事物的"德性"（隐喻）。至于意义，如果它更多地与"兴"相关，这是因为后者最经常地诉诸引申义或者我们在事物中发现的隐含义。这些引申义或隐含义通过其"意涵"提醒主体，或激发他产生联想。下面是三个例子：

（1）"喓喓草虫，趯趯阜螽；未见君子，忧心忡忡。亦既见止，亦既觏止，我心则降。"（《召南·草虫》）

（2）"摽有梅，其实七兮！求我庶士，迨其吉兮！"（《召南·摽有梅》）

（3）"北风其凉，雨雪其雱。惠而好我，携手同行。其虚其邪？既亟只且！"（《邶风·北风》）

在展现形象、意义与"比兴"的关系时，我们有意使用了"极"这个词。因为应该从极性而不是排他性的角度来考虑这些关系。"比"并不仅仅与"形象"相关；它始于形象，向意义进发（尤其是强调事物德性的比较类型）。同样的，"兴"始于意义，也通过形象起作用。在这两极之间，还存在符号的另一个构成成分：声音，它同时存在于比兴。声音是"比"的运用的一部分，这似乎是自然而然的；刘勰在其文章中明确了这一点。然而符号的语音价值与"兴"之间的联系同样密切。《诗经》大量诗篇的开头就是模仿动物、鸟儿的叫声、大自然的声音以及人类劳作的声音，即所谓"深刻印象"。正是在这些"深刻印象"的激发下，诗人将自己锁在"心灵的呐喊"（在无数通过声音分析"兴"的文本中，唐代诗人王昌龄的《诗格》尤为突出）中。一些诗歌仍然保持着"兴"的风格，以现成的模式（通常是两行诗）开头。这个模式仅仅以其语音价值（节奏和韵律）起到了激发或开篇的作用，与下文并没有明显的逻辑关系，正如朱熹所说的：

"鸳鸯于飞,毕之罗之。君子万年,福禄宜之。"(《小雅·鸳鸯》)

结合上文的分析,图1的纵轴可以完成如下:

(图3)

将两个完成的轴(图2和图3)合并,就能得出如下的综合图:

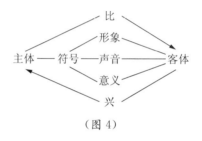

(图4)

六

图4向我们展示了关系网络和由"比"和"兴"所激发的循环运动。这种关系和循环性(主体和客体是相互的,外部事物激发了主体,并为他提供了比较的元素,这些元素变成隐喻反过来又引起了其他的形象关联)极其符合中国精神,与其为僵化的实体下定义,不如首先寻求抓住它们的互补性和相互性。事实上,在这两个修辞格背后,正是一个关于世界统一的概念。在这里,没有比引用方回的名言更合适的了:"比兴深者通物理。"

尽管两大修辞格之间存在相互干扰和影响,但有必要再次总结中国评论者已经指出的两者差异:①

---

① 关于这一问题,可参阅桀溺先生(Jean-Pierre Diény, 1927—2014)在《巴黎高等研究实践学院年鉴》(第四系,1976—1977 和 1977—1978)上发表的两篇重要文章。

——"比"基于事物之间的相对等或类比(外观或者"德性");"兴"基于事物之间的联系(也有类比,但尤其是毗连性或"意义"上的联系)。

——就过程而言,"比"更加明显、直接,"兴"更加隐蔽、不言明。"比"最经常以比较词"如"来表示(然而,应该指出的是,后来,"比"同样适用于完全以隐喻展开、主题含蓄的诗句)。"兴"以"激发式"主题和"被激发"主题并置的方式,形成始终具有双重性的话语。

——"比"最通常与一次性的有限事实有关;"兴"由一个主题引出另一个主题,适用性更广。

——"比"是从主体(人的思想或情感)通往客体(外部世界的事物),"兴"却是由客体出发通向主体。

但我们所说的这个循环运动并非封闭的。因为主体和客体之间的关系以及形象和意义的关系,都是开放的:向着象征之域开放,并始终生成其他含义。本文第四小节中第二个取向对于比兴的定义和评论提醒我们,与"比兴"相关的文本不断地被召唤到社会或哲学的新阐释中。通过"兴",人们能够由一个微不足道的主题达到具有普遍性的高度,所有已经建立的联系和已经凝聚的隐喻则继续在想象的层面起作用,以获得更大的意义。

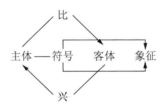

原作者简介:程抱一(François Cheng,1929—),原名程纪贤(Cheng Chi-Hsien),1949 年赴法国留学,1971 年加入法国籍,起名为弗朗索瓦·程(François CHENG)。自 1970 年代后期开始,程抱一主要任教于法国国立东方语言文化学院(INALCO),教授汉语和中国文化,并从事文学翻译和创作,发表了多部法文诗集和小说。2002 年,程抱一当选为法兰西学术院(Académie française)院士。法兰西学术院仅有 40 名终身院士,程抱一是其中第一位,也是迄今为止唯一一位亚裔院士。

译者简介:蒋向艳,华东师范大学国际汉语文化学院副教授。

On Bi and Xing

Abstract: There is a whole set of original linguistic and stylistic concepts in the Chinese literary tradition. It is only possible to effectively analyze the function of Chinese poetic language by a systematic study of these traditional concepts. Such research will, to a certain extent, reveal the traditional spirit and basic principles of China which have lasted for thousands of years, and contribute to the realization of true Chinese semiotics. This article explores this question from Bi/Xing, the oldest pair of these concepts. The Bi and Xing form the basis of Chinese poetics. They occupy in China the same place as metaphor and metonymy in the Western tradition. While in the West, more emphasis is placed on the respective functions and status of metaphor and metonymy in discourse, in China, without neglecting the functional aspect which is essential of Bi and Xing, they looked for, depending on what these two figures imply, to define the constituent elements of the sign and to establish the relationship of the sign, on the one hand with its referent, on the other hand with the subject.

Keywords: semiology; traditional notions; Bi/Xing; *Shijing*

《生民》的语言问题①

[美]康达维 著 王 晓 译

摘 要:《生民》是中国早期的诗歌传统中一首开创性的诗作,对本篇的解读历来聚讼颇多。本文从《诗》的文本性质和"雅"的多重含义入手,在关照文本的音乐性和仪式性的基础之上,逐字逐句解读姜嫄践迹、后稷诞生、遭弃及其功绩等情节以探索《生民》的语言问题。通过对《生民》的注疏进行再注,本文认为,无论古人还是今人对于周朝早期汉语的语言知识了解都是有限的,但即便如此,只要能意识到在解读过程中可能遇到的文字陷阱,我们就应当不懈地从中得出结论。

关键词:《生民》;《诗》;语言

《毛诗》第 245 篇《生民》是中国早期的诗歌传统中一首开创性的诗作。第一,本诗可能源于西周初期,因此是现存最早的中文诗之一。第二,写的是一位文化英雄,即英语称之为"谷神"(Lord Millet)的后稷。传说他是周王室的始祖,这首对他的颂诗提供了中华文化早期价值观的重要信息。要解读本诗或《诗经》中其他任何一首诗,我们必须试着去解决,或者说思索这首古老的圣诗中一直以来让读者头疼不已的一系列问题。首先要考虑的是今本《诗》的性质。尽管《诗》现有的编排体例可能最早成于孔子时期,但如今的读本直到汉代才固定下来。今本《诗经》是《毛诗》,意在呈现由公元前二世纪一位名为毛亨者开创的解读传

① 文章来源:David R. Knechtges. "Questions about the Language of *Sheng Min*." Pauline Yu et al. (eds), *Ways with Words:Writing about Reading Texts from Early China*, Los Angeles:University of California Press, 2000. 本译文为国家社会科学基金一般项目"《诗经》在法英美汉学界的接受研究"(项目号 21BWW024)阶段性成果。

统。据说他受业于荀子之门人,①世称"大毛公",别于本家中的另一位"小毛公"毛苌。

毛诗学派属古文学派,认为《诗》本存 311 篇,但于战国秦时有六篇亡佚。毛诗文本直到西汉末期才为官方所接受,其中含有一篇对全书细密的评论,但究竟由何人所作却无定论。传统观点认为是毛亨,②但很可能经过了毛派的后世学人,尤其是毛苌等人不断的润益阐发。

由于在东汉末年经过经学大师郑玄(127—200 年)的编辑,因此我们手头没有《毛诗》的原本。郑玄作《毛诗传笺》没未完全宗于毛诗,而是在多处兼采盛行于西汉的鲁、齐、韩三家诗说。③尽管郑玄的《诗》文本难免在流传中遭到损坏和改动,但今本《毛诗传笺》仍是《诗》已知的最早全本;尽管《三家诗》的鳞爪偶尔和汉石经④文本存在异读,⑤但《毛诗传笺》仍是学人必需的倚靠,因其中不仅有诗歌的最早"底本",还有毛传最初的原本。

以上情况意味着我们所采信的《诗》文本与其原始面貌(部分诗歌可能源于西周初期)相去甚远。此外,郑《诗》的成书已经是在《诗》底本的规范化之后,这从公元 100 年编纂的《说文解字》就能明白地看出。今本《诗》的底本及文本都受到了汉儒的诗歌书写和吟诵方式的影响,比如白一平就证明《诗经》的音韵学极大地受到了汉朝语音和底本的影响。⑥他贴切地说道"我们手头的《诗》是穿着汉服的周本:它的底本,以及某种程度上的文本,都受到了后《诗经》

---

① 三国吴人陆玑《毛诗草木鸟兽虫鱼疏》云:"孔子删书授卜商,卜商为之序,以授鲁人曾申,申授魏人李克,克授鲁人孟仲子,孟仲子授根牟子,根牟子授赵人荀卿,卿授鲁人毛亨,亨作《诂训传》,以授赵国毛苌,时人谓亨为大毛公,苌为小毛公。"唐陆德明《经典释文·序录》云:"徐整云:子夏授高行子,高行子授薛仓子,薛仓子授帛妙子,帛妙子授河间大毛公,毛公为《诗诂训传》于家,以授赵人小毛公。"康达维的观点似乎来自陆玑,但又有出入。——译注

② 关于《毛诗大序》的作者尚无定论,一说为孔子弟子子夏作,一说为汉人卫宏所作。——译注

③ 指齐人辕固传《齐诗》,鲁人申培公传《鲁诗》,燕人韩婴传《韩诗》,均属今文学派。——译注

④ 汉石经,又称"熹平石经"、"一字石经",刻于东汉灵帝熹平四年,内容包括儒家七经,即《鲁诗》《尚书》《周易》《春秋》《公羊传》《仪礼》《论语》,是已知最早的官定儒家经典刻石。——译注

⑤ "三家诗"片段的重整见陈乔枞《三家诗遗说考》,载《皇清经解续编》;王先谦《诗三家义集疏》,收入《十四经新疏》,台北:世界书局,1956—1961。二十世纪七十年代中期还在安徽阜阳发现了西汉时期《诗》的片段,见胡平生、韩自强《阜阳汉简〈诗经〉简论》,载《文物》1984 年第 8 期,第 13—21 页。

⑥ 此处原文为 William R. Baxter,但所引内容出自白一平(William H. Baxter)。白一平(1949—),美国著名历史语言学家、汉语音韵学家,曾于康奈尔大学师从包拟古(Nicholas C. Bodman)。代表作有《汉语上古音手册》(A Handbook of Old Chinese Phonology,1992),其与沙加尔(Laurent Sagart)合著的《上古汉语新构拟》(Old Chinese:A New Reconstruction,2014)于 2016 年获得美国布龙菲尔德图书奖(The Leonard Bloomfield Book Award)。——译注

音韵学（post-Shijing phonology）的影响，因此不足以用作上古汉语的音韵学入门。"①

白一平谨慎地认为今本《诗》不足以作为古汉语的音韵学入门，这点十分重要。这表明我们如今读到的诸多《诗》本并非古老的周本，而是汉末的校订本。周本主要以口头流传，而且实际上在刘歆（公元前50年—公元23年）看来，《诗》之所以能免于秦火正是因为它是口口相传而非以文字流播。②另外，即便《诗》在周朝就以文字固定下来，肯定也与《毛诗传笺》的文本不同。既然底本并不统一，如果我们有幸得到《诗》的不同版本，很可能发现同一个字存在多种写法。

不仅如此，每首诗歌在被收入《诗》之前都有自己的历史。我们必须谨记，《诗经》毕竟是一部选集，一部由公元前六世纪供职于周廷的一个或多个佚名编者所遴选编排的歌集，其中许多或许还是周初（公元前十二世纪）乐本中的曲目。歌词肯定有过变动，可能是讹传，甚至是有意修订来迎合流变的审美趣味。因此傅斯年说，《诗》中最古老的篇章《周颂》在流传过程中受损最大，其中大部分损毁或许还在收入《诗》之前。③

之所以在这里提到《诗》的文本性质存在问题，因为我认为，当在阅读一篇诸如《生民》的诗作时，理解我们到底在读什么十分重要。《生民》是《诗》中《雅》的一篇，而《雅》则被认为是《诗》中较古老的部分。"雅"（古音*ngrah）字在周朝与"夏"（古音*grah）字通用，用以表示区别于非中国人的"中国人"。"雅"还意味着"正"，正确或正统，可能暗示这正是在周的朝堂之上演奏的曲目。"雅"同样表示"优雅"和"尊贵"，从这一意义上大概指演奏诗歌的庄重、优雅的场合，即周室的朝廷和庙堂。最后，"雅"的含义或许是多重的：《雅》是周王畿之内（也就是"夏"）正统而雅致的廷庙之乐。④

无论"雅"的确切含义如何，可以认定，《生民》不仅是周朝堂之上的产物，而且还在其早期的庙堂礼仪中发挥重要作用。在朝堂上不仅合乐而奏，可能还伴

① See "Zhou and Han Phonology in the *Shijing*," in William G. Boltz and Michael C. Shapiro, eds., *Studies in the Historical Phonology of Asian Languages*. Amsterdam and Philadephia: John Benjamins Publishing Company, 1991, 30.
② 见《汉书·艺文志》。北京：中华书局，1962年，第1708页。——原注；出自《汉书·艺文志》：孔子纯取周诗，上采殷，下取鲁，凡三百五篇，遭秦而全者，以其讽诵，不独在竹帛故也。——译注
③ 见傅斯年《周颂说》，载《中央研究院历史语言研究所集刊》第一本第一分册，1928年，第59—117页。
④ 见孙作云《说雅》，重印载林庆彰编《诗经研究论集》。台北：学生书局，1983年，第51—61页。

有舞蹈仪式。因此在读本诗之时，我们必须始终注意它的音乐性和仪式性。

回到《生民》本身，我们看到今本中本篇分为八章。每一奇数章有十句，偶数章有八句，[1]似乎缺乏连贯的韵律模式。本篇解读历来聚讼颇多，自毛传和郑玄直到二十世纪，大部分存疑之处都已有学者论及。第一章开始就给我们提出了重重谜题，让历代注者困惑不已：

> 厥初生民，
> 时维姜嫄。
> 生民如何？
> 克禋克祀，
> 以弗无子。
> 履帝武敏，
> 歆攸介攸止。[2]
> 载震载夙。
> 载生载育，
> 时维后稷。

尽管本章大意极易理解，即讲述了周室先祖后稷如何被奇迹般地孕育，但我们仍有许多不明之处。从文献学角度来看，问题在于如何解读第五、六句：[3]

> 履帝武敏歆，[4]
> 攸介攸止。

这里的句读并不清楚。所有的古文本中"歆"都连在"履帝武敏"之后，但据高本汉和王力的说法，"敏"（*mə h）字押"之部"韵，因此"歆"（*hjəm）一定与

---

① 另有看法认为1、4、5、7章十句，2、3、6、8章八句，即把第三章的末尾两句"实覃实訏，厥声载路"断入第四章之首。——译注
② 据原文"And she was elated by what enlarged her, by what blessed her"应把"歆"字断入"攸介攸止"一句。关于本句争议详见下文。——译注
③ 原文如此，应为第六、七句。——译注
④ 尽管从英译来看"歆"当断入"攸介攸止"一句，但此处按照中文拼音，作者又把"歆"断入"履帝武敏"一句，前后不一，可能是有意为之。——译注

"敏"断开。①《尔雅》中本句的确也没有包含"歆"。②如果"歆"不属本句,那它该
怎么理解呢? 一种办法是像许多现代文本一样,将其断入"攸介攸止"一句;另一
种办法则是将其视作一个单音节句。③它也可能是一个多余的韵律音节,是早期
音乐形态的遗留。

这几句同样很好地证明了《诗》的语言是如何晦涩,以及在决定某一个字到
底表达何意时会遇到何种麻烦。以"敏"字为例,毛传注曰"疾",快,但郑玄却以
为很可能是"拇"(即大脚趾)的借字。但"敏"和"拇"早在《尔雅》中就已通用,郑
笺可能也来自于此。④事实上,汉石经中也是以"栂"代"敏"。

"攸介攸止"这一句问题更多,《毛诗》中就已存在。高本汉在"注 679"中总
结了诸家解读。毛传曰"介,大也。攸止,福禄所止也"。高本汉似乎把"止"解为
"祉",即福佑;"攸"则"表被动",因此译为"she was[increased]＝ enriched, she
was blessed"(她得到丰富,她得到庇佑)。然而司礼义指出,⑤高本汉把"攸"解
释为被动标记词忽略了其更为常见的作为关系代词的用法。⑥如果"歆"被断入
"攸介攸止",则该句可译为"She was elated at what enriched her, at what bless-
ed her"(她欣喜于丰富和保佑她的事物)。"攸"还可能是其他字的假借字,如高
亨所注"攸","乃"也,于是。⑦

"介"的含义同样难以断定。郑玄解为"左右"或"侧室"(即"左右房"),但高
本汉认为"这一解释显然无法成立"。姜嫄在履帝拇指之后选择了自我隔绝,从
此意义上讲,"介"可以表示诸如"隐居"(secluded)或"隔绝"(sequestered)的意
思。因此,王靖献虽然大胆地意译为"她长久地与世隔绝",⑧但或许反而传达了

① See Bernhard Karlgren, *Glosses on the Book of Odes*. Stockholm：Museum of Far Eastern Antiquies.
  1964, Gloss♯866;见王力《诗经韵读》。上海古籍出版社,1980 年,第 348 页。——原注;下文中高本
  汉"注"皆出自本书,不另行说明;据王力先生,祀(ziə)、子(tziə)、敏(miə)、止(tjiə)押"之部"韵。(《王
  力全集第十二卷·诗经韵读·楚辞韵读》。北京:中华书局,2014 年,第 323 页)——译注

② 见《四部备要·经部·清十三经注疏·尔雅义疏》卷一。

③ 见王靖献《钟与鼓》(Wang Ching-hsien, *The Bell and the Drum*),第 38 页,注 6。

④ 见《四部备要·经部·清十三经注疏·尔雅义疏》卷一。

⑤ 司礼义(Paul L-M. Serruys, 1912—1999),比利时传教士、汉学家,专治中国古汉语语法和声韵学,曾
  任教于华盛顿大学。——译注

⑥ See "Studies in the Languages of the *Shih-ching*：I, the Final Particle *Yi*", Early China, 16(1991):
  149 n.73.

⑦ 见高亨《诗经今注》。上海古籍出版社,1980 年,第 402 页,注 6。

⑧ 王靖献(Wang Ching-hsien, 1940—2020),笔名杨牧,台湾学者、诗人、散文家,加州伯克利大学比较
  文学博士,长期任教于华盛顿大学。——译注

"介"的基本含义。①

以上诸论显然仅为猜测，对本句的解读我或许还能补充一种，但绝不是最后一种。比如屈万里沿郑玄之说，把《毛诗》第211首中的"介"释为"舍息"，即休息。②余冠英也有相似的说法，认为"介"当读"愒"，③休息，意即姜嫄"祭毕休息"。④

我以为，这些争论除了让我们意识到我们的字句释义是基于一个极不可靠的文本之外，对我们没有丝毫作用。即便是德高望重的高本汉也不能给出确凿的解释，同样也不会让争议就此平息。

如果连理解本章的字词都感到棘手，我们又能得出什么样的大意呢？姜嫄践迹受孕之谜当然是个引人注目的话题，世界上许多其他文化也有类似的传说。但对这一主题的处理太过简略，以至于我们无法确定它到底说了什么。比方说谁是"帝"？是"上帝"（Lord on High）还是高辛氏之帝喾？禋祀祭礼有什么作用？姜嫄践迹是否涉及某种特别的仪式？

注者和学者对于这些问题从来不吝其辞。毛传云"帝"为高辛，即传说中尧的前任君主。⑤因为高辛别名帝喾，那么这一看法理论上是说得通的。事实上周人以禘礼祀帝喾，表明他们视帝喾为远祖。高本汉据此认定周人视帝喾为后稷之父。⑥有些史料确实也提到帝喾是姜嫄之夫，因此帝喾为后稷之父必然是某种早期的传统看法。⑦但马瑞辰和高本汉认为，《生民》中的"帝"一定是郑玄所说的"上帝"。事实上，《毛诗》中同样讲述后稷奇迹般降生的第300首《閟宫》也认为是"上帝""使她受孕"。

尽管姜嫄履帝之拇指而受孕，但该诗说到她也能通过"禋祀"祭礼以"弗"，即"根绝"（eliminate）或"驱除"（exorcise）无子。"禋祀"是否只是类属词或是具有确切的含义，我们不得而知。"禋"可能是一种净化仪式，"洁祀"，⑧但事实上我

---

① See Wang Ching-hsien. *From Ritual to Allegory：Seven Essays in Early Chinese Poetry*. Hong Kong：The Chinese University Press，1988，77.

② 见屈万里《诗经通释》。台北：联经出版事业公司，1983年，第484页，注5。

③ 原文为"qie"（窃），但引余冠英应为"愒"（qi），同"憩"。——译注

④ 见余冠英《诗经选注》。香港：大光出版社，1966年，第151页，注6。

⑤ 见《毛诗注疏》卷十七之一/17A.2a。

⑥ "Legends and Cults in Ancient China"，*BMFEA* 18(1946)：216.

⑦ 司马迁《史记·周本纪第四》云姜嫄为帝喾元妃；《艺文类聚》（卷十五后妃部）引《世本》云帝喾有四妃，姜嫄为元妃。

⑧ 见丁福保编《说文解字诂林》。台北：商务印书馆，1959年，1A. 44b—46a。

们仍一无所知。"祀"泛指"祭祀",但周策纵指出其原意本指"生殖祭祀"或"因无子而祭祀"。①

包括毛苌和郑玄在内的汉代注者进一步把姜嫄的祭礼与另一种仪式,即"郊禖"或"高禖"联系起来。毛云:

> 去无子,求有子,古者必立郊禖焉。玄鸟至之日,以太牢祠于郊禖,天子亲往,后妃率九嫔御。乃礼天子所御,带以弓韣,授以弓矢,于郊禖之前。②

毛传几乎一字不差地引用了《礼记·月令》和《吕氏春秋》"纪"部记载的在春季仲月对高禖的祭祀。③对"高禖"或"郊禖"的研究已经很充实,尽管异议颇多,比如对这一神灵的性别、身份仍争执不下,但基本都同意与生殖崇拜有关。④此处提到的"禋"礼和"祀"礼是否与"高禖"之礼有关我们无法断定。我怀疑,汉代注者之所以在这里提到"高禖"之礼主要因为它是礼仪经典之中最广为人知的生殖仪式。尽管汉儒无法在《生民》中的仪礼和"高禖"之间建立某种确定联系,但他们还是正确地意识到这些仪礼是生殖仪式的一部分。

闻一多赋予了姜嫄践迹以特殊的仪式意义。他认为是一位模仿的神灵,⑤即"神尸"扮演了"帝"的角色,姜嫄则著神尸之裳舞于其脚印当中,舞毕休息(把"攸介攸止"解释为"于是她停下来休息")而后与神尸交合。⑥尽管这一解读具有高度的联想性和原创性,但为了探索诗歌背后可能的仪式,我们恐怕阐发过度了,这或许不过是一种天真的重述(或再现),描述的不过是后稷这位周文化中最卓越的英雄的神奇降生。的确,后续章节对后稷诞生和生活的描述也紧紧遵循

---

① See "The Childbirth Myth and Ancient Chinese Medicine", in *Ancient China*, *Studies in Early Civilization*, ed. David T. Roy and Tsuen-hsuin Tsien. Hong kong: The Chinese University Press, 1978, 63;周策纵《古巫医与六诗考》。台北:联经出版事业公司,1986年,第58—59页。

② 见《毛诗注疏》卷十七之一/17A.1b。

③ 见《礼记注疏》卷十五/15.4a—b;《四部备要·吕氏春秋》卷二/2.1b。

④ 见闻一多《高唐神女传说之分析》,载《清华学报》第 10 卷第 4 期,1935 年;陈梦家《高禖郊社祖庙考》载《清华学报》第 12 卷第 3 期,1937 年;Kobayashi Taichiro, "Kobai ko", Shinagaku(special issue, April 1942), 93—227; Derk Bodde, *Festivals in Classical China: New Year and Other Annual Observances during the Han Dynasty 206 B. C.—A. D. 220*. Princeton University Press, 1975, 243—261。

⑤ 闻一多所言基于《论衡》载后稷之母"衣帝喾之服,坐息帝喾之处,妊身"。见《四部备要·论衡》卷二/2.15b。

⑥ 见《姜嫄履大人迹考》,收闻一多《神话与诗》。北京:中华书局,1956 年,第 73—80 页。

了许多英雄传奇的叙述模式。①

后稷的诞生是第二章的主要内容。他的诞生似乎被认为不同寻常——但不寻常在哪里呢？关键在"先生如达"这聚讼纷纭的一句。郑玄释"达"为"羊子"。"达"或许应写为"羍"，意即新生的羊羔。高本汉在"注868"中以缺乏文本例证为由不用郑笺，而在毛传注"达"为"生"(生下)的基础上释为"穿透、冲破、出现"，这样一来就把"如"解释成了"而"。虽然确实有这一用法，但在此例中却稍显勉强，因为"如"在这里似乎充分显示了"好像"(like)的含义。此外，正如初唐孔颖达所言，毛传并不专为"达"作注而只是阐明本句大意为"生产"。②无论"达"含义如何，生产的非常之处正在于过程容易，因此"不坼不副，无菑无害"。的确，第二句或许是个模子，因为《毛诗》第300首《閟宫》也套用此句说明姜嫄诞下后稷之轻松自如。

第三章中后稷遭到了遗弃，这一类似的情节在其他文化的英雄故事中也可以找到。尽管并未说明姜嫄为何遗弃后稷，但潜在的原因是后稷的降生太过异常以至于被暴露。正如其他的传奇英雄一样，暴露的后稷得到动物的保护和照料。③同样，让人费解的不是这首诗的大意，而是细节。比如前四句：

> 诞寘之隘巷，
> 牛羊腓字之。
> 诞寘之平林，
> 会伐平林。

"腓"的字面意思是"腿"，但毛传注曰"辟"，"避免""避开"之意，郑玄则以为是"芘"的借字，即"躲藏""掩盖"或"保护"(作为"庇"的借字)。尽管高本汉在"注432"中声称没有合适的音借词，但在李方桂的系统中，④它们都很可能有借词：腓＝$^*pj\partial d$，芘/庇＝$^*pjidx$。⑤

---

① *Heroic Song and Heroic Legend*, trans. B. J. Timmer. London: Oxford University Press. 1963, 211—214.

② 见《毛诗注疏》卷十七之一/17A.7a。

③ 此处"暴露"(exposed)兼有"裸露"之意。——译注

④ 李方桂(1902—1987)，原籍山西，语言学家，精通数门语言，任教于美国与中国台湾。著作见清华大学出版社《李方桂全集》13卷。——译注

⑤ See Serruys, "Studies in the Language of the *Shih-ching*: I," *Early China* 16, 1991: 151 n.75.

　　"字"的意思可以是哺乳之"乳"或养育之"养"，①因此本句一个可能的释义是："牛羊庇护并哺育他"。

　　我们很容易把第三、四句看作是一种介绍，介绍那个救了英雄婴儿的牧羊人式的角色。但本句的主语并不清楚，可能是姜嫄，即遇到樵夫后她决定不再把孩子弃之平林；也可能是后稷，即樵夫发现并抚养了他。

　　第四章记叙了后稷的多重功绩。这位周人英雄在人生的这一阶段大大脱离了英雄的生活模式。后稷并非像阿喀琉斯一样刀枪不入，他没有和猛兽搏斗，没有刻意去赢得少女的芳心，没有游历幽冥，没有被驱逐，没有悲惨地死去。相反，他以种植庄稼而扬名：

> 诞实匍匐，
> 克岐克嶷，
> 以就口食。

　　第二句是另一个说明汉注确有问题的例子。毛传云"岐"②（*kjai），"知意"也，即"理解意义"，"嶷"（*ngjəh），"识"也，即"知道"。《说文》引此句为"克岐克嶷"，曰"嶷，小儿有知也"，与毛传的解释相似。段玉裁则以《说文》为正解，认为"嶷"被误改成"嶷"是为从"岐"的"山"旁。③马瑞辰也认为毛传的"岐"注可能因为错以"岐"（*kjai）的发音与"知"（*trjæh）相似。④他还认定"岐嶷"承上"匍匐"，谓"渐能起立也"。因此，"岐"（*kjai）当读如"跂"（*kjiai）/"企"（*khjiai），"举踵"也；"嶷"当读"仡"，"正立"也。⑤尽管高本汉承认毛传和《说文》不无道理，在"注870"中他最终还是采信了韦利和马瑞辰的解读（据韦利解"岐"为"跂"，即"跨越"，"大步走"），并且接受了马氏的"嶷"注，因此译为"He was able to [straddle＝] stride, to stand firmly"（他能够跨走/大步走，稳稳站立）。

　　本诗中问题最多的在最后几行，描述了谷物的几个生长阶段：

---

① "乳"字见《说文解字诂林》十五下/15B. 6601a—b.

② 原文为 qiᵃ，即"崎"，但毛传所引为 qiᵈ，即"岐"，此处及后皆从毛传。——译注

③ 见《说文解字诂林》二上/2A. 561a—b.——原注；段云："按此由俗人不识嶷字。蒙上岐字改从山旁耳"。（段玉裁《说文解字注》第二卷口部）——译注

④ 马瑞辰按："岐知以叠韵为义。《说文》：嶷，小儿有知也。引《诗》克岐克嶷，传以嶷为嶷之假借，故训为识"。（《毛诗传笺通释》卷二十五）——译注

⑤ 见《毛诗传笺通释》卷二十五/25.6a—b。

> 实方实苞，
> 实种实褎，
> 实发实秀，
> 实坚实好，
> 实颖实栗。

马瑞辰此处引程瑶田进行了逐字的解读。①但由于缺乏周朝同代文本中的平行用法，马瑞辰饶是博学，他的解释也更像是猜测而非定论。"方""苞""种""褎"和"栗"明显是专业用词，但其含义却似乎难以决断，即使汉代注者也无从下手。马氏的办法是从汉注入手，然后考察其他含有相同或相关字词的文本。简而言之，他的结论是"方"为"谷始吐芽"，"苞"是外部的覆盖物或荚逐渐形成的过程。"种"可以读如《左传》"余发如此种种"②（我的头发已经如此短少）之"种"，③也可以看作"肿"的借字，即胀大。④"褎"字过于罕见，没有足够的文本支撑来确定含义。程曰"褎，苗渐长是也"。郑笺以"发为发管时是也"，马氏据此云"发"为茎之高发，"秀"则已成穗矣。"实坚实好"与《毛诗》第 212 首"既坚既好"相似，⑤后者描述的同样是谷物。"坚"大概说的是坚实的谷粒，"好"则是美好的形状。马氏引毛传释"颖"为垂穗。最后，作为收尾却难解的"栗"字或许是"成熟的谷物"。

　　马注和程注基本上是对汉注的重释，而汉注本身也许就有瑕疵。我怀疑今本《诗经》的这几句恐怕不足以反映其底本的实际用词。尽管马注和程注具有高度的猜测性，但却或许是最好的，因此要另行阐发相当困难。即便如此，在援引两人的同时，我们应当意识到我们的理解是高度假设的。

　　我对《生民》的注疏进行再注，与其说是解决问题，不如说是提出问题。这一过程让我想起福尔摩斯故事中一个精彩的句子："你提起你的名字好像我应该认出来一样，但在你是一个单身汉、一个律师、一个共济会成员、一个哮喘病人的表

---

① 《毛诗传笺通释》卷二十五/25.9a—10a。

② 见《左转·昭公三年》。

③ 此处本为"余发如此种种"之"chong"，但据引文"方为谷始吐芽，苞则渐含包矣，种当读如左传余发如此种种之种"（《毛诗传笺通释》卷二十五），取"种"。——译注

④ 见《说文解字诂林》七上/7A.3076b；《说文通训定声》——原注；此处原文为 *Shuowen tongsheng ding-sheng*，疑误。——译注

⑤ 见《诗经·小雅·大田》。——译注

象之下,我对你一无所知"。①这句话同样适用于阅读《生民》。尽管我们了解一些事实,有重要的还有不那么重要的,但对这些文本的语言和仪式语境,还有很多是我们不知道的,而且或许永远无法知道。我们可以推测《生民》的语言意义,尝试追溯汉代抄本到底源于哪些字句,甚至决定沿用哪一注疏,但到头来,我们恐怕往往只是在同样可信或甚至同样可疑的解释之间择其善者而已。对于是否有可能理解中国古代文本,这一看法似乎过于悲观,但我真正想强调的是,我们应当意识到无论古人还是今人对于周朝早期汉语的语言知识了解都是有限的。有许多我们就是不知道,而且或许永远没办法搞清楚。但是,只要知道在解读这些古代文本时可能遇到的文字陷阱,我们就应当不懈地从中得出结论,而无论其确定与否。

作者简介: 康达维(1942—),男,美国汉学家、翻译家、美国华盛顿大学荣休教授,首次将《昭明文选》中"赋"部译成英文,著有《汉代宫廷文学与文化之探微》等。

译者简介: 王骁,埃克塞特大学英语系博士候选人。

Questions about the Language of *Sheng Min*

Abstract: *Sheng min* is a seminal poem in the early Chinese poetic tradition and the text is filled with problematic readings. Starting with the problematic nature of the *Shi* text and the many-folded meaning of "Ya", paying attention to its musical and ritual character, the paper gives a word-by-word interpretation of the plots including Jiang Yuan's treading of Di's toeprint, Hou Ji's birth, his being abandoned and achievements in order to explore the questions about the language of *Sheng min*. Through making comments about readings of *Sheng min*, the paper tries to emphasize that both ancient and modern readers' linguistice knowledge about early Zhou dynasty Chinese is limited, but as long as we are aware of the philogogical traps one may fall in trying to read these texts, we should continue to try to draw conclusions from them.

Keywords: *Sheng Min*; *Shi*; Language

---

① 出自《诺伍德的建筑师》。

许渊冲法译版《诗经》"兴"研究①

姜真豪

摘 要:本文以中国市场出版社 2016 年出版的许渊冲法译《诗经》(*Livre de la Poésie*)全本为研究对象,以文化翻译观的视角,研究许渊冲对"兴"的表现与阐释,证明许译本表现了"兴"起情、谐韵的创作特征,呈现了"人与自然相和谐"的美学理念,并运用题解使"兴"指向美刺、民俗、德教等深层内涵。总之,无论是作为文学创作手法,还是作为文化依存载体,在许渊冲法译《诗经》中,"兴"都展现了中国文学的原型模式与中国人的民族心理,其内涵之精神对当今世界亦有一定的普遍意义。

关键词:《诗经》;许渊冲;法译;"兴"

序言

"兴"是《诗经》中最为重要的创作手法,陈世骧认为"'兴'之于《诗经》的重要性相当于'诗'本身,因为是'兴'演化出'中国诗学理论的基础'。"②胡晓明亦觉:"兴,乃是中国诗歌的根本大法","实为中国诗学之基因"③。

但正如朱自清于《诗言志辨》中所言:"兴的意义,却似乎缠夹得多;《诗集传》以后,缠夹得更利害,说《诗》的人你说你的,我说我的,越说越糊涂。"④故此,历代《诗经》的注疏家都对"兴"的定义各执一词,在解读方式上难以达成全然的共

---

① 本文为国家社会科学基金一般项目"《诗经》在法英美汉学界的接受研究"(项目号 21BWW024)阶段性成果。
② 陈世骧:《陈世骧文存》,辽宁教育出版社 1998 年版,第 237 页与第 241 页。转引自蒋向艳:《法国的诗经学溯源》,《古代文学理论研究》2018 年第 2 期,第 484 页。
③ 胡晓明:《中国诗学之精神》,江西人民出版社 2001 年版,第 3 页与第 34 页。
④ 朱自清:《诗言志辨·经典常谈》,商务印书馆 2011 年版,第 52 页。

识。如宋代经学家朱熹所言："兴者，先言他物以引起所咏之词。"①重于"兴"手法处诗歌每章之首，使诗人借他物以起己情的作用。汉代经学家郑玄云："兴，见今之美，嫌于媚谀，取善事以喻劝之。"②对"兴"的特征又重在"兴喻美刺"。南朝刘勰在《文心雕龙》中指明："比显而兴隐哉！"③突出"兴"的譬喻是一种隐喻，同时期的钟嵘于《诗品》中又提出："文已尽而意有馀，兴也。"④强调"兴"手法有使诗歌内容呈"多义性"的表达。闻一多认为"兴"乃廋语，是在社会禁忌之下，不得不被伪装起来的"占卜家的语言"⑤。傅斯年从《诗经》的音韵角度，认为："起兴之用，有时若是标调，所起同者，若有多少关系。"⑥指出"兴"除却对诗意的影响外，亦有奠定全诗音律的作用。

"兴"之定义与特征，有如此多的解释，也给译者提出了难题：要如何在简洁明了的"兴"句中囊括"兴"最主要的特征。顾赛芬（Séraphin Couvreur）认为"兴的手法有两种，一种可以称为兴意、借映、宾意或客意；另一种是对前者的运用，称为正意或转正，与主旨直接相关；主意就是主旨本身。"⑦故他在译诗中，主要循朱熹对"兴"的解释，表现由"先言他物"引导的"宾意"向"所咏之词"引导的"正意"之过渡。葛兰言（Marcel Granet）的译诗从人类学角度，挖掘"兴"手法自身表现古代中国人"遵循大自然时令和节序"⑧的道德体系。许渊冲在自己法译版《诗经》序言中表示"兴"是一种"l'association"（联想）。这种联想包含意义上的联系和音韵上的联系两个方面。⑨而意义上的联系，具体又在于"可以启发思想，可以反映现实，可以合群交流，可以批评指正"⑩及"体现古代人民'天人合一'的好思想"⑪。

故在本文中，笔者会从"起情与协韵""人与自然的和谐""多义性的表现"三个角度，来分析许译《诗经》中的"兴"有无包含并呈现这些特征以及这些特征背

① 朱熹集传，方玉润评，朱杰人导读：《诗经》，上海古籍出版社 2009 年版，第 5 页。
② 行向辉：《浅谈诗经的兴——以国风中的诗为例》，《新丝路（下旬）》2016 年第 8 期，第 137 页。
③ 刘勰著，王运熙、周峰撰：《文心雕龙译注》，上海古籍出版社 2012 年版，第 172 页。
④ 钟嵘著，杨焄译注：《诗品译注》，kindle 版（上海三联书店 2018 年版），第 522 页。
⑤ 鲁洪生：《闻一多的〈诗经〉研究——以"兴"为例》，《北方论丛》2015 年第 4 期，第 37 页。
⑥ 傅斯年著，董希平笺注：《傅斯年诗经讲义稿笺注》，当代世界出版社 2009 年版，第 119 页。
⑦ 顾赛芬著，刘国敏、罗莹译：《顾赛芬〈诗经〉导论》，《国际汉学》2017 年第 2 期，第 47 页。
⑧ 蒋向艳：《法国的诗经学溯源》，《古代文学理论研究》2019 年第 1 期，第 499 页。
⑨ "兴"可以有意义上的，也可以只有音韵上的联系。参见许渊冲译，程俊英、蒋见元今译：《诗经》（Livre de la Poésie），中国市场出版社 2016 年版，第 21 页。
⑩⑪ 许渊冲译，程俊英、蒋见元今译：《诗经》，中国市场出版社 2016 年版，第 21 页。

后所指向的文化内涵。

一、 起情与谐韵

（一）起情

起情是《诗经》"兴"手法中最本质的特征①。宋人李仲蒙有言："触物以起情谓之兴，物动情者也。"②表明起情即为外物对人情的唤起与引发。此种唤起与引发，一如朱自清于《诗言志辨》所言："一是发端，一是譬喻。"③发端，即言"托物兴辞"的起情多处每章之首；譬喻，即言外物的行为、属性、状态，通过人的视觉、听觉等自我感知后，唤起人的情感与情绪。

表现在法译诗中，就如顾赛芬译《小雅·常棣》首四句④：

常棣之华，/鄂不韡韡。/凡今之人，/莫如兄弟。

La fleur du prunier n'est-elle pas plus brillante que toutes les autres? /De même, les frères sont préférables à tous les autres hommes qui sont au monde.

李花难道不比其他花闪耀？/同样，兄弟比这世上其他人都更可亲。（本文作者译）

该四句所在的首章被朱熹认为是"兴也"⑤。译诗第二句起首二词"De même"有明显的承接与类比意味，可认为是连接译诗第一句和第二句的连词。虽是顾赛芬译诗中增添的部分，但却明确地标示出描写"常棣花鲜明璀璨"的首句与感激兄弟亲情的二句的联系。一如蒋向艳所言："这里'De même'（同样地）显示译者对'兴'的清醒意识。这个词将起兴事物（常棣之华）与人事（今之人）联系起来，表明两者之间的相似性，也是由物事及人事的自然过渡。"⑥

---

① 刘勰：《文心雕龙比兴》："比者，附也；兴者，起也。"《论语泰伯》载孔子语"兴于诗"，何晏《论语集解》引包咸说也"兴，起也"。《尔雅释言》《说文》皆训"兴"为"起"。参见方珍：《论"兴"——从诗歌与伦理的视域看》，华东师范大学硕士学位论文，2012年，第8页。

② 行向辉：《浅谈诗经的兴——以国风中的诗为例》，《新丝路（下旬）》2016年第8期，第137页。

③ 朱自清：《诗言志辨 经典常谈》，商务印书馆2011年版，第56页。

④ Séraphin Couvreur. *Cheu King*，Éditions Kuangchi Press，1966，p.192.

⑤ 朱熹集传，方玉润评，朱杰人导读：《诗经》，上海世纪出版集团2009年版，第175页。

⑥ 蒋向艳：《让文学还归文学：耶稣会士顾赛芬〈诗经〉法译研究》，《燕山大学学报（哲学社会科学版）》2018年第6期，第30页。

再观许译的《小雅·常棣》首四句①：

常棣之华，/鄂不韡韡。/凡今之人，/莫如兄弟。

Les fleurs du poirier/Sont blanches et brillantes./Entre les frères l'amitié/ Est pure et importante.

梨花/又白又闪亮。/兄弟间的情谊/纯洁又珍贵。

由"触物"的前两句到"起情"的后两句的过渡中，许渊冲用了"entre"（在……之间）一词，虽然不及"De même"一词更明显地表现唤起或引发之意，但是"entre"一词给后二句设立了具体的范围，直指兄弟间的情感，在与状物的首二句有所间隔的同时，达成了一种种类内的类比，即"在植物范围内，梨花又白又闪耀；在情感范围内，兄弟之情又纯又重要。"且第二句与第四句句式对仗，意义接近，也表现出梨花洁白闪耀的自然属性，唤起了诗人内心对兄弟情的赞美：这样的兄弟情就如梨花一般纯粹与重要。

值得注意的是，虽然"兴"亦含有譬喻的特征，但"兴"中的譬喻不似"比"中的譬喻"因物喻志"②，即将单个物象本身固有的属性及其相关的文化符号，蕴藏在一件表象事件中来表现相似的人类情感与家国状态。"兴"更注重营造一个整体的譬喻氛围或环境来唤起诗人的心理情感，即如方珍所言："'兴'是'起情'，就是以情开始，'兴起'一个有情世界，引领人们进入一个特定有情世界。"③

由此观许译《周南·关雎》首章④：

关关雎鸠，/在河之洲；/窈窕淑女，/君子好逑。

Au bord de l'eau/Crient deux oiseaux;/L'homme a envie/De belle amie

在水边/两只鸟儿叫了；/男人渴望/美丽的女朋友。

此章为《诗经》"兴"之代表。朱熹言："言彼关关然之雎鸠，则相与和鸣于河州之上矣。此窈窕之淑女，则岂非君子之善匹乎？言其相与和乐而恭敬，亦若雎鸠之情，挚而有别也。后凡言兴者，其文意皆放此云。"故该章之"兴"主要表现在"雎鸠之情，挚而有别"唤起君子想与窈窕淑女"相与和乐"的想法，然这又是怎样的一种"以景结情"⑤呢？"《淮南子·泰族篇》曰：'《关雎》兴于鸟，而

---

① 许渊冲译，程俊英、蒋见元今译：《诗经》，中国市场出版社2016年版，第298页。
② 钟嵘著，杨焄译注：《诗品译注》，上海三联书店2018年版，第522页。
③ 方珍：《论"兴"——从诗歌与伦理的视域看》，华东师范大学2012年硕士学位论文，第2页。
④ 许渊冲译，程俊英、蒋见元今译：《诗经》，中国市场出版社2016年版，第3页。
⑤ 以景结情：情感借景物而客观化，情感包含理解、相像于其中。参见李泽厚：《美的历程》，生活·读书·新知三联书店2016年版，第60页。

君子美之，为其雌雄不乖(王念孙谓乘之误，非是。有说别详)居也。'不乖居犹言不乱居。"[1]即，"挚而有别"重两鸟之情意专一、雌雄不乖的情境，而不重此二鸟是否为雎鸠，亦不过分执于雎鸠自身的特征与文化符号性[2]。在许渊冲的译本中，雎鸠虽被浅化为概括性的"oiseau"(鸟)，"关关"的鸣叫声也被动词"crient"(喊叫)[3]代替，但"Au bord de l'eau/Crient deux oiseaux"二句，却还原了原诗中雎鸠于河滨两鸟"相和而鸣"[4]的整体情境，与后两句一同营造了一个"双鸟相鸣而起男子追慕恋人之情"的有情世界，使读者在不关注具体物象的情况下，感受到"兴"起情的特征。

但此种译法并不是许渊冲在译诗中表现"兴"最好的策略。以其英译《周南·关雎》为例，"关关雎鸠，在河之洲。窈窕淑女，君子好逑。"四句被译作"By riverside a pair/Of turtledoves are cooing;/There's a good maiden fair/Whom a young man is wooing."[5]，"雎鸠"虽没有被译为"osprey"(鹗；鱼鹰[6])，但"turtledove"(斑鸠)却较法译诗中泛指鸟的"oiseau"显得更为具象，"cooing"亦是对"鸽子咕咕叫"的拟声词，并含有"柔声低语"[7]的文化内涵，还与第四句中描写君子追求淑女的动词"wooing"(追求)从形式、音律以及意义上都有一定的相似与联系。足见，许渊冲英译的《关雎》首章较法译本相比，不仅塑造了以情结景的有情世界，更具体描摹了组成有情世界的物象，力求从细节处完整、准确地还原诗中特定物象与人物的文化内涵。

（二）谐韵

许渊冲在翻译时如此浅化具体的物象及其行动，这是他对译诗音、形、意平衡的追求。[8]在他看来，"音美"亦是《诗经》中"兴"手法包含的重要艺术特征。叶

---

① 李泽厚：《美的历程》，生活·读书·新知三联书店 2016 年版，第 60 页。

② 关雎有别，故后妃方德；尸鸠贞一，故夫人象义。义取其贞，无从于夷禽；德贵其别，不嫌于鸷鸟。参见刘勰著，王运熙、周峰撰：《文心雕龙译注》，上海古籍出版社 2012 年版，第 173 页。

③ 笔者注：Crient 为 Crier 的第三人称复数变位，虽不能还原"关关"的拟声性，但一定程度上可表现"关关"所含"雌雄相应之和声"的内涵。

④ 褚斌杰注解：《诗经全注》，人民文学出版社 2007 年版，第 3 页。

⑤ 许渊冲：《Book of Poetry》，五洲传播出版社 2012 年版，第 6 页。

⑥ 对于雎鸠的物种确认，历来说法不一，主流意见为鹗。鹗，又名鱼鹰，隼型目，栖息于湖泊、河流、海岸等水域地带。参见骆玉明解注：《诗经》，kindle 版(三秦出版社 2017 年版)，第 173 页。

⑦ 霍恩比著，石孝殊等译：《牛津高阶英汉双解词典》，商务印书馆 2005 年版，第 370 页。

⑧ 许渊冲：《翻译的艺术》，五洲传播出版社 2006 年版，第 19 页。

朗先生在《中国美学史纲要》中曾言:"《毛传》说:'兴,起也。'也就是由物象引发情思的作用。物象与情志不一定有内容的关联,有时仅是音韵上的联系。这种解释是符合'兴'的本义的。"①《诗经》中的"兴"既能指引又能约束韵律,且此种指引与约束并不受诗歌意义的影响。美国学者苏源熙亦言:"《国风》的创作者,无疑先决定了最后一段诗节的韵律,然后才选择一个合适的'兴',来传递所需的开篇韵律。'兴'并非诗的主题,但诗却假托它是,至少在韵律的持续上如此。"②

许渊冲亦知此解,于"大中华文库"版法译全本《诗经》前言(以下简称"法译《诗经》前言")中写道:"'伊人'和'蒹葭'、'白露'没有意义上的联系,只是'苍'、'霜'和'方'在声音上得有相同的韵脚。由此可见'兴'有两种:一种是因意起兴,一种是因韵起兴。"③

故观许译《秦风·蒹葭》首章④:

蒹葭苍苍,/白露为霜。/所谓伊人,/在水一方。/溯洄从之,/道阻且长。/溯游从之,/宛在水中央。

Joncs et roseaux/Sont blancs de givre;/Au bord de l'eau/Elle m'enivre./Quand je la suis/Au fil de l'eau,/Elle me fuit/Àmi-ruisseau.

灯心草与芦苇/被霜都打过后,都显得洁白。/在水的一边/她使我陶醉。/当我沿着河/走到她那里,/她又逃离我/在小河的中央。

在该章中,许渊冲将译诗的韵律定为"ABABCACA",即第一句、第三句、第六句、第八句押一尾韵[o],第二句与第四句押一尾韵[vr],第五句与第七句押一尾韵[qi]。若按许渊冲自己的解释:'苍'、'霜'和'方'同韵脚,则译诗第一句、第二句和第四句该押一韵,但译诗前四句皆为隔行换韵,并没有完全参照原诗的"音韵起兴",但若以向熹先生对该诗的韵读的注解:"苍、霜、方、长、央,阳部。"⑤即表明原诗第一句、第二句、第四句、第六句、第八句都押"阳"一韵,则译诗首章的"因韵起兴"已在四处⑥还原了原诗,加之"ABABCACA"的尾韵格式与原诗首

---

① 叶朗:《中国美学史大纲》,上海人民出版社 2013 年版,第 90 页。
② 苏源熙著,卞东泽译:《中国美学问题》,江苏人民出版社 2009 年版,第 256 页。转引自李辉:《仪式歌唱情境下〈诗经〉赋、比、兴的兴起与诗乐功能》,《诗经研究丛刊》2015 年第 3 期,第 65 页。
③ 许渊冲译,程俊英、蒋见元今译:《诗经》,中国市场出版社 2016 年版,第 20 页。
④ 许渊冲译,程俊英、蒋见元今译:《诗经》,中国市场出版社 2016 年版,第 223 页。
⑤ 向熹注解:《诗经译注》,商务印书馆 2013 年版,第 176 页。
⑥ 笔者注:译诗第一句对原诗第一句;译诗第三句对原诗第四句;译诗第六句对原诗第六句;译诗第八句对原诗第八句。因译诗第三句为"Au bord de l'eau"(在水旁),故在诗意上与原诗第四句"在水一方"更近,故可认为是许渊冲在译诗时,对原诗句序的重构,但不影响音韵上的起兴与定标。

章"AABACACA"的尾韵格式仅一尾韵不同，又以许法译《蒹葭》中最主要的 A 韵（[o]）都押在"兴"象①上，可认定许法译《蒹葭》中的"兴"有一定的"起韵"与"谐韵"作用。且 A 尾韵[o]不仅出现在首句，而且是全诗中出现次数最多的韵，一共出现 6 次，也证实了傅斯年所注："起兴之用，有时若是标调，所起同者，若有多少关系。"②

二、 人与自然的和谐

首节已言，起情为外物通过人类自身的感知，从而唤醒或引发了人内在之情感，表明了一种外物对人情感思想的召唤。然"比"亦是通过将外物置于一个表象事件中，来比附一种情感或人事处境，若不从整体有情世界的角度来分析"兴"象与人类情感的联系，又如何通过纯粹、具体的"兴"象活动来展现它与人类情感或人事活动的关系，并区别它与"比"物象的不同？

（一）"物我合一"

叶朗先生曾于《中国美学史大纲》中对"比兴"的差异做过两点总结③，孔许友将其概括为："第一，'兴'多为物先心后，'比'则是心先物后。第二，'兴'多由于直觉触引，'比'则多为理性思索。"④可理解为，运用"比"手法进行创作前，诗人已经构思好了该诗的主题与情感基调，只是借物象的属性、特征或价值来使自己构思的主题或情感具体化，似王国维所言"以我观物"⑤。而运用"兴"手法进行创作前，诗人对诗歌的主旨与内涵并无具体的把握，是由于诗人感受外物的行为或外物所处之境，内心产生触动，形成"不知何者为我，何者为物"⑥的"物我合

---

① 笔者注：第一句：roseaux（芦苇）；第三句：l'eau（水）；第六句：l'eau（水）；第八句：ruisseau（小溪）。
② 傅斯年著，董希平笺注：《傅斯年诗经讲义稿笺注》，浙江文艺出版社 2017 年版，第 119 页。
③ 第一，就"心"与"物"之间的相互作用的先后差别来说，"兴"的作用大多是"物"的触引在先，而"心"的情意之感发在后（所以后来往往又称之为"触兴"），而"比"的作用，则大多是已有"心"的情意在先，而借"比"为"物"来表达则在后。第二，就"心"与"物"之间相互感发的性质来说，"兴"的感发大多由于感性的直觉的触引，而不必有理性的思索安排，这种感发是自然的，无意的，而"比"的感发则大多含有理性的思索安排，是人为的，有意的。参见叶朗：《中国美学史大纲》，浙江文艺出版社 2017 年版，第 86 页。
④ 孔许友：《〈诗经〉物象系统之美学刍议》，《四川省干部函授学院学报》2013 年第 1 期，第 38 页。
⑤ 以我观物，故物皆着我之色彩。参见王国维著，周公度译注：《人间词话》，kindle 版（浙江文艺出版社 2017 年版），第 306 页。
⑥ 王国维著，周公度译注：《人间词话》，浙江文艺出版社 2017 年版，第 306 页。

一"状态。

这样一种平等对话的"物我合一"状态,出现在许法译《诗经》中,多表现为"兴"象的拟人。

如《周南·桃夭》的首章①,许渊冲的译诗为:

> 桃之夭夭,/灼灼其华。/之子于归,/宜其家室。
>
> La fleur de pêcher sourit;/Son charme nous éblouit./La jeune fille se marie,/Comme une fleur épanouie.
>
> 桃花在微笑;/她的魅力使我们啧啧称赞。/年轻的姑娘出嫁了,/就像一朵鲜花盛开了。

在该章中,出现在前两句,作为"兴"象的 La fleur de pêcher(桃花)具有了 La jeune fille(少女)的动作与属性。将原本仅指花"茂盛的样子"②"生机勃勃的样子"③的"夭夭"译成"sourit"(微笑),将意义"同花"的"华"字译成"charme"(魅力;可爱,妩媚④),使译诗中的桃花除了自身美丽盛开的固有植物属性以外,附带了一层少女的青春靓丽。第三句对应了原诗的"之子于归",由表现"物我合一"的"兴"象"桃花",引出了"物我合一"的人物主体:"少女",即原诗中的"子",表现了"兴"手法"人象与非人象在首句相接为前后"的特征。其下第四句起始的"Comme"(好像),体现了许渊冲对桃花与少女"物我合一"的又一次强调,尾词"épanouie"(盛开的),犹有"快乐的"之意,再次以花拟人,形成了原诗中"桃花盛开""新娘美丽""夫家新婚喜悦"三者的"天人合一"状态⑤。

相较之下,顾赛芬的译本就并无表现出如此强烈的特征:

---

① 许渊冲译,程俊英、蒋见元今译:《诗经》,中国市场出版社 2016 年版,第 10 页。
② 程俊英译注:《诗经译注》,上海古籍出版社 1985 年版,第 12 页。
③ 邓荃译注:《诗经·国风译注》,宝文堂书店 1986 年版,第 22 页。
④ 杜布瓦主编,薛建成主编译:《拉鲁斯法汉双解词典》,外语教学与研究出版社 2006 年版,第 333 页。
⑤ La fleur, la feuille et le fruit du pêcher s'épanouissent comme les nouveaux mariés souriants, ce qui montre qu'il y a communion entre la nature et l'homme heureux. En somme, ces chansons recueillies au sud de la capitale montrent le bonheur de l'amour, du mariage et de la famille. — Xu Yuanchong(本文作者译:桃花、桃叶和桃子的盛放就像结婚新人们的微笑,这就使人世的快乐与自然形成了共感。简言之,这些采自都城南方的诗歌(笔者按:指《周南》中的诗歌)展现出了爱情、婚姻和家庭的幸福。——许渊冲)。参见许渊冲译,程俊英、蒋见元今译:《诗经》,中国市场出版社 2016 年版,第 47 页。

桃之夭夭,/灼灼其华。/之子于归,/宜其家室。

Le pêcher est jeune et beau;/ses fleurs sont brillantes./Ces jeunes filles vont célébrer leurs noces chez leurs fiancés;/elles établiront l'ordre le plus parfait dans leurs appartements et dans toute la maison.

桃树幼小又美丽;/它的花璀璨夺目。/这些少女将在未婚夫家里举行婚礼;/她们将在各自家室里建立最完美的秩序。①

顾赛芬在翻译"夭夭"和"灼灼"时,使用了更贴近其原意的形容词"jeune"(年轻的;幼小的②)、"beau"(美丽的③),不似许渊冲使用"sourit"(微笑)和"charme"(魅力)等更拟人的动词与名词。但顾译诗尾句却表现了原诗"宜室家"的具体意义,更好地指涉了"桃花"起兴的深层文化内涵。

(二) 自然规律与人事秩序的相谐

以上的论述可见许渊冲法译《诗经》还原了"兴"表现的"物我合一"性,但"物我合一"仍不是"天人合一"之全部。许渊冲在法译《诗经》前言中称《诗经》里存在一种"更高级的天人合一",他以《周南·关雎》的内在季节变化为例作了解释:"春天花开鸟鸣,人也开始动情;夏天荇菜长出水面,人的感情也见于行动;秋天果实丰收,人也收获爱情之果;冬天享受丰收的果实,人也庆贺物质情感双丰收。这讲的是人如何模仿适应大自然的秩序,按照自然的秩序,人制定了生活的礼法,所以说'礼'模仿的是自然的'秩序'。另一方面,花鸟欢唱迎春,夏日流水吐露心声,秋日风吹琴瑟,冬日钟鼓雷鸣。这讲的是人和大自然之间的和谐,随着大自然的晴雨风雪,人发出了喜怒哀乐之声,所以说'乐'是模仿大自然的和谐。孔子的'礼乐'之治,就是要模仿自然外在的秩序和内在的和谐,这是更高级的'天人合一'。"④法国汉学家葛兰言也认为春秋战国时期中国人"惯常的生活节律是对事物的惯常活动的精确模仿"⑤,并且将此观点与"比兴"的创作手法相结合,认定"'比兴'本身即一套道德体系,遵循大自然时令和节序,表明季节习俗在

---

① Séraphin Couvreur. *Cheu King*, p.20.
② 杜布瓦主编,薛建成主编译:《拉鲁斯法汉双解词典》,外语教学与研究出版社 2006 年版,第 1073 页。
③ 杜布瓦主编,薛建成主编译:《拉鲁斯法汉双解词典》,外语教学与研究出版社 2006 年版,第 188 页。
④ 许渊冲译,程俊英、蒋见元今译:《诗经》,中国市场出版社 2016 年版,第 23 页。
⑤ 葛兰言著,赵丙祥、张宏明译:《古代中国的节庆与歌谣》,广西师范大学出版社 2005 年版,第 160 至 161 页。

古代中国人生活和思想中的重要性。"①由此可见,人事秩序与自然规律相顺相谐亦是"兴"内涵"天人合一"性的一部分。

以此再析许译《周南·关雎》第二、第四和第五章②:

参差荇菜,/左右流之。/窈窕淑女,/寤寐求之。

Le cresson roule/Dans l'eau qui coule;/On fait la cour/De nuit et jour.

独行菜翻滚着/在流动的水中;/他追求着她/日日夜夜。

参差荇菜,/左右采之。/窈窕淑女,/琴瑟友之。

Que l'amant cueille/Les longues feuilles! /Qu'il joue de sa lyre! / L'amie l'admire.

情夫采着/长长的叶子! /他弹起他的琴! /女友开始崇拜他。

参差荇菜,/左右芼之。/窈窕淑女,/钟鼓乐之。

Qu'on mange longs/Ou courts cressons! /La cloche sonne;/L'amie se donne.

他吃着或长/或短的独行菜! /钟声响起;/女友把自己托付给了他。

许渊冲对这三章的翻译,无论是从荇菜状态的变化,还是君子与淑女关系变化,都显示了一种过程。译诗第二章的首两句主要遵循了原诗内涵"荇菜随河水自由飘荡"③的大意;第四章的首两句除了用"cueille"(采摘)一词表现了原诗句中的"采","Les longues feuilles"(长长的叶子)也彰显了荇菜随时间的推移变得日趋茂盛与成熟。第五章的首二句有对原诗中"参差"和"芼"的准确翻译,凸显了荇菜从野生植物经人采摘终成人类食物的最终成果。相应,该三章的后两句与采摘食用荇菜的过程相辅相成,先是见淑女美貌宛见荇菜茂盛,便萌生长久的爱意,接着见时机成熟,便犹如男人见荇菜成熟便将其采摘,表明一种从"不获"到"获"的中间过程,最后两句与前两句相谐表明了最终成果的获得。

许渊冲对"兴"中"物我合一""人事秩序与自然规律相谐"的体现,最终指向

---

① 蒋向艳:《法国的诗经学渊源》,《古代文学理论研究》2019 年第 1 期,第 499 页。
② 许渊冲译,程俊英、蒋见元今译:《诗经》,中国市场出版社 2016 年版,第 3 至 5 页。
③ 朱熹注"左右流之"云:"或左或右,言无方也。"参见朱熹集传,方玉润评,朱杰人导读:《诗经》,上海世纪出版集团 2009 年版,第 5 页。

的都是一种人遵循自然规律、安稳生活的理想生活理念。正如许渊冲对自己把《小雅·采薇》中的"杨柳依依"翻译成"Le saule en pleurs"（杨柳在哭泣）的解释："当战士离开家乡去打仗的时候，连杨柳都依依不舍，这说明大自然和人一样反对战争、爱好和平。"①事实上，这表现了诗人对自己生活与自然规律不符的哀伤，春天杨柳青青，应该在家劳作播种，却因文王的战事打乱了自己的生活规律，逼迫自己远赴战场，故会见柳絮飘荡，便觉其在为自己哭泣。这便似葛兰言所言："封建诸侯统治着从事农业的人民，他们统治同样也保证了风俗和季节的规律性。自然的丰饶和人民的安康都显示出上天对王侯的眷顾。"②

三、 多义性的表现：美刺、风俗、德教

钟嵘定义"兴"乃"文已尽而意有馀"③，即表明对"兴"的研究应不止于将"兴"作为一种写作和修辞手法，还可探求以"兴"手法所作诗篇的审美与接受效果，因为以"兴"手法创作的诗歌具有"言不尽意"的"多义性"，对其主旨与内涵亦可有更多面与深入的阐释。

以"兴"手法创作的《诗经》诗篇亦并不只有单一的或字面的意义，如刘勰在《文心雕龙》中所言："比则蓄愤以斥言，兴则环譬以托讽。"④王运熙先生译注为"比是因积蓄忧愤而提出指责，兴是用委婉比喻以寄托讽意"⑤。"比"与"兴"两种手法都有讽谏的意味，但"兴"的讽谏意味是更委婉含蓄，似"讽喻"。诗人以"兴"创作，多是因为需"温柔敦厚"⑥地讥讽或赞美时政。

另，朱自清在《诗言志辨》中认为《史记·儒林传》"其归一也"的话"可以当作汉人《诗》教的总论看"："况夫微言大义往往而有，上推天人理性，明皆有仁义礼智顺善之心；下究万物情状，多识于鸟兽草木之名。"⑦说明《诗》中文字如《春秋》亦是"微言大义"，故可有多层次的解读，其向"下"解读，即以自然现象视角去解

---

① 许渊冲译，程俊英、蒋见元今译：《诗经》，中国市场出版社2016年版，第28页。
② 葛兰言著，赵丙祥、张宏明译：《古代中国的节庆与歌谣》，广西师范大学出版社2005年版，第65页。
③ 钟嵘著，杨焄译注：《诗品译注》，上海三联书店2018年版，第522页。
④ 刘勰著，王运熙、周峰撰：《文心雕龙译注》，上海古籍出版社2012年版，第172页。
⑤ 刘勰著，王运熙、周峰撰：《文心雕龙译注》，上海古籍出版社2012年版，第173页。
⑥ 《经解》篇孔颖达《正义》释"温柔敦厚"句云：温谓颜色温润，柔谓性情柔和。《诗》依违讽谏，不指切事情，故云温柔敦厚是《诗》教也。参见朱自清：《诗言志辨 经典常谈》，商务印书馆2011年版，第124至125页。
⑦ 朱自清：《诗言志辨 经典常谈》，商务印书馆2011年版，第112页。

读,可了解多种鸟兽草木的情状;其向"上"解读,即从天理人伦视角去解读,可明白仁义礼智等德行。故"兴"法中又可见以状物感人伦的《诗》教作用,如《诗集传》序中言:"诗者,人心之感物而形于言之余也。心之所惑有邪正,故言之所形有是非。"①此又为《诗经》"文已尽而意有馀"的另一表现。

葛兰言从人类学视角证实《诗经》与春秋战国时期中国的祭祀活动有一定的联系:"通过对《诗经》的分析研究和比较研究,可以明白歌谣是季节祭祀的宗教感情的产物……这些残留着仪礼起源痕迹的歌谣保持了一种宗教的风格,它们在宫廷宗教仪式之际被歌唱,在《诗经》编纂中,它们与朝歌和仪礼歌一道被记载下来。"②日本汉学家白川静接受了这一学说,并进一步证实:"'兴'在中国早期的文化中,实际上是一种祭祀仪式,是通过礼乐与神明交往的途径。"③"兴"手法在《诗经》中的运用,亦含有原始思维、信仰、仪式等民间文化的表现,这也成为了运用"兴"手法的诗章"言不尽意"的一个方面。

(一) 多义性的表现方式

为了表现"兴"指向的不同含义,顾赛芬选择在正文中添加括号,用括号内的内容表现该诗字面所不能传达的多意或深意,并且在每首诗歌之前都会有依据邹圣脉《诗经备旨》注释做出的主旨。一些"兴"象在书末也有具体的解释,以表示其象征内涵。

如《周南·关雎》的主旨、首章和注释:

Les femmes du palais chantent les vertus de T'ái Séu, épouse de Wênn wâng.

宫中的女子在歌唱文王王后太姒的品德。

Les ts'iu kiou (se répondant l'un à l'autre, crient) kouan kouan sur un îlot dans la rivière. Une fille vertueuse (T'ai Seu), qui vivait retirée et cachée (dans la maison maternelle), devient la digne compagne d'un prince sage (Wenn wang)(1)

---

① 黎靖德编:《朱子语类》第六册卷八十,中华书局1986年版,第2065页。
② 格拉耐著,张铭远译:《中国古代的祭礼与歌谣》,上海文艺出版社1989年版,第141页。
③ 熊建军、王昌鹏:《诗何以兴——再论〈诗经〉的文化作用》,《石河子大学学报(哲学社会科学版)》2018年第5期,第95页。

叫做"雎鸠"的鸟在河中的沙洲上"关关"地叫着(一只对着另一只互相叫喊、回应)。一位有德的姑娘(太姒)悄无声息地生活着(深居闺中),成为了一位贤明王子(文王)的庄重伴侣。

Ts'iū kiōu, oiseau aquatique. Il ressemble à la mouette ou au petit canard appelé fôu. Il est le symbole de la fidélité conjugale. Plusieurs anciens auteurs prétendent que c'est une espèce d'aigle de mer.①

雎鸠,水禽。似海鸥或一种叫做"凫"的小型鸭子。它们是夫妇忠诚的标志。众多古代作家都认为它们是海鹰的一种。

正文展现原诗的字面上雎鸠相互鸣叫与君子求淑女的联系,括号内的内容和题解又赋予了此种联系特定的政教性,文后的注释又表现出雎鸠作为"兴"象在中国文化中的文化符号性与教化性。

葛兰言在《古代中国的节庆与歌谣》(*Fêtes et chansons anciennes de la Chine*)一书中将自己的法语译诗与中文原诗并置,行行对应,每行都做好数字标记,并在诗末对每一行诗进行注解,注解的主要内容是该诗的《诗序》中文原文、《毛诗》、朱熹《诗集传》与顾赛芬法文版《诗经》中对该行诗中一些具体字词解释的中文原文,以及葛兰言对这些解释的法文翻译与阐释。尤其是对"兴"象的特征,他从人类学的角度对其进行了文化阐释,揭示了该"起兴"指涉的风俗内涵。

如他对《郑风·野有蔓草》首章的翻译与第一、第二行的注释②:

1. 野有蔓草, Aux champs sont liserons 乡间开着牵牛花
2. 零露溥兮。tout chargés de rosée! 每一朵上都沾着露水!

(本文作者译)

1 et 2 溥.盛多. Mao. Comparaison: la rosée se répand sur les plantes par la faveur du ciel comme l'Influence princière se répand sur les hommes.

Pour Tcheng: indication de date, désigne le second mois de printemps. Les plantes commencent à pousser. Le givre devient rosée (cf.

---

① Séraphin Couvreur. *Cheu King*, p.15, p.473.
② Marcel Granet. *Fêtes et Chansons Anciennes de la China*, Éditions Ernest Leroux, 1919, pp.39—40.

LIV，faits inverses aux dates symétriques d'automne）. Citation du Tcheou-li comme preuve que c'était alors le temps des réunions matrimoniales

[Pour Mao：manquer l'époque = dépasser l'âge. Pour Tcheng：laisser passer la saison propice，2 mois.]

　　和 2. "溥.盛多也。"《毛传》：兴。《毛传》以为郊外野中有蔓延之草，草之所以能延蔓者，由天有陨落之露溥溥然，露润之兮以兴民，所以能藩息者，由君有恩泽之化，养育之兮。

《郑笺》则认为，这句是表示时间，"谓仲春之时，草始生，霜为露也"（参见《蒹葭》，在秋天的相应时期，这些事件也随之相反）。引《周礼》可证："仲春之月，令会男女之无夫家者。"

（《毛传》：失时意为超龄。《郑笺》：失时意为错过了合适的仲春二月）（赵丙祥　张宏明译）①

葛兰言的译诗遵从了原诗的布局与内容，对原诗字面的内容进行了几无差异的还原。其多义性多用题解来表现，如注释第一段表现了"la rosée"（露水）与"l'Influence princière"（君王恩泽）的联系，凸显该诗的"兴喻美"。第二段引《郑笺》之说，表现该诗内涵的自然规律，是对"兴"法之"自然规律与人事秩序相谐"的强调，并辅之第三段表明"草始生，霜为露"的"仲春"之风俗内涵——合适的婚期。

而许表现"兴"指向不同含义的方法是在译诗正文中表现一种含义，这种含义主要是原诗字面中"兴"手法所表现的外物、环境与人事之联系，再辅之以书末的题解，这些题解或是展现该诗"兴"手法指向的政治内涵（即对兴喻美刺具体对象的呈现）、民俗内涵、美学内涵、德教内涵或仅是对诗中"兴"手法产生的联系之再次强调，且每一个题解仅解释其中一方面的内涵。

以许渊冲法译《周南·麟之趾》②为例，其译诗正文为：

　　　麟之趾，/振振公子，/于嗟麟兮。

　　　La licorne ne nuit à rien avec ses sabots./Le prince est aussi beau/Que la licorne là-haut！

　　　麒麟不用蹄破坏一切。/公子也像天上的麒麟/一样俊美！

---

① 葛兰言著，赵丙祥、张宏明译：《古代中国的节庆与歌谣》，广西师范大学出版社 2005 年版，第 25 至 26 页。
② 许渊冲译，程俊英、蒋见元今译：《诗经》，中国市场出版社 2016 年版，第 19 页。

题解为：

> La licorne est un animal fabuleux qui a une corne molle et des sabots qui ne nuisent à rien，même à l'herbe. Quoiqu'armé，il aime la paix. Il est le symbole de la bonté.①
>
> 麒麟是一种神话动物，它有一对柔软的角和不能破坏草地甚至任何事物的蹄子。尽管它全身都是坚韧的铠甲，但是它热爱和平。是善良的象征。

译诗主要循原诗的字面之意，表现"麟"（La licorne）与公子（Le prince）之间的联系，是从麟的特征引申到对概念化的公子状态的赞美，并每章前二句尾词皆押韵②，还原了原诗中"麟之趾"起兴协韵的作用③。故，译诗字面仅体现"兴"彰显出的起情谐韵作用，未突出表现朱熹所解的政治歌颂作用④或《诗序》所言的"诗教"作用⑤。而且，这两种作用也没体现在题解中。题解仅简单介绍"兴"象"麟"在中国文化中固有的文化内涵以及麒麟作为传统图腾所蕴含的民族心理，并无与帝王"祥瑞"之说产生更多的联系。

由此，可见许渊冲在展现"兴"手法指向的多义性时，无论在原文中有无进行"创造性翻译"，他都以简明的文字，不做多余注解的方式来展现"兴"作为文学创作手法"触物以起情"后产生的一种特定情愫，其余更多的意味则以题解的方式来呈现，但此种呈现亦只能指向一种深层的文化内涵。

（二）"多义性"指向的文化内涵

1. 美刺

据《毛诗》的统计与标注，"兴诗共 117 篇"⑥。若以此比应许渊冲法译《诗经》中的兴诗，则有 60 首兴诗有单独的题解（共 139 个题解），占所有题解的 43%，在这 60 首有单独题解的兴诗中，又有 36 首是指向政治上的"兴喻美"与

---

① 许渊冲译，程俊英、蒋见元今译：《诗经》，中国市场出版社 2016 年版，第 19 页。
② 笔者注："sabots"与"beau"押[o]，"tête"与"bête"押[t]，"corne"与"borne"押[n]。
③ 趾、子，之部。定、姓，耕部。角、族，屋部。参见向熹注解：《诗经译注》，商务印书馆 2013 年版，第 16 页。
④ 朱熹集传，方玉润评，朱杰人导读：《诗经》，上海世纪出版集团 2009 年版，第 14 页。
⑤ 毛亨传，郑玄笺，孔颖达疏，陆德明音释：《毛诗注疏》，上海古籍出版社 2013 年版，第 78 页。
⑥ 王承略：《〈毛诗故训传〉标"兴"含义新解》，《晋阳学刊》2003 年第 3 期，第 71 页。

"兴喻刺",可见"兴喻美刺"的意义是许渊冲除却表现兴诗起情意味之外,最重视的一种意义。

如《卫风·淇奥》,首章正文①:

> 瞻彼淇奥,/绿竹猗猗。/有匪君子,/如切如磋,/如琢如磨。/瑟兮僴兮,/赫兮咺兮。/有匪君子,/终不可谖兮。

> Regardez les bambous oscillants/Au bord du fleuve ondoyant! / Notre Duc en pleine gloire/Est poli comme ivoire./Comme un ouvrier qui taille/Les jades et pierres précieuses,/Au bien de tous il travaille,/Sa tenue est majestueuse./Ce qu'il a accompli/Ne tombera pas en oubli.

> 看这些摆动着的竹子/在水河淌淌的江边!/我们的公有许多荣耀/光滑如象牙。/宛如一件用美玉和奇石/打磨出的艺术品。/他做的都是好事/他的着装很威严。/他所取得的一切/终不会为人遗忘。

正文依循原诗,先言诗人看见了"猗猗"②的绿竹和江水,引起了对自己国家"公"的赞美,除了将原文中"有匪君子"③扩大到"他取得的一切"都不会被世人遗忘,其余的赞美几乎相同,表现了《大学传》所云之"如切如磋者,道学也;如琢如磨者,自修也;琴兮僴兮者,恂栗也;赫兮喧兮者,威仪也;有斐君子终不可喧兮者,道盛德至善,民之不能忘也"的德教作用。但为何独将"有匪君子,终不可谖兮"扩大到"他取得的一切,终不为人遗忘"呢?

再观题解④:

> On dit que c'est un éloge du Duc Wu qui régnait dans le Duché de Wei en 811—757 av. J.-C. Le Royaume de Zhou fut envahi par les barbares et le Roi You fut tué en 770 av. J.-C., quand le Duc Wu de Wei mena son armée au secours du Royaume et le Roi Ping le nomma Ministre de la Cour Royale.

---

① 许渊冲译,程俊英、蒋见元今译:《诗经》,中国市场出版社 2016 年版,第 97 页。
② 猗猗:始生柔弱而美盛也。参见朱熹集传,方玉润评,朱杰人导读:《诗经》,上海世纪出版集团 2009 年版,第 60 页。
③ 匪、斐通,文章著见之貌也。参见朱熹集传,方玉润评,朱杰人导读:《诗经》,上海世纪出版集团 2009 年版,第 60 页。
④ 许渊冲译,程俊英、蒋见元今译:《诗经》,中国市场出版社 2016 年版,第 285 页。

　　这是一首献给武公的颂歌。公元前 811 年至公元前 757 年，他执政卫国。公元前 770 年，周王国被蛮人（犬戎和徐狄）入侵，周幽王被杀。卫武公带领他的军队救援国都并在战后被任命为周王室的司徒（丞相）。

　　结合题解，即可知该诗吟咏的对象是卫国国君卫武公，他最大的成就也不只是朱熹所言"兴学问自修之进益"①，而是更近似《诗序》云："有文章，又能听其规谏，以礼自防，故能入相于周"②。因此，该诗"兴喻美"的政治意义，也通过题解在法译诗中彰显。

2. 风俗

　　除却 30 个指向"兴喻美刺"的题解，剩下 24 个有关"兴"诗的题解中，不计对原文内容进行重述的 13 个题解，有 9 个题解指向了"兴"诗背后的风俗，2 个是对德教的再次强调。9 个指风俗的题解涵盖了中国古代节令文化、人生礼仪③（尤以婚俗为多）、图腾崇拜、文化原型等四个具体的方面。

　　第一个方面，似《召南·草虫》的题解："妻子等着丈夫的归来，在秋天的时候，她一边听着螽斯的鸣叫一边等；在春天一边采蕨菜一边等；在夏天一边采摘可食用的草本植物（豆苗），一边等。"④题解辅以诗句"我的心不苦涩也不忧伤了。""欢乐充满了我的心！""我的心平静了下来。"⑤表明"兴"之"触物以起情"的感情程度是随自然季节的变化及相应农事活动的调整，即我国古代先民所重的"月令"⑥。

---

①　朱熹集传，方玉润评，朱杰人导读：《诗经》，上海世纪出版集团 2009 年版，第 60 页。

②　毛亨传，郑玄笺，孔颖达疏，陆德明音释：《毛诗注疏》，上海古籍出版社 2013 年版，第 293 页。

③　人生仪礼是指人在一生中几个重要环节上所经过的具有一定仪式的行为过程，主要包括诞生礼、成年礼、婚礼和葬礼。此外表明进入重要年龄阶段的祝寿仪式和一年一次的生日庆贺举动，亦可视为人生仪礼的内容。人生礼仪是社会民俗事象中的重要组成部分。每一个人之所以经历人生礼仪，决定因素不只是他本人年龄和生理的变化，而且是在他生命过程的不同阶段上，生育、家庭、宗族等社会制度对他的地位的规定和角色的认可，也是一定文化规范对他进行人格塑造的要求。因此，人生礼仪是将个体生命加以社会化的程序规范和阶段性标志。参见钟敬文主编：《民俗学概论（第二版）》，高等教育出版社 2010 年版，第 121 页。

④　许渊冲译，程俊英、蒋见元今译：《诗经》，中国市场出版社 2016 年版，第 281 页。

⑤　许渊冲译，程俊英、蒋见元今译：《诗经》，中国市场出版社 2016 年版，第 23 至 25 页。

⑥　我国是以农为本的文明古国，历来对农事非常重视，而所有的农事活动都非常重视按自然生态规律办事，这就是我国古代的"月令"。正如《礼记·月令》所记，孟春之月"天子乃以元日祈谷于上帝。乃择元辰，天子亲载耒耜，措之于参保介之御间，帅三公、九卿、诸侯、大夫，躬耕帝籍。天子三推，三公五推，卿、诸侯九推。反，执爵于大寝，三公、九卿、诸侯、大夫皆御，命曰劳酒。是月也，天气下降，地气上腾，天地同和，草木萌动。王命布农事，命田舍东郊，皆修封疆，审端经术，善相丘陵、阪险、原隰，土地所宜，五谷所殖，以教导民，必躬亲之。田事既饬，先定准直，农乃不惑"。参见曾繁仁：《生态美学导论》，kindle 版（商务印书馆 2010 年版），第 5988 页。

第三个方面和第四个方面都指向"兴"象本身的文化符号性。《麟之趾》中的"麟"可指向"鹿",法语"licorne"指向西方文化中富有宗教意味的"独角兽"①。《陈风·月出》的注解注明"sur l'amour au clair de lune"②(关于对月光的爱)。这不仅是借助"兴"诗对中国古代传统"兴"象引申的图腾文化进行解释,还有助于在表现译诗"由物起情"的过程中,引导法国读者兴起类似中国人的"集体无意识"③而不是从其自身的文化思维。

3. 德教

《礼记·经解》篇记载:"孔子曰:'入其国,其教可知也。其为人也温柔敦厚,《诗》教也。'"④足见《诗》教与《诗经》文化内涵中的价值,然许渊冲为何不将译诗中"兴"的深层内涵指向德教呢?或许是因为许渊冲对《诗经》中自然"兴"象与"礼""乐"《诗》教内在关系的认识:"'礼'是善的外化,'乐'是美的外化。'礼'模仿自然界外在的秩序,'乐'模仿自然界内在的和谐。人们通过'礼'节制欲望,通过'乐'控制情感。如若众人都能控制自己的欲望和情感,就能幸福快乐地生活。诗歌帮助我们思考、交流和批判。如《关雎》中的男女应是受到大自然的启迪,《生民》描写了劳动人民的农事劳动,《采薇》传递出快乐、爱和痛苦,《瞻卬》讽刺了周幽王和褒姒。正如孔子所说:'《诗》三百,一言以蔽之曰:思无邪。'"⑤故此,按许渊冲的理解,表现"天人合一"状态的"兴"是"礼"与"乐"的形象化表述,当诗人使用"兴"手法表现人对自然的顺应之时,人的行为便表现出了"《诗》教"(德教)的意义。

由此,除了一些涵盖多个德教意味的诗歌需要题解,其余译诗字面的意义便既是情感的表达,又是德教的宣扬。

许渊冲用题解表现译诗德教性的典型是《鄘风·柏舟》,其题解⑥为:

---

① 杜布瓦主编,薛建成主编译:《拉鲁斯法汉双解词典》,第 1126 页。

② 许渊冲译,程俊英、蒋见元今译:《诗经》,第 290 页。

③ 简单说来,(集体无意识)就是一个种族的记忆,它包括两个方面的特征:第一,在范围上,它是关于一个种族的记忆,为某一种族的所有成员共同拥有,是一种集体经验,包含着集体中所有成员的无意识,是他们共同的心理基础;第二,在时间上,集体无意识包含着这个种族经过千百年所沉积起来的集体经验。参见朱志荣:《西方文论史》,kindle 版(华东师范大学出版社 2016 年版),第 7006 至 7009 页。

④ 转引自朱自清:《诗言志辨 经典常谈》,第 104 页。

⑤ 许渊冲译,程俊英、蒋见元今译:《诗经》,扉页。

⑥ 许渊冲译,程俊英、蒋见元今译:《诗经》,第 281 页。

C'est une prière d'une fille à sa mère, mais d'autres disent que c'était une veuve qui ne voulait pas se remarier, donc le bateau de cyprès en Chine devenait un symbole de fidélité d'une veuve.

这首诗是一个姑娘对她母亲的请求,但另有一种说法言该诗是一个寡妇不想再嫁,因此在中国"柏舟"也成为了"遗孀对过世丈夫的忠诚"。

这解释了该诗以"柏舟"起兴指向的两种德教思想——孝道与妇道,避免了像法国译者韩国英为了凸显对《鄘风·柏舟》"寡妇自誓守节"的德教解说,将女诗人无奈母亲不理解自己的"实维我特,之死矢靡慝。母也天只! 不谅人只!"翻译成"我对丈夫发下过誓言;我将对他保持忠诚直至生命结束。哦,母亲! 母亲! 为什么要宣称您的权利? 我的心为它们触动,视您的恩情犹如上天的恩惠;然而这颗心却永远不会因背誓而蒙污"①,使译诗中"兴"所引德教性仅表现"妇道"。

结语

"兴"在《诗经》所有创作手法中占有最重要的地位。但其定义向来众说纷纭,历代各国注疏家们对"兴"从文学与文化视角都有各自不同的解释,但主要可以集中在"起情""谐韵""天人合一""多义性"等四个方面,其中"多义性"的指向又主要表现在"美刺性""德教性"和"民间文化"三个方向。

许渊冲法译《诗经》对"兴"起情的作用表现得很透彻,能在每首"兴"诗的每章之首,通过表现人自身感情的词汇,来衔接外物属性与人为外物所唤起的情感。并且,许渊冲关注到了起情的作用主要来源于"兴"象组合而成的有情世界——整体氛围与环境,而不单一来自"兴"象的特征与文化内涵,这赋予了许渊冲在翻译"兴"诗时运用"浅化"策略的合理性,但也并不是最佳的译法。许渊冲还能关注到"兴"的谐韵作用,在译诗尾韵的排列上多由首章首句的尾韵所引导。

"兴"内涵的"天人合一"性也是许译诗的重点,"兴"的"天人合一"表现在两个方面:第一,"兴"象的拟人化;第二,"兴"连接的自然规律与人事规律相顺相谐。这两方面都明显地表现在许译"兴"诗中,且能被法语读者感受与理解。

"兴"除了是一种写作手法的表现方式,亦使诗"多义性"的阐释成为可能,使

---

① 钱林森:《18世纪法国传教士汉学家对〈诗经〉的译介与研究——以马若瑟、白晋、韩国英为例》,《华文文学》2015年第5期,第15页。

《诗经》蕴含的中华民族多种精神得到展示。故许渊冲在法译《诗经》时,选用的方式是在译诗字面表现原诗中的"兴",再辅之书末的题解来呈现"意在言外"的美刺性、德教性与民间文化。其中,表现"兴喻美刺"的"兴"诗数量最多,其次是表现隐含中国古代节令文化、人生礼仪、图腾崇拜、文化原型等民间文化,德教性多不辅以题解来表现,因为许渊冲认为德教性是"兴""天人合一"的内核,故直译原诗的字面内容即是对《诗经》德教性的表现。

作者简介:姜真豪,华东师范大学国际汉语文化学院硕士,专业为比较文学。

Research on the "Association" in *Book of Poetry* (Shi Jing)'s French Version Translated by Xu Yuanchong

Abstract: Based on the cultural perspective of translation, this essay aims to researching the expression and explanation of the "Association"(Xing) in *Livre de la Poésie* [the Book of Poetry(Shijing)'s French version], which is translated by Xu Yuanchong and published by China Market Press in 2016. In regard to the Association (Xing), the writer mainly discusses its manifestation and cultural connotation, he proves that Xu Yuanchong shows the Association's features in creating like "arousing the emotion" and "making the rhyme harmonious". Its aesthetical notion — "The harmony between the humans and nature" is also presented. In addition, Xu Yuanchong manifests some further functions that aroused by the Association like eulogizing, satirizing, presenting the customs and moralizing. In conclusion, whether served as writing techniques or the culture carriers, the "Association" reveal the prototype of Chinese literature and the national psychology of Chinese. They also indicate some universal meanings suited to the contemporary world.

Keywords: *Book of Poetry*(Shijing); Xu Yuanchong; The French Translation; The Association (Xing)

《红楼梦》花冢片段的法译文①

顾　钧

摘　要:2004年班文干(Jacques Pimpaneau)编译的法文本《中国古代文学选读》收录了两篇《红楼梦》译文,一直没有得到国内学术界的关注。本文选取"花冢"片段的法译文作为研究对象,在与1981年版全译本相关章回进行对比分析后,认为班文干译文的特点在于法语表达的简洁晓畅,虽然在与原文的对应上存在瑕疵。

关键词:《红楼梦》;法译;班文干

说到《红楼梦》的法语译本,学界熟知的是李治华夫妇翻译、铎尔孟(André d'Hormon)审校的1981年全译本(以下简称李译),此外检索到目前为止国内出版的相关研究论(译)文,对于莫朗(G. S. De Morant)、盖尔纳(Armel Guerne)以及中国早期留法学生李成彤、郭麟阁的节译、编译均有所论述,②但一直没有学者关注到2004年版《中国古代文学选读》(Anthologie de la littérature chinoise classique)中的两篇译文。

《选读》的编译者班文干(Jacques Pimpaneau,1934—2021)是法国著名汉学家,曾长期担任巴黎东方语言文化学院中文系主任(1963—1999)。《选读》分为六个部分:先秦文学、汉代文学、魏晋南北朝文学、唐宋文学、元代文学、明清文学。明清又分为诗文和小说戏剧两部分,在后一部分班文干选译了《红楼梦》中的两个片段——"花冢"(L'enterrement des fleurs)和"林黛玉焚诗稿"(Lin

---

① 本文为北京外国语大学双一流建设科研项目"多语种翻译教学理论与实践研究"(编号:2022SYLPY003)阶段性成果。

② 最新的研究详见雷威安著、李晶译:《〈聊斋志异〉与〈红楼梦〉在法文中的传播》,《曹雪芹研究》2020年第2期;张粲:《20世纪30年代旅法中国留学生对〈红楼梦〉的翻译与研究》,《明清小说研究》2020年第2期。

Daiyu brûle ses poèmes），作为明清部分、也是全书的压轴之作。《选读》是大半个世纪以来法语世界唯一一部以整个中国古代文学为对象的读本，此前的一部是 1933 年中国留法学者徐颂年编译的《古今中国文学选读》（Anthologie de la littérature chinoise des origines à nos jours）。

本文选取"花冢"片段的法译文（以下简称班译）作为初步的研究对象，希望引起学界进一步探讨的兴趣。值得一提的是，1994 年美国汉学家梅维恒（Victor H. Mair）主编的《哥伦比亚中国古代文学选读》（Columbia Anthology of Traditional Chinese Literature）也收录了"花冢"片段（A Burial Mound for Flowers），可谓英雄所见略同。①

"花冢"片段取自《红楼梦》第二十三回《西厢记妙词通戏语　牡丹亭艳曲警芳心》。班译从"早饭后，宝玉携了一套《会真记》"开始，到"二人便收拾落花，正才掩埋妥协，只见袭人走来"结束。下文选取译文中的一部分进行分析。

原文：

> 早饭后，宝玉携了一套《会真记》，走到沁芳闸桥边桃花底下一块石上坐着，展开《会真记》，从头细玩。正看到"落红成阵"，只见一阵风过，把树头上桃花吹下一大半来，落的满身满书满地皆是。宝玉要抖将下来，恐怕脚步践踏了，只得兜了那花瓣，来至池边，抖在池内。那花瓣浮在水面，飘飘荡荡，竟流出沁芳闸去了。回来只见地下还有许多，宝玉正踟蹰间，只听背后有人说道："你在这里作什么？"宝玉一回头，却是林黛玉来了，肩上担着花锄，锄上挂着花囊，手内拿着花帚。……宝玉听了喜不自禁，笑道："待我放下书，帮你来收拾。"黛玉道："什么书？"宝玉见问，慌的藏之不迭，便说道："不过是《中庸》《大学》。"②

班译：

Baoyu se dirigea dans le parc vers la Retenue des Fleurs avec sous son

① 法文本详见 Jacques Pimpaneau, *Anthologie de la littérature chinoise classique*，Arles：Éditions P. Picquier，2004，pp.925—928；英译文详见 Victor H. Mair, *Columbia Anthology of Traditional Chinese Literature*，New York：Columbia University Press，1994，pp.1020—1032。

② 班译没有交代底本；李译底本，前八十回主要参考俞平伯校本，后四十回主要参考程甲、乙本。因为"花冢"片段在稿本、刊本中文字差异很小，这里使用人民文学出版社 1982 年通行本。

bras une édition du *Pavillon de l'aile ouest*. Il s'assit sur un rocher sous un pêcher près du pont et commença à s'absorber dans la lecture de cette pièce. Il en était arrivé au vers 《Les fleurs rouges tombaient partout》 quand survint un léger coup de vent et une pluie de pétales soudain tomba de l'arbre et couvrit ses habits, son livre et le sol tout autour. Il ne voulut pas les secouer de crainte que par terre ils ne soient piétinés. Il en ramassa autant qu'il put dans le pli de sa robe dont il releva le bas, les emporta au bord de l'eau où il les secoua. Les pétales flottèrent en décrivant des cercles avant de disparaître au bout de la retenue d'eau. Quand il retourna à sa place, il en découvrit encore plus qui étaient tombés entre-temps. Comme il se demandait que faire, il entendit une voix derrière lui demander ce qu'il faisait là. Il regarda tout autour et s'aperçut que c'était Daiyu. Elle portait sur l'épaule une petite houe avec un sac de soie suspendu au bout du manche et tenait à la main un balai de jardinage.... Baoyu fut plein d'admiration devant son initiative. 《Laisse-moi poser mon livre et je vais t'aider.

—Quel est ce livre? demanda Daiyu.

Oh !...C'est le *Juste Milieu* et la *Grande Etude*.》

李译：

Emportant avec lui, dans leur etui, les fascicules du *Dit du pavillon de l'ouest*, il gagna le pont qui dominait l'Écluse de la Source imbibée de Parfumes, s'assit sur un rocher, à l'ombre d'un pêcher en fleur, tira de l'etui le premier fascicule et en entreprit attentivement la leture. Précisément au moment où il arrivait au vers parlant de 《pétales roses tombant tout comme une averse》, surgit un coup de vent qui, de son souf-fle, effeuilla une bonne moitié des fleurs du pêcher. De sorte que le frérot Jade lui-même et le sol, à ses pieds, furent en un instant inondés de pétales. Il pensa bien se secouer pour s'en débarrasser, mais craignit de les écraser sous ses pas. Il leva donc le bas de sa robe, fit choir, dan cette poche, les pétales dont il était couvert，gagna le bord de l'étang et les y laissa tomber. Les pétales s'éparpillèrent sur l'eau, flottant d'abord gracieusement，puis furent emportés par le courant à travers l'écluse. En revenant à sa place, le frérot Jade se trouva devant la multutude de pétales dont le sol était encore jonché. Alors qu'il demeurait perplexe, il entendit une voix qui，derrière son dos, demandait :《Que fait-tu donc ici?》Il se retourna et vit venir à lui sœurette Lin, tenant d'une main，sur l'épaule, une binette à laquelle était suspendu un petit sac de gaze et，de l'autre, un menu balai.... À ces mots，le frérot Jade ne se tint plus de joie.

《Attends! s'écria-t-il. Je vais déposer là ce fascicules et t'aider à recueillir les pétales.

—Quels sont ces fascicules? 》demanda-t-elle.

À cette question，il se hâta craintivement de les dissimuler，mais déjà trop tard，et dut répondre:《Ce ne sont que des fascicules de *L'Immuable Milieu* et de *La Grande Étude*.》①

首先从与原文的对应程度来看，李译更好。最明显的，原文"只听背后有人说道:'你在这里作什么？'"在李译中对应的是问句《Que fait-tu donc ici? 》，而在班译中则处理为一个陈述句:il entendit une voix derrière lui demander ce qu'il faisait là。另外，"宝玉一回头"李译为 se retourna 是很准确的，班译 regarda tout autour(四处打量)与原文不合。其他如"从头细玩"(tira de l'etui le premier fascicule et en entreprit attentivement la leture)，"把树头上桃花吹下一大半来"(effeuilla une bonne moitié des fleurs du pêcher)等处也是李译更贴近原文。李译"沁芳闸"l'Écluse de la Source imbibée de Parfumes 虽然有点长，但沁芳和水闸的意思字字都有落实，班译 la Retenue des Fleurs(花的池塘)虽然简洁，但偏离原文意思。

班译最为严重的一处问题在于遗漏了"宝玉见问，慌的藏之不迭"，李译则完整地翻译了这一句:À cette question，il se hâta craintivement de les dissimuler。另外，"宝玉听了喜不自禁"一句，李译 ne se tint plus de joie 完全符合原意，班译

---

① 李治华、雅歌译:《红楼梦》(汉法对照)，人民文学出版社 2012 年版，第 911—913 页。

Baoyu fut plein d'admiration devant son initiative（对黛玉的建议充满了敬意）则有过度阐释之嫌。

但李译也有一处疏漏，"落的满身满书满地皆是"（le frérot Jade lui-même et le sol，à ses pieds，furent en un istant inondés de pétales）当中，"满身""满地"都翻译了，还特别强调是宝玉脚周边（à ses pieds）的地面，但是没有翻译"满书"。相比之下，班译在这一句上无可挑剔：couvrit ses habits，son livre et le sol tout autour。

班译的优势在于更为流畅简洁，这首先从两段译文的长度就不难看出。以"那花瓣浮在水面，飘飘荡荡，竟流出沁芳闸去了"一句为例，李译（Les pétales s'éparpillèrent sur l'eau，flottant d'abord gracieusement，puis furent emportés par le courant à travers l'écluse）使用了 d'abord（首先）、puis（然后）等词，显得比较累赘，不如班译一气呵成：Les pétales flottèrent en décrivant des cercles avant de disparaître au bout de la retenue d'eau。同样，"走到沁芳闸桥边桃花底下一块石上坐着"也是班译（Il s'assit sur un rocher sous un pêcher près du pont et commença à s'absorber dans la lecture de cette pièce）更为流畅自然。李译多用状语从句如 Emportant avec lui、Précisément au moment où、De sorte que 以及关系代词 dont 引导的定语从句，难免显得书面化和学究气。另外，李译有时过于拘泥于字面，如将"宝玉正踟蹰间"翻译成 il demeurait perplexe，perplexe 意思是困惑、困扰，一般是为一些比较复杂高深的问题，这里宝玉显然并非如此，班译 il se demandait que faire（不知道如何做才好）无疑更为贴切自然。

就《红楼梦》全书来说，第二十三回的一个重要意义在于首次出现了《西厢记》曲文，其中最为人熟知的是出自宝玉之口的那句："我就是个多愁多病身，你就是那倾国倾城貌。"班译为：《Comment pourrais-je，malade de passion，soutenir ce regard d'une beauté à renverser des murailles?》回译为中文是：我这个因为感情而相思的人，如何能够承受得了一位倾城美女的目光？显然，这里的译文更接近《西厢记》原文中的"小子多愁多病身，怎当他倾国倾城貌。"（第一本第四折）这是张生的个人独白，而宝玉则是直接面对黛玉表白情意，情况有所不同。对此庚辰本脂批写道："看官说宝玉忘情有之，若认作有心取笑，则看不得《石头记》。"甲辰本脂批则更为精到："借用得妙。"①"借用"最明显的标识是"我

---

① 脂砚斋：《红楼梦脂汇本》，岳麓书社 2011 年版，第 274 页。

就是""你就是"。对此李本的处理非常到位:《C'est moi que suis le proposé "accablé de chagrins et de maux", reprit-il. Et la belle qui vaut des "renversements de cités et de royaumes", c'est toi !》其中 C'est moi(我就是)、c'est toi(你就是)一目了然。此外,倾国倾城(renversements de cités et de royaumes)也表达得更为完整,班译只翻译了倾城(renverser des murailles),虽然也已经表达出美人的绝世容貌。

顺便值得一提的是,在"多愁多病"和"倾国倾城"的翻译上,两个著名英译本的差异几乎完全等同于法译本。霍克思(David Hawkes)同样没有处理好借用的问题,他的译文是:"how can I, full of sickness and woe, withstand that face which kingdoms could overthrow?"①而杨宪益夫妇译文则可以和李译一比高下:"I am the one 'sick with longing, and yours is the beauty which caused ' cities and kingdoms to fall."②有趣的是,霍只译了倾国(overthrow kingdoms),和班只译倾城可以相视而笑。

总体来说,笔者的感觉是班译接近霍译,优势在于目的语的简洁晓畅,而李译接近杨译,以忠实于原作为宗旨。当然,霍译、杨译、李译都是全译本,班译只是片段,这也只能是一个初步的感觉。

作者简介:顾钧,北京外国语大学国际中国文化研究院教授。

The French Translation of "A Burial Mound for Flowers", an Episode in *A Dream of Red Mansions*

Abstract: *Anthologie de la littérature chinoise classique*, compiled by Jacques Pimpaneau and published in 2004, contains two episodes of *A Dream of Red Mansions* in French translation, which have received little attention in Chinese academia. Focusing on one of the episodes "A Burial Mound for Flowers", this paper conducts a comparative analysis of two French translations respectively by Pimpaneau and Li Zhihua & Jacqueline Alézais, and reaches the conclusion that Pimpaneau's rendition is characterized by simplicity and fluency in

---

① 霍克思译:《红楼梦》(汉英对照),上海外语教育出版社 2012 年版,第 557 页。

② Yang Xianyi and Gladys Yang, trans., *A Dream of Red Mansions*, Beijing: Foreign Languages Press, 1994, p.455.

expression，but occasionally at the expense of unfaithfulness.

Keywords：*A Dream of Red Mansions*；French translation；Jacques Pimpaneau

朱迪特·戈蒂耶的《白玉诗书》与中国古典诗词翻译之思辨

连星榕

摘 要:法国女作家朱迪特·戈蒂耶的《白玉诗书》不仅仅是一部诗歌选集,更是不可多得的汉学专著。18世纪在欧洲盛行的"中国热"思潮将目光聚焦于中国的器物,到了19世纪,"中国热"思潮式微,不少欧洲学者转而研究曾被忽视的中国古典文学。法国汉学家德理文曾出版中国古典诗歌翻译集《唐诗》,这部作品在法国备受赞誉。而朱迪特·戈蒂耶的《白玉诗书》是第二部中国古典诗歌法译集,在中西文化交流史上的价值不容忽视。其独具一格的创作技巧顺应了彼时西方学界对东方的想象,又给中国古典诗词外译传播提供了启示。本文爬梳了国内外对这部诗歌选集的相关研究,同时,以《白玉诗书》中的相关文本为例,探究朱迪特的创作手法。此外,本文还通过分析《白玉诗书》在当时欧洲文学界传播与影响,试图打开解读这部作品的更多可能。

关键词:朱迪特·戈蒂耶;《白玉诗书》;翻译;创造性叛逆;互文性

一、 遇见《玉书》

中国古典文学在法国的译介最早可以追溯到十八世纪。其中,古典诗歌是最早受到关注并且被翻译和传播到法国。1714年,法国汉学家尼古拉·弗雷列(Nicolas Féret)在碑文与美文学院(Académie royale des Inscriptions et Belles-lettres)宣读一篇题为《关于中国诗歌》的学术论文,并用汉语朗读了文中所引的清代才子佳人小说《玉娇梨》中的两首中文诗歌①。学者阮洁卿指出,虽然弗雷

---

① 阮洁卿:《中国古典诗歌在法国的传播史》,《法国研究》2007年第1期,第1页。

列所引的中文诗歌并非中国古典诗歌的代表作品，且他的介绍也夹杂着不少错误，但是，作为第一批在法国引介中国文学的文献，其价值不容忽视①。十八世纪，欧洲传教士来华，他们著书立说，不仅让西方了解到这个东方古国，更是"发现"了中国古典诗歌的魅力。1735 年，杜赫德（Jean Baptiste du Halde）在其所编的《中华帝国全志》中提及了中国诗人屈原、李白以及杜甫，并将后两人分别比作古希腊诗人阿那克里翁（Anacreon）和古罗马诗人贺拉斯（Horace）。②钱德明（Jean-Joseph-Marie Amiot）编纂的《中国杂纂》也介绍了七位唐代诗人的生平。不过，这些作品只是零星提及了一些中国古诗，此时法国学界对中国古典诗歌的引介远不成气候。随后，在"中国热"风潮和传教士著作的影响下，古诗在法国得到更进一步的译介和传播。1862 年，法国汉学家德理文（Hervey de Saint-Denys）在巴黎出版的《唐诗》（*Poésie de l'époque des Thang*），此部作品乃第一部唐诗法译集，也是法国第一本介绍中国古典诗歌的选集，书中收录唐代 35 名诗人共 97 首作品。这部诗歌选集的序言题为《中国的诗歌艺术和韵律》（*L'art poétique et la prosodie chez les Chinois*），分为两部分，一部分介绍了自《诗经》以来中国诗词的发展历史，另一部分则是从汉字入手，讲解中国诗词的诗体和韵律。《唐诗》较为系统地介绍了中国古典诗歌，书中译文忠实、注解详尽，一经出版便深获得评论界的赞誉，被法国汉学界公认为是最早且极具价值的中国古典诗歌研究文献③。

而在《唐诗》出版的五年后，第二部与中国古典诗歌有关的作品在巴黎问世。1867 年，法国著名作家泰奥菲尔·戈蒂耶（Théophile Gautier）之女朱迪特·戈蒂耶（Judith Gautier）出版了自己的第一部汉学专著：《白玉诗书》（*Le Livre de Jade*），而这四个繁体汉字也被印刷在诗集的封面上，十分醒目。1867 年的初版《玉书》共收录 24 名诗人共 71 首诗作，按"情人"（les amoureux）、"月亮"（la lune）、"秋天"（l'automne）、"行者"（les voyageurs）、"美酒"（le vin）、"战争"（la guerre）和"诗人"（les poètes）七个主题编排章节。每一章节都是不同的主题，朱迪特还特意在每一个章节页加上汉字予以注释，如："情人"——"黄金柳叶浮水""月亮"——"玩月谈情诗词""秋天"——"秋诗游景快乐""旅者"——"游花船观娥词""美酒"——"谈酒作乐提词""战争"——"织锦回乡给诗"和"诗人"——"诗

---

① 阮洁卿：《中国古典诗歌在法国的传播史》，《法国研究》2007 年第 1 期，第 1 至 8 页。
② 蒋向艳：《唐诗在法国的译介和研究》，学苑出版社 2016 年版，第 1 至 85 页。
③ 蒋向艳：《唐诗在法国的译介和研究》，学苑出版社 2016 年版，第 1 至 85 页。

家胜百君王"。1902 年再版的《玉书》又增添了 39 首,并新收录了"宫廷"(la cour)这一主题的诗歌作品。在 1902 年版本的扉页,朱迪特注明了自己的中文名字,唤做"俞第德"。对于当时还不怎么熟悉中国诗歌和中国文化的法国读者而言,《玉书》确实给他们带去了"东方遐想",指引他们走入中国古典文学的世界。雨果(Victor Hugo)、法朗士(Anatole France)、魏尔伦(Paul Verlaine)等文学大家都对其赞赏有加。诗人魏尔伦如是说:"在我们的文学中,除了永不使人厌倦的贝特朗的《加斯帕尔之夜》外,我不知道还有什么作品能与此书相比。但假如让我选择,我对《玉书》就更要喜爱得多,这是因为它更具独创性,形式更纯美,诗歌更真实,更紧凑。"①

时任中国驻法大臣裕庚在给朱迪特的祝词中更是不吝赞美:"我所遇见的,是一位西方女诗神,她令我惊奇快乐的是,她心中紧系着我的国家的诗篇……"②然而,这样的一部作品经过多年的"旅行",重新进入学者们的视野,其作为中国古诗词翻译集这一命题却受到了质疑。不少学者批评朱迪特的作品不能忠实地对应原作,并且在创作过程中或是删节过多细节,或是融入过多创作者的个人"声音"。本文试图爬梳《白玉诗书》的创作与传播历程,并整理国内外对这部诗歌选集的研究,在此基础上,借由本雅明的翻译观以及罗兰·巴特的相关文艺理论,重新思辨《白玉诗书》是为"译作"还是"创作"这一问题;同时,通过分析相关文本,探讨这部作品是如何建构和体现朱迪特·戈蒂耶的东方情调。

二、《玉书》:"不忠的美人"

中国古诗注重形式工整和音律优美,朱迪特的《玉书》的所有诗歌却一律采用散文诗(Poème en prose)的形式,这使她成为众矢之的。学者胡迅从汉语语法规则和汉字象形的特点出发,指出中法两国文艺创作中"虚"与"实"两种美学观的差异,而这种差异让译文与原文的出入显得十分突出。他认为,在朱迪特的作品中,"原诗中的'留白'被填满,空灵的气韵被阻塞,读者的想象空间受到了局限"③。胡迅又从诗歌韵律进行审视,发现朱迪特的译文完全没有原诗的平仄变

---

① 孟华:《中法文学关系研究》,复旦大学出版社 2011 年版,第 276 至 295 页。
② (法)俞第德著,刘阳译:《俞第德〈玉书〉前言》,《国际汉学》2019 年第 2 期,第 187 至 190 页。
③ 胡迅:《朱迪特〈玉书〉译本及其文化传播》,《安庆师范大学学报(社会科学版)》2021 年第 6 期,第 31 至 37 页。

化以及由此产生的抑扬顿挫之音调美。而从法文诗体和韵律反观,朱在翻译过程中既没有使用法语的音节诗去对照中文的律诗,也没有用法文的修辞格去翻译原诗的韵律节奏①。朱迪特在创作《玉书》时,均采用散文化的语言。虽然少数译文的形式比较工整,但和原诗的格律还是相距甚远。但是,朱迪特并非不明白这一点。相反,她在 1902 年再版的《玉书》前言里便向读者介绍了中国古诗格律的特点:"确定的是,中国人诗法的主要规则,在我们这里是同样的,而在他们那里,这些规则可以追溯到四千年之前:音节字数对等,便于作诗;顿挫、韵脚、四句诗节的划分。在一首四行诗中,头两句和最后一句押韵,第三句不押韵。"②而且,为了让法国读者对此有更多认识,她还以拼音的形式援引了朱庆馀的《宫中词》,笔者誊抄如下:

DANS LE PALAIS

Tsi tsi hoa chy — pi y mene.

Hiei jen siang ping — ly khiang hiene.

Han tsing yo chouo — khouan tchon sse.

Ying ou tsien teou — pou kan yene.

朱迪特在 1902 年再版的《玉书》中也收录了自己对《宫中词》的"创译",笔者也抄录如下:

DANS LE PALAIS

(宫中)

Quel calme sévère! Quel solennel silence!... Toutes les portes sont closes, et les parterres de fleurs embaument, discrètement;

(多么肃静! 多么庄宁! 每扇院门都紧闭着,花坛里的花朵幽然地吐着芬芳;)

Deux femmes, appuyées l'une à l'autre, se tiennent debout, au bord de la terrasse, à balustrade de marbre rouge.

---

① 胡迅:《朱迪特〈玉书〉译本及其文化传播》,《安庆师范大学学报(社会科学版)》2021 年第 6 期,第 31 至 37 页。

② (法)俞第德著,刘阳译:《俞第德〈玉书〉前言》,《国际汉学》2019 年第 2 期,第 187 至 190 页。

（两名宫女相互依靠，伫立在有红色大理石扶手的露台上。）

L'une d'elles voudrait parler, confier à sa compagne, le chagrin secret qui meurtrit son coeur.

（一宫女几欲开口，向同伴倾诉令她碎了心的幽怨。）

Elle jette un regard anxieux vers les feuillages immobiles, et, à cause d'un perroquet, aux ailes chatoyantes, perché sur une branche voisine, ellesoupire, et ne parle pas.

（她盯着纹丝不动的树丛，满是焦急，哎，都怪那只翅膀频闪的鹦鹉，栖在邻近的枝头上，她叹了口气，什么也不说。）①

这首译作在格律上没有做到对仗统一，更像是原诗的散文式扩写。可见，她是有意地采用这种创作手法。因而，与其一味指责其译文的"不忠实"，不妨反过来思考中国古典诗词的翻译是否有其定式？瓦尔特·本雅明（Walter Benjamin）在《译者的任务》（*The Task of the Translator*）一文中从哲学层面探讨了翻译的终极目的。要译文和原文达到完全相似，那是不可能的。在本雅明看来，尽管"译文源出于原文"，但它并不依附于原文。译文是原文的来世生命，而且，"在译文中，原作的生命获得了最新的、继续更新的和最完整的展开"②。本雅明认为，原文和译文其实是同一指意对象的不同指意方式，共处在同一总体意图之中，这一总体意图即"纯语言"。不同语言的相互交叉和补充构成了"纯语言"，它既是翻译的起点，也是翻译的归宿。原文和译文的语言都在不断变化发展，原作经过翻译，进入到译文的来世生命中，自然被译文自身的语言所吸收；而译文自身语言的革新也在翻译原文的过程中为原文带来了补充。就像本雅明所说，翻译并非两个语言的简单相等，而"负有监督原文语言的成熟过程与其自身语言的分娩阵痛的特殊使命"③。作为中国古典诗歌的源语读者，如今我们能够理解古诗也依赖白话文对古代文体的阐释。而 1867 年出版的《玉书》和其他早些年出版的古诗翻译集，用较为现代的语言体系对中国古典诗词的解读作了补充。而且，这一文本蕴含的"开放性"还能够允许后世读者去回溯和考证这一解读的可能性和准确性。本雅明所认为的翻译本质就是探索原作中潜在的不同表

---

① 本文所引用诗歌的译文均为笔者拙译。

② （德）瓦尔特·本雅明著，陈永国译：《翻译与后现代性》，中国人民大学出版社 2005 年版，第 5 至 6 页。

③ （德）瓦尔特·本雅明著，陈永国译：《翻译与后现代性》，中国人民大学出版社 2005 年版，第 5 至 6 页。

达形式，而《玉书》以独特的文本形式为欧洲读者开启了解读中国古典诗词的另一可能。学者穆里尔·德特里（Muriel Détrie）在一篇题为《朱迪特·戈迪特的〈玉书〉：一部开创性著作》（*Le Livre de Jade de Judith Gautier：un livre pionnier*）的文章里写道："朱迪思·戈蒂埃的最大的功绩就在于她以一本充满魅力且平易近人的小册子，以通俗易懂的形式，首次向西方公众展示了中国诗歌不是一门文体矫揉深奥、内容怪诞离奇、语言雕琢珍贵华丽的艺术，而是一门通俗艺术，它用自然而凝练的语言，表达出全人类深刻又普遍的情感。"①由此看来，《玉书》的确在原作语言和译作语言发展过程中起到了监视者的作用。

本雅明对翻译的思考跳脱出了以源语和目的语二元对立的传统，更注重在翻译中传达语言的"诗意"，亦即文学作品的实质。对于翻译之"信"，本雅明认为要译文忠实于原文的这一观念已不再具有实用性。他在文中如是说："'信'究竟能对意义的表达起什么作用呢？翻译中个别词语的'信'几乎永远不能完全再生产原词的意思。"他认为，"句法的直接转换使意义的再生产完全成为泡影，并有直接导致不可理解的危险"，进而强调"译文不是要模仿原文的意义，而是要周到细腻地融会原文的指意方式"。由此再来关照《玉书》与中国古诗词之间的联系。朱迪特另一为人"诟病"之处，就在于她并没有完整地翻译中文原诗。在创作《玉书》的过程中，她常常节选原诗的一个片段进行翻译，从中加入自己的想象与创作。除此之外，或是由于自身中文水平有限，作品常常有出现"误译"或"漏译"现象。丁濛认为朱迪特的"误译"归咎于她对原诗关键词的错误把握。例如，在翻译汉武帝的《秋风辞》时，朱迪特误以为原诗中的"佳人"意指"深爱的女人""无法忘怀的女人"，故将一悲秋佳作处理成了凄怨爱情诗②。而刘洋基于朱迪特对李清照诗作的翻译，指出朱迪特的"误译"是由于"文化差异和文史资料的缺失"③。诚然，朱迪特的法语创作在内容上不能做到完全贴合原文且常有纰漏，这一方面是两种不同语言体系的差异使然，另一方面是过时的中文字典④和与家庭教师

---

① Muriel Détrie, "Le Livre de Jade de Judith Gautier：un livre pionnier", *Revue de Litérature comparée*, no. 3(1989).

② 丁濛：《朱迪特·戈蒂耶对中国古诗的翻译与改写》，《文学教育（上）》2020年第2期，第140至143页。

③ 刘欣：《茱迪特·戈蒂耶笔下的李清照》，《山东省青年管理干部学院学报》2010年第3期，第139至142页。

④ Pauline Yu, "'Your Alabaster in this Porcelain'：Judith Gautier's 'Le livre de jade'", *PMLA*, no. 2(2007), pp.464—482.

的错位沟通所致。但是,朱迪特却能在行文时进行增补,来呈现中国古诗的独特蕴涵。笔者从《玉书》中选择几首诗为例。

AU BORD DE LA RIVIÈRE

(溪边)

Des jeunes filles se sont approchées de la rivière ; elles s'enfoncent dans les touffes de nénuphars.

(少女们走向溪边,消失在成簇的莲花中。)

On ne les voit pas, mais on les entend rire, et le vent se parfume en traversant leurs vêtements.

(虽不见她们的身影,却能听见她们谈笑风生,而风穿过她们的衣裳便带上了香气。)

Un jeune homme à cheval passe au bord de la rivière, tout près des jeunes filles.

(一公子骑马走在溪边,和少女们挨得很近。)

L'une d'elles a senti son cœur battre et son visage a changé de couleur.

(一少女动了心,红了脸。)

Mais les touffes de nénuphars l'enveloppent.

(却被莲花裹在了下面。)

虽然朱迪特没有直接标注诗歌的出处,不过根据注释与内容能够推测出她是参照了李白的《越女词》来创作的。对比两首诗歌,可以发现,李白的诗作短小凝练,朱迪特的诗作内容更丰富,叙事更完整。在前两句诗中,朱迪特勾画了采莲少女的群像,并通过适当的补充说明向读者展示了少女的魅力。后三句在意义上更贴近李白的原诗。李白诗文里的少女欲看青年男子却害羞躲在荷花丛里,而在朱迪特的译文里,少女遇到青年男子动心害羞却因为莲花的阻隔未被注意。译文虽不是一一对等,却依旧表达出原诗的含蓄隽永,更平添一丝无奈之情。值得注意的是译文最后一句里“envelopper”一词的使用。“envelopper”一词时常被译为“包裹”“笼罩”“盖住”等义。据拉鲁斯词典的解释,它强调的是将事物完全地包住(“entourer, couvrir complètement”)。原诗中的“笑入荷花去”只强调部分遮挡,但朱诗借助“envelopper”一词,莲花仿佛成了同谋,合上花瓣将害羞的少女裹住;又巧妙将莲花和少女同构,莲花的开合正如少女的神态,颇有"媚眼随着合,丹唇逐笑开"的韵味,再观下面这首诗作。

LA FLEUR D'OUBLI

（忘忧草）

Il est le premier parmi les meilleurs, il est le plus valeureux des guerriers, le charmant Pé-hy, mon bien-aimé.

（我的心上人伯兮很迷人,他是人中龙凤,马中赤兔。）

Comme il saisit fièrement la lance, quand il chevauche à l'avant-garde du roi!

（他是君王的前锋,执矛在前气宇轩昂!）

Mais, hélas! il est allé combattre dans l'Est, le beau Pé-hy, et voici que je laisse flotter en désordre ma chevelure, ainsi que les houppes du cotonnier, que le vent emmêle et disperse.

（可惜啊! 英俊的伯兮已出征东行,我任由头发散乱,犹如簇簇棉花任风吹散。）

J'ai pourtant des essences délicieuses pour parfumer ma tête; j'ai des ornements d'or, j'ai des robes brodées et des ceintures de soie. Mais, loin de lui, je ne veux pas être belle.

（香贵的头发精油、金饰、绣袍和丝带我样样不缺。然而,他不在身边,我也不想梳妆打扮。）

Comme il me blesse, le soleil qui resplendit et empourpre les nuages! Ah! que plutôt la pluie submerge la terre, tandis que mon âme se noie dans la douleur!

（我思君心切,太阳却驱散乌云展开了笑颜! 啊! 宁愿大雨淹没土地,我的灵魂也沉溺于痛苦之中!）

Je sais bien où la trouver, la plante bienfaisante qui donne l'oubli; elle croît dans l'enclos de la maison, du côté du nord.

（我明明知道哪儿能找到让人忘忧的药草;它就长在屋子北面的栅栏里。）

Mais je n'irai pas la cueillir, je ne veux pas oublier. Je suis torturée par le désespoir, et pourtant, ce désespoir, je le chéris, puisque c'est tout ce qui me reste du bien-aimé!...

　　（但我不会去采摘，我不想遗忘这一切。我受尽忧思之苦折磨，但是，我又珍惜这些痛苦，因为这一切都是心上人留给我的!）

　　这首诗收录在1902年再版的《玉书》中，而且，朱迪特直接在诗的末尾处标注了原诗出处。经笔者考证，可以确定朱迪特创作的来源是《诗经》中的《卫风·伯兮》。两首作品同样都是描写思念征夫的妻子，然朱迪特的译作提纲挈领，以"忘忧草"（La fleur d'oubli）为题，开篇就突出了思妇之"忧"。《伯兮》的第四章里以"愿言思伯，使我心痗"描写思妇因思夫而患了心病，而在朱迪特的诠释下，女主人公"受尽忧思之苦折磨"，思夫之苦难以排解，却又十分珍惜这份苦痛，感叹这份痛苦或是心爱之人的遗物，"夫征不复"之罹患得以体现，整体诗歌的氛围更为凄苦。虽然朱迪特在翻译过程中误将"伯兮"当作了女主人公丈夫的名字，但既已传达了原诗的意境和抒情方式，如此纰缪就显得比较次要了。

　　从《玉书》的许多诗作来看，朱迪特更倾向于传达中国古典诗歌的"文学性"，而非是字词的直接转移。她能把握原诗歌诗句中的精髓，并在创作过程对其进行创造性的转化，可见她对语言之"诗性"的追求。学者曹文刚也充分认同朱迪特对中国古诗的改写，他认为："她在误读中形成一种艺术创造力，并在出奇的想象力和对中国文化、异国情调高涨的热情的驱动下，对中国古诗的深厚文化内涵进行美学再加工，从中获取新的灵感和想象，抒发了她的异国情调、中国梦，塑造了她心目中的中国文化。"[1]孟华的研究指出，朱迪特固然在翻译的过程中进行增删和创造，但这些变动"仍然是在原诗给定的框架内进行的，是在原诗的主题、母题、情境的基础上加工而成的"。而且，"朱迪特不仅'翻译'出了母题、意象，更是一定程度上将原作的隐喻义也传递了过去"，如此拉近了法国读者与中文诗歌的距离，让他们对中国诗歌有了最初的感性认识[2]。罗顺江和丁欣则从解构主义理论看待《玉书》的翻译。他们认为"误读"在解构主义理论中被视为是一种正常现象，并且能够拓展人的思维，《玉书》中的误读误译则是在译入语延续了中国

---

① 曹文刚：《朱笛特与中国》，《安阳工学院学报》2014年第3期，第91页。
② 孟华：《"不忠的美人"：略论朱迪特·戈蒂耶的汉诗"翻译"》，《东方翻译》2012年第4期，第49至58页。

古典诗歌的生命力①。丁欣还在论文中提出《玉书》的创造性翻译是必然之举，而这种片段式的翻译同样能够传递中文古诗之美②。本雅明也指出，译者要以陌生语言的作品为起点，不断衍生，在语言森林中寻找自身语言与陌生语言的共鸣。朱迪特的《玉书》从中国古典诗歌中汲取灵感，不仅在目的语中延续了古诗的生命，也让古诗在陌生语言里听到了更大的回响。

三、《玉书》的"来世"与互文性

学者费迪南德·斯托塞斯（Ferdinand Stocès）通过《玉书》中所注的原诗作者对其展开了详尽的溯源工作。以 1902 年再版《玉书》的 110 首诗作为例，有据可考的译作有 47 首，有 11 首是朱迪特未成功的翻译尝试，还有 26 首可以确定是朱迪特自己的创作。剩下的 26 首诗歌，要么是朱迪特直接在书中标注原诗作者是无名氏，要么是她注释的原诗作者无从考据③。他还补充道，朱迪特将诗歌归属无名诗人，表明她其实并没有接触任何与该作品相关的中文原诗，实际上也是她从他人的翻译中得到灵感而创作出来的。费迪南德如是评价朱迪特的译作："这些翻译的尝试证明了译文与原文之间的联系，但是由于并不怎么认识汉字，'译者'无法抓住原诗的意义；不过，这位才华横溢的女诗人毫无顾忌，用自己的想象力跨越鸿沟并让诗歌适应自己时代的品位。"④费迪南德的评述难免有过分非难之嫌。诚然，《玉书》中有过半的诗歌都可以算是没有中国古诗原型的创作，但是，我们不能就诗歌原型的缺位而批评或贬低朱迪特的个人创作。费迪南德认为，《玉书》中一首题为 *LE CORMORAN*（《鸬鹚》）的诗作参考了苏轼《卜算子·黄州定慧院寓居作》。朱迪特的诗作如下：

LE CORMORAN

（鸬鹚）

Solitaire et immobile，le cormoran d'automne médite au bord du

① 罗顺江、丁欣：《从解构主义看朱迪特·戈蒂耶在〈玉书〉中的创造性翻译》，《外国文学研究（人大复印）》2015 年第 2 期，第 76 至 77 页。

② 丁欣：《从解构主义看朱迪特·戈蒂耶在〈玉书〉中的创造性翻译》，中国海洋大学硕士学位论文，2015 年。

③ Ferdinand Stocès，"Sur les sources de Livre de Jade"，*Revue de Litérature comparée*，no. 319 (2006)，pp.335—350.

④ Ferdinand Stocès，"Sur les sources de Livre de Jade"，pp.335—350.

fleuve, et son œil rond suit la marche de l'eau.

（秋日里，鸬鹚在河岸边沉思，形单影只，纹丝不动，目不转睛地盯着水流。）

Si quelquefois un homme se promène sur le rivage, le cormoran s'éloigne lentement en balançant la tête;

（有人岸边散步，鸬鹚便摇着头，慢慢地飞走了。）

Mais, derrière les feuilles, il guette le départ du promeneur, car il aspire à voir encore les ondulations du courant monotone;

（然而，它是躲到树后边等着行人离去，因为它还想看那流水的波澜起伏。）

Et, la nuit, lorsque la lune brille sur les vagues, le cormoran médite, un pied dans l'eau.

（夜里，波浪映着月光，鸬鹚翘足冥思。）

Ainsi l'homme qui a dans le cœur un grand amour suit toujours les ondulations d'une même pensée.

（是以，心怀大志的人，思绪也起伏不定。）

朱迪特在原作中标注了这首诗是参考了苏轼而作，费迪南德因此认为她是参考了《卜算子·黄州定慧院寓居作》，而苏词里的四个汉字或许能构成了朱迪特作品的基底。他并没有点明是哪四个字，但大致能够推测其所言是苏词中的"缥缈孤鸿"四字。笔者认为，这一解释颇为牵强。既然已经将其归为朱迪特的个人创作，不妨就抛开注释而更多关注诗歌的蕴意。仔细阅读这首作品，不难看出朱迪特所咏之物不在于鸬鹚。诗中的"鸬鹚"与尾句里"心怀大志的人"对应，"流水的波澜起伏"则对应"思绪的起伏不定"。朱迪特似乎想表达出有志之人面临考验时，虽周遭暗流涌动，自己却不为外物所动，恰似鸬鹚伫立流水而不动的姿态。尽管找不到与这首诗对应的苏轼诗作，但这样的意境和创作手法，却能与其他古诗遥相呼应。唐代诗人来鹄有诗题作《鹭鸶》，诗文如下："袅丝翘足傍澄澜，消尽年光伫思间。若使见鱼无羡意，向人姿态更应闲。"对比两首诗，两者皆是先咏物，再转向对世事的评论；然而，一是告诫，一是讥讽。有趣的是，朱迪特之作中的"鸬鹚翘足冥思"和《鹭鸶》的第一句"袅丝翘足傍澄澜"极其相似。行文内容和意指方式的相似均能够证明朱迪特的才能。不过，这种巧合向我们指向文本的另一个维度。罗兰·巴特(Roland Barthes)认为，文本是个多维空间，是多种写作相互结合和争执的结果。文本是多种写作的编织物，这些写作源自成千上万种文化，没有起点。而阅读文本的读者也不再是个人的，而是"无历史、无生平的一个人"，"仅仅是在同一范围之内把构成作品的所有痕迹汇聚在一起的某个人"。巴特断言，"为使写作有未来，就必须把写作的神话翻倒过来：读者的诞生应以作者的死亡为代价来换取"①。在他看来，当"作者已死"，文本的源头就失去了依据和出处，也就不再有唯一终极的意义解释，反而充斥着历史和文学的碎片。在巴特理论的观照下，《玉书》并不是简单作为中国古诗的译介，而是作为一个独特的可读文本不断向读者呈现自身。朱迪特的个人创作就是对中国古诗的解读和再次编织。她对古诗意象的把握信手拈来，并在写作中将其编织入自己的语言中，打破原文与译文两者的"主仆"地位，让自己的诗歌与中国古诗、中国文化形成互文。以至于，文本的相似性常常置读者于困惑之中，她究竟是受到汉诗的启发，还是说人们抒发感情的方式大同小异？朱迪特的《玉书》证明了古诗的开放性，而她的文本也保持开放，邀请读者不断对其进行重构和延伸。就像巴特所主张的，文本在每次重复的阶段上都"被后续"，"被'编织'"，而这种"编织"没有止境。所有的言说都汇聚在一本包罗万象的字典中，这与本雅明的"纯语言"观有异曲同工之妙。而《玉书》从源文本中获取资源，不断壮大自身，衍生出新的生命，都彰显了朱迪特主体性的发挥。

　　这一"开放性"在《玉书》的传播和影响中得以印证。《玉书》的出版首先激发了许多法国作家对中国诗歌的兴趣。学者孟华指出，与朱迪特之父泰奥菲尔·戈蒂耶(Théophile Gautier)同处一个文学场域的法国诗人埃米尔·布雷蒙(Emile Blémont)，在他的《中国诗集》(Poèmes de Chine)中就参阅了朱迪特的翻译。同时，与戈蒂耶一家交好的路易·布耶(Louis Bouillet)也从《玉书》受益，开始摹仿并着手创作与中国有关的诗作②。《玉书》中的诗作也被德国作家汉斯·海尔曼(Hans Heilmann)转译成德文，收录在1905年出版的《中国抒情书》(Chinesische Lyrik)中。随后，德国汉学家汉斯·贝特格(Hans Bethge)又根据《中国抒情诗》和《玉书》仿译出版了《中国之笛》(Die Chinesische Flöte)。这部作品又促使奥地利作曲家古斯塔夫·马勒(Gustav Mahler)谱写出其代表作《大

---

①　(法)罗兰·巴特著，怀宇译：《罗兰·巴特随笔选》，百花文艺出版社1995年版，第305至307页。

②　孟华：《"不忠的美人"：略论朱迪特·戈蒂耶的汉诗"翻译"》，《东方翻译》2012年第4期，第49至58页。

地之歌》(Das Lied von der Erde)①。德国宗教哲学家马丁·布伯(Martin
Buber)在其著作《我和你》(*Ich und Du*)中援引了一首中国古诗。书中如此写
道:"艺术也是这样:观看面前的一个东西,艺术家的心里便浮现出形象。艺术家
把形象放逐,变成成果。成果,并不在众神的世界里,而是在人类的这个大世界
里……中国有位诗人写道,他用玉笛吹的曲子,人们不喜欢听;吹给神灵们,神灵
们侧耳聆听;然后,人们也来听他的曲子——他就是这样从神灵们,走到他的成
果终究不能离开的人们那里。"②译者杨俊杰指出,布伯在此引用的是德国学界
流行的一首汉诗,而这首诗经过多次转译,有多个版本,但均将中文原诗的作者
归为李白。但是通过考证李白作品的相关译作,无法确定这首诗是否为李白笔
下的诗歌。相反,经过对比,这些诗与《玉书》中的一首诗十分吻合。朱迪特的诗
作题为 LES SAGES DANSENT(《仙人翩跹》),笔者誊抄如下:

LES SAGES DANSENT

(仙人翩跹)

Dans ma flûte aux bouts de jade,j'ai chanté une chanson aux
humains;mais les humains ne m'ont pas compris.

(玉笛为人歌,奈何无人听。)

Alors j'ai levé ma flûte vers le ciel,et j'ai dit ma chanson aux Sages.

(弄笛望青天,邀仙共品曲。)

Les Sages se sont réjouis;ils ont dansé sur les nuages resplendissants;

(仙人皆欢悦,云上舞翩翩;)

Et maintenant les humains me comprennent,lorsque je chante en
m'accompagnant de ma flûte aux bouts de jade.

(尔今吹玉笛,斯人却可闻。)

有了朱迪特的这首诗作为参照,布伯的引述就变得有据可考。这首诗的原
型目前依旧无法确认。朱迪特在 1867 年版本的《玉书》标注了该诗是"效李太
白"(Selon Li-Taï-Pê)而作,因而将其视作这位法国女作家自己的创作似乎更为

---

① 罗顺江、丁欣:《从解构主义看朱迪特·戈蒂耶在〈玉书〉中的创造性翻译》,《外国文学研究》2015 年第
  2 期,第 73 至 77 页。
② (德)马丁·布伯著,杨俊杰译:《我和你》,浙江人民出版社 2017 年版,第 43 页。

妥帖。不过，朱迪特的改写并非天马行空，毫无根据。译者杨俊杰认为这首诗与李白的《凤台曲》有相似之处，然《凤台曲》更多是对美好爱情的赞扬。仔细阅读该作，笔者认为这首诗所蕴含的母题更接近古代中国诗人常在诗歌中抒发的怀才不遇、伯乐难求之情。而串联起整部《玉书》的意象"玉"也在这首诗中得以体现。诗中的"玉笛"既可以是布伯眼里的艺术，也寓指吹笛人美好宝贵的才华，而这也颇有中国古诗"比兴"手法的意味。这或许便是《玉书》能够在中国与欧洲之间搭起古典诗歌传播之桥梁的一大原因，有如本雅明所言："真正的翻译是透明的；它并不掩盖原文，并不阻挡原文的光，而是让仿佛经过自身媒体强化的纯语言更充足地照耀着原文。"①

四、 余论

时至今日，《玉书》是翻译还是创作的纷争或许早可以被搁置。钱林森先生认为《玉书》是"取一勺饮，浇胸中块垒，或取一意象，加以渲染，表达新的诗情，创造新的形象"，并指出，"很难就严格意义上的译介学角度检视其移植的忠实和误差，而应力求在跨文化的视野下，来审视它到底有什么创新"②。孟华也点明了《玉书》其实是一部"从文学导向汉学"的作品，它"协助了、补充了汉学的工作，成为汉学与文学、学者与公众之间的桥梁与中介"③；此外，她还指出，中国古典诗歌在法国的译介过程中，从钱德明——德理文——朱迪特——布耶存在着某种承接关系，这种关系促进了中国形象的建构，而中国形象又作用于法国社会的总体想象④。刘洋从《玉书》的书名切入，探析了朱迪特的创作理念：朱迪特用"玉"串联其整部诗集，不仅仅是因为"玉"指代典型的中国形象，还借助"玉"的珍贵暗指中国古诗的尊贵；同时，还希望自己的诗集能够如中国的玉石那般永不磨灭⑤。另外，另有学者的论文从形象学入手，分析朱迪特笔下的中国形象，并探究误读带来的形象异化。他的研究指出，在朱迪特的"东方想象"中，中国永远是个诗情画意的乌托邦，作品中的诗人带有强烈的女性特征。而朱迪特也将自身

① （德）瓦尔特·本雅明著，陈永国译：《翻译与后现代性》，中国人民大学出版社 2005 年版，第 10 页。
② 钱林森：《法国女诗人朱笛特与中国》，载《文学评论丛刊》，南京大学出版社 2004 年版，第 188 页。
③ 孟华：《"不忠的美人"：略论朱迪特·戈蒂耶的汉诗"翻译"》，《东方翻译》2012 年第 4 期，第 49 至 58 页。
④ 孟华：《试论汉学建构形象之功能——以 19 世纪法国文学中的"文化中国"形象为例》，《北京大学学报：哲学社会科学版》2007 年第 4 期，第 94 至 101 页。
⑤ 刘洋：《朱迪特·戈蒂耶眼中的中国古诗》，《北方文学》2016 年第 35 期，第 21 至 24 页。

"囚禁"在乌托邦式的幻想中,拒绝看到中国的社会变化,始终认为自己是"中国公主"①。言而总之,无论要将《玉书》称为"翻译"之作还是中国古典诗词的"改写",都不能否认这部作品的价值,以及其为中国古典诗歌在西方传播与接受做出的贡献。然而,对于朱迪特如何依靠自己的才能在书中建构出与西方不同的"中国形象",这个"中国形象"如何促进中华文化的传播,又或者它是如何服务于西方文学话语建构,都值得笔者做进一步考察。

作者简介:连星榕,华东师范大学国际汉语文化学院比较文学与世界文学硕士研究生。

Judith Gautier's *Le Livre de Jade* and Reflections
on the Translation of Classical Chinese Poetry

Abstract: French writer Judith Gautier's *Livre de Jade* Poems is not just a collection of poetry, but also a rare sinological monograph. In the 18th century, the "Chinoiserie" in Europe focused on Chinese arts and crafts; but in 19th century, this trend was in decline and many European scholars turned to study classical Chinese literature which had been previously overlooked. French sinologist Hervey de Saint-Denys had published a collection of translations on Chinese classical poetry, titled *Poésie de l'époque des Thang*, a work that was highly acclaimed in France. Judith Gautier's *Livre de Jade* is the second collection of translated Chinese poetry, and its value in the history of cultural exchange cannot be ignored. Her unique creative techniques were in line with the imagination of the Western academia about the Orient at that time. Her work also provides inspiration for the translation and dissemination of Chinese classical poetry. This paper explores the relevant studies on this poetry collection at home and abroad. Besides, by taking some texts from *Livre de Jade* as examples. This paper explores the creative style of Judith Gautier. In addition, through analyzing the dissemination and influence of *Livre de Jade* in the European literary world at the time, the paper attempts to open up more possibili-

---

① 刘洋:《诗与远方:朱迪特·戈蒂耶笔下的中国形象》,南京师范大学硕士学位论文,2017年。

ties for this sinological opus.

Keywords: Judith Gautier; *Livre de Jade*; Translation; Creative treason; Intertextuality

中外人文交流研究

主持人语

王小平

  中外人文交流是国际间文化交流、文明互鉴的重要途径,对于促进不同国家之间的了解与互信、巩固国与国的友好关系有着重要作用。党的十九大报告指出,加强中外人文交流,以我为主,兼收并蓄,提高国家文化软实力。当前,中外人文交流蓬勃发展。在经济全球化、文化多元化的背景下,总结中外人文交流的历史经验,在此基础上持续推进对中外人文交流路径与内容的研究,让世界更好地了解中国,让中国更好地了解世界,进一步提升中华文化在国际舞台上的话语权,是我们今天所面临的重要课题。本期栏目所选的四篇文章,从不同角度梳理、研究历史上的中外人文交流现象。刘意《文化话语视角下中文国际传播:维度转向与价值回归》在文化话语理论视阈下审视中文国际传播现状,提出研究维度与研究视角的创新及对文化价值理念的回归,体现了开阔的学术视野。江如东的《江淮俗语"波斯献宝"所映射的古代丝路文化交流》以江淮地区俗语研究为切入点,探讨古代波斯文化传入中国后对江淮文化产生的影响,为外来文化在中国的传播提供了翔实的个案考察成果。王小平的《中华文化海外传播的"事"、"史"与"势"——以张凤传记散文为中心的考察》则聚焦于海外移民文学个案,在20世纪以来的全球性知识流动背景下,考察、辨析个体生命与历史情境之间的互动关系,梳理中美文化交流、中华文化海外传播的历史路径。李依鸿的《中国节日文化在柬埔寨的传播与融入研究》比较中柬两国的节日类别、特点、活动内容,辨析其背后所蕴含的文化观念,呈现中国文化对柬埔寨节日文化的影响路径,并就文化传播与融入策略提供建议。四篇文章涵盖中外人文交流的理论研究与个案考察,立足于不同的学科视野,从民间文化、知识分子文化、政府主导文化等不同层面探讨中外文化的双向流动,对文化传播与接受的路径、内容及影响效果进行深入分析,为中外人文交流研究提供了富于理论意义及现实意义的学术成果。希望本期栏目中进行的相关探讨,能够进一步引发学界对中外人文交流的关注与研究,从而推动相关学术话语体系的建构,促进学术研究方法的更新,为中外人文交流打开更多的研究空间。

文化话语视角下中文国际传播的
困境、转向与回归①

魏 红 刘 意

摘 要: 党的二十大报告指出要加强国际传播能力建设,全面提升国际传播效能,中文国际传播能力被赋予了新的时代内涵与历史使命。在全球大变局背景下,当前中文国际传播经历了复杂多元的文化困境和现实问题。本研究在文化话语视角下,对中文国际传播的传播主体、传播内容、传播媒介、传播效果、文化关系和历史关系六个维度展开全面审视,研究发现中文国际传播的文化话语在理念、认知、内容、途径等四个维度上都发生了一定的逻辑转向,这对中文国际传播的研究视角、传播方式、传播阵地、传播载体、传播策略等五个视角创新具有现实意义。中文国际传播的文化价值观回归,旨在实现全球人文共同体和人类命运共同体的二元回归,以期为提升中文国际传播能力和国际文化话语能力提供参考。

关键词: 中文国际传播;文化传播;文化话语研究

一、 问题提出:大变局下如何提升中文国际传播能力?

"中文国际传播"是我国国际传播体系中的重要组成部分,它既是中外文明交流互鉴的重要窗口,承担着中外文化交流互鉴的桥梁作用,又面临着传播进程中的文化冲突,被他国误解苛责甚至举步维艰。"加强国际传播能力建设"首次在党的十八届三中全会提出,中央政治局第三十次集体学习时再次强调"加强我国国际传播能力建设"问题,党的二十大报告中对"增强中华文明传播力影响力"

① 本文为 2022 年国家社科基金项目国家通用语言教育助推西南边境地区乡村振兴成效调查研究阶段性成果,项目编号 22BMZ134。

作出重要部署,在新时代新征程中要加强国际传播能力建设,全面提升国际传播效能,形成同我国综合国力和国际地位相匹配的国际话语权,深化文明交流互鉴,推动中华文化更好走向世界。

学术界对于中文国际传播能力建设的问题,已经有一些相关研究。郭晶、吴应辉认为在当前大变局形式下,中文国际传播面临严峻的国际政治风险①。李宝贵、李辉指出中文国际传播能力主要由国际中文教育教学能力、中文国际传播人才培养能力、中文国际传播服务能力等六个要素构成②。与此相似的,有很多其他学者对中文国际传播的影响因素③与相关性实证研究④等方面展开过深入研究。当今世界正经历百年未有之大变局和千年未有之大疫情,面对当今全球变局形势,中国以一个迅速崛起的大国形象,如何通过提高中文国际传播能力来应对变局? 如何提升中国的文化话语能力? 如何让变局中的世界朝着"人类命运共同体"的社会理想转向? 基于这些思考,本文试从文化话语角度出发,对当今中文国际传播的现状与问题展开全面深入的认识,以中文国际传播新视角提升文化话语能力,以期实现中文国际传播文化价值观的回归。

二、 范式解读:文化话语视角下
中文国际传播研究的六维审视

长期以来,中国话语依照西方学术范式(Discourse Analysis)来描述和阐释,不仅遮蔽其特质,还会贬低其价值。在全球信息化、文化多元化发展的今天,中国话语呼唤根植本土、胸怀世界的话语研究新范式。党的二十大报告中也明确提出"加快构建中国话语和中国叙事体系,讲好中国故事、传播好中国声音,展现可信、可爱、可敬的中国形象。"文化话语研究(Cultural Discourse Studies)是回应西方话语研究的中国范式,最早由施旭(2010)提出⑤,文化话语研究站在文化自觉和文化政治的高度,以言语交际的概念为方法,围绕交际主体、内容形式、

① 郭晶、吴应辉:《大变局下汉语国际传播的国际政治风险、机遇与战略调整》,《云南师范大学学报(哲学社会科学版)》2021年第1期。
② 李宝贵、李辉:《中文国际传播能力的内涵、要素及提升策略》,《语言文字应用》2021年第2期。
③ 尹春梅:《汉语国际传播影响要素研究范式探讨》,《东北师大学报(哲学社会科学版)》2021年第3期。
④ 王祖嫘:《中文国际传播与中国形象认知的相关性研究——来自东南亚五国的实证》,《云南师范大学学报(哲学社会科学版)》,2022年第3期。
⑤ 施旭:《文化话语研究:探索中国的理论、方法与问题》,北京大学出版社2010年版,第26页。

工具渠道、目的效果、历史关系、文化关系等问题,去探索社会言语交际事件的文化特点、文化困境、文化变革。

(一) 厘清当今中文国际传播的现状与问题

国际中文教育在过去的几十年中取得了长足的发展,在国家"走出去"和"提升国家文化软实力"战略部署下,汉语快速走向世界,"朋友圈"逐渐扩大。截止到 2021 年底,全球已有 76 个国家将中文纳入国民教育体系,180 多个国家和地区开展中文教育①。中文学习人数日益攀升,海外汉语学习者的中文学习需求旺盛,这无疑为中文国际传播提供了良好机遇。然而,近年来受新冠疫情和民粹主义的双重影响,一些西方国家对华采取了遏制政策,使中国的国际社会环境与国际关系面临恶化,在当前国际复杂国际形势之下,中文国际传播面临种种风险。因此,有必要站在文化话语研究的立场,重新审视中文国际传播过程中的问题,以应对风险挑战提升中文国际传播能力,以更好服务于我国国际传播能力建设。

具体就中文国际传播而言,运用文化话语研究的方法则首先要厘清以下相关问题:(1)传播主体:中文国际传播的主体与其文化政治身份问题;(2)内容形式:中文国际传播的内容与形式问题;(3)工具渠道:中文国际传播过程中使用的媒介与渠道问题;(4)目的效果:中文国际传播策略的原因与效果问题;(5)文化关系:中文国际传播的文化规律及其所体现的文化权势关系问题;(6)历史关系:中文国际传播过程中的历时共时变化及应对问题。参照此文化话语研究六大范畴,可对当前中文国际传播的现状与问题有较为全面、多元、综合、深入的审视和评价,探讨新时代背景下中文国际传播的研究维度转向与研究新视角,为中文国际传播文化话语研究拓宽思维与视野。

1. 中文国际传播的主体问题

中文国际传播的实质是满足对象国各领域中文需求的过程,是中文传播价值得以实现的过程②。凡是在这个过程中参与中文传播活动并产生一定影响的组织和个人都应该成为中文国际传播的主体,因此从国家机构组织层面再到微观个体,都可以是中文国际传播的主体。过往学者对于传播主体问题,常常从单

---

① 人民网:《教育部:76 个国家将中文纳入国民教育体系》,2022 年 6 月 28 日。
② 国家语言文字工作委员会:《中国语言政策研究报告(2020)/语言生活白皮书》,商务印书馆 2020 年版,第 259—281 页。

一的切入点展开研究,如林秀琴只聚焦汉语教师或志愿者群体①,彭增安、张梦洋则全面具体地指出中文国际传播的多元化主体②。

从宏观主体的国家与机构层面来看,其文化政治身份各有不同:国家领导人或高层领导参与孔子学院揭牌或到访孔子学院等,彰显了国家对中文国际传播工作的重视;国家对外宣传机构国新办、外宣办等,组织协调中国媒体向世界介绍中国;教育部新设立的中外语言交流合作中心,负责全面管理运营孔子学院;此外,国务院侨务办公室旨在大力推广华文教育,文化和旅游部等也在组织策划各种文化交流项目,都积极为中文国际传播做出杰出贡献。从微观主体的个人层面来说,其文化身份亦发挥着重要作用:孔子学院中方院长担任着文化枢纽的任务,起着决定性作用;公派教师、汉语教师志愿者是中文课堂教学的主导者,起着关键作用;海外华人华侨、海外汉学家和本土汉语教师,是中文国际传播中不可忽视的力量;来华留学生亦承担着"说书人"的重要角色。

2. 中文国际传播的内容问题

已有关于中文国际传播内容方面的研究主要体现在语言教学和文化传播上,其研究内容、研究视角和研究方法也日渐多元,包括对中文国际传播的策略、模式的研究、对汉语教学理论与实践的研究,以及文化教学内容的研究等。虽然国际中文教育是中文国际传播的重要方式,但新时代的中文国际传播远不能停留于此,而应当以国际中文教育为起点,逐步实现向政治、经贸、文化、科技、军事等领域的拓展延伸。此外,中文国际传播的内容上还存在以宏观语言和文化推介为主的问题,在新媒体时代应辅之以微观视角呈现,传播中国平凡生活中的善良与美好,讲述真实立体全面的中国故事。

3. 中文国际传播的媒介问题

传统的媒介传播方式受时空限制,而随着新兴网络媒介的兴起和发展,国际中文教育资源平台、智慧教室的使用,使传播方式更加多元化,为中文国际传播开创了新平台。学界已经充分认识到媒介使用对中文国际传播的重要性,并积极将各种媒介运用到中文国际传播过程之中,如编写各类汉语教材、汉语工具书、汉语学习读物等将传统媒介与新兴媒介相结合;打造多语种汉语教学和中华文化宣传的品牌节目,如网络孔子学院、汉语桥等;创办各类汉语学习网站,如国

---

① 林秀琴:《汉语教师志愿者在汉语国际传播中的作用及相关思考——基于两位志愿者的个案研究》,《前沿》2013 年第 19 期。
② 彭增安、张梦洋:《传播学视阈下的国际中文教育主体研究》,《河南社会科学》2021 年第 2 期。

际中文教育智慧教学平台、全球中文学习平台、长城汉语平台、唐风汉语平台等；研发各类汉语学习 App，如 Talking Chinese，Hello HSK 等。如今媒介在中文国际传播中的应用越来越广，但是使用者应熟悉并甄别每种媒介的特性与优缺点，有选择地用好媒介，充分发挥媒介的最大传播价值。

4. 中文国际传播的效果审视

中文国际传播效果问题主要受国外政治环境、人文环境和传播媒介等因素的制约，但是最根本的还是要从国内找原因①。作为传播主体应时刻反思传播行为：对传播对象研究够不够深入，是否准确贴近；在传播内容上，语言的实用性是否明显，文化的特色性是否突出；在传播方式上，是否存在宣传味道过浓，政治意识形态色彩突出；在传播途径上，对媒体技术的运用是否熟练精准；在传播平台上，对海外本土平台和媒体国际化融合推进程度是否深入等问题。中文国际传播的评价方式应多元融合，其传播效果的评价指标与受众行为心理反应还有待进一步丰富完善。

5. 中文国际传播的文化审视

反观近几十年的中文国际传播实践，由于文化差异产生的偏见、误解、刻板印象、认知隔阂甚至跨文化冲突等问题时有发生，因西方文化霸权主义带来的对中文国际传播的负面影响也发人深省。因此站在文化话语视角，中文国际传播应结合特定的文化语境，尊重文化传播规律，反对文化霸权主义，建立科学合理的中文国际传播体系。中文国际传播中尤其要注重中文语言本身所承载的文化底蕴和其代表的文化身份，深入挖掘中华优秀文化的内生动力，在传播过程中不断修正传播内容和方式，以期获得更好的跨文化传播效果。

6. 中文国际传播的历史审视

国际中文教育的学科名称变革，经历了从"对外汉语教学"到"汉语国际教育"再到"国际中文教育"三个不同阶段的转变，从学科专业名称的改变可以看出其历史意蕴的延伸扩展，也反映出了我国综合国力、外交实力、教育政策、传播战略的一系列变化。国际中文教育既是学科又是一项事业，是国家"走出去"战略、"一带一路""人类命运共同体"等倡议下诸多国家战略发展的重要部分，发展国际中文教育事业其实就是在创新性探索中文国际传播的新理念、新途径。如何在历史发展过程中，立足当下抓住机遇，审视优势，突破壁垒，有效开启中文国际

---

① 朱瑞平：《论汉语国际传播的风险规避策略》，《云南师范大学学报（哲学社会科学版）》2021年第1期。

传播大局,是当前中文国际传播亟待解决的议题。同时,在当今纷繁复杂的"百年未有之大变局"和"千年未有之大疫情"双重交叠的国际形势下,国际中文教育也面临许多重大的共时性问题。

(二)文化话语研究助力中文国际传播能力建设

从文化话语研究的角度助力中文国际传播能力建设,就要站在文化自由独立和人类文化多元和谐发展的文化政治立场,审视当今中文国际传播之研究维度转向,调整中文国际传播的研究视角,以受众视角讲述中国故事、创新传播方式增进文明对话、融合"传媒平台"打造文化品牌、深化以文化为核心的教学实践、充分协调利用国内外民间资源推进传播机制协同创新。在全球大变局时代下,中文国际传播更应该保持文化传播敏感性,重新审视传播主客体,传播优秀中华传统文化和当代中国文化,采取积极文化传播策略,把握文化传播主动权,提升我国中文国际传播能力,让变局中的世界朝着"人类命运共同体"的社会理想转向。

三、 维度转向:文化话语视角下中文国际传播研究的四个维度

中文国际传播受国际政治、经济贸易、文化霸权、新冠疫情等因素影响,在文化话语理念、文化话语认知、文化教学途径、文化话语内容等方面都已发生了重大变化,我国文化话语体系建设亟需理清中文国际传播之理论维度的价值判断。正确把握中文国际传播研究维度的逻辑转向,不仅关乎我国中文国际传播的未来方向,也是国际传播能力建设的内在要求。

(一)中文国际传播的文化话语理念逻辑转变

文化话语视域下,既要世界文化自由独立,又要人类文明多元发展。近来党中央多次提出在新时代要构建具有中国特色、中国风格、中国气派的话语体系,但这种话语体系是在充分吸收借鉴人类优秀文明成果的基础上形成的,并不是唯我独尊的,而是互动利他的。中文国际传播的文化话语理念则要从"刚性传播"转变为"柔性交流",以柔性话语力促进国际理解。

在文化话语理念上,实现由"刚性传播"到"柔性交流"的转变是获得对方尊

重和接受的有效方式,这是文化交流的理想境界。要构建良好的中国文化形象,就要采用柔性话语来促进国际理解,因为柔性话语本身就具有"以柔克刚"的力量,这也是中国传统文化的智慧所在,中国始终坚持和谐世界的理念,站在世界道义的高地,与世界各国友好共处、互利共赢,以柔性话语展示国家文化形象,中国终将被世界所理解、善待。中文国际传播是一个循序渐进、健康发展的过程,不可操之过急,在文化交往中要以柔性方式传播文化理念,只有这样才能达到春风化雨、润物无声的理想境界,形成中国特色、中国气派、中国风格、中国精神的文化话语。

(二) 中文国际传播的文化话语认知逻辑转变

在中文国际传播教学实践中,大多采用自上而下的宏大视角来表达"中国经验",从传播者话语认知角度来讲述中国故事,而少有注重从受众话语认知的角度讲述"中国体验",采用微观多元的受众视角和自下而上的话语传播方式讲述中国故事,运用故事化、细节化、情感化的叙事策略激发情感共鸣[1]。中文国际传播中的话语认知过程,实现从"中国经验"到"中国体验"的文化话语转变,更能使国际受众获得更加直观具体的中国印象,从受众视角更好讲述中国故事。

一方面,"中国体验"有利于建构文化话语中的文化认同力。如在新冠疫情期间,《同心战"疫"》纪录片以多语种形式在 CGTN 播出,传播范围覆盖了 160 多个国家和地区,纪录片通过微观个体命运的叙事视角来表现宏观的国家防疫意志,让海外受众通过个性化、情感化的视角全面了解中国抗疫故事。另一方面,"中国体验"有利于实现文化话语由"自塑"向"他塑"转变。例如从"他塑"对外角度鼓励广大来华留学生"讲中国故事",通过他们的亲历视野来讲述他们在中国的所见所闻,以帮助更多外国人了解真实可感的中国,助力讲好中国故事,传播好中国声音。中文国际传播是提升国家形象的重要路径,在跨文化传播中应对传播内容、方式、手段不断修正,着力增强不同文化体系下的沟通与交流,打破单一主体话语权的垄断,构建一个多元化的文化互动场域,在"自塑"中实现"他塑",形成中西文化交融的中文国际传播样态。

---

[1] 段鹏、张倩:《后疫情时代我国国际传播话语体系建设的价值维度与路径重构》,《传播学研究》2021 年第 3 期。

(三)中文国际传播的文化教学途径逻辑转变

中文传播的主要途径是国际中文教育,新冠疫情以来,国际中文教学实现了"线下教学"到"线上教学"的转变,打破了中文国际传播时间和空间的限制,改变了国际中文教育的教学模式和业态。与此同时,世界各地的网络中文教学平台层出不穷,线上中文教学资源丰富,各种线上中文教学研讨会、名师讲座、师资培训以及线上教学呈现出一派繁荣的新气象。

新冠疫情成为中文在线教学的"助推器",推动了中文数字资源建设的快速发展,人工智能技术也在国际中文教育的发展中占据了越来越重要的作用。从已开发的中文数字资源来看,语言类教材资源占比80%,文化类课程次之;文化类慕课169节,居四个课程模块之首;国际中文教学 APP、学习网站和教学平台中,文化类内容丰富,汉语文化短视频量大质优[1]。可见文化类教学资源日渐丰富,但还有很大的开发空间,尤其是加大线上数字文化教学资源库的建设,着力服务全球中文学习者的文化需求,根据学生不同国别和学习条件的差异化需求,提高中文教学的针对性和有效性。此外,新技术的开发和运用改变了国际中文教育的教学方式、评价方式和管理方式,更加注重教学过程中的参与性与体验感,展现出差异化、个性化和智能化的教育特征,"线上教学"新技术的运用与国际中文教育之间亟待全方位深度融合。

(四)中文国际传播的文化话语内容逻辑转变

语言资源是文化资源的重要组成部分,是传承优秀文化和保持文化多样性的重要前提,也是决定国家软实力和国际影响力的重要因素[2]。随着全球一体化的发展,文化资源作为重要的国家战略资源受到极大重视,中华传统精神文化博大精深,提升文化话语力就要加大对文化资源多样性的开发与保护。而语言资源作为文化资源的重要基础,近年来出台了《国家通用语言文字规范》等相关政策法规,从国家战略角度提升其重要地位和价值。中文国际传播的重要任务就是要开发汉语本身作为语言资源的价值,也要注重深度挖掘中国文化多元化功能和多元化文化价值,为世界文化交融、文明互鉴提供帮助。

---

[1] 教育部语合中心:《2021年国际中文教育教学资源发展报告》,北京语言大学出版社 2021 年版,第163 页。

[2] 曹志耘:《中国语言资源保护工程的定位、目标与任务》,《语言文字应用》2015 年第 4 期。

四、视角创新：文化话语视角下中文
国际传播研究的五个视角

中文国际传播中文化话语理念、内容、认知、途径等研究维度的转变，意味着其研究视角亦需要创新，其应在文化话语视角下开展创新实践研究。具体而言，国际中文传播应在以下五个方面创新其研究视角：讲述以"国际受众"为本位的中国故事，增进以"交流互鉴"为机制的文明对话，建构以"融媒平台"为媒介的舆论格局，深化以"文化为核心"的教学实践，推进以"民心相通"为任务的协同创新。

（一）坚持以"国际受众"为本位的传播视角，讲述中国故事

中文国际传播过程中，讲述中国故事要遵循"以受众为中心"的传媒规律，贴近国际受众的需求，遵循普世价值观，以国别化受众最想听的、听得进去、听得明白的话语来讲述中国故事，用"接地气"的话语表达，能够引起国际受众更多的情感共鸣。此外，讲述中国故事的主体要更加开放，应以"中国体验"话语为中心，以中外官方、社会组织、社会个人等多元身份为主体，通过互场景式、互动式等传播方式，讲述他们所亲身体验到的中国故事，使中国故事立体可感、入脑入心，达到同屏共情、同屏共振的传播效果和价值认同①。

中文国际传播要围绕"受众体验"开展方法和技术创新，积极开发线上课程，充分运用虚拟技术，提供给学习者真实的中文学习环境，在中文沉浸式智慧教学平台上，学生可以通过视觉、听觉等多方面感官刺激来进行汉语及中国文化的学习，积极调动各种感官在各类体验中形成对传播内容的感觉和认知。

（二）坚持以"交流互鉴"为机制的传播方式，增进文明对话

文明因交流而多彩，文明因互鉴而丰富。习近平总书记指出：文明交流互鉴是推动人类文明进步和世界和平发展的重要动力。中文国际传播应遵循"和而不同"的文化精神，在文化多样性中相互尊重、彼此借鉴、和谐共存。近年来，中国与世界各国一道，在教育、艺术、文化、体育、卫生等多领域搭建了中外合作平

---

① 段鹏，张倩：《后疫情时代我国国际传播话语体系建设的价值维度与路径重构》，《传播学研究》2021年第3期，第28—36页。

台,创新合作传播机制,在不断交流、传播与互动中增进文明对话。

中文国际传播要围绕文明交流互鉴的主题,在内容上拓展,在形式上创新,推动中文在世界范围内的交流对话。在内容上:要了解中外物质文明交流互鉴的历史源流,以古代丝绸之路为例,大量的考古实物及文化遗存充分体现了文化交流融合的特征;同时文明交流互鉴的内容不应局限于物质文明的展示,还应拓展其内涵与外延,包括文化交流互鉴机制的创新、国内外文化交流机构的合作共赢、文化交流活动品牌打造等,以增强文明交流对话的深度、广度、力度。在形式上:以数字传播技术赋能中外文明交流互鉴的形式、手段和路径,如 AR、VR 等技术手段搭建数字传播平台,如故宫博物院创建"数字故宫",赋能故宫文化交流传播力,不断推进中外文明交流互鉴。

(三) 坚持以"融媒平台"为媒介的传播阵地,构建舆论格局

中文国际传播应不断丰富传播的媒介和途径,以独具特色的文化品牌为载体,打造高质量融媒平台,有效提升国际中文传播能力。因此在传播方式上,要充分利用新媒体技术,丰富传播媒介和途径,汇集政府、高校、研究机构和社会民间各方力量,拓展国际中文传播的创新能力。在中文国际传播过程中应以独具特色的文化品牌为载体,以世界各地汉语文化教学机构为依托,以新兴网络媒介传播为纽带,融合专业报刊、门户网站、手机、微博、云资源平台开发等为一体的现代化中文国际传播阵地①。

在融媒体时代,人人都可以自成媒介,成为文化旅游品牌形象的传播者和推广者,因此要严格把控国际传播内容的意识形态。中文国际传播平台要坚守主流媒体的责任与使命,结合海外中文传播实际,大力推进"智慧融媒体"建设,打造本土化中文传播品牌,共同构建舆论新格局。

(四) 坚持以"文化教学"为内容的传播载体,深化教学实践

文化教学是国际中文教育的重要内容,是让汉语走向世界、让世界更了解中国的窗口,然而在当前新形势下文化教学的线上资源还有空间、线下教学还存在一定的局限性。因此,在后疫情时代,基于国际中文教育文化教学途径的转变,将线上文化教学资源建设与线下文化教学实践相结合,对于深化国际中文教育

---

① 陈荣岚:《推进汉语国际传播能力建设,向世界讲好中国故事》,《海外华文教育》2018 年第 1 期,第 5—10 页。

的文化教学是十分必要的。利用现代网络技术推广以慕课、微课为主导的文化教学,必然能推动我国国际中文教育文化事业的发展,但是由于汉语学习者文化背景各异、学习者数量庞大,这就需要对慕课、微课内容斟酌把握,要选取具有代表性的中国文化知识进行教学,讲解过程中也应结合受众特点,让外国学习者正确理解中国文化的内涵。

文化教学是文化话语创新的重要载体,深化文化教学实践就要站在文化自由独立和多元文化发展的立场,增强对人类文化的普世性认可和人类命运共同体的认同,突出不同文化间的共性,强调具有普世性的、共通的和具有当代价值的文化内容,又应突出中国文化特色,如"和谐理念""中庸理念"等,这既是中国智慧的代表,又能很好表达中国人的核心价值理念。

(五) 坚持以"民心相通"为任务的传播策略,推进协同创新

"一带一路"推进了以"政策沟通、设施联通、贸易畅通、资金融通、民心相通"为任务的对外合作战略重点。"民心相通"具有广泛的社会和民众基础,它能够有效增进沿线国家民众的友好感情,进而推动文化交流与合作,促进文明互鉴与共同繁荣。"人文交流"是中文国际传播的纽带,是实现民心相通与深度合作的基础,也是构建人类命运共同体的重要文化举措。

中文国际传播要以此为契机,以"民心相通"为任务传播策略,推进人文交流创新。中文国际传播过程中要弱化国家和政府的行为主体,凸显民间行为主体,推动中文国际传播组织机构民间化和市场化,推进中文国际传播途径和平台的民间化和市场化,加强民间人文交流的协同创新。语言作为文化交际的工具,文化作为跨文化交流的钥匙,中文国际传播者应该肩负起沟通各国民心的重任,铺设语言之路、架起文化之桥。

五、 价值回归:文化话语视角下中文
国际传播研究的二元回归

二十大报告中指出:当前世界之变、时代之变、历史之变正以前所未有的方式展开,人类社会面临前所未有的挑战;中国始终坚持维护世界和平、促进共同发展的外交政策宗旨,致力于推动构建人类命运共同体。当前中文国际传播面临着国际政治、经济贸易、文化霸权、新冠疫情等多重风险,倡导文化平等、自由

多元的世界文化话语体系受到严重影响,亟须共建全球人文共同体,以维护世界文化话语体系。与此同时,中国倡导的"人类命运共同体"理念在国际传播过程中受到了世界各国人民的支持,这为中文国际传播的文化价值回归指明了方向。

(一) 共建全球人文共同体: 维护世界"人文和谐"的人文话语

全球人文共同体建设是对"全球人文和谐"的文化空间回归,历史和实践充分证明,和平与发展一直是世界各国人民共同的价值追求。西方人文主义自古希腊时期就开始宣扬人的价值和精神,关怀人的全面和谐发展,"人权、民主、自由、平等、博爱"等启蒙思想皆源人文主义思想。东方人文主义一以贯之"仁爱""和谐"的人文关怀,"仁者爱人"是儒家推己及人、以人文和谐为归宿的人文观,"天下大同"是儒家崇尚和谐、倡导天人合一的宇宙观。新冠疫情以来中国抗疫过程中出现的逆行故事,正是中华文化中"仁爱"精神的集中体现;中华文化尊重文化多样性,以谦卑开放的心态开展多元文明交流,正是遵循"和而不同"的文化理念。可见人文主义是人类文明本质精神的重要标准,共建全球人文共同体要以人文主义为价值归旨,增进世界文明对话、维护世界人文和谐的人文话语体系。

中文国际传播也应以融通东西人文主义价值共识为归旨,维护"人文和谐"的人文话语体系,秉持中文和谐传播目标,增进中外文明交流对话,开展全方位的人文交流传播活动,建立文化融合互通的人文纽带,以服务中文国际传播能力和中国国际话语能力建设。

(二) 共筑人类命运共同体: 倡导人类"命运与共"的文化价值

人类命运共同体建设是对"人类命运与共"的文化价值回归,旨在倡导人类命运共同体意识,寻求人类的共同利益和共同价值,实现全球资源共赢共享。"命运与共"既是中华民族"天下一家""同舟共济"的内在精神追求,也是世界组织"共谋发展"的合作要求。构建人类命运共同体就是要尊重世界文明多样性,积极开展世界各国的文化交流互鉴和融通,以开放包容的文化发展形态推动人类社会的繁荣进步。中华文化是具有世界情怀与天下担当的文化,中华文化所蕴含的"天下为公"的理想追求,有利于构建人类命运共同体的美好愿景;中华文化所蕴含的"义利统一"的价值理念,有利于实现各国合作共赢的国际关系;中华文化所蕴含的"命运与共"的精神共识,有利于携手世界各国人民的美好未来。

中文国际传播就是要充分挖掘中华文化的内涵意蕴,夯实构建人类命运共同体的文化价值意义,推动中华文化"走出去",加强中华文化对外交流沟通,促进各国在构建人类命运共同体中的责任和担当,共同建设命运与共的美好世界。

六、 结语

新时代背景下中文国际传播能力建设是一个备受关注的热点话题,它不仅是提升国家文化软实力的重要内容,也是提升中国国际文化话语能力的重要途径。在文化话语研究视角下,重新审视中文国际传播的现状与问题,不仅有助于把握中文国际传播的维度方向,还有助于创新中文国际传播的研究视角,进而回归"全球人文共同体与人类命运共同体"的中文国际传播文化价值理念。

本文以文化话语研究范式来审视中文国际传播,在传播主体、传播内容、传播媒介、传播效果、文化关系和历史关系六个维度做了梳理,为厘清中文国际传播的研究现状与问题提供一定参考视角。文化话语研究助力中文国际传播能力建设,应正确把握中文国际传播研究维度的四重逻辑转向,切实推进中文国际传播研究视角的五个视角创新,以期在全球大变局背景下实现中文国际传播人文价值的二元回归,进一步推动中文国际传播能力建设,提升我国国际文化话语能力。

作者简介:

1. 魏红(1968—),女,云南昆明,云南师范大学传媒学院教授,博士研究生导师,主要从事国际中文教育与传播、跨文化与国际传播教学及研究。

2. 刘意(1989—),女,四川乐山,云南师范大学华文学院国际汉语教育学院博士研究生,主要从事跨文化交际、中文国际传播研究。

International Communication of Chinese Language from the perspective of Cultural Discourse: Dimension Shift and Value Return

WEI Hong　LIU Yi

(*Yunnan Normal University*, *Kunming*, *650500*, *China*)

Abstract: The report of the 20th National Congress of the Communist Party of China pointed out that we should strengthen the construction of international communication capacity and comprehensively improve the efficiency of international communication. The international communication capacity of Chinese language has been endowed with a new connotation of The Times and a historical mission. From the perspective of cultural discourse research, the current international communication of Chinese has experienced complex and diversified cultural dilemmas and practical problems. Under the background of great global changes, it is of practical significance to explore the turning of the research dimensions of Chinese international communication cultural discourse, such as concept, cognition, content and approach, and explore the innovative research perspective of Chinese international communication. The return of cultural values in Chinese international communication from the perspective of cultural discourse aims to build a global humanistic community and a community of human destiny, in order to provide a reference for improving the ability of Chinese international communication and international cultural discourse.

Keywords: International communication of Chinese; Cultural transmission; Study of Cultural Discourse

江淮俗语"波斯献宝"所映射的古代丝路文化交流①

汪如东

摘 要:"波斯献宝"是当今江淮地区比较流行的一句俗语,指"卖弄、炫耀",具有一定程度的贬义色彩,然而该词语却折射出了古代中国与丝绸之路上的另一文明古国波斯之间文化交流的历史。文章首先描述了该俗语在江淮方言中使用的一般情形,接着从古代波斯文化的传入对江淮文化的影响、古籍及宗教作品中的波斯献宝、地方碑刻及族谱中的波斯人名遗迹等方面进行了进一步的分析和说明。

关键词:波斯献宝;波斯文化;汉文化;交流

一、 江淮地区的流行俗语——波斯献宝

在江苏扬州、盐城、淮安、泰州、南通等江淮方言地区,口语中有一句妇孺皆知的俗语——波斯献宝,意义也比较一致,常指"搬弄炫耀自己的宝物",一般有讥讽义:

(1)他像波斯献宝一样,有意气气街上其他店家,走着还说着。(扬州评话《皮五辣子》)

(2)一个干瘪老头托着一盘刚刚炸好的花生米,波斯献宝样凑过来。(扬州网友旅行日记)

扬州话中"波斯献宝"意指"把自以为是好的东西拿出来或给人看(含贬义)"(黄继林、王世华《扬州方言词典》)。

---

① 本文是作者承担的上海市哲学社会科学基金一般项目《泰如方言动补结构的比较研究》(2018BYY010)阶段性的研究成果。

盐城话中"波斯献宝"指"当作宝贝炫耀"：

（3）你这个衣裳还波斯献宝的拿把人望呢。（蔡华祥《盐城方言词典》）

泰州话中的"波斯献宝"：

（4）他以为这是个好杲昃（好东西），一有人来，就波斯献宝的拿出来，把你望把他望。（陈章明《三谈溱潼方言》，网络）

笔者的母语海安话中"波斯献宝"一词在口头也时常出现，如数落、责备孩子时：

（5）好稿儿挨人家抢啊走啊，这老才不要波斯献宝的。好东西被别人抢去了，以后不会再向人炫耀了。

（6）一天到晚波斯献宝的！整天就知道显摆！

在江淮其他地方，民间也有这个俗语，且意思基本差不多，大都说不出其确切的来源，因而俗语的形式也就不完全固定，书面上可以有其他记录形式，如海安话中也有人称作"半世现宝"，"半世"指"聋、瞎、哑"等残疾人，即"非正常人"，"半世现宝"喻指丢人现眼。泰兴话据南京大学顾黔教授的记载有"窝势献宝"；安徽天长话据上海财大王永德教授私下提供的语料，表"炫耀、显摆"义时有"簸示显宝"，说一个人经常炫耀，就说他"簸得不得了"，"簸原指把粮食等放在簸箕里上下颠簸，以扬去糠秕等杂物"。北京语言大学赵日新教授记录安徽屯溪方言有"螺丝献宝"的说法，"螺丝献宝掉下海"有贬损调侃之意，嘲弄那些炫耀显摆宝物之人。网上关于"波斯献宝"的使用还有更多其他的版本，如扬州话中还表"现成、速度快"义：

（7）在村口的波斯餐厅，我要了一盘扬州炒饭。我问老板是否需要久等，老板张口说"波斯献宝"。

例（7）中"献"和"现"的读音相同，"现"表"当下"、"现成"。淮安有网友认为当地方言会把一些不好的词句变得文雅一些，如"曝尸现宝"：

（8）赌博用骰子猜宝，把盖子掀起来就看到输赢，是曝尸现宝，故意讹变为波斯献宝。

也有人不同意这种解释，认为"波斯献宝"是褒义词，似为"曝日献宝"。其实，这一俗语很早可能就在该地区流行了。清初东台人徐述夔的《八洞天》中有"那婴儿颈项下一团毛，又像献宝的波斯"之类的描述，说明至迟在明末清初"波斯献宝"可能就已成为江淮一带人们的口头语。韦明铧认为"波斯献宝"在清中叶浦琳所著的《清风闸》一书中"其用法与今天完全一样，是含有讥讽之意的"①,在佛经《建中靖国续传灯录》、元末明初罗贯中的《三国演义》第八十八回、明末清初李渔《肉蒲团》中都有使用的痕迹,且慢慢具有了贬义色彩。今天在江淮次方言区广泛流传的"波斯献宝"这一俗语,恰似悠悠长河中一颗璀璨的遗珠,映射出了中国与丝绸之路上的中亚古国波斯之间令人难忘的交往历史。

二、 波斯文化的传入及对江淮文化的影响

波斯即今天的伊朗,历史上也称安息,南临波斯湾和阿曼湾。自公元前2000多年雅利安人进入伊朗高原以来,波斯人作为雅利安人的后裔曾经创造了辉煌的历史,把亚洲、欧洲与非洲连接在一起,形成了古波斯文明圈,在世界历史上对打开地区闭塞、建立东西方联系和推动人类文明交往产生了极大的影响。早在公元前二世纪即中国秦王朝和波斯阿契美尼德王朝时期,古波斯就和中国有过往来,并通过"丝绸之路"进行经济、文化进一步的交流。"自宛以西至安息国,虽颇异言,然大同,自晓相知也。其人皆深目,多须髯。善商贾,争分铢。"②据《魏书》的记载,波斯使臣来中国交聘达数十次之多,给北魏皇帝带来了各种礼品。1970年,在甘肃张掖大佛寺出土了六枚萨珊王朝银币,帝国崩溃后,萨珊王朝儿子俾路支曾逃到中国,向唐王朝请求救兵,抗击阿拉伯的入侵。从魏晋南北朝到隋唐五代,大量祆教徒进入中国,唐代祆教在民间流行颇广。"祆"指火祆教,即古波斯所信仰的琐罗亚斯德(Zoroaster)教,也叫祆教、波斯教、拜火教,祆寺是教徒的寺庙。波斯帝国长期以琐罗亚斯德教为国教,其对君权神授和正统观点的强调,深刻影响了波斯文化的发展。王国维《读史二十首》诗中云:"南海商船来大食,西京祆寺建波斯。远人尽有如归乐,知是唐家全盛时。"很多波斯穆斯林商人,后来成为中国回族的先民,当时被称作"蕃客",在华所生子女被称作"土生蕃客",居地称"蕃坊"。在蕃坊之内,"回妇谓之波斯妇"。唐词牌中"菩萨蛮",即为"波斯语 Mussulman(Bussulma)之音译"。伊斯兰教随之从陆上丝绸之路通过天山南道和北道,传入中国,到长安再通过隋唐运河由洛阳向东传播,传到淮扬运河及江南运河沿线,另一条线路是由南往北,大量阿拉伯和波斯商人乘船来到中国,伊斯兰教从海上丝绸之路来到中国后顺着运河广泛传播。相传

---

① 韦明铧《二十四桥明月夜——扬州》,上海古籍出版社 2000 年。
② 班固《汉书·西域传》卷 118。

唐时由海路来中国传教的四大"先贤"：大贤传教于广州、二贤传教于扬州，三贤四贤传教于泉州。①1219 年，成吉思汗率大军灭了花刺子模，之后他的孙子旭烈兀征服了波斯和阿拉伯，建立伊尔汗国，中国和波斯文化的交流得到空前的发展。蒙古三次西征而东迁的中亚西亚人中，大多数都属波斯语种，自 10 世纪起，波斯语逐渐成为伊斯兰世界东部的书面语。回历最初 3 个世纪，在广大伊斯兰世界里，通行阿拉伯文字。元朝回回国子监中的"亦思替非"文字，就是波斯文字，1920 年在梵蒂冈档案中发现的蒙古贵由汗给教皇的复信，就是用这种文字所写，可见波斯文字也是元朝对外通用文字之一。从 1405 年到 1433 年，中国明朝的太监郑和组织团队下西洋，多次到达波斯，在斯里兰卡设的石碑用中文、泰米尔语、波斯语三种文字写成，阿拉伯语和波斯语在明朝的经堂教育中广被使用。在今天江淮地区的扬州、镇江等地的方言中还可窥见这种波斯宗教文化的影子，如扬州话中"教门"一词，指伊斯兰教或信仰伊斯兰教的人，"吃教门"指"信教"。镇江话中"爸爸"用于指"祖父、长者"，与一般汉语及其方言用法不同，至今镇江市区还有"大爸爸巷""爸爸巷"等地名，与波斯文化的影响有关。随着 13 世纪蒙古人对整个伊朗和中国的占领，中伊两国之间的丝绸之路更加畅通无阻，民间交往变得更加密切。江淮地区地处中国南北之间，扬州是古代重要的城市，因为盐政及漕运的关系，加上运河的开发，扼守南北交通的咽喉，胡店很多，且以珠宝为业。蔡鸿生认为，"相对而言，社会地位较低的波斯商人有些活跃于唐都长安一带，更多的则出现在扬州、洪州、广州等江南都市，以及湖北、四川等地，这些波斯胡商更可能是从海上丝路而来。"②日本田坂兴道的《中国における回教の传来とその弘通》（《伊斯兰教在中国的传入及其发展》）书中提到，明成祖迁都北京使善于经商的回回被吸引到京杭大运河一带，其中就包括扬州③。外来宗教跟本土文化长期交融，慢慢发展成为具有中国特色的地方文化。如经商和发财相关联，过去江淮地区的财神庙中常可见"波斯"的形象，镇江有出会"看波斯、拜财神"的说法，江苏如皋烟店巷内有"京江水龙会馆"，是镇江商人的会馆，后殿供奉关帝像，左右各有"波斯献宝"古铜蜡烛台一对，高约六尺；下面是袒胸露乳，两耳垂肩，狰狞可怖的男子跪像，头顶一大盘，盘上树枝丫杈，可插蜡烛。每年农历

---

① 刘昫《旧唐书》卷 110 列传第 60，中华书局，1975 年。
② 蔡鸿生《唐代九姓胡与突厥文化》，中华书局，1998 年。
③ 田坂兴道《中国における回教の传来とその弘通》，东洋文库，1964 年。

五月十三,男女老幼都喜欢到如皋的镇江会馆看波斯①,无疑两个"波斯"是财神的助手。在过去的扬州,纸扎店曾有"波斯人子",民国年间扬州人办丧事,死者遗像或灵牌前列"天香几",围以短栏,两侧置纸扎的"波斯人子",即金童玉女,祈祷金玉满堂。有些财神庙里主财神旁边附祀四神,有两位隆鼻虬髯、头戴螺蛳帽的神像,一位手捧金元宝,一位手执珊瑚树。中国南方各地民间版画中有"宝神",两张版画印在一起,中间剪开可贴两扇门,每扇门有一神,此神为财神或宝神,所绘之人为波斯人或西方人,这两个人手捧夜明珠,孔雀羽毛,作进宝姿势,含义同于"财神"或"辅财神"。可见"波斯献宝"的意义连同人物一起,已成为中国民间本土信仰的一部分。

三、 古籍及宗教作品中的波斯献宝

唐代以前,在中国经营珠宝生意的主要是波斯人,即"波斯胡"。隋唐时期长安有"波斯店",也叫"波斯邸"、唐代称居物之处为邸,沽卖之所叫店。还有"波斯馆",开设于长安西市,供外来商人进行珠宝古董交易。中国古籍留下了这些波斯商人形象的记载:

(9) 老人于是袖出一缗,曰:"给子今夕,明日午时俟子于西市波斯邸,慎无后期。"(牛僧孺《玄怪录·杜子春》)

(10) 长安富家子康老子,不事生计,使家产荡尽。偶遇一老姬,持旧锦褥货卖,于是以半千文买下。随即被一波斯人看见,以为至宝,并以千万文买下。(段安节《乐府杂录》)

(11) 长庆四年九月,有波斯大商人李苏沙进沉香亭子材。(《旧唐书》卷 17《敬宗本纪》)

(12) 临川人岑氏尝游山,于溪水中得两白石,大如莲实,后至豫章,有波斯胡人以三万市去。(徐铉《稽神录》卷五)

还记载了波斯商人利用鸽子传送信息、报告平安的生动细节:

(13) 大理臣郑复礼言,波斯舶上多养鸽,鸽能飞行数千里,至辄放一只归家,以为平安。(段成式《酉阳杂俎》)

(14) 船发之后,海路必养白鸽为信。舶没,则鸽虽数千里亦能归也。(李肇

---

① 如皋市政协编《简介昔日如城之同乡会》,《如皋文史资料》(内部资料)第三辑。

《唐国史补》）

在元明作家的笔下，波斯商人的形象经常在文学作品中出现，特别突出其与中国人不同的外表形象：

（15）老夫自幼修髯，军民皆呼为波斯。（关汉卿《谢天香》）

（16）为因老夫满面虬髯，貌类色目人，满朝人皆呼老夫为波斯钱大尹。（关汉卿《绯衣梦》第三折）

（17）元来波斯胡住得中华久了，衣服言动，都与中华不大分别，只是剃眉剪须，深眼高鼻，有些古怪。（凌濛初《初刻拍案惊奇》）

除了外貌外，其他就是对其事迹的记录，如《二刻拍案惊奇》卷三的《王渔翁舍镜崇三宝，白水僧盗物丧双生》，有关波斯胡的描述历历如绘。古代中国人认为波斯是海外出产珍宝的地方，波斯因而也指宝贝。波斯宝物在西汉时已有"玻璃珠"等传入中土，北魏前后，波斯商使远道贡献来的玻璃壶、盘等用具，罗马等的珍稀宝物如潮涌入，于各类中国书籍中的记载不绝如缕：

（18）交趾贡龙脑香，有蝉蚕之状，五十枚。波斯言老龙脑树节方有，禁中呼为瑞龙脑。（乐史《杨太真外传》卷下）

（19）手儿里一傍把个包来拆开，只见包儿里面端正有两件波斯。（《三宝太监西洋记》第四回）

（20）元来波斯馆，都是四夷进贡的人，在此贩卖宝货，无非明珠美玉，文犀瑶石，动是上千上百的价钱，叫做金银窠里。（《醒世恒言·杜子春三入长安》）

波斯等胡商因为善于鉴宝和经商，也就被民间认同为独具慧眼的识宝者。"识宝"又指"别宝""辨宝"，今江苏南通话中口语还有"识宝为子"一词，指具有鉴赏文物、了解地下矿藏能力的人，"为"本字似为"回"。"胡人别宝"在古代六朝文献中已有零星的记载，到唐人小说中西域胡人识宝的传说大为兴盛。程蔷先生《中国识宝传说研究》总结出唐代此类故事最为丰富，例如裴铏的《传奇》中著名的故事《崔炜》，写到波斯胡辨识并购走出自南越王墓的神秘宝珠，此后如宋代的《龙驹石》、元代的《龙皮扇》《心画》、明代的《涿州仙婢》《水宝》、清代的《蜈蚣珠》《玉簪》《熟卵石》等作品中都提到不少这方面的故事。《广异记》记载句容县有个吃鱼成癖的人，每次吃十斤鱼还觉得不过瘾，县太爷听说之后，送了他一百斤鱼，要他一次性吃下。那人吃下后，突然从嘴里吐出一样东西，派人拿到扬州去卖，一个波斯客识宝，说是"销鱼之精"，忙出高价收买。《太平广记》卷402引《原化记·守船者》记载苏州华亭县有个陆四官庙，元和初，有数十只盐船停泊在庙前，夜雨过后,有守船者忽然看见庙前光明如火,守船者上前仔细观察,发现是一个径长盈寸的明珠,光耀射目。此人得明珠后至胡店出售,获钱数千贯。到明清时期,民众心态上已认定波斯胡商辨识宝物准确无误,波斯献宝、进宝成为吉祥事物,元明清以来以此为题材的艺术品层出不穷,如:

(21)中有碧云师著金伽黎,空王殿前龙象随。当阶一卒送古鼎,状若献宝波斯儿。(谢应芳《古鼎歌》)

(22)长老把个钵盂一掷,掷将去只见呼的一声响,一片千百斤重的磨盘压在羊角仙人的头上,就像波斯献宝一样。(明小说《西洋记》)

《明宪宗行乐图》中有一组"胡人献宝"的舞蹈场面:一胡人牵一头狮子(人扮),四胡人随后,其中有二胡人头发卷曲,着靴,每人手捧宝盘,上有珊瑚、象牙,另一人肩扛珊瑚,一中年胡人捧手鼓边敲边舞。胡人献宝象征国力强盛、天下太平,这些胡人中应有波斯人在内。今山西乔家大院用于进香拜神的木雕神龛,上面的刻镂图案很多,《八仙庆寿图》《鱼跃龙门》,接着就是《波斯进宝》,反映了汉族老百姓求财祈福的文化心态。

宗教题材中的胡人献宝大约起源于先唐佛教艺术中的供养图。壁画艺术中,佛菩萨身旁常有供养人形象,手捧钱财、宝珠、珊瑚以献。供养人可以是信众,也可能是龙王。山东挖掘的北齐青州傅家石椁是古粟特人的墓葬,发掘报告编号为 2 号的石板上绘有墓主踞坐、胡人俯身进献珊瑚的形象。福建莆仙释迦文佛塔的塔身一层,可见多处浮雕及波斯献宝图案,其中,负重的侏儒力士或背坛,或扛象牙,或头顶果盘,栩栩如生,反映了宋代莆田海外贸易的盛况,释迦文佛塔被纳入莆田市海上丝绸文物精品。①宋重修的安西榆林石窟第 20 窟前室两壁有"龙王赴会图",八位龙王分立两侧,《莫高窟功德记》也记载其窟门两侧描绘八大龙王。佛经中认为海中有珊瑚、宝珠、车渠种种宝物,八大龙王各自手托诸宝以赴释迦说法大会。胡人所献之宝,常见的有珊瑚、宝瓶和宝珠,珊瑚既是胡人经营珠宝中代表性的品种,又是龙宫特产,在"八蛮献宝"中经常出现,因此,元明以来"胡人献宝"常被描绘为八个胡人各捧宝物,也称"八蛮献宝",一直流行到清代,慢慢演变成一种常见的装饰艺术,例如一些器物的足、耳常被刻画成胡人捧、抬器物作供奉貌的形态,又如一些沿海地区建筑物的支撑部常被刻画为胡人抬举供奉貌。伴随来华营商角色的历史变化,故事的主角也从"波斯胡""贾胡"

---

① 见《莆仙瑰宝释迦文佛塔:波斯献宝,侏儒负重,再现"海丝"魔幻》一文,《福建日报》2020 年 11 月 10 日。

变成"回回""倭人""夷使""海商""安南国人"乃至"大西洋国人"。因为真正的胡人毕竟少见，民间故事中的形象有时由南方人（特别是广东人）替代。直到今天，在东北、华北等地区仍然流行"南蛮子憋（别）宝"的系列民间故事，故事中的"南蛮子"行走天下，寻找人所不识的奇宝并悄悄偷走，母题原型即为唐传奇中的胡人。"波斯"一词逐渐在汉语的词汇库中扎下根来，并和其他词语相搭配，在一定的语境中具有了自身的表义和语用特点，如：

（23）秋漪学优而遇穷，得波斯胡为之拂拭，是出焦桐于爨下，而起橼竹于亭中也。（清许葭村《秋水轩尺牍·谢胡峤斋转寄家信》）

句中"波斯胡为之拂拭"喻指识拔人才者。

（24）现在照我这两只波斯眼看起来，那姓夏的嫖经上"潘、吕、邓、小、闲"五个字秘诀，连一个字都没有。（《冷眼观》第二十八回）

句中"波斯眼"借指识别力很强的眼睛。另外，"波斯枣"指"海枣"，"波斯草"也叫"波棱菜"，也作"波棱"，即当今常见的菠菜。

（25）（泥婆罗）遣使入献波稜、酢菜、浑提葱。（《新唐书·西域传上·泥婆罗》）

（26）波棱菜，西国有僧将其子来。韦绚云："岂非颇陵国来，语讹为波棱也。"（宋高承《事物纪原·草木花果·波棱》）

当今扬州话中对装束入时、时髦漂亮的衣着赞之为"波俏"，有人认为是用来赞美波斯商人的。说法显得牵强，不一定符合客观实际，却在一定程度上反映了民间对波斯文化的喜爱。

四、 地方碑刻及族谱记载中的波斯人名遗迹

唐朝的扬州是当时中国最繁华的大都市，有"扬一益二"之称，不仅为国际最有名的经济都会之一，而且是海外贸易的重要口岸，与波斯之间的经济联系很密切。据邹廷玉的《隋唐史话》："唐代波斯名酒三勒浆，波斯商人在中国长安和扬州两地酿造发售。"波斯的香料、水晶、玻璃制品及玛瑙、珊瑚、琥珀等珍宝陈列于扬州集市。胡商在这里兴贩谋利，当年集聚的波斯商人就有五万到十万人。据《旧唐书》记载，安史之乱后，刘展作乱，扬州长史、淮南节度邓景山引平卢副大使田神功率兵马讨贼，"至扬州，大掠百姓商人资产，郡内比屋发掘略遍，商胡波斯被杀者数千人。"扬州地区的考古挖掘，也印证了历史上江淮地区与波斯文化交

流的史实：1965 年，考古工作者在扬州征集到了一件双耳绿釉大陶壶，后又陆续发现和采集到了二三百片相同的陶片标本，经过研究，这批陶器在胎色、胎质以及化学成分等方面都与中国绿釉陶器有明显区别，属于仿制波斯产品。陶片多出土于晚唐、五代地层内，伴出遗物均属中晚唐或五代时期，表明 8 世纪晚期至 9 世纪波斯陶器流入了中国。（韦明铧，2000）

这类波斯文化的遗迹，也表现在陆续发现的碑刻族谱中。李文才疏证的《隋唐五代扬州地区石刻文献集成》（凤凰出版社，2021 年）第四十七《司马寔墓志》中记载司马寔"男六人，长□泰、次秀、次惠、次小秀、次胡子、次小胡。"第五、第六子分别名为"胡子""小胡"。《吴绥妻墓志》载其子女"长子曰延玉，次曰波斯"，"胡子""小胡""胡儿"与"波斯"一样，都是唐代扬州城有大量胡人胡商居住事实的文字记录，与当地出土的"波罗球镜（即打马球镜）""狮文铜镜"、蓝绿色釉的"波斯绿釉罐"等文物相联系，说明波斯与扬州有着广泛而密切的联系。同书第五十《李摩呼禄墓志》中有"世钦颖士，府君父名罗呼禄，府君称摩呼禄。……府君望郡陇西，贯波斯国人也。……府君又有二侄，一牌会，一端，皆承家以孝，奉尊竭诚，文质彬彬，清才简要。"疏证中认为该墓志是迄今扬州地区所发现的唐代有姓名可考的第一位波斯人，并从墓主名为摩呼禄、父亲名为罗呼禄推测其汉化程度并不深刻，但使用汉文墓志，碑额题为李府君，墓志文有"世钦颖士"等，说明其在主观上积极向往汉化，如改姓唐朝的国姓、以李唐皇室的陇西为郡望等都充分说明了这一点。周运中在《唐代扬州波斯人李摩呼禄墓志研究》一文中认为两个侄子的姓名，"'牌会'无疑是波斯语……，很可能是波斯语 Pahlavi 的英译，读音接近中古的'牌会'的发音，hl 的发音较轻，所以省略。牌的中古音接近 pai，现在吴语读音 pa。会的中古音，接近 vi，现在吴语、闽语读为 ui。……"牌会"和"呼禄"一样，不是普通波斯人所用的名字，说明李摩呼禄家族系波斯贵族。李摩呼禄定居扬州，以及他死后葬于扬州的史实，是唐代扬州居住有大量波斯商胡的一个直接证据。

在南京、扬州等江淮地区，王、张、陈、李、刘、徐、朱、周、杨、吴等是几大主要姓氏，但在今江苏江都市大桥镇，有个原名槠树阁的地方，却又很多人姓"伲"，该村现有 1100 户，4100 人，其中 100 多户姓伲。1995 年昌松乡政府编撰的《昌松乡志》中记载了社会上流传着波斯庄这一地名，《民国江都县续志》中"河渠考"和"名迹"部分也有波斯庄这一地名，当地流行这样的顺口溜："波斯六家庄，荞面疙瘩汤，一年吃了三顿饭，还沾祖宗亡人光。如果不是胡萝卜来打坝，早就淌到董家岔。"说明这一地名由来有自。大桥镇的波斯庄和善玉村,吴桥镇的小荡村,浦头镇的东堡村等地村民收藏有一部《伲氏族谱》,共八卷,时间从东汉到现代,跨越近两千年。该族谱中提及波斯庄的有七篇,所涉地点、年代基本一致,具有较高的可信度。族谱中记载波斯庄庄名首次出现在崇祯十年(1637 年)荆溪曹安祖所述的《续修波斯庄伲氏谱序》,说明第一次续修族谱时,波斯庄已经出现。①他们的生活习俗与周围人并没有多大区别,祭祀方式在近代还保留着拜火教的遗痕。祭祀时,总是供奉两尊木刻偶像,一名"波斯",一名"龙骧",一个面善,一个面恶,俱为武士装束,头戴向上翻卷的毡帽,上插一支点燃的蜡烛。参祭人员头戴西式高统黑礼帽,身穿燕尾礼服,盛放祭品的器具是木制长方形托盘,两侧均有提把。这种祭祀方式一直延续到 20 世纪 60 年代。扬州伲姓极可能是波斯等色目商人后裔,这支西亚人因避乱迁居扬州东郊,用祖先或家乡名中第一个音节的"伊",取汉姓"伲",与中国本土汉族姓氏"倪"相区别,逐步繁衍,并与当地人和睦相处,日趋汉化,重视耕读,文化传家,成为当地一支巨族。扬州市邗江区杨庙镇洪恩寺南有地名伲家桥,也有部分伲姓聚居。考证和分析其读音,伲,《广韵》代韵奴代切,姓也,折合成扬州话今音应读近"耐",但扬州话读音近"你",可能是避音近的"赖",就同"史"姓有些地方读音同"吏",书面上"伲家桥"也记成"厉家桥"。距离江都不远的南京市江浦县石桥镇,也有一个伲家庄(村),分伲南、伲北,过去每三年祭祖一次,整个伲家庄分"伲氏八大家",但读音同"米"。在江苏徐州铜山西部何桥镇张集和香铺有伲氏家族定居,堂号为古滇堂,班排为"永尚文贵巧连登"。因发音与字典不一致,书面上记作"倪"。云南昆明有街道"伲家湾",家谱记载系当年明太祖朱元璋调山东济阳卫都督伲勇任云南临安卫(建水县),后人在这里繁衍生息,伲姓的这些分支都来自扬州,而扬州伲氏家谱记载祖先又迁徙自通州②,本文无力去对这一姓氏的来龙去脉作详尽的考察,"伲"姓在汉语中可能有更古的渊源,不仅仅是波斯胡商的汉姓。中华文化本身就是多种文化交流交融的产物,具有强大的吸附和消化能力,涓涓细流终汇成汪洋大海!

参考文献

［1］蔡鸿生《唐代九姓胡与突厥文化》,(北京)中华书局 1998 年。

---

① 陈咏《这个村子生活着波斯商人的后裔》,《扬子晚报》2021 年 4 月 26 日。

② 这部分内容参考了网络上关于"伲"姓的分布相关的内容,不一一注明出处,特此说明。

［2］蔡华祥《盐城方言研究》,(北京)中华书局2011年。

［3］陈咏《这个村子生活着波斯商人的后裔》,(南京)《扬子晚报》2021年4月26日。

［4］李文才《隋唐五代扬州地区石刻文献集成》,(南京)凤凰出版社2021年。

［5］刘煦《旧唐书》,(香港)中华书局1975年。

［6］柯建瑞《伊斯兰教在泉州》,《福建宗教》2002年第2期。

［7］荣新江《丝绸之路与中西方文化交流》,(北京)北京大学出版社2015年。

［8］［日］田坂兴道《中国における回教の传来とその弘通》,(东京)东洋文库1964年。

［9］王世华、黄继林《扬州方言词典》,(南京)江苏教育出版社1996年。

［10］韦明铧《二十四桥明月夜》,(上海)上海古籍出版社2000年。

［11］邬廷玉《隋唐史话》,(北京)北京出版社1984年。

［12］许宪隆《试论回族形成中的语言问题》,北方民族大学2014年博士毕业论文。

［13］政协如皋市委员会文史资料研究会《如皋文史资料》(第三辑)(内部资料),政协如皋市委员会1987年。

［14］郑阳、陈德勇《扬州新发现唐代波斯人墓碑意义初探》,《中国穆斯林》2015年第3期。

［15］周运中《唐代扬州波斯人李摩呼禄墓志研究》,《文博》2017年第6期。

作者简介:汪如东,上海财经大学国际文化交流学院教授,商务汉语系系主任,研究方向为汉语方言学、修辞学、国际中文教育。

The Ancient Silk Road Cultural Exchange Reflected by
the Jianghuai Common saying "Persian Treasure Offering"
Wang Rudong(School of International Cultural Exchange,
Shanghai University of Finance and Economics)

Abstract:"Persian Treasure Donation" is a popular saying in the Jianghuai region today,referring to"showingoff"and has a certain degree of derogatory meaning. However, this term reflects the history of cultural exchange between ancient China and another ancient civilization on the Silk Road, Persia. The article first describes the general usage of this proverb in the Jianghuai dialect, and then further analyzes and explains the impact of the introduction of ancient Persian culture on Jianghuai culture, Persian offerings in ancient books and religious works, local inscriptions, and Persian names and relics in genealogies.

Keywords: Persian Treasure Donation; Persian culture; Han culture; Exchange

中华文化海外传播的"事""史"与"势":以张凤传记散文为中心的考察*

王小平

摘　要:张凤的传记散文以哈佛华裔学者为主要书写对象,尤为注重记述华裔汉学家的生平经历及学术思想成就,通过叙写事功以探索、描述海外汉学史的发展,并将人物学术活动置于20世纪以来的全球性文化流动背景下,考察、辨析个体生命与历史情境之间的互动关系,从而体现"事""史"与"势"的复杂关系,在深刻呈现海外学人个体生命追求与心灵世界的同时,为中美文化交流、中华文化海外传播的历史留下了一份重要见证。

关键词:中华文化海外传播;张凤;传记散文

人事有代谢,往来成古今。历史源于人的创造活动,生成于"人的活动"①也即人之"事"中。许慎《说文解字》释"史","史,记事者也。"同时,历史"与'事'本身的发生、展开、完成过程相联系。"②历史人物的活动与成就,往往是在一定的历史情境中发生,也即"势",这就与广义层面上普通民众的共同参与相关联;另一方面,历史人物又在特定之"势"中,凭借自身禀赋、能力及机遇自觉为"事",由"事"成史,以事实的方式参与历史变迁、文化演进,同时也以价值的形式构成人类文明的重要基石,而在日常用行层面对民众产生示范与引领作用。也因此,文学对历史的书写,不仅是对"事"的记录、描摹与评价,同时也应包含对"势"的辨析及对"史"的体认,这在张凤的传记散文书写中都有所体现。在《哈佛

---

*　本文系教育部哲学社会科学研究重大课题攻关项目"中国传统文化中的人类命运共同体价值观基础研究"(21JZD018)阶段性成果。

① 马克思、恩格斯:《神圣家族,或对批判的批判所做的批判》,《马克思恩格斯文集》(第1卷),人民出版社2009年版,第295页。

② 杨国荣:《人与世界:以"事"观之》,生活·读书·新知三联书店2021年版,第201页。

心影录》《哈佛缘》《域外著名华文女作家散文自选集》《哈佛采微》《哈佛问学录》①等散文著作中,张凤以哈佛华裔学者的学术、生活及精神世界为主要书写对象,尤其注目于哈佛华裔汉学家的学术贡献,不仅以温润沉静、蕴藉雅正的笔致描摹生命历程,勾勒"百年来哈佛大学华裔学者的研学史"②,且多所呈现个体活动与历史情境的关系,以"类""群"的方式探索哈佛华裔学者在美国汉学发展中所扮演的重要角色,从而构建起海外"文化中国"价值空间,体现"美丽充实"的哈佛精神与中华文化之"灵根自植"的水乳交融,为中美文化交流研究、中华文化海外传承研究提供了珍贵的史料。

一、 哈佛有"女史":"事"的描摹

自 1982 年起,张凤随先生黄绍光③迁居于哈佛剑桥一带,任职于哈佛大学燕京图书馆编目组逾 25 载。她熟谙哈佛历史及校园文化,浸润于哈佛精神既久,又常与诸学者往还,嘤鸣相召,遂以史家之信实、文士之诗心,为其一一立传。其笔下的哈佛华裔学者多为赴美留学生,以代际而论大致可分为三类。第一类是 20 世纪初至 40 年代的赴美留学者,如杨联陞、赵元任、赵如兰、夏志清、裘开明;第二类是 50—70 年代自中国台湾、香港地区赴美的留学生,如来自台湾的高友工、杜维明、张光直、李欧梵、王德威、孙康宜、陈幼石、郑培凯、傅伟勋,以及来自香港的陆惠风等;第三类则是 80 年代后中国赴美留学生,如来自中国内地的田晓菲、汪悦进,来自中国香港的李惠仪等。除这三类哈佛华裔学者"核心"对象外,张凤亦关注并书写与哈佛"周边"人物,如短居于哈佛附近并曾至哈佛访问的鹿桥,曾任哈佛访问学者的叶嘉莹、任哈佛拉德克利夫学院访问学者的张爱玲,以及哈佛"邻居"麻省理工学院的戏剧学者台益坚、擅写小说的高能物理学者郑洪、航天结构动力学家卜学鏐等,此外还有 19 世纪赴哈佛进行汉语教学的戈鲲化,以及非华裔学者韩南等。在张凤心中,"哈佛"并不仅仅是一个地理空间,同时也是一种学术精神、文化氛围的象征,以哈佛为中心而汇聚起的海外华人"想象社群"④,体现了中美精英文化的交互辉映。秉笔书写,为这一社群留影并刻画栩栩如生的"难忘

---

① 张凤即将出版《哈佛大学巡礼 30 年》。

② 王一川:《哈佛问学录》封底语,重庆:重庆出版社 2015 年版。

③ 黄绍光:哈佛大学化学系核磁共振实验室主任,后兼任贵重仪器中心主任。

④ 杜维明:《哈佛问学录·序一》,重庆出版社 2015 年版,第 2 页。

的群雕"①,从而"启发延续中华文化",是张凤的"终极关怀"②所在。

以治史的严谨进行文学书写,是张凤传记散文的重要特点。她自台湾师范大学历史系毕业后留美深造,后在密歇根州立大学继续深造,研究 20 世纪前半叶中俄关系人物史,具有扎实的史学素养。在记述人物事功、探究人物学术个性时,张凤往往在搜集史料的基础上细心查考,因而持论中肯、具有说服力。如写杨联陞时,她以赵如兰的回忆作为杨联陞与费正清之间一段关系的证明,细读燕京图书馆所藏胡适给杨联陞的书信,以印证后者在佛学、语言学方面的广泛兴趣及成就,又引述陆惠风所忆及的杨联陞与周一良之约,写出其内心报国愿望及遗憾;又如,在探询傅伟勋的佛学、生命哲学研究时,追溯其家世及生活经历,以真切翔实的记述揭示傅伟勋少年情感体验中"对死亡的迷惑与恐惧"及阅读经验对其日后学术研究的深远影响;以及,在评述陈幼石基于女性主义立场的学术研究活动之前,先追溯其家世历史,点出陈幼石"受母亲的影响,有能舌战群雄不败的战斗力,是位女中豪杰。"深入剖析其学术成就与生活背景之间的密切关联。胡适曾在留美期间所写《仓晖室札记》中记述关于传记文学的看法:"昨与人谈东西文体差异。至传记一门,而其差异益不可掩。余以为吾国之传记,惟以传其人之人格。而西方之传记,则不独传此人格也已,又传此人格进化之历史。"张凤的传记散文便是如此,结合了中国史传文学传统和西方近代以来传记文学的特点,既凸显传主事功成就,又深入考辨其成长背景及生平,从而呈现其文化性格、学术个性的形成与发展,从而揭示"人"与"事"之间的深刻关联。

通读张凤的传记散文,予人印象最深的当属其对各家学者研究领域、观点、成就的熟谙。张凤的传记散文视野开阔,文学、史学、哲学以及理工科等领域的人物都有所涉及,且能持续关注、跟踪学术研究前沿,以清晰明快、富于活力的文笔条理清晰地呈现对象的学术理路,这与作者的史学训练不无关系。例如,有两篇文章论及王德威,一篇是《哈佛心影录》中的《中国文学的现代意识——王德威教授》,一篇是《哈佛问学录》中的《如此繁华——首开哈佛大学中国现代文学课程的王德威教授》。两篇文章各有侧重,前者重点评述王德威关于中国现代文学之"现代性"的研究,后者则沿此脉络进一步深化,介绍王德威对"现代性的历史性"的思考,并据此梳理其"华语语系文学"的学术理路。文中不仅对王德威在理

---

① 转引自孙康宜《我所知道的张凤》,收入《哈佛缘》,广西师范大学出版社 2004 年版,第 5 页。
② 张凤:《飘流游子心》,收入《哈佛缘》,广西:广西师范大学出版社,2004 年,第 241 页。

论与文学相结合方面的贡献多所论述,更述及其近年来对诗学与历史之间关系的探究兴趣,显示了对传主学术进路、新近成果的注目与关切。又如,论及孙康宜的学术生涯及成就时,《哈佛心影录》中《女诗人与陈柳诗词情缘——孙康宜教授》一文除详述孙康宜生活道路及思想之外,主要围绕孙康宜的力作《陈子龙柳如是诗词情缘》展开讨论,对书中的崭新观点及补白之功进行评述,《哈佛问学录》所收入的《文学的声音——孙康宜教授的古典文学研究与生命情怀》一文则引介孙康宜的最新学术研究成果及其"重写文学史"的努力,亦关注到孙康宜将张充和口述历史编纂整理为《曲人鸿爪——张充和曲友本事》,并编撰了《古色今香——张充和题字选集》,体现张充和在传播昆曲、书法文化方面的贡献。诸如此类,不胜枚举。足以见出作者长期披阅学术著作,且勤于搜集最新史料,其用功之深、之广殊为难得,此外,与传主的熟稔交往又使其述学文字平添一种"同情的理解",堪称"将文学和学术带出哈佛课堂,推向'公共领域'"①的不二人选。

张凤的传记散文除叙写人物事功成就之外,又能以娴熟的文字技艺刻画传主的性情气质。她善于撷取日常生活中富于个性特征的片段,以生动细腻的笔触刻画传主个性心理,从而塑造出"鲜活感人"②的人物形象。以曾在耶鲁及哈佛都担任人类学系主任、后又任哈佛东亚咨询委员会主任的张光直为例,张凤在描绘其性格特征时,注重捕捉微小的生活细节及私人交谈中的只言片语,寥寥几笔即写出张光直待人接物的境界及深思熟虑的个性,揭示其长年位居学校管理层——这在华裔学者中殊为难得——的深层原因,一个见识非凡、澄心静虑的"宋明高士"③形象跃然纸上。在写夏志清时,"夏教授说话常深露笑窝,那象征老福的戽斗下巴,益是天真可爱"④一句,不仅与前文的"谐谑成性"⑤"宅心仁厚"⑥相呼应,同时也与其"感时忧国"⑦的学术关怀及"伤心事怆然不堪述"⑧的生活经历形成强烈对照,生动刻画出其人间情怀及豁达心性。书中记述赵元任之女赵如兰——哈佛第一位华裔女教授,采集、描绘赵如兰在生活中的点滴趣

---

① 刘俊:《哈佛问学录》封底语,重庆:重庆出版社,2015 年。

② 王德威:《哈佛问学录·序二》,重庆:重庆出版社,2015 年,第 3 页。

③ 张凤:《启发汉学的中国考古文明——考古人类学家张光直教授》,收入《哈佛问学录》,重庆出版社 2015 年版,第 29 页。

④⑧ 张凤:《改变现代文学史生态谱系》,收入《哈佛问学录》,重庆出版社 2015 年版,第 142 页。

⑤ 张凤:《改变现代文学史生态谱系》,收入《哈佛问学录》,重庆出版社 2015 年版,第 132 页。

⑥ 张凤:《改变现代文学史生态谱系》,收入《哈佛问学录》,重庆出版社 2015 年版,第 137 页。

⑦ 张凤:《改变现代文学史生态谱系》,收入《哈佛问学录》,重庆出版社 2015 年版,第 138 页。

事,如在艺文小集中以妙趣横生的方式讲演、展示不同唱法,引起众人热烈反响,又在路上模仿京剧老生的姿态,栩栩如生、活灵活现地刻画出赵如兰活泼幽默、跳脱潇洒的个性风采。

张凤的传记散文书写,结构丰富多变、摇曳生姿,往往能根据写作对象的特点及写作主旨精心布局,因人成文。在《一怀孤月映清流——汉学名师杨联陞》中,张凤以一场追思会为开篇,通过诸位友人、学生的回忆而勾勒出其治学冷峻认真、待人宽厚热忱的人格魅力;对于在海外倡导"文化中国"而影响深远的杜维明教授,张凤开篇即点出其对弘扬中国传统文化的热切:"我们虽然生为中国人,但对中国自己的东西不论古往今来,都了解得太有限了……"随后在有限的篇幅内以平实雅正的写法细细爬梳、呈现杜维明的学术思想,一个心怀家国、视野开阔、以批判与创造的精神探索儒学的"新儒家"形象呼之欲出;而在《绣荷包的缘分》一文中,张凤藉由被王德威、汉学家韩南托付的"绣荷包"一物引出韩南与张爱玲之间的一段交往,在真切再现、还原历史细节的同时,写出"人"与"物"之间的情感关联:"李鸿章家传荷包"来历之深、做工之精恰切映照出张爱玲的亦古亦今、华丽苍凉,同时也承载、见证着跨国学术情谊之厚密。

训练有素的史学修养、清新雅正的文学风格使张凤的人物传记书写别具一格、自成一体。而在以文字点亮闪闪繁星的同时,整片星空也随之璀璨。张凤以师友交游、学术互动为线索,梳理公共文化空间网络的建构,着力凸显哈佛华裔学者的文化社群特点:杜维明在 1982 年创建学术团体"哈佛儒学研讨会";赵如兰与陆惠风于 1983 年建立"剑桥新语社",定期召集"红白粥会";1986 年,郑培凯创办《九州学刊》(后与《学术集林》合并组成新刊《九州学林》),并与杜维明共同召集《九州学刊》年会,1990 年后改为"中国文化研讨会";陈幼石与李昂等在 1989 年创办《女性人》杂志;哈佛、耶鲁等校的学人及作家共同组成北美华文作家协会纽英伦分会;1994 年李欧梵创立哈佛中国文化工作坊,后由王德威继续引领、张凤承办;自 2005 年起,在王德威等学者的主持下,中美作家、评论家每年相聚一堂,交流研讨,等等。张凤本人在入职哈佛大学燕京图书馆后,也参与筹备、组织学术活动,在哈佛中国文化研讨会、哈佛中国文化工作坊、剑桥新语社等团体中担任联络人及活动主持者,因此对这一文化社群极为熟悉,不仅能详述学术团体建立、发展的来龙去脉及人事组成,且以中华文化传承为出发点探询、呈现哈佛华裔社群团体的使命及价值依归,在此历史关怀下凸显这一文化社群的事功成就,展示其无远弗届的文化辐射力、凝聚力。基于哈佛在中美文化交流、中华文化海外播散中不容忽视的重要地位,杜维明亦指出,哈佛"已经成为在英语世界中经常用普通话谈论'国学'(中国学问)的道场",是"'人和'胜境"①。对哈佛华裔学人风采、社群文化价值的真切描摹与深刻呈现,构成了张凤传记散文书写的突出成就。

二、 却顾所来径,苍苍横翠微:"史"的绵延

哈佛华裔学者众多,且均在自家领域建树卓著,如群峰屹立。这固然构成了精彩纷呈的对象世界,却也为以特定群体为对象的系列性散文写作带来一定挑战,如何使零散的篇章彼此产生紧密关联,构成完整内烁的文本世界,从而以文字的律动体现"群体性"生命世界,这是散文作者需要面对的问题。一方面,张凤具有清晰明确的对象意识,"尽量写华裔汉学,风格要确定"②——通过拣选对象内容而保持整体性、连贯性;另一方面,则以"启发延续中华文化"为"终极关怀",在此一精神宗旨下涵摄对象世界,在对"心灵故乡"的情感认同与智性探询中寻求主客体生命的激荡与交汇。于是,中国传统文化与现代之关系,便成为彼此念兹在兹的切身命题,张凤与海外华裔汉学家的生命共振由此产生,其富于历史意识的传记书写亦沿此一共同关心的文化脉络展开。

首先是中华传统文化的现代转型。张凤在传记散文中力求呈现不同代际学人在西学视野中重审中国传统文化的学术致思路径。杜维明在序言中指出:"我们虽然希望面向大西洋的美国历史发源地可以为东亚文明的再生创造契机,但我们有自知之明,真正塑造剑桥话语的是现代西方的启蒙心态。"③ 这应是哈佛华裔汉学者的共识。杜维明本人在海外力倡"文化中国",影响巨大,是海外新儒学的代表性人物。但同时,他所主张的乃是以批判性眼光提倡儒学,"对儒家传统并没有任何浪漫式的迷恋。""对政治化的儒家,保持高度警觉。""儒学必须对现代西方文明所塑造的生命形态,做出创建性的回响,才有进一步发展的前景。"④张凤在传记书写中充分援引这些观点以展示传主的多元文化视野及清晰的历史意识。这种以现代西学视野观照、考察、辨析中国文化传统的路径方法在

---

① ③ 杜维明:《哈佛问学录·序一》,重庆出版社 2015 年版,第 2 页。

② 张凤:《艺文小集与大波士顿区中华文化协会》,收入《哈佛缘》,广西师范大学出版社 2004 年版,第 258 页。

④ 张凤:《为往圣继绝学——致力于儒家现代化转化的杜维明教授》,重庆出版社,2015 年版,第 37—39 页。

对其他学人的书写中亦有体现。高友工对中国抒情美典的研究开启海外汉学一种传统,张凤指出其研究的出发点是分析哲学及以之为基础的语言哲学,借助于分析哲学的方法去探索人文领域的美感经验,同样体现的是西学视野及方法。但同时,也认为高友工"明示了西洋传统'知识论'的残缺偏枯",因而"一方面接受了分析传统的语言和方法,另一方面也能兼容中西文化的美学范畴与价值。"①而在更为年轻一代的学者中,孙康宜擅长"以西方的新观点如女性主义等来研究诗词","重新找到中国古代妇女的声音";郑培凯在研究中"总采开放创新的态度,研究方法也不墨守成规,融合各种学科,甚至融入诗人的想象,以探索古人的心灵世界与处在历史环境中的具体生活镜框。"李惠仪深入辨析晚明至清代的文学中所体现的个体意识与国族意识,"思量晚明精神面貌,在清初的持续与转化兀自散发出女性自觉与抗争";田晓菲则以现代人的生命意识及人性洞察论《金瓶梅》,在欧洲手抄本文化著作的启发下研究陶渊明,写成《尘几录:陶渊明与手抄本文化》,等等。张凤在评介海外华裔学者的中国传统文学研究成果时,格外注重其现代西学视野对学术致思路径的影响。

其次,是在对"现代"的研究中接续、融通中西方文化传统。夏志清对中国现代文学研究的贡献有目共睹,张凤在论述其学术生涯时,多方采用钱钟书、李欧梵、王德威等学者的评论,印证其"濯去旧见,以来新意""改变了中国现代文学的生态谱系"这一核心成就,此外更特别点明夏志清"对美国文学的发展保持敏锐的触觉"及"感时忧国"的意识,着力凸显其对中西文学传统的承续与融汇。在记述王德威学术事功时,张凤尤为注重介绍其关于"现代性的历史性"的研究,"现代性意义不在于内烁真理的呈现,而在于对历史坐标的不断定位。"而这种"历史性"同时也关联着"主体性"问题,基于此,张凤以较长篇幅引述王德威的观点,譬如,"现在有多少时候,我们能平心静气地思考章太炎那种庞大的既国故又革命、既虚无又超越的史论历史观呢? 现在对陈寅恪讨论很多,可他的历史隐喻符号体系的诗学,还有《柳如是别传》这样的巨著,有多少西方学者能够认识呢?"又如,"西方理论的洞见,如何可以成为我们的不见,反之亦然? 传统理论大开大阖的通论形势,和目前理论的分门别类是否有相互通融的可能?"②张凤的传记书

---

① 张凤:《中国之美典与审美态度——普林斯顿大学高友工教授》,重庆出版社 2015 年版,第 124—125 页。

② 张凤:《如此繁华——首开哈佛大学中国现代文学课程的王德威教授》,收入《哈佛问学录》,重庆出版社 2015 年版,第 71 页。

写以有力的方式呈现出海外华裔汉学家因其多元文化身份和知识结构而产生的、在某种程度上较国内学者更为强烈迫切因而也更为积极前瞻的古今及中西融通意识,她深刻理解、把握并呈现出夏志清、李欧梵、王德威等学者在学术研究中的共同点:一方面,对当下汉语文学现场具有持久、强烈的兴趣,不断以敏锐的问题意识激活学术研究;另一方面,将对文学新变的考察回置于历史脉络中加以审视、探究,从而摆脱"此时此地"的限制,在对"完整的历史意识"的不断接近中,考辨源流、检省现实,进而使自身成为填补过去与现在裂隙的存在。这种对"历史性"、文学传统的坚持在张凤的传记散文书写中有着充分呈现。

在中美文化交流史中,汉语教学史是相当重要但却易被研究者忽视的领域,原因之一在于,人们通常认为汉语教学的门槛较低,与汉学研究相比处于较低位次。事实上,语言教学所特具的文化传播功能及其在民间文化交流方面所产生的影响可能远远超乎想象,这在美国汉语教学界已有不少例证。如执教于耶鲁大学的苏炜,在汉语教学方面成就卓著,曾于 2019 年获得"理查德·布鲁海德优秀教学奖"——耶鲁的五个最高教学奖之一,其学生还以苏炜的名义设立了奖学金,此外,苏炜曾带领四名耶鲁学生赴北京参加 2007 年国际大学生中文辩论赛并夺冠,其中两名学生温侯廷、邵逸青又与苏炜一起,跟随张充和学习书法。邵逸青亦曾选修孙康宜的中国古典诗词课,对中国文化研习颇深,温侯廷则已成为国际翻译界中翻英的著名翻译家。诸如此类的例子还有很多,足以说明语言教学是文化传播的重要载体,优秀的语言教师在文化交流中有着不可替代的作用。苏炜亦是张凤的文友,张凤曾引介其与耶鲁大学的孙康宜等学者相识,同样体现了"哈佛"的文化社群性质——而非仅仅是地理空间。

也因此,在汉学研究史之外,汉语教学史也是张凤关注的重要对象。她在传记散文中多处记述华裔学者在语言教学方面的贡献,如赵元任编过实用性很强的中文教科书《国语入门》;杨联陞的汉语教学亦与汉语研究相得益彰;赵如兰在《国语入门》基础上编撰相关补充练习材料,史华慈、傅高义、马若德等美籍汉学家学中文都由赵如兰"启蒙鞭策教导"[①];台静农之子台益坚则在麻省理工学院首创中文组,"使学生对社会责任及个人将来丰富而完美的生活,有充分的准备。"[②]在张凤笔下,华裔学者们在海外创建了多元立体的中华文化空间,以丰富

---

① 张凤:《学者的梦土——记赵如兰教授》,收入《哈佛缘》,广西师范大学出版社 2004 年版,第 121 页。
② 张凤:《论近代戏剧和表演艺术的还本归原——台益坚教授谈戏剧》,收入《哈佛问学录》,重庆出版社 2015 年版,第 233 页。

多样的形式为中美文化交流、中华文化海外播散方面做出了贡献。

此外,张凤更以"史"的眼光,将美国汉语教学活动上溯至 1978 年哈佛首聘中文教师戈鲲化,指出这一事件在中美百年文化交流中的重要意义——在耶鲁首位华人留学生容闳之外,揭开"中美交流的另一序幕"①。张凤调阅哈佛校史档案部中的合同、照片及各项单据,检视戈鲲化赴美教学之旅的种种细节,引领读者回到历史现场,体认文化交流史上筚路蓝缕者的开拓之功,"在离散中总有牺牲,文化也在流徙中传扬。"尽管戈鲲化后来因病在哈佛去世,哈佛中文课程也暂时中断,但却播下了美国中文教学的种子,"实为赵元任、杨联陞、赵如兰诸位在哈佛的教学者首开先河。"②其自编教材《华质英文》也一直保存在哈佛大学总图书馆中,见证着中美文化交流的一种发端,而戈鲲化与哈佛的早期密切互动则构成了中美文化交流史的重要基石。

张凤的传记散文体现出清晰深刻的历史品格,这与其自觉的"寻史""补史"活动密切相关。她不仅仅是以书写者、铭记者的身份进入学术史,同时也是重要的参与者、推动者。在《永恒的戏》一文中,张凤提及曾代白先勇查找有关上海、南京的风物志及人物志书目,为王德威邮寄文史资料以助其学术写作,为陈幼石的研究影印书籍杂志,亦曾因搜集史料而结识诸多学者,欣然于"为一个庄丽的舞台上一出永恒的戏略尽些力"③。张凤又以史家的敏锐,沿些微线索探询张爱玲的足迹,终于在哈佛史勒辛格图书馆中找到珍贵的"蓝点档案"资料,印证了张爱玲在哈佛的旧居——也即丈夫赖雅的逝世之地,补白张爱玲后半生行迹,并公布其手稿著作。此外,张凤作为哈佛中国文化工作坊主持人,组织、主持了百场文学、文化会议,又任大波士顿区中华文化协会艺文小集首任召集人、剑桥新语社联络人、北美华文作家协会副会长、海外华文女作家协会会长等职,不遗余力地推动美国汉学研究、华文文学写作的发展,在海外"为'文化中国'招魂"④。她与哈佛学人所共同组织的诸种文化活动与其传记散文交相辉映,不仅是文学书写的对象,同时也通过"事"的行为而构建起"情感共同体",以与人的现实互动、对"事"的创造与生发而真切体认个体的存在,从而深刻影响了文学书写的精神

---

① 张凤:《中国赴美教学第一人——哈佛 1879 年首聘中文教师戈鲲化》,收入《哈佛问学录》,重庆出版社 2015 年版,第 256 页。
② 张凤:《中国赴美教学第一人——哈佛 1879 年首聘中文教师戈鲲化》,收入《哈佛问学录》,重庆出版社 2015 年版,第 261 页。
③ 张凤:《永恒的戏》,收入《哈佛缘》,广西师范大学出版社 2004 年版,第 178 页。
④ 杜维明:《哈佛问学录·序一》,重庆出版社 2015 年版,第 2 页。

内涵与历史品格。张凤的传记书写充分体现了"人""事"与"史"的互动，因而具有历史纵深感与时空绵延感。

三、 明月何曾是两乡："势"的消长与"情"的律动

人类文明的发展是在不同文化的碰撞与冲突、交流与融合中得以实现。许倬云指出，一种文化系统越是稳定，"文化之熵"（cultural entropy）也便越大，也容易陷入停滞，只有在接触到新的文化环境、面临差异甚至冲突时，才有修改、焕新"文化基因"的可能。而在这一过程中，一代代人的"自由意志"尤为重要。[①]在"自由意志"的作用下，知识流动与文化传播以自然选择的方式进行——类似于物体在自然规律作用下的能量流动与生命演化——体现出历史之"势"；同时，又包含着个体的生命与心灵信息，体现出"情"的律动。

晚清以来，西学东渐。"中国知识分子在西学传播过程中，逐渐由被动变为主动，由附从地位升为主导地位。"[②]富国强兵的渴望、对民主自由的追求促使中国知识分子积极寻求、探索西方文明，从而催生出丰富多元、开放包容的留学生文化。与归国留美学人所面临的救亡与启蒙纠缠消长之处境不同，完成学业后继续留在美国工作的学者所面对的是西方学术传统体制及冷战时期的政治经济格局，这对留美学人的学术训练、早期成就产生了重要影响，如夏志清的中国现代小说研究即直接受益于英美人文主义传统。元青《民国时期留美生的中国问题研究 以留美生博士论文为中心的考察》一书对此有深入考察[③]。20世纪以来，西方话语的优势地位决定了知识流动的基本走向，对这一历史之"势"的积极把握使海外华裔学者通过地理、文化的迁徙与跃进而成功跻身于国际学术前沿。自然，在此一动态过程中亦有摩擦。张凤的传记散文风格雅正平和，并未过多涉及历史复杂情势，而往往以隐微方式透露一二。如写陆惠风对杨联陞的回忆时，体认其"相当周全地提到杨先生钻研政治，但不涉及政治的态度。"又写到赵元任曾为杨联陞申请奖学金一事而指责魏楷（Ware），以及杨联陞与费正清之间的龃龉等种种"被压抑的不愉快"[④]。此外，张凤亦提及诺贝尔奖得主李远哲所遭遇

① 参见许倬云：《许倬云自选集》，上海教育出版社2002年版，第438—441页。

② 熊月之：《晚清西学东渐史概论》，《上海社会科学院学术季刊》，1995年第1期，第159页。

③ 元青：《民国时期留美生的中国问题研究 以留美生博士论文为中心的考察》，南开大学出版社2017年版。

④ 张凤：《一怀孤月映清流——汉学名师杨联陞教授》，收入《哈佛问学录》，重庆出版社2015年版，第8页。

的种族歧视，这促使他最终选择回到台湾，"回归涵养的土地"①。但更多的是写华裔学人的迎难而上、"顺势而为"，如同张光直对年轻学人的告诫，"不论做哪门学问，都应随时关注一般性的研究，打进主流，才不会被人视为地域性的汉学家。"②张光直本人即在国际考古学领域享有崇高声誉，其学术成果极大推进了国际考古学界对中国古代文明的理解与研究。

在西方现代知识体系的扩散与流布中，海外华裔学者以禀赋才华与积极意志突进国际学术体制的核心，固然有个人生命机缘的作用，但历史之"势"的潜在影响也不容忽视。张凤关于杨联陞的一段论述可谓切中肯綮。"杨先生崛起于20世纪40年代，正是中国思想界从五四运动激情荡漾的救亡时期渐趋成熟，转而着眼于对中国文化深沉反思的阶段。他的一生贡献，正是这一转变时代中的一个重要环节。由于战乱，他不得不改变初衷，托身于宁静的哈佛校园，以另一种方式来完成他的使命。这一转变虽未必符合他当年的师友陈寅恪、胡适的初衷，但从世界史的观点上来看，却未必不是一件好事。今日在世界各校执教的中外学者中，曾受他影响教益的大有人在。"③海外华裔学者的学术道路既是特定历史时期下知识分子个体自然选择的结果，也以"群"的性质体现了全球化时代知识流动的自然规律。阿德里安·比赞以物理学"建构定律"观察世界并指出："生命和演化的现象，其实是能量的产生和耗散如何共同促进地球上所有物体的运动。"④人文知识领域同样重视思想观念在全球空间中的流动、纠缠、重塑过程，留美学人负笈海外，体现的正是纷乱年代中文化能量的凝聚、转换与迁移，他们在历史变幻莫测之海中拨云见日，另外开辟中华文化的海外空间，以西学视野观照中国文化传统，使之焕发光彩，又以"回流"的方式深刻影响了国内的学术研究格局，从而彰显出独特而不可复制的历史价值。

另一方面，"就思想观念的全球流动而言，是全球性的思想力量一起构建起了某种思想观念的'普遍性'"，"'普遍性'是在多元力量、多种思想观念杂糅纠缠

①　张凤：《回归涵养的土地——记李远哲教授》，收入《哈佛缘》，广西师范大学出版社2004年版，第158页。
②　张凤：《感念考古人类学名家张光直教授》，收入《哈佛缘》，广西师范大学出版社2004年版，第167页。
③　张凤：《一怀孤月映清流——汉学名师杨联陞教授》，收入《哈佛问学录》，重庆出版社2015年版，第11页。
④　(美)阿德里安·比赞：《为什么世界不会失控：万物演化中的物理学》前言，北京联合出版公司2020年版，第2页。

中，以及相互的激发和吸收转化中生成。"①不同思想观念的交织、碰撞诞生了思想的创新，这构成了另一种历史之"势"。海外汉学研究也推动了中国内部学术传统的转化与再生，同样体现了"顺势而为"的学术使命担当，这在张凤的传记散文中亦多所体现。她写杜维明，不仅记述在"现代西方以动力横决天下"的时代，"一个对儒家身心性命之学有体知的人"如何参与公共生活从而实现"责任伦理"，效法亚里士多德"漫步讲学"，且体现杜维明如何助力国内学者进入更为开阔的国际学术平台，如邀请北大陈来教授在哈佛以中文开课等；在《王蒙在哈佛》一文中叙写李欧梵邀请王蒙至哈佛，并介绍国内文学及文化状况的变化，与哈佛史学家、哲学家们共同探讨"消解"与"建构"之间的复杂关系；呈现王德威对学者自身历史经验及"主体性"问题的关切，"叩问在什么意义上，19、20世纪的中国文学发明，可以放在跨文化的平台上，成为独树一帜的贡献。"以及由此生发的学术担当意识，如"身在国外的学者，有那么多的资源，又有语言的优势，理当为学术对话做点工作，可以让人们知道朱光潜、宗白华、瞿秋白"②，等等。张凤的书写，记录了数代海外华裔学人在自身研究之外，积极搭建桥梁，从而将中国学术推向世界的用心和行动，凸显出哈佛文化社群在全球化知识流动、思想流动时代中所扮演的重要角色，以及对中国文化传统的赓续与创新之功。

在体认历史流动之"势"的同时，张凤亦写出"情"的律动。学术研究是个体生命感应历史的一种方式，特殊的人生际遇往往成为学术之路的契机，而学术研究又反过来熔铸、深化、升华着生命体验。张凤以细腻的笔触探入传主的精神世界，探索其学术研究与生命经验之间的密切关系。譬如，收入《哈佛缘》的《感念考古人类学名家张光直教授》一文侧重于对张光直生平经历的描述。在这篇文章中，张凤写到张光直在台湾"白色恐怖"中被捕入狱一事，并提及张光直所著《番薯人的故事》，更在笔名中窥见其心绪，"吴裏"意为"无乡"、"韩起"则是"番薯"的台湾闽南语发音……深切体会张光直"无乡的番薯人"的痛苦，感受其"受难的灵魂在汹涌的波涛中沉浮快半世纪"。了解这些生命经验之后，再读《哈佛问学录》中《启发汉学的中国考古文明》一文，才会对张光直回答"玛雅中国连续体"争议时的主张——"有些问题开个头觉得很兴奋，等三五十年、一百年研究清楚了，就觉得幼稚可笑了"——有更为深刻的理解。张凤的学人传记因此富于生

① 李宏图：《"观念之网"：思想的"全球性"流动》，《华东师范大学学报》，2022年第4期，第22页。
② 张凤：《如此繁华——首开哈佛大学中国现代文学课程的王德威教授》，收入《哈佛问学录》，重庆出版社，2015年版，第71页。

命感、现场感,"绝不仅瞥浮面的幸运,尤其仰慕他们深层的孤怀幽抱。"①

"势"与"情"的交织在关于叶嘉莹的传记书写中尤为明显。叶嘉莹曾赴哈佛讲学,张凤与之多有接触。在她笔下,叶嘉莹不仅是术业有专攻的学者,同时也是生命格局开阔、精神能量丰沛的"人",学问与性情相辉映。虽然一生中遭遇无数困境,却始终以饱满的生命热情承担起苦难的生活,以有情之生命游刃于瞬息万变的历史之"势"中,人性的光辉始终不曾湮灭,反而愈益耀眼。张凤不仅详细描绘叶嘉莹的生平经历、成就事功,且以真挚的笔触呈现叶嘉莹的丰富内心世界,体察其在特殊政治时期、颠沛流离生活中的个人信仰与家国情怀,在充分体现"事""史"与"势"互动的同时,凸显"情"之再生力量,印证着中国传统传记写作的特点,"年表诸书说是事功,可因掌握材料而完成。列传却需要作者生命中一些特别东西。我们说得粗些,即必由痛苦方能成熟积聚的情——这个情即深入的体会,深至的爱,以及透过事功以上的理解与认识。"②事实上,"学有专长""意有专情"③之间的彼此纠缠、相互生发,确然在海外学人的学术生命中可堪玩味。王德威曾在《抒情之现代性》序言中论及陈世骧研究时指出:"去国三十年后,在中国动荡不安的岁月里,他潜心抒情传统,更不能不让我们联想蕴积在他心中的块垒。"④同样是对"事""势""史"与"情"之间关系的一种阐发。

"情之所钟,正在我辈"。张凤文字有情,不仅仅体现在传记散文中,也见于有关个人生命历程的散文中,如《母亲与毛衣》《心灵的河流》《父亲与常春藤书束》等,均情致斐然、感人至深。藉由文学书写,她感念亲恩,体悟生命,"在那里,我还不懂人事,但是如此被爱,知道天地间有了自己的位置。那是无比的力量,护卫着我,直支撑我远达这海角天涯。"⑤追索文学之于生命的安慰,"透过文字的哲思,对于失去挚爱的伤痛,并领会生命的奥趣,再思生命的本质和失落,又历心境的转化与重生……"⑥于对自然万物的体验中探询情与理的辩证,"以情意涵摄理智,迈向

---

①　张凤:《哈佛问学录·跋》,重庆出版社2015年版,第327页。

②　沈从文:《致张兆和、沈龙朱、沈虎雏》,《沈从文全集》第19卷,北岳文艺出版社2002年版,第318页。

③　钱穆:《八十忆双亲·师友杂忆》,生活·读书·新知三联书店2005年版,第174页。

④　王德威:《抒情之现代性"抒情传统"论述与中国文学研究》,陈国球、王德威编,三联书店2014年版,第2页。

⑤　张凤:《母亲的毛衣》,收入《哈佛缘》,广西师范大学出版社2004年版,第332页。

⑥　张凤:《母亲的毛衣》,收入《哈佛缘》,广西师范大学出版社2004年版,第331页。

理智的最高峰顶,情意之源头是自然生命,理智又可观照整体意识。"①这些文字与传记散文中"情"之书写相映照,彰显着作者求真、向善、尽美的心灵空间,共同构成了静水流深的有情世界,而学人群像也在作者"情"之烛照下更为温润生动。

绘"事"、见"史"、察"势",构成了张凤传记散文书写的脉络理路,"寄情"则使其叙述鲜活细腻、富于感染力,历史感与生命感彼此水乳交融。"能写师友回忆录的人是有福的"②,更何况,书写者与书写对象生活于共同的物理时空与精神家园之中,"风乎舞雩",咏而无须归,是至幸之事。张凤对以哈佛华裔学人为中心的特定文化社群的描绘与记录,有其恒久不灭的价值。铭记历史者,也必将为历史所铭记。

作者简介:王小平,上海师范大学对外汉语学院副教授。

The "Events", "History", and "Trends" of the Overseas Spread of Chinese Culture: A Study Centered on Zhang Feng's Biographical Prose

Abstract: Zhang Feng's biographical prose mainly focuses on Chinese scholars from Harvard, with a particular emphasis on documenting the life experiences and academic achievements of Chinese sinologists. Through describing their achievements, they explore and describe the development of overseas sinology history, and place their academic activities in the context of global cultural mobility since the 20th century. They examine and analyze the interactive relationship between individual lives and historical contexts, thereby reflecting the "events" The complex relationship between "history" and "potential" not only deeply presents the individual life pursuits and spiritual world of overseas scholars, but also leaves an important witness to the history of cultural exchanges between China and the United States and the overseas dissemination of Chinese culture.

Keywords: Overseas Spread of Chinese Culture; Zhang Feng; Biographical Prose

---

① 张凤:《心灵的河流》,收入《哈佛缘》,广西师范大学出版社 2004 年版,第 338 页。
② 李霖灿:《西湖雪山故人情艺坛师友录》跋,浙江大学出版社 2011 年版,第 208 页。

中国节日文化在柬埔寨的传播与融入研究

李依鸿*

摘　要:本文从文化产物、文化风俗、文化观念等维度,在文化比较视角下通过对比四组中国和柬埔寨传统节日得出以下结论:柬埔寨传统节日深受中国农耕节日影响并依然保留着许多相似的节俗,同时因受到佛教文化和王室文化影响,也被赋予了宗教色彩和等级观念。我们应继续借助华人力量传承,加强商贸文化往来,通过网络传媒手段和国际中文教育平台巩固中国节日文化在柬埔寨的传播成果。让"文化先行"助力提升中国国家软实力,扩大国际影响力。

关键词:中国;柬埔寨;传统节日;文化比较;传播策略

柬埔寨位于东亚和南亚两大文明区域之间,在对外贸易和文化交流中地理优势显著,自古以来受到中国文化、印度文化、伊斯兰文化、泰国文化和欧美文化的影响。柬埔寨选择并吸纳外来文化的精华,并与自身文化相融合,最终发展成为一个多种族、多宗教的多元文化国家。中国和柬埔寨的文化交流历史悠久,中国文化的传播与融入对柬埔寨产生了深远影响。

一、　中国节日文化在柬埔寨传播状况

(一)中国和柬埔寨文化交流发端

中柬两国文化交流已有一千四百多年的历史。最早可追溯到汉朝时期,东

---

* 本文为 2022 年度辽宁省教育科学"十四五"规划项目"国际中文教育视阈下中国故事讲述策略"(JG21BD317)的阶段性成果。

汉建初八年(83年)柬埔寨、越南等地就有朝贡使臣由福州登陆,再经陆路转运至京都洛阳。三国时期226年,吴国派重臣朱应、康泰经福建前往扶南(今柬埔寨)和马来半岛等地,修复了从前的朝贡关系,[①]同时带去中国美食、器物、风俗、观念等,并和当地本土文化及其他外来文化不断碰撞与融合,使中国文化在柬埔寨传播并融入到社会各方面,特别是柬埔寨传统节日汇集了众多中国节俗,融入了许多中国文化元素。

(二) 中国节日文化在柬埔寨传播的原因

柬埔寨节日与中国节日有密切的渊源,中国文化元素融入柬埔寨节日文化中有下面三个原因:一是中国和柬埔寨文化都发起于历史悠久的农耕文明,具有相似的孕育节日文化的土壤。二是从公元1世纪,中柬两国就开始民心相通,文明互鉴。移居入柬的华人始终以中华文化为根基,不忘祖先的文脉,坚持传承和积极传播中华文化。三是中华优秀传统文化自身具有强大魅力和影响力,一直在东南亚文化体系中占主流地位,柬埔寨人在耳濡目染的过程中自愿吸收中国人的文化观念和习俗。

(三) 中国节日文化在柬埔寨传播的成果

柬埔寨传统节日里有很多中国文化元素。中柬传统节日有很多一样的文化产物,比如粽子、春卷、月饼等食物;龙舟、灯船、孔明灯、烟花、彩旗、神牛等器物。中柬也有很多相同节日文化风俗,比如装饰街道、穿新衣、放烟火、赛龙舟等。两国的传统节日主题中表现出的祭祀先祖、祛病消灾,祈求平安健康、团圆美满等文化观念是一致的。

二、 中柬两国节日的类别及特点

在中国一年中共有7个法定节日,共11天假期。中国传统节日分别是春节、清明节、端午节、中秋节,占比高达57%。传统节日时间依农历而定。中国法定节假日详见表1。

---

① 中华人民共和国成立前对外交往.(2010-11-25)[2021-10-20]. http://wb.fj.gov.cn/zwgk/ztzl/wsz/dwjw/201011/t20101125_725191.htm.

表1　中国法定节假日一览表

类　别	内　　容	假期（天数）	数量	占比	日期确定标准
国际节日	元旦、劳动节	1	2	29%	公历
国家节日	国庆节	3	1	14%	公历
传统节日	春节	3	4	57%	农历
	清明节、端午节、中秋节	1			

　　柬埔寨的节日由国际节日、国家节日、王室纪念日、传统节日组成，各类节日所占比例相对均衡。这符合该国的国家观念：民族、宗教、国王。柬埔寨共有 5 个传统节日，占比 33%。柬埔寨实行君主立宪制，国王是终身制国家元首，是国家统一和永存的象征，所以跟王室有关的节日占比 27%，仅次于排首位的传统节日。

　　为了吸引更多外资、提高生产效率，2020 年柬埔寨政府决定取消仇恨日、国际儿童节、人权节以及巴黎和平协定日，同时国王诞辰假期从 3 天减为 1 天。截至 2021 年，柬埔寨法定假日由 19 个缩减到 15 个，全年假期由 28 天缩短至 21 天。①柬埔寨法定节假日详见表 2。

表2　柬埔寨法定节假日一览表

类　别	内　　容	假期（天数）	数量	占比	日期确定标准
国际节日	元旦、妇女节、劳动节	1	3	20%	公历
国家节日	胜利日、立宪节、独立纪念日	1	3	20%	公历
王室节日	国王诞辰日、国母诞辰日	1	4	27%	公历
	国父登基日、国王登基日				
传统节日	比萨宝焦节、御耕节	1	5	33%	佛历
	柬埔寨新年、亡人节、送水节	3			

　　中柬两国法定节日都包含国际节日、国家节日和传统节日。前两类节日的时间都是按照公历确定。两国都是传统节日占比最高。柬埔寨传统节日时间依佛历而定，而中国传统节日时间是以农历为确定标准。最盛大的传统节日庆祝时间最长均持续 15 天。中国是春节，前 3 天为假期，柬埔寨是亡人节，后 3 天为

①　2021 年公共假期累计 21 天.（2020-08-27）［2021-2-20］. https://www. sohu. com/a/415203513_120256625.

假期。

三、 中柬两国传统节日文化习俗、产物、观念比较

(一) 辞旧迎新的节日：中国春节和柬埔寨新年

春节是中国最重要的传统节日。过春节时,从个人衣装、房屋装饰到街区活动都充满仪式感。人们要穿艳丽的新衣服,本命年还要穿红色的。在家里贴春联和福字、挂红灯笼,到屋外放鞭炮、舞龙舞狮等,以此来烘托节日热闹祥瑞的气氛。春节拜年和发红包是重要习俗,这是对长辈的尊重,对晚辈的关爱,也是对亲朋好友的祝福。

中国春节的文化产物非常丰富。很多春节物品都具有喜庆的特点,选用红色等鲜艳的色彩,选择圆形突出团圆主题,选择谐音寓意祈福的物品。特别是春节食品不仅比柬埔寨丰富得多,而且愿意借用食物名称的谐音来达到特定的祝福寓意。如鸡(吉)、鱼(余)、糕(高)、白菜(百财)。年夜饭菜肴最受欢迎的数目是十(十全十美)、八(发财)、六(顺利)。

随着生活水平提高,春节习俗越来越简化。人们追求用轻松愉悦的方式过春节。简化祭祖程序,追求健康饮食,外出旅行过节成为新时尚。中国春节文化详见表3。

表3　中国春节文化一览表

中国春节	活动内容	地点
文化习俗	扫尘、贴对联、吃团圆饭、看春晚、守岁、迎财神、拜年、玩扑克、打麻将、舞龙、舞狮、放鞭炮、看花灯	家里 街区
文化产物	饺子、年糕、鸡、鱼;春联、福字、红包;鞭炮、焰火、灯笼	
文化观念	辞旧、迎新、祭祖、团圆、祈福	
时间	农历一月初一到十五(公历1月末到2月初)	

佛教是柬埔寨的国教,信奉小乘佛教的国家皆以佛历释迦牟尼的诞辰日为一年之始,一般在公历四月中旬,这个季节稻谷已收割,雨季还未到,人们在庆祝丰收的喜悦中迎接新年。柬埔寨人要精心布置街道和寺庙。因为寺庙是主要活动场所,所以要精心打扫并装饰一新,搭建彩棚,挂起佛教的五色旗帜和白色的鳄鱼像旗帜。人人身穿节日盛装,佩戴各种首饰,携带香烛和鲜花,特别是象征

佛教的荷花和茉莉花,提上饭盒和水果一起前往寺庙祭祖和礼佛。柬埔寨国王也会在王宫举行隆重的新年浴佛仪式,用香水和供品敬拜佛像和祖先,祈祷佛祖保佑国泰民安。①新年习俗包含很多佛事,如清洗佛像、礼佛、斋僧、诵经、堆沙塔、浴佛、洒圣水、布施、放生等,以达到感恩、分享、行善积德的目的。

柬埔寨新年习俗充满了佛教色彩和传统特色。寺庙和民间都会举行各种庆祝活动,如泼水、唱歌、戏剧表演、烟火表演、跳高棉舞蹈、玩高棉游戏等热闹隆重的庆祝活动。柬埔寨新年文化详见表4。

表4 柬埔寨新年文化一览表

柬埔寨新年	活动内容	地点	参与人
文化习俗	扫尘、清洗佛像、守岁、辞岁、新岁、迎宋干女神	家里	家人
	打扫寺庙、搭建彩棚、挂佛教旗、祭祖、礼佛斋僧、堆沙塔、浴佛、布施诵经、放生、洒圣水	寺庙	僧人
	玩高棉游戏、跳高棉舞蹈、唱高棉歌曲、表演戏剧、放焰火	街区	家人
文化产物	肉馅春卷、五角星灯笼、五色旗、鳄鱼旗、荷花、茉莉花		
文化观念	祭祖、辞旧、迎新、祈福、行善、积德、分享		
时间	佛历5月13日释迦牟尼诞辰日(公历4月14—16日)		

柬埔寨新年和中国春节相同之处都有辞旧迎新之意,都重视祭祖、祈福。都很重视节日气氛,对主要活动场所进行扫尘、精心装饰,都有守岁和玩传统游戏的习俗。

不同之处在于以下几个方面。首先,中国春节突出"家人团圆"主题,以家为核心,祭祖、聚餐和庆祝一般都在家里进行,表现出"家和万事兴"的和谐理念。柬埔寨新年的主要活动场所在寺庙。突出"佛事"主题,以寺庙为中心祭祖、斋僧、布施、放生、诵经、聚餐等,体现出分享、行善的观念,民众在佛家思想的精神统领下表现出安于现状的平和心态。

其次,两个节日文化体现出两国的基本国情不同。中国春节迎财神,发红包,祈求平安、健康、长寿、升迁、发财等愿望。表现了追求财富、积极进取、希望家人团圆美满的观念,说明中国已步入经济飞速发展的辉煌时代。柬埔寨新年第一天要迎接"宋干女神",也叫"宋干节"。"宋干"是梵语的译音意为"求雨",②柬埔寨新年更重视祈求风调雨顺、农业丰收、国泰民安,说明柬埔寨还处于农业

---

① ② 柬埔寨新年—二十四节气.(2017-04-23)[2021-10-21].https://www.1mag.cn/3455.

的黄金时代。

第三,柬埔寨新年持续三天,守岁、辞岁、新岁。中国春节持续十五天,从正月初一到十五,在新年的第一个月圆之夜结束庆祝活动。

(二) 跟农业有关的节日:中国立春和柬埔寨御耕节

中国的立春有庆祝春耕开始和催耕的意义。立春自古就受到皇家重视,始于周代,流行于汉代,盛于唐宋。那时皇帝要携带家眷亲自扶犁,迎接芒神。用鞭子打春牛(土牛),也叫打春。明朝的春神和春牛移至郊外,但是京城内还是由皇宫委托顺天府组织完成仪式。直到清朝,仍然保留宫前"东设芒神,西设春牛"的习俗。清朝皇帝象征性鞭打三下再交给大臣鞭打,礼毕后"众役打焚",人们纷纷将春牛的碎片抢回家,视之为吉祥的象征。①这些习俗在中国山东、湖北等地仍然保留。只不过春官由当初的皇帝、官吏变成了现在的村官。中国立春文化详见表5。

表5 中国立春文化一览表

中国立春	活动内容	人员	地点
文化习俗	彩绘土牛、放鞭炮、迎春神、送春牛图	皇帝	村口
	男人鞭春:鞭打春牛、带土块回家	春官	
	女人戴春(用春燕、春蝶做头饰)	农民	家里
	老人、孩子咬春(吃春饼、春卷)		
文化产物	土牛、芒神、彩杖、柳条、红绿鞭、柳枝鞭、春牛图、春饼、春卷、春盘		
文化观念	催耕、祈福、春神崇拜		
时间	农历正月初一前后(公历2月3—5日)		

柬埔寨御耕节活动在毗邻王宫的王家田里举行。是由王室、官吏、僧人、农民共同参与完成的开耕仪式。"御耕王"是掌管天下农业的主神,古代由国王亲自担任,后来由王族和农业大臣等国家主要领导人充当。"麦霍"意为"南方之母",是播撒种子的仙女,由他们的夫人或女儿担任。这些习俗和中国古代如出一辙,一脉相承。

"神牛择食"能预测当年庄稼收成和灾祸,带有神灵崇拜色彩。如果神牛吃稻谷、青豆、玉米、芝麻就预兆丰收,吃得越多就收成越多。如果吃鲜草,预兆牲

---

① 立春时间2021年打春日期时间表.(2021-02-02)[2022-01-22].https://www.tianqi.com/news/286602.html.

畜将得瘟疫,庄稼歉收,甚至发生饥荒。神牛喝水预兆发生水灾,如果喝酒预兆发生战争,匪盗横行。①柬埔寨御耕节文化详见表6。

表6　柬埔寨御耕节文化一览表

柬埔寨御耕节	活动内容	参加人员	地点
文化习俗	物色神牛、祭土地神、祭火神	官吏	王家田
	游行	农民	(圣田)
	御耕王犁田、麦霍播种	王室	
	僧人洒圣水、祈祷	僧人	
	神牛择食	农民	
文化产物	王家田、祭拜圆亭、神牛、银盘		
文化观念	神灵崇拜、祈福丰收、预测灾祸		
时间	佛历6月下弦初四(公历5月)		

中柬这两个节日都跟农事有关,都举行春季开耕仪式,都包含激励农耕、预测年景、祈求风调雨顺、五谷丰登的寓意。

不同之处在于柬埔寨没有中国立春特有的春盘、春卷、春饼等象征性食物。虽然立春在中国古代是非常重要的节日,但是现在只是节气已经不是传统节日了。鞭牛的春官由皇帝变成官吏再到村官,说明对该节日的重视程度不断下降。这是中国由农耕社会转型到工业科技现代化国家的必然结果。柬埔寨御耕节是法定节日,颇受王室重视,源自中国古代的农耕仪式从未改变,一直由国王亲自主持仪式,王室成员和僧人都积极参与,说明农业在国民经济中仍旧占有重要地位。

(三) 祭奠先人的节日:中国的清明节和柬埔寨的亡人节

中国清明节起源于古代帝王将相"墓祭"之礼。扫墓之风始于西周,盛行于战国时代。秦汉时墓祭已成重要礼俗,到了唐玄宗时规定扫墓为"五礼"之一。②这是中国人"孝"文化、祖先崇拜和亲族意识的体现,表达出中国人对祖先的敬畏和感激之情,也有希望祖先庇护后人的祈愿。

冥节、寒食节、上巳节原本都是在清明前后,最终合并成清明节。所以这是一个寓意丰富、极富特色的节日,除了祭祀活动还保留了折柳、赏花、拔河、打秋千、放风筝、袚除畔浴、曲水流觞、郊外踏青等习俗。中国清明节文化详见表7。

---

① 御耕节—二十四节气.(2017-04-23)［2021-10-21］.https://www.1mag.cn/3456.

② 胡书玲:《中国古代墓祭及扫墓礼俗考述》,《山西档案》2012年第4期,第91—93页。

表 7　中国清明节文化一览表

中国清明节	活动内容	地点
文化习俗	扫墓、烧纸、供奉食物	墓地
	踏青、郊游、插柳、野餐、荡秋千、踢足球、拔河	郊外
文化产物	冥币、菊花、青团	
文化观念	追思祭祖、祛病消灾、迎春踏青、放松身心	
时间	公历 4 月 5 日	

亡人节是柬埔寨最重要、持续时间最长、祭奠亡者的传统节日。对于纯正的高棉民族来说,亲人逝后并不葬入坟墓,而是把骨灰寄存在寺庙的灵灰塔。每到亡人节,第 1—13 天柬埔寨人都要去寺庙祭拜祖先、追思亡灵,听僧人诵经、斋僧、布施。布施的寺庙越多,功德越大。而王室举行的亡人节仪式更加隆重,要请高僧诵经,超度亡灵,祈求保佑。①与柬埔寨人不同的是华人会在家门附近焚烧纸房、纸车、冥币等来告慰亡灵。

亡人节家人无论远近都会团聚在一起祭拜祖先。柬埔寨语"普聚姆"意为团聚,"普聚姆奔"意为团聚时食用的饭团,②既是供奉先人和亡灵的,也是斋僧的。祭祀食物非常丰富,有七种之多,包含源自法国的食品烤乳猪,在第 14 天要包长条形粽子,这是源自中国端午节的食物。节日里盛放食物的器具有香蕉船和银盘等多种。

随着三世纪柬埔寨华人移民不断增多,远离故土的柬埔寨华人世代传承中国清明节和中元节祭祖的习俗,把这两个节日看得和春节一样重要,全家人设法团聚,摆上丰富的祭品,点燃佛香和蜡烛,祭拜祖先后一同进餐,这成为柬埔寨亡人节的固定习俗。亡人节文化详见表 8。

表 8　柬埔寨亡人节文化一览表

亡人节	时间	活动内容	参加人员	地点
文化习俗	第 1—13 天	祭拜祖先、斋僧、布施	家人	寺庙
		诵经招魂、祷告、超度亡灵	僧人	
		行合十礼听诵经、树下聚餐	家人	
	第 14 天	包粽子、聚餐	家人	
	第 15 天	放食物船送鬼	家里	河边
		布施		寺庙

---

① 祭亡者柬埔寨有三个节日.(2019-04-08)[2021-12-05].https://m.sohu.com/a/306472604_162522.
② 亡人节—二十四节气.(2017-04-23)[2021-10-21].http://www.1mag.cn/3457.

亡人节	时间	活动内容	参加人员	地点
文化产物	冥币、佛香;烤乳猪、烤鸡、烤鸭、祭祀蛋糕、法棍、糯米饭团、长条形粽子、银盘、香蕉树叶船			
文化观念	祭拜亡灵、超度亡灵、祈求保佑;布施斋僧、积福报			
时间	佛历 10 月下弦初一到十五			

柬埔寨亡人节和中国清明节相同之处都有悼念亡魂、追思祭祖、祈求保佑的意义,都有给亡灵供奉丰富食物、举行祭拜仪式后家人聚餐的习俗。

两国祭祖场所不同。由于中柬两国丧葬习俗不同,所以中国清明节是到墓地焚烧冥币和供奉食物,柬埔寨亡人节是到寺庙祭祀、斋僧、布施和诵经。亡人节具有浓郁的佛教色彩,按照佛教的仪式举行。清明节的内涵远大于亡人节,既有追思的感伤,又有赏春的欢乐,即是节日也是节气。

(四) 祈福消灾的节日:中国端午节、中秋节和柬埔寨送水节

中国端午节源于自然天象崇拜,由上古时代祭龙演变而来,龙及龙舟文化始终贯穿在端午节的传承历史中。后来加入了纪念战国时期楚国爱国诗人屈原的活动,最终形成一个集拜神祭祖、祈福辟邪、欢庆娱乐为一体的民俗大节。中秋节是由上古时代的天象崇拜演变为祭月、拜月、颂月,以月圆兆示人之团圆,寄托思念家乡和亲人,期盼丰收和幸福的情感。中国端午节和中秋节文化详见表9。

表9 中国端午节和中秋节文化一览表

	中国端午节	中国中秋节
文化习俗	划龙舟、插艾蒿、包粽子、戴五彩线、喝雄黄酒	祭月、拜月、赏月、咏月、家人团聚
文化产物	龙舟、艾蒿、五彩线、雄黄酒、粽子、屈原精神	月饼、桂花酒、月亮意象、嫦娥奔月传说
文化观念	消灾、祈福、爱国	拜月、团圆、思乡
时间	农历五月初五	农历八月十五

在柬埔寨除了新年有泼水习俗之外,还有一个跟水有关的民族传统节日——送水节,也叫龙舟节。在雨季结束,进入旱季,河水消退,正值稻谷成熟,可以大量捕鱼的丰收时节,为了感谢洞里萨河、湄公河养育之恩,人们举行隆重的送水仪式。①送水节是为了庆祝丰收、表达感恩、消灾祈福。柬埔寨送水节文

---

① 送水节—二十四节气.(2017-04-23)[2021-10-21].https://www.1mag.cn/3458.

化详见表10。

表10 柬埔寨送水节文化一览表

送水节/龙舟节		活动内容	地点
文化习俗		节前:打扫和装饰房屋、搭观台和浮宫	河边
		第一天:龙舟赛、穿新衣、放河灯、游灯船	河边
		第二天:龙舟赛、放河灯、吃扁米	河边
		第三天:放河灯、游灯船、放孔明灯、放焰火(节日高潮)	河边
		拜月祈福、吃扁米	家里
文化产物		龙舟、灯船、水灯、蜡烛、烟火;蕉叶糯米团、扁米、粽子、月饼、木薯汤、甘蔗水	
文化观念		庆祝丰收、消灾祛病、祈福、感恩	
时间		佛历12月月圆之时(2021年公历11月13~15日)	

柬埔寨送水节与中国端午节、中秋节有一些相似节俗。首先,都有消灾祛病、祈福的心愿。柬埔寨人首先拜月祷告,再把放着糯米团的水灯放入河中,默默祈祷河水冲走病魔和灾难,带来安康和幸福。中国人在端午节后第一场雨中把五彩线摘下扔掉,让雨水冲走疾病和灾难。

其次,有相同的文化产物和习俗。都把粽子和月饼作为节日食物,送水节包含了中国端午节划龙舟、游灯船、放水灯、放焰火、放孔明灯、吃粽子的习俗和中秋节拜月、吃月饼的习俗。

不同之处表现在以下三个方面:首先,文化产物的主要区别体现在食物细节上。中国的粽子有长方粽、四角粽、三角粽、牛角粽、塔形粽等多种形状,蘸料是糖。柬埔寨粽子外形为长条形,馅料也变成香蕉、猪肉等,一般会搭配当地特有蘸料食用。柬埔寨的月饼比国内的月饼甜得多。柬埔寨的送水节有独特的传统食物,由糯米炒熟后舂扁制成香脆可口的扁米,用蕉叶包着的糯米团。中国端午节有艾蒿和五彩线等独特的文化产物。

其次,柬埔寨送水节突出庆祝丰收、感恩的主题。中国端午节为纪念屈原,厚植爱国精神和家国情怀。中秋节是庆祝家人团圆,无法团聚的人则要表达思念亲人和家乡之情。在节日里柬埔寨人拜月祷告、祈盼丰收,中国人则共赏一轮月,天涯共此时,借助明月千里寄相思。柬埔寨人在节日里始终充满对富足生活的期盼和感恩,中国的节日则开始注重心灵的慰藉和承载精神的寄托。

第三,柬埔寨送水节还表现出一些等级差别。王室的船上摆放祭品、国徽和彩灯。百姓的河灯上摆放着蕉叶包裹的糯米团和蜡烛。而中国的节日中全民共情,并未体现出等级观念。

四、 中国节日文化在柬埔寨传播的未来趋势

(一) 中柬两国传统节日发展变化

中柬两国节日文化随着各自国家发展而不断变化。柬埔寨以佛教为国教,是一个王权至上在国王领导下的君主立宪制国家,也是一个以农业为主工业薄弱的发展中国家。佛教文化、王室文化、农耕文明是对柬埔寨节日产生重要影响的三大元素。因为受到佛家文化的影响,节日里的柬埔寨人心态平和、乐善好施,充满感恩之情。而王室文化的影响使柬埔寨节日蒙上了等级色彩。柬埔寨节日文化与国民经济特点以及发展阶段息息相关,农耕文明的主流地位从未改变,很多中国古老的农耕习俗仍完整的保留在柬埔寨节日习俗里。随着西方近现代崛起,柬埔寨不断受到西方文化的冲击,柬埔寨在保留中国传统文化的同时,也在不断吸纳西方文化元素,中国文化对柬埔寨的主流影响地位受到挑战。

随着中国由农业大国向农工商全面发展的现代化国家迈进,工商业和手工业迅速发展,国家的科技水平显著提高,人们生活和工作方式都在改变,也推动着节日文化的变化。中国传统节日主题突出团圆,其次是祭祖,而拜神、庆丰收的意义渐行渐远。节日饮食趋于简单和健康。拜年的手段也越来越现代化了,由传统的贺卡拜年、当面拜年,变成通过电话、短信、微信等新式手段拜年,增加了旅游等节日风尚。随着农耕文明的影响力逐步减弱,节日的祈福的内容已经摆脱了庆祝丰收、丰衣足食的狭域,而是追求生活的幸福感、地位的提升、精神的愉悦和精神寄托等更大范畴。

(二) 巩固中国节日文化在柬埔寨传播成果的策略

中国节日文化在柬埔寨的传播和融入是历史发展的必然结果。但是随着全球一体化带来的多元文化输入,柬埔寨不断受到西方文化的冲击,给我们继续传播中华文化和巩固已有成果带来诸多挑战。2006 年 5 月 20 日,国务院将中国六大传统节日列入首批《国家级非物质文化遗产名录》,彰显了传播中国传统节日文化的时代价值和现代意义,这是全球华人保持民族文化认同感和提升文化自信的有效路径。我们应该深入挖掘节日文化内涵,坚守节日文化仪式,拓宽节

日活动传播方式,不断推陈出新,①因时因地采取与时俱进的适宜策略。

首先,通过在柬埔寨的华人华侨传播中国节日文化。中国政府加大力度保护和提高华人地位,资助建设中国城和中国文化中心,维护中国在海外的良好形象。其次,通过商贸和文化往来,搭建中柬文化交流桥梁,出口更多更好的中国节日商品和节日文化。第三,利用先进的网络技术和媒体传播手段,拍摄中柬节日文化短视频在中外网络平台的官媒和自媒体传播,讲好中柬节日和文化交流故事。第四,通过国际中文教育平台,比较中柬节日特点,在语言教学中融入节日文化素材。

结语

中国节日文化中体现的"孝"文化、"家"文化、"和"文化以及农耕文化、祈福文化深刻影响东南亚国家文化内涵和演变。从柬埔寨传统节日文化中我们看到很多中国节日的文化产物、文化习俗和文化观念的影子。同时柬埔寨的佛教文化和王室文化也深刻影响其传统节日,赋予了节日的宗教色彩和等级观念。我们应该对中华文化充满自信,共同肩负起开拓文化传播路径,深化文化传播成果的时代使命。借助华人华侨力量,加强中柬贸易文化交流,利用网络技术、现代传播手段和国际中文教育平台,打开文化先行之路,提升国家软实力,扩大国际影响力,弘扬优秀中华文化,使其与世界各国文明互鉴,在构建人类命运共同体中发挥更大作用。

作者简介: 李依鸿(2002—　　)男,锡伯族,吉林大学马克思主义学院。

Research on the Spread and Integration of Chinese Festival Culture in Cambodia
Li Yihong
(School of Marxism, Jilin University, Changchun 130012, China)

Absrtact: China and Cambodia have a long history of cultural exchanges, the spread and integration of Chinese culture has a far-reaching impact on Cambodia. By comparing four groups of Chinese and Cambodian traditional festivals

---

① 陈琳:《对中华传统节日文化传承与创新的思考》,《汉字文化》2022 年第 6 期,第 161—163 页。

from the perspectives of cultural products, cultural customs and cultural concepts, this paper draws the following conclusions: the Cambodian traditional festivals still retain many features of Chinese agricultural festivals, at the same time, it was also deeply influenced by Buddhist culture and royal culture, and was endowed with religious color and hierarchical concept. In the post-epidemic era, we should continue to consolidate the spread of Chinese culture in Cambodia by making use of Chinese heritage, commercial and cultural exchanges, modern means of communication, and international Chinese education, and open the way for culture to go first, we will enhance our country's soft power and expand its international influence.

Keywords: China; Cambodia; Traditional festivals; Cultural comparison; Communication strategy

国际中文教学研究

主持人语

李　挺

习近平总书记号召我们"要立足中国大地，讲好中国故事，塑造更多为世界所认知的中华文化形象，努力展示一个生动、立体的中国。"在中文教育的同时进行中华文化教育，加强我国国际传播能力，增强中国在国际上的影响力。面对新时代国际中文教育的新形势新要求，作为国际中文教育工作者，我们承担着满足世界大众学习中文迫切需求的任务，承担着讲好中国故事的责任，承担着展示生动、立体的中国形象的特殊历史使命。列宁曾说："理论在变为实践的过程中，理论由实践赋予活力，由实践来修正，由实践来检验。"而国际中文教学的课堂正是我们践行"讲好中国故事"新理念的重要园地。

由此，本专栏本着求实、求真、求是的态度，从国际中文真实的教学课堂入手，以专业的学术理论为指导，以前沿的分析技术为手段，多角度、多维度地对课堂教学进行分析与研究，力求为国际中文教育工作者提供值得参考的优秀教学范式，引发研究者更细致、深入地思考，从而塑造出更高效、更丰满、更具活力的课堂。

本期本专栏收录三篇文章。刘运同的《教学录像分析在国际中文教育硕士培养中的作用》另辟蹊径，利用会话分析的方法对汉语师资培训进行探索，详细说明如何利用教学录像分析的方法在师资培训的三个重要环节中提升汉语教师的课堂观察和分析能力。并通过细致入微的观察分析展现了课堂录像方式的三大优势：(1)教学录像作为观察教学和记录教学的工具具有高度的保真性；(2)教学录像作为观察和分析教学的证据可以呈现给多种使用者，具有公共性；(3)会话分析路向的教学课堂录像分析可以传授给专硕生以专业发展之"渔"。冯雨霞、单韵鸣的《对外汉语课堂师生交际个案观察研究》从跨文化交际的视角观察对外汉语课堂个案，围绕课堂物理环境、课堂管理、师生关系、教师角色四个维度,对师生在三门不同类型课程中的交际行为进行观察,发现所观察的汉语课堂是"融合式教学"课堂,兼具中西方教育的特点,但中式教育仍然是课堂教学的内核。师生交际具有"集体主义、不确定性回避程度高、权力距离缩小、低语境"的文化特征。这些文化特征与 Hall"高语境和低语境文化"及 Hofstede"文化维度"理论的类型分类不完全一致,由此对该现象进行了原因分析并提出了对外汉语教学优化的建议。研究所得为跨文化理论应用和对外汉语课堂教学优化等具有较大的指导价值。王丽薇、吴成年的《中国当代文学海外传播和教学方法探析——以麦家〈解密〉为例》,选取近十年中国当代文学域外传播的大热门——麦家的小说《解密》为研究对象,在国际中文教育视域下对《解密》在海外传播及教学的必要性进行分析,探寻中国当代文学海外传播的限域,并提出具体的教学方法与传播模式,为推进中国故事"走出去"和实现中国"文学梦"提供了理想的参考案例。

本期本专栏的三篇文章,对国际中文教育一线课堂既有直观的呈现与深入的分析,也有跨文化视角下的多角度观察;还有对中华文化海外传播及教学方式深刻的剖析与思考。国际中文教学课堂是一个立体、丰满的实践园地,研究的宽度、维度和深度,还可挖掘。本专栏的三篇文章,希望学界同仁给予关注与评论,也希望更多的学者加入到我们的研究探讨中来。

教学录像分析在国际中文教育硕士培养中的作用

刘运同

摘　要：本文报告我们利用会话分析(Conversation Analysis)的方法进行汉语师资培训的探索，详细说明教学录像分析在师资培训的三个重要的环节中如何用来提升汉语教师的课堂观察和分析能力。我们的教学实践表明，教学录像分析对汉语教师的实践能力培养具有十分重要的促进作用，理应成为汉语师资教育项目当中一个重要的组成成分。

关键词：汉语师资培养；课堂教学；录像分析；会话分析

一、引言

设立国际中文教育硕士专业学位的目的是培养具有多方面教学能力的专业人才。为了这一目标的实现，除了系统学习汉语作为第二语言的学习和教学理论，教学实践环节也是十分重要的。教学实践环节包括课堂观察和教学实习等不同内容，目的都是帮助专业学位硕士生(以下简称专硕生)把理论和实践联系起来，在实践中提高自身的教学能力。国内各个培养院系都进行了不少有益的探索，如刘芳芳(2009)提出"知识——技能——能力"模式及其实际操作步骤：理论建构——案例学习——微格教学——模拟课堂①；黄露阳(2012)认为，汉教硕士在读期间的教学能力培养重点是其教学认知能力和教学操作能力两大方面，并提出"课堂教学设计——说课——微格教学"三步走的模式②；林秀琴(2012)尝试整合多门与教学技能训练有关的课程，使之成为一个多位一体的"教学实

---

① 刘芳芳，汉语国际教育硕士教学技能训练模式探索，《国际汉语教育》2009年第1期，第14—21页。
② 黄露阳，汉语国际教育硕士教学能力培养刍议，《教法研究》2012年第3期，第43—44页。

训"课程体系①,等等。本文主要报告同济大学国际文化交流学院在教学实践环节所做的一些探索,即对教学录像的利用。

二、 会话分析路向的教学录像分析

把教学录像应用于教师培训并不是一件新事物,也不是我们第一个提出来。例如张海静(2013)根据自己对专硕生课堂观察的现状的研究提出专硕生的课堂观摩应当做到定性观察与定量观察相结合,"全景式"与"聚焦式"课堂观摩相结合,真实课堂观摩与录像观摩相结合②;刘若云、林柱(2009)也建议采用观摩教学录像的方式来提高专硕生的教学能力③。我们认为,课堂录像观察或研究固然可以克服传统观察记录的一些缺陷,如记录不全、不准等,但是研究生在观察实际教学时所面临的困难在观察教学录像时依然是存在的。除了通过录音录像把课堂教学的证据固定下来,我们还需要教会学生分析课堂教学的系统方法,教会学生如何分析课堂教学活动,从课堂教学中获得丰富而真实的材料,用来理解、描述和分析课堂教学的规律,促进自己的专业技能的发展。

我们提倡的观察和分析课堂教学的方法被称为会话分析路向的课堂观察与分析。我们的主要目的就是把会话分析引入到汉语国际教育专业硕士研究生的实践教学环节之中,用来帮助学生提高课堂观察与分析的能力。在汉语国际教育专业学位研究生培养过程中,会话分析路向的观察与分析方法主要应用于三个环节:(1)全体学生的教学录像观察;(2)指导教师利用教学录像帮助学生改善教学;(3)利用课堂教学录像进行课堂教学研究(包括毕业论文写作)。下面分别加以详细说明。

三、 面向全体学生的教学录像观察

面向全体学生的教学录像观察首先是为了让学生体会和了解录像观察的优

---

① 林秀琴,《汉语国际教育硕士教学能力培养问题探讨》,《黑龙江高教研究》2012 年第 12 期,第 109—111 页。

② 张海静,《汉语国际教育硕士生课堂观摩能力研究》——以广外汉语国际教育硕士研究生为例,2013 年,广东外语外贸大学硕士论文。

③ 刘若云、林柱,《汉语课堂教学录像与汉语国际教育硕士的培养》,《沈阳师范大学学报》(社会科学版)2009 年第 4 期,第 124—126 页。

势,通过互相讨论来理解课堂教学的复杂性。下面以我们给专硕生上过的一堂教学录像分析课为例来说明教学录像分析的过程和方法。观看的教学录像来自北京语言大学电子音像出版社 2007 年出版的《汉语课堂教学示范(语法篇)》[1]。该课的教学重点是"把"字句,主讲教师使用各种教学手段帮助学生学习"把"字句的用法。

我们首先让学生观看一遍剪辑过的一小段录像(大约 10 分钟),在这个过程中要求学生像平时听课时一样做好记录。但是对记录什么没有做要求,学生可以自己选择记录下自己感兴趣的一些观感或想法。课后收集的学生听课记录显示,学生的记录各式各样,有的寥寥数语,有的写满了一页纸。关注的问题也五花八门,有一位学生甚至注意到"从口音看老师应该是北方人(儿化音)";一个学生评论说教师经常问"懂了吗无意义";一个学生发现上课的"学生女生居多"等等。然后请学生发言,把自己的看法跟大家交流。

之后是第二次观看录像。在这个小片段中,有一个细节引起了我们的注意,那就是"了"的使用。在片段一中,我们看到,老师(T)[2]首先示范如何说"把"字句,然后请学生重复。我们发现,在进行重复练习时,三个学生中只有一个学生(S4)说出的句子跟老师要求的句子一致,另外两个学生(S3 和 S5)的句子在句子末尾都缺了"了",但是教师的反馈都是一样的,"嗯很好"。

(1)(《汉语课堂教学示范(语法篇)》片段一)

T   这个句子应该怎么说呢?听,啊,应该是这样啊,老师把这瓶鲜花放在妮娜桌子上了。懂吗?

S1   懂了。

S2   "把"是什么什么词语老师?

T   啊一会儿老师讲,先跟我说这个句子啊,老师把这瓶鲜花放在妮娜桌子上了。

S   (一起重复)

T   (用手示意一个学生重复)

S3→   老师把这瓶鲜花放在妮娜桌子上。

---

① 杨楠、彭志平、刘希明等,汉语课堂教学示范(语法篇)。2007,北京:北京语言大学电子音像出版社。

② 转写中的符号及其意义:T:教师;S:学生;S1:学生 1;SA:全体学生;SG1:第一组学生;SG2:第二组学生。→:放置在特定语句之后表示讨论的关注点。

T	嗯很好。
T	（用手示意一个学生重复）
S4	老师把这瓶花放在妮娜的桌子上了。
T	嗯很好。
T	（用手示意一个学生重复）
S5→	老师把这瓶花放在我的桌子上。
T	嗯很好。

之后教师教学生在"把"字句中如何使用"没"进行否定。有意思的是,在分组练习时,两个小组的学生都在否定句时在句末加上了"了",教师对此未加注意,也未及时加以纠正。

（2）（《汉语课堂教学示范（语法篇）》片段二）

T	跟老师说,否定时用"没",老师没把这瓶鲜花放在妮娜桌子上。
	（示意学生一起重复）
S	（一起重复）
T	好,再来一遍。
S	（一起重复）（至少一个学生说:老师没把这瓶鲜花放在妮娜桌子上了）
T	好,你们六个。
SG1→	老师没把这瓶鲜花放在妮娜桌子上了。
T	这边。
SG2→	老师没把这瓶鲜花放在妮娜桌子上了。
T	对了,这就对了。啊就是说有"没"的时候放在"把"的前边,啊放在"把"的前边,啊。

在否定练习即将结束时,一个学生终于有机会进行提问,即在使用否定的"把"字句时,句末要不要使用"了"（这其实也是我们注意到这一细节的一个原因）。教师跟学生进行互动,并回答了学生的问题。虽然严格说来教师的回答并不完美,但在这个特定的环境下也算顺利完成任务。

（3）（《汉语课堂教学示范（语法篇）》片段三）

S2　老师啊用"没",老师没把这瓶鲜花放在妮娜桌子上,"了"要还是不要?

T　你说要不要啊?

SA　不要。

T　不要,对。有"了"就不能用"没",有"没"就不能用"了","了"和"没"跟水和火一样,能在一起吗?

SA　不能。

T　对,不能在一起,啊不能在一起。

在学生写的观察记录中只有两个学生注意到了学生在跟老师重复否定句时使用了"了",但老师没有纠正。在第二遍播放录像时我们按照上述三个片段顺序来进行播放,并进行重复播放,同时配合出现我们对三个小片段所做的转写记录。这时学生才发现,教师不仅在学生否定句带"了"时没有纠正,在肯定句未带"了"时也没有进行处理。直到一名学生对此进行提问,这个问题才浮出水面。

通过多次类似的练习,我们的目的是让学生认识到,利用录像进行课堂观察具有真实课堂观察不具备的优点。它们是:(1)通过录像分析可以获得一般听课无法获得的信息。在学生的听课记录中所有的学生都没有记录教师或者学生使用的语句,而主要记录教学的流程。通过录像的暂停以及转写,可以帮助学生关注普通听课模式没有注意或者无法及时记录的细节。(2)记录的信息可以反复利用,可以提供给其他学习者或者研究者;(3)录像分析可以帮助学生收集一些有用的资料,用于将来的毕业论文写作。

四、　指导教师利用教学录像帮助学生改善教学

专硕生的指导教师担负着重要的职责,在教学实践环节帮助专硕生提高教学能力,特别是对有机会担任一部分教学任务的专硕生来说。我们的做法是要求专硕生录制一部分自己上课的录像,跟指导老师一起进行讨论,发现不足,进行改进。以一位专硕生的"V着"教学为例,通过观察该生的课堂教学录像,指导教师发现,在一节课里该生同时教授了三种"V着"的句型:

a) S+V+着

例句:老师站着。/门开着。

b) S+V+着+O(+呢)

我们上着课呢。/她正听着音乐呢。

c) S+V+着(+NM)+O

例句:姚明穿着一件运动服。/玛丽戴着一副眼镜。

并且在完成该生设计的练习后,有一个学生向老师提出了一个问题,"穿着衣服"和"正在穿着衣服"一样不一样,下面是老师的回答:

(4)(Wang 的"V 着"教学录像)

T　嗯他正在—他们正—他们正在穿着衣服呢。

　　啊等一下,

　　这位同学有问题啊,

　　这位同学有问题。

　　说,可不可以说,

　　他正在穿着衣服呢?

　　可以,可以,

　　但是,和"穿着"不一样。

　　(拿着一件衣服走向讲台。)

　　如果老师现在正在穿衣服呢,

　　是"正在穿着",

　　动作正在穿。

　　但是现在老师穿好了

　　(把拿着的衣服放下,提自己身上的衣服,)

　　穿着,嗯穿着,穿着衣服,

　　不一样。

在录像讨论时,我们向该生提出了一个问题,为什么在一节课里同时教授三种句型？如果是第一次教学应该教授哪个句型？是否由于这样的教学设计导致学生无法正确理解句型 b 和句型 c 之间的区别。这样的讨论引导学生去学习专家有关"V 着"的分析，去分析相关的教材的处理方式，帮助他进一步明确教学的内容及顺序，甚至包括设计的练习方式。我们发现，这样的指导方式具有一些明显的优势，那就是(1)真实的镜子；(2)师生交流的媒介；(3)反思的具体对象。具体而言，教学录像为专硕生提供了观察自己教学的真实镜子，让他们能够真切地了解自己教学的实际情况，为进一步的讨论及改进提供了一个基础。也就是说，专硕生只有自己发现了自己的不足，才能产生认真改进的动力。此外，录像及讨论还为师生自己的交流提供了一个平台，教师和学生针对具体的问题进行分析，提出改进方法，而不是抽象地讨论一些理论或问题。对学生而言，教学录像及讨论为他的教学反思提供了真实而具体的对象，使得反思活动更有针对性和操作性。

五、 利用课堂教学录像完成毕业论文写作

在学习了利用录像方式记录课堂交互活动，学习和分析课堂教学过程的方法之后，有许多专硕生尝试利用这个方法来研究课堂教学中的各种问题，顺利完成了自己的毕业论文。例如 2018 级的专硕生叶智媛同学在作者的指导下完成了毕业论文《西班牙中学汉语老师课堂语码转换的个案研究——以阿莱纳斯中学为例》。该论文利用她在西班牙充当志愿者的机会，对教师的教学进行录音[①]，收集了约七个多小时的录音，共获得四万七千多字的语料。根据这些真实的课堂活动录音，叶智媛分析了海外汉语课堂上三语(汉语、西班牙语、英语)环境下教师的语码转换实践和规律。在真实的课堂环境下，教师根据三种语言的不同功能来达成不同的教学目标。通过这项研究，叶智媛发现，课堂上教师的语码转换远比我们想象的复杂，这对在海外从事教学的志愿者或者教师也提出了更高的要求。她认为，"语码转换作为一种辅助工具，是海外汉语教学中重要的教学手段之一，汉语老师应该根据教学对象、教学环境和自身的语言能力等，适时适量适度地使用语码转换，并始终保有帮助学生营造目标语学习环境的意识，

---

① 在海外进行课堂研究时一定要注意研究的伦理问题。对课堂进行研究需要得到校方和学生(年纪小的学生还需得到学生家长)的许可才可以进行录音或录像。叶智媛的研究采用录音的方法就是因为录像需要得到许可，因此本文所指的录像原则上包括录音。

这是汉语老师应该具备的教学技能"①。

通过这个个例我们想说明,如果专硕生能把目光转向课堂,去收集和记录真实的课堂交流活动,从中发现研究的问题,就可以写出有价值的论文。这种做法也许可以为因无法找到合适的题目完成毕业论文的专硕生带来一些启发。

六、 简短的小结

通过会话分析路向的教学录像分析及研讨可以让学生熟悉、理解课堂教学活动是如何一点一点地展开和发展的,同时也可以准确理解和学习一个个教学技能;而目前广泛采用的听课记录(加研讨)的方式由于缺乏对课堂观察的真实而准确的记录则效果大打折扣。除此之外,会话分析路向的观察和分析方法将会用于对学生的专业指导以及论文指导上面,这方面的工作我们也正在进行当中。

我们提出的课堂录像使用方式具有如下三个优势:(1)教学录像作为观察教学和记录教学的工具具有高度的保真性;(2)教学录像作为观察和分析教学的证据可以呈现给多种使用者,具有公共性;(3)会话分析路向的教学课堂录像分析可以传授给专硕生以专业发展之"渔"。

参考文献

［1］刘芳芳.汉语国际教育硕士教学技能训练模式探索.国际汉语教育,2009(1):14—21.

［2］黄露阳.汉语国际教育硕士教学能力培养刍议.教法研究,2012(3):43—44.

［3］林秀琴.汉语国际教育硕士教学能力培养问题探讨.黑龙江高教研究,2012(12):109—111.

［4］张海静.汉语国际教育硕士生课堂观摩能力研究——以广外汉语国际教育硕士研究生为例.2013,广东外语外贸大学硕士论文.

---

① 叶智媛,西班牙中学汉语老师课堂语码转换的个案研究——以阿莱纳斯中学为例。2018 年,同济大学硕士论文,第 58 页。此文经过修改,已于 2022 年在《Chinese as a Second Language Research》(第 11 卷第 1 期)上发表,第 117—146 页。

［5］刘若云,林柱.汉语课堂教学录像与汉语国际教育硕士的培养.沈阳师范大学学报(社会科学版),2009(4):124—126.

［6］杨楠,彭志平,刘希明,等.汉语课堂教学示范(语法篇).2007,北京:北京语言大学电子音像出版社.

［7］叶智媛.西班牙中学汉语老师课堂语码转换的个案研究——以阿莱纳斯中学为例.2018,同济大学硕士论文:58.

作者简介:刘运同,同济大学国际文化交流学院教授,研究方向包括汉语作为第二语言教学及会话分析。

The application of Classroom Video in Chinese teacher education

Abstract: There are a considerable body of Conversation Analysis(CA) studies on interactional practices of classroom talk and leaning and knowledge transmission through talk, but there are a few concerns and studies of application of CA in language teacher education at present. This paper reports an improvement effort related to the application of CA(especially its analytical method) in Chinese language teacher education in our college. Our main purpose is to equip prospective teachers with a rigor and systematic tool to observe and analyze classroom interaction. This conversation analytic approach is applied to three broad areas: teaching video watching by the whole class, one-to-one tutoring, and thesis writing. For each area, a case study is provided to illustrate the procedure and effectiveness of this approach. The results indicate that applying CA to Chinese language teacher education plays great effects on the improvement of prospective teachers' classroom observing and analyzing capability and long-term professional development.

Keywords: Chinese Language Teacher Education; Classroom Observation/Research; Video Analysis; Conversation Analysis

对外汉语课堂师生交际个案观察研究

冯雨霞　单韵鸣(通讯作者)

摘　要: 选取广东省某高校汉语专业本科大三某个班级,围绕课堂物理环境、课堂管理、师生关系、教师角色四个维度,对师生在三门不同类型课程中的交际行为进行观察,发现本文观察的汉语课堂是"融合式教学"课堂,兼具中西方教育的特点,但中式教育仍然是课堂教学的内核。师生交际具有"集体主义、不确定性回避程度高、权力距离缩小、低语境"的文化特征。这些文化特征与霍尔(Hall)"高语境和低语境文化"及霍夫斯泰德(Hofstede)"文化维度"理论的类型分类不完全一致,本文分析了原因并提出了对外汉语教学优化的建议。

关键词: 师生交际;融合式教学;文化特征;课堂观察

一、 引言

国际中文教育发展至今,经历了教学理念的变革。在教学理念的分类上,国内外学者普遍围绕"教师中心"和"学生中心"展开。以罗伯特·巴尔(Robert B. Barr)和约翰·塔格(John Tagg)[①]为代表,全球范围内大批高校开展了"以学生为中心"的教学改革,对外汉语教学也不例外。在提倡"三教改革"的大背景下,积极研究对外汉语课堂一线教学,对探索更多行之有效的教学方法大有益处。

---

① Robert B. Barr, John Tagg. "From Teaching to Learning — A New Paradigm for Undergraduate Education." *Change* 27, no.6(1995).

对外汉语教学研究主要围绕"三教"展开(如赵金铭①,崔希亮②,单韵鸣③,李彤④,陆俭明⑤等),留学生汉语学习偏误及习得也是高频热点(如辛平⑥,邢红兵⑦,周小兵、邓小宁⑧,单韵鸣、安然⑨等)。这些成果大大推进了汉语教学研究。在全球化背景下,越来越多学者意识到培养学生跨文化交际能力在二语教学中的重要性。20世纪90年代,拜拉姆(Byram)明确提出培养跨文化交际能力是二语教学的主要目标⑩。此观点得到国内学者的认同(如毕继万⑪,李泉⑫,秦希贞⑬等),汉语学习者只有提高跨文化交际能力才能深入理解和掌握汉语言的内涵和运用技能⑭。对外汉语课堂因其教学对象国别的多样化,是典型的跨文化交际场域,实质是基于课堂教学而进行的一系列师生跨文化交际行为。然而,从跨文化交际的视角研究课堂师生交际行为特征、课堂教学所呈现的文化特点、以及对教学的影响等问题还非常少见,很值得关注和重视。

本研究通过课堂个案观察,综合定性、定量分析,在跨文化交际的视角下对课堂教学进行实证研究,着眼于师生跨文化交际行为,并突出文化层面的分析。本文研究主要解决以下四个问题:第一,结合观察维度,观察分析师生课堂交际⑮的表现特征。第二,从师生交际行为探析对外汉语课堂的教学特点。第三,运用跨文

① 赵金铭.《汉语作为第二语言教学语法:格局+碎片化》[J].《语言教学与研究》,2018(02):1—10.
② 崔希亮.《汉语国际教育"三教"问题的核心与基础》[J].《世界汉语教学》,2010,24(01):73—81.
③ 单韵鸣.《专门用途汉语教材的编写问题——以《科技汉语阅读教程》系列教材为例[J].《暨南大学华文学院学报》,2008(02):31—37.
④ 李彤.《近十年对外汉语词汇教学研究中的三大11流派》[J].《语言文字应用》,2005(S1):9—11.
⑤ 陆俭明.《"对外汉语教学"中的语法教学》[J].《语言教学与研究》,2000(3):8.
⑥ 辛平.《对11篇留学生汉语作文中偏误的统计分析及对汉语写作课教学的思考》[J].《汉语学习》,2001(04):67—71.
⑦ 邢红兵.《留学生偏误合成词的统计分析》[J].《世界汉语教学》,2003(04):67—78+3—4.
⑧ 周小兵,邓小宁.《两种"得"字补语句的习得考察》[J].《汉语学习》,2009(02):65—71.
⑨ 单韵鸣,安然.《华裔学生汉字书写特征的个案研究——基于与非汉字圈学生的比较》[J].《华文教学与研究》,2010(02):7—14+26.
⑩ Byram, M. *Teaching and Assessing Intercultural Communicative Competence*. Clevedon: Multilingual Matters, 1997.
⑪ 毕继万.《跨文化交际与第二语言教学》[M].北京:北京语言大学出版社,2009.
⑫ 李泉.《对外汉语课堂教学的理论思考》[J].《中国人民大学学报》,1996(05):90—96.
⑬ 秦希贞.《在体演文化中培养外语学习者的跨文化交际能力》[J].《国际汉语教育(中英文)》,2017,2(02):25—30.
⑭ 吴忱.《跨文化交际背景下对外汉语教学观念创新研究》——评《对外汉语教学传播路径与跨文化交际模式探究》[J].《外语电化教学》,2021(01):114.
⑮ 本文"交际"这一概念源自英语"intercultural communication"中关于"communication"的中文翻译。老师讲授知识需要通过师生之间的交流互动,因此本文的"课堂交际"包含教师在课堂上讲授知识的部分。

化交际理论,分析师生交际行为所体现的文化特征。第四,基于研究所得对对外汉语课堂教学提出优化建议。

二、 研究设计

(一) 理论基础

价值观深刻地影响着人们的交际行为,霍尔(Hall)的"高语境和低语境文化"理论①、霍夫斯泰德(Hofstede)的"文化维度"理论②是跨文化交际领域颇具影响力的两种文化价值观模式理论。本文以这两个理论为基础分析师生跨文化交际行为所体现的文化特征。

霍尔(Hall)提出"高语境和低语境文化"二维理论,以此区别不同国家文化的差异③。理论认为,在"低语境"交际中倾听者必须明确地被告知所有的事情,更倾向于直接地表达自己的观点。而在"高语境"交际中,人们倾向于运用有内涵意义的表达方式,间接地表达自己的情感。霍尔(Hall)认为,中国、韩国、日本属于高语境国家,而美国、德国、瑞典则属于低语境国家④。据国内学者的研究,中国是一个典型的高语境国家⑤。

荷兰心理学家 Hofstede 基于调查研究提出的"文化维度"理论是跨文化理论迄今颇具影响力的一个理论,1980 年在他的著作《Culture's Consequences》一书中最初确定了"个体主义与集体主义、权力距离、男性文化与女性文化和不确定性回避"四个价值维度⑥。后来,该文化维度理论进行了扩展,1991 年提出了第五种文化维度"长期导向与短期导向"维度。2010 年增加了"纵容与自制"的文化维度,最终形成了六维度霍夫斯泰德文化维度模型。该理论认为亚洲新兴工业化国家通常具有长期导向文化,大多是"儒家文化图"的国家,而短期导向文化的国家如美国、加拿大等⑦。

这两个理论较多运用在跨文化交际冲突、跨文化管理以及跨文化差异等宏观研究领域,以微观视角阐释更具象化的现象还较少。对外汉语教学课堂是一

---

① ③ ④　Hall, E. T. *Beyond Culture*. New York: Anchor, 1976.
② ⑥　Hofstede, G. *Culture's Consequences*. 2nd ed. Beverly Hills: Sage Pubns, 2002.
⑤　叶凡.《从"高低语境"看中西文化交流》[J].《山西财经大学学报》,2013, 35(S1):167—168.
⑦　Hofstede G. Dimensionalizing Cultures: The Hofstede Model in Context. Online readings in psychology and culture, no.1(2011).

个典型的跨文化交际场域,本研究将理论运用到教学具体场景来分析课堂中的师生交际行为,既能丰富和验证理论的实践内涵,又可以拓宽对外汉语教学研究的视角。

(二)研究方法及过程

研究以课堂观察为主,结合定性和定量两种方法。沈毅、崔允漷指出,课堂观察是研究者带着明确的目的,凭借自身感官(如眼、耳等)以及有关辅助工具(观察表、录音录像设备等),直接或间接(主要是直接)从课堂情境中搜集资料,并依据资料作出相应研究的一种科学方法①。

研究以广东省某高校汉语专业本科大三某个班级的 3 名中国籍女教师和 24 名来华留学生为观察对象,选取由这三名教师授课的《高级汉语》《商务汉语》和《经贸阅读》三门课程展开课堂观察,课程类型分别为通用汉语和专用汉语课程。文中对师生分别进行编码,教师以 T1,T2 和 T3 表示,学生以 S+数字表示。3 名教师年龄范围在 28—31 岁之间,均为年轻女教师。T1、T2 两位教师博士毕业于国内 985 高校语言学与应用语言学专业,在读本科和研究生期间,已分别有六年和七年丰富的兼职教学经历,加上正式教龄已有七年和十年的教学经验。T3 博士毕业于德国某知名大学,主攻文化研究,正式教龄半年。班上 24 名留学生来自 9 个不同的国家。其中 8 个国家的23 名留学生均属于"一带一路"沿线国。表 1、表 2 是汉语教师和学生基本信息表格。

表 1　教师信息

课程老师	性别	学历及专业	综合教龄②
《高级汉语》教师 T1	女	985 高校博士研究生; 语言学与应用语言学;	10 年
《商务汉语》教师 T2	女		7 年
《经贸阅读》教师 T3	女	德国某知名大学; 文化研究;	0.5 年

---

① 沈毅,崔允漷.课堂观察[M].北京:教育科学出版社,2008.
② 综合教龄包括兼职教龄和正式教龄。

表 2 学生信息

姓名（编号）	性别	国籍	汉语水平
S1	男	越南	HSK 五级
S2	女		
S3	女		
S4	男		
S5	男		
S6	女		
S7	女		
S8	女		
S9	男	泰国	
S10	女		
S11	女		
S12	女		
S13	女		
S14	女	老挝	HSK 六级
S15	女		HSK 五级
S16	男		
S17	男	哈萨克斯坦	
S18	男		
S19	男	塔吉克斯坦	
S20	男	吉尔吉斯斯坦	HSK 六级
S21	男		
S22	女	俄罗斯联邦	HSK 五级
S23	男	也门	
S24	男	日本	

祖晓梅从教学理念与方式，教师的角色和师生关系，学习动机、风格与策略等方面探讨了教育环境中的跨文化交际特点①。她认为教育理念、教师角色与

---

① 祖晓梅.《跨文化交际》[M].北京：外语教学与研究出版社，2015.

素质、师生关系、课堂环境、课堂行为、课堂管理、学习动机、学习风格、学习策略等均是跨文化交际在教育环境中的具体表现。针对本文的研究问题,我们选取了课堂环境、课堂管理、师生关系、教师角色四个方面来分析课堂上的师生交际。

观察于 2017 年 12 月集中开展,观察过程使用手机录像,录音笔录音。最终选取了 17 节课堂视频(共计 765 分钟)进行文本转写,形成 10 万余字的文字材料以供分析。在课堂观察的过程中做好观察笔记,分类归纳所观察到的内容,以此辅助文本分析。

本文综合运用定性和定量分析方法。对课堂物理环境、课堂管理、师生关系的观察以定性分析为主。对教师角色的分析主要依据量化数据,通过统计师生互动内容分类占比、师生话语量、师生互动范围大小、学生发言分类占比和学生发言语言单位长度等来透析教师角色。

三、 课堂观察发现

(一) 课堂物理环境:师生交际距离拉近

在国内,桌椅编排多以"秧田式"为主,一字型依次展开。老师讲课通常站在讲台上,与学生保持一定的距离,师生在课堂上的位置比较固定。在西方国家,学生桌椅灵活排放,如马蹄形、圆圈形、U 形等排列形式,没有固定讲台,师生距离近。本文观察的对外汉语课堂,虽然学生仍使用"秧田式"安排的中式桌椅,但课堂上老师常常走下讲台,走到学生身边与他们互动。有时,也会根据需要灵活地调整学生的座位,组织分组讨论学习。

另一方面,课堂采用小班化教学。全班只有 24 名学生,老师对每一位学生都非常熟悉,能够快速而准确地叫出每一位同学的名字。对一些开放性的问题,老师会倾向于让那些积极外向的学生来回答,对于那些不喜欢在课堂发言的学生,尽量把一些简单的问题留给他们。对于活泼开朗的学生,老师以他们为例子讲解的机会相对较多。

(二) 课堂管理:营造正面轻松的氛围

对于学生课堂上有一些如玩手机、迟到、吃东西等与学习无关的行为,老师通常不采用严肃的直接批评或是严厉制止的方式,而是以一种更为灵活和宽松

的方式来处理,尽量避免或减少与学生在课堂上的直接冲突。如:

(1) T "相对跨国巨头这里开始。S7,……倒数第四行,第一段。"(老师看到 S7 低头玩手机不看书,就点名请这位学生朗读后面要讲的课文。)

(2) T "为了适应中国的市场环境,宜家还做了一些本土化的改变。早上好。"(这时学生迟到进教室,老师马上说道:"早上好"以示提醒。)

(3) T "下次大家起床早几分钟,在食堂把饭吃了再来上课。""下次大家吃饱了再来上课哈。"(老师看到有同学在课堂上吃东西)

在营造课堂氛围方面,老师经常面带微笑,以正面积极轻松的态度给学生带来正能量,激励学生保持美好的心情学习。

老师在课堂上对表现好的学生不吝啬赞扬:

(4) T "之所以……是因为,S18 在写,他的汉字写得特别好看,同学们看一下。"

S "好看。"

T "大气,他写在纸上更漂亮。"

当学生出现错误,老师表现出宽容的态度,并加以鼓励:

(5) T "虽然有一点小小的错,但是 S6 写出这样的句子,真的是很不容易的,你们应该也知道,对不对。像这样的,错了一点点都没关系。"

除了学习内容,老师也非常乐意回答同学们其他问题,营造出轻松的课堂气氛:

(6) S "思想上有问题找老师。"

T "可以的。"

S "生理上,生理上有问题找老师。"

T "生理上有问题应该去找医生吧。"(老师笑着说,同学也笑起来)

S "个人呢,个人感情呢?"

T "大家知道我们学校是有心理咨询的,所以你们如果有个人感情问题可以去问他们。"

(三) "朋友式"师生关系

在对该班级三门课程的观察中,没有发现明显的师生等级关系,相反显现出亲近、朋友式的师生关系。师生之间有情感交流,两者距离比较近。学生的课堂表现轻松、自由,没有太多拘束。

老师在课堂上明示对学生的喜爱:

(7) T "先自己写一写吧,先不看书,S9 你上来。"

S "为什么是我,我不会。"(学生回答坦然又爽快,即使自己不会。)

T "就是你了,最喜欢你了,上来吧。试着写一写。"(老师表达对学生的喜爱)

老师说错了,马上公开向学生道歉:

(8) S "老师,我说的不高。"(学生提醒老师说错了)

T "你说不高,对不起。我听到一个高字,对不起啊。对,不高,不好意思。"(老师对自己听错了表示歉意)

老师在布置任务时先征询学生的意见:

(9) T "这次我们全班同学一起来读一下。"

S "这边当记者,那边当孔子。"

T "他们说你们当孔子,他们当记者,你们愿意吗?"

S "愿意,愿意。"

老师对学生的难处表示理解:

(10) T "你没写可能因为太长了。这个是不好写,是太长了,对不对?"

S "真不会写。"

(四) 教师们作为"知识传授者"的角色突出

三位教师在教学的过程中,互动内容紧紧围绕课本知识,十分强调学生对汉语词义的理解、语法结构的掌握,大量使用句型操练和翻译练习。互动内容分课

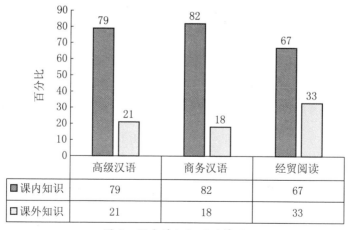

	高级汉语	商务汉语	经贸阅读
■课内知识	79	82	67
□课外知识	21	18	33

图 1 课内外知识互动情况

内和课外知识两大类,课内知识包括词语、语法、课文、习题等,课外知识指书本以外的文化知识、联系学生日常及个人生活、教师个人生活分享等。图1数据显示,三位教师课内知识占比最高达82%,最低也占67%,教师作为"知识传授者"的角色不言而明。相应地,教师话语量也远高于学生,三位教师的话语量占比分别是70%、92%、90%,见图2。

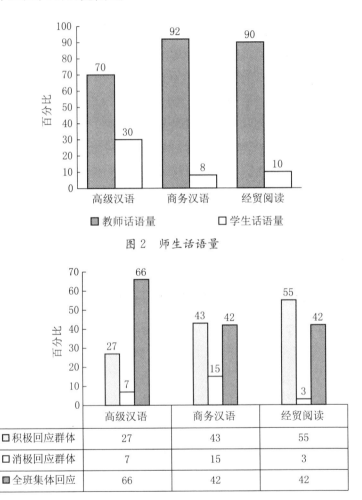

图 2 师生话语量

	高级汉语	商务汉语	经贸阅读
□积极回应群体	27	43	55
□消极回应群体	7	15	3
■全班集体回应	66	42	42

图 3 师生互动范围①

教师在组织学生课堂互动方面,大部分学生的积极性还没有完全被调动起来,参与互动的学生呈现两极化。全班学生可分为"积极回应群体"和"消极回应

---

① 每个群体的互动次数占总互动次数的比重。

群体"两大群体,"积极回应群体"是积极主动参与发言的学生,有 6 名同学。"消极回应群体"则更多是在被老师点到名字的情况下才发言,共 18 人,占班级总人数的四分之三,他们发言比例最高也只有 15%。"全班集体回应"是班上所有学生发言的情况。详见图 3。

教师授课紧紧围绕课本,课堂提问多源自教材,学生很多时候不需要调动太多所学知识来组织语言,在课本里就可以找到一一对应的内容来回答。课堂互动时,学生之间主动、自主讨论的时间较少,导致学生被动发言居多,即被老师点名才回答问题的比例很高,最高达 90%。而主动发言,即学生主动回答或主动提出问题的比例较低,最低 10%,最高 39%。具体数据见图 4。

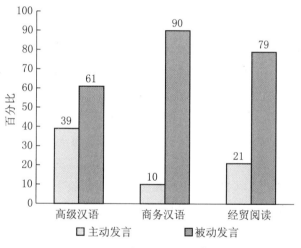

图 4 学生发言形式①

值得注意的是,学生回答内容的语言单位简短。研究所选取的班级是汉语专业大三的学生,汉语水平普遍较高,都通过了 HSK5 级,还有通过 HSK6 级的学生。但是,学生的发言内容却很简短。以 1—5 个字以内的词语或者短语、6—15 个字的简短句子、15 字以上的长句子为标准来分类,1—5 个字以内的发言在两门课程的发言比例中均高达 61%。数据如图 5 所示。

另一方面,虽然三名教师在课堂中都一致扮演着"知识传授者"的角色,但由于三门课程本身的特点,以及教师不同的教学风格、教学经验和自身经历,三个课堂展现出略有不同的师生交际特色。《高级汉语》T1、《商务汉语》T2 分别有

---

① 主动、被动发言次数分别占总发言次数的比重。

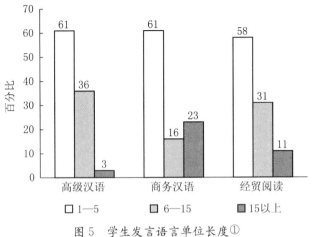

图 5　学生发言语言单位长度①

十年、七年的教学经历，在组织班级活动、调动学生积极性方面表现较为出色。T1 更多通过组织小组活动来引导学生主动参与。数据显示，《高级汉语》课堂上学生的话语量（30%）、学生主动发言的比重（39%）、学生 6—15 字长句子的发言比重（36%）是三门课程中最高的。相较于另外两门专用汉语课程，《高级汉语》作为通用汉语课程，是传授汉语知识的综合性主课，与全面提升学生汉语水平的关联度最高，学生主动参与课堂的意愿也更为明显。《商务汉语》侧重商贸语境下的汉语使用，T2 上课时更倾向照顾班上不喜欢积极主动发言的学生，会有意识地点名引导这部分学生发言。因此《商务汉语》课堂上，"消极回应群体"的发言比重（15%）高于另外两门课程（7% 和 3%）。T3 有海外求学的经历，注重与学生分享和探讨跨文化知识。《经贸阅读》涉及阅读经贸新闻，课堂对课外知识的延伸最多，达到 33%，虽然课程难度较大，但能激发水平较高学生更大的兴趣，"积极回应群体"的发言比重在三门课里最高（55%）。

四、　分析与讨论

（一）"融合式教学"：中式教育是内核，融合了部分西方教育的特点

综合课堂物理环境、课堂管理、师生关系、教师角色四个维度的观察，发现师

---

① 各种不同语言单位长度的发言次数占总发言次数的比重。各种不同语言单位长度的"发言次数"指学生每一回完整的表述为一次发言，当老师接过学生的话开始说时，视为学生一次的发言结束。

生交际中既蕴含了中式教育理念的特点,如教师作为"知识传授者"的角色明显,也体现出西方教育理念的色彩,如师生交际距离拉近的物理环境,正面轻松的课堂氛围、"朋友式"师生关系。我们认为,这是一个兼具中西方特点的"融合式教学"。不过,这种融合是一种浅层次的融合,中式教育仍为内核。原因在于师生交际过程中表现出以下问题:

首先,缺少积极有效的意义协商。朗(Long)提出的互动假说理论表明,语言习得需要互动、交际,尤其是意义协商①。教师在课堂中担任"知识传授者"的角色,学生之间互动不充分,学生被动发言比例高,师生之间的互动也难以实现充分、有效的意义协商。互动假说理论认为,仅仅有输入(input)是不够的,只有摄入(intake)才能促进第二语言习得,两者转换最重要的途径就是意义协商,是师生双方积极互动产生的结果。而这恰恰是本文所观察课堂的一个不足。

其次,西方教育的融入没有触及较多实质性的教学活动。课堂物理环境、正面轻松的课堂管理、"朋友式"的师生关系营造了开放、自由的教学环境,但在具体的教学活动上,如教师的讲解方式、提问方式、互动形式、互动内容、互动范围等,西方教育的融入非常有限,教学活动中"以学生中心"的教育理念没有充分体现。轻松、开放的教学氛围对实际的教学活动只起到调节的作用。

跨文化交际中著名的"文化冰山"理论认为,文化就像大海中矗立的冰山,只有十分之一是露出水面的,容易进入人们的意识当中,如饮食、服饰等。而十分之九是隐藏于水中的,难以被人们所察觉,如世界观、价值观等"深层文化"②。与该理论有异曲同工之处的是吉尔特·霍夫斯塔德(G. Hofstede 与 G. J. Hofstede)提出的"洋葱"文化理论,认为文化就像一个"洋葱",被层层包裹着,文化内容(象征符号→英雄人物→礼仪→价值观)逐层深入③。深层次的文化对人们的行为有着深远的影响,是文化最核心的内容,却被包裹得很深,不容易被察觉。在本文观察的课堂上,中式教育理念作为核心,就像"文化冰山"潜藏于水中的部分和洋葱的内层,需从多个方面的数据分析得出,而课堂物理环境、课堂管理、师生关系等则像浮出水面的冰山和洋葱的外层,较为容易察觉其与中式传统课堂的不同。而事实上,处于内核的中式教育理念深刻地影响着三位中国籍教师。

---

① Long, M. "Native Speaker/Non-Native Speaker Conversation and the Negotiation of Comprehensible Input." *Applied Linguistics*, no.4(1983).
② Hall, E. T. *Beyond Culture*. New York: Anchor, 1976.
③ Hofstede, G., and G. J. Hofstede. *Cultures and Organizations: Software of the Mind*. 2nd ed. New York: McGraw-Hill, 2004.

她们在教学时扮演着"知识传授者"的角色,"以学生为中心"的教育理念还没有充分展现出来。西方教育元素的融入仅仅在"文化冰山"露出的部分和"洋葱"的外层,对优化教学效果起到一定但相对有限的作用。"融合式教学"使用洋葱式图解如下所示:

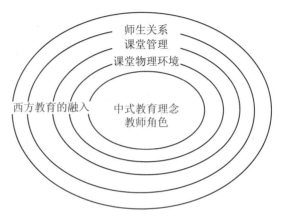

图 6 "融合式教学"的洋葱式图解

(二) "融合式教学"师生交际行为所体现的文化特征

根据霍尔(Hall)"高语境和低语境文化"与霍夫斯泰德(Hofstede)"文化维度"理论,我们发现课堂上师生交际行为体现出"权力距离缩小""低语境""集体主义"和"不确定性回避程度高"等文化特征[1][2]。

1. 权力距离缩小

"权力距离"是指社会上地位低的人对社会上权力不平等分布的接受程度,权力、辈分、金钱、知识等都会造成权力距离。在权力距离大的文化中,人们会刻意强调这种差距,而在权力距离小的文化中,人们会尽量淡化这种不平等[3]。

据观察,老师在课堂上并没有强化自己在辈分、年龄或学识等方面的优越感。相反,三位老师均展现出十足的亲和力。师生之间物理距离和情感距离的拉近显著地缩小了师生之间的权力距离;"朋友式"的师生关系体现出双方在交际过程中互相尊重、独立平等的特点。

---

① Hall, E. T. *Beyond Culture*. New York: Anchor, 1976.
② Hofstede, G. *Culture's Consequences*. 2nd ed. Beverly Hills: Sage Pubns, 2002.
③ 祖晓梅.《跨文化交际》[M].北京:外语教学与研究出版社,2015.

2. 低语境

霍尔(Hall)的"高低语境文化"理论表明①,低语境文化交际中,倾听者对所有内容的理解大多建立在对方所传递出来的信息上,对方必须明确地告知倾听者,交际行为才能更顺利地展开②。它表现出外显明了、明码信息、较多言语编码等文化特征;而高语境交际文化则表现出内隐含蓄、暗码信息、较多非言语编码等文化特征③。

课堂上老师用神情或动作配合简单明了的言语,让学生很容易理解老师所传达的意思。比如,老师对学生的良好表现毫不吝啬赞美之词,总是及时给予积极性的反馈,脸上也面带欣喜之情,甚至配合肢体动作,如竖起大拇指,拍手鼓掌。如:

(11) S "新东方之所以在美国上市,是因为要拓宽世界市场。"

　　　T "对,很好!"(老师拍手鼓掌,因为学生能把所学的句式运用到新学的内容中。)

师生互动时,提问和回答的内容存在非常明确的对应关系,学生大都能在课本上找到老师提问的答案,符合明码信息的特点。

(12) T "他没有? 书上怎么说?"

　　　S "他没有固定的兴趣爱好,老师。"

　　　T "他学了什么?"

　　　S "数学、音乐、射箭。"

　　　T "对,所以他的兴趣非常的?"

　　　S "广泛。"

此外,言语编码是课堂教与学最主要的途径,师生交际主要就是言语对话,如学生遇到不懂的问题,会直接提问。如:

(13) S "香港也是用英镑吗老师?"

　　　T "香港不用英镑,香港已经回归了。20 年前,1997 年已经回归了,用的是港币。"

　　　S "老师,儒家思想和法家思想有什么区别呢?"

　　　T "儒家思想和法家思想刚好相反,法家思想不相信人可以管好自己,所有人应该按照法律做事。"

---

① Hall, E. T. *Beyond Culture*. New York: Anchor, 1976.

② 祖晓梅.《跨文化交际》[M].北京:外语教学与研究出版社,2015.

③ 贾玉新.《跨文化交际学》[M].上海:上海外语教育出版社,1997.

3. 集体主义

"集体主义"主要指个人是从属于集体的,集体利益的考量通常被放在最重要的位置①。课堂上集体利益的实现是指课程教学进度的完成。

数据显示,三位老师平均76%的互动内容紧扣教材,目的就是为了尽可能在规定时间内完成既定的教学任务。因此课堂上课外知识的拓展是有限的。互动过程中,四分之三的学生("消极发言群体")发言比例最高只达到15%。老师较少通过大范围的点名来带动更多学生参与到课堂中,而是面向全体学生提出问题,只要有同学回答了问题,老师就进一步推进授课进度。

根据图米(Ting-Toomey)等学者的观点,属于集体主义文化的人们更重视别人的面子,以及公众场合大家共同的面子,努力追求团体内成员之间的和谐关系②。老师对学生迟到或是玩手机等行为,有意识地避开严厉批评的形式而采用较为温和的劝告或提醒的方式,有效地顾及到了学生的面子。同时,老师对学生及时地给予鼓励和赞美,正面的评价也会让学生觉得有面子。

4. 不确定性回避程度高

"不确定性回避"指一种文化中人们对不可预测的情况感到紧张的程度。不确定性回避程度高的文化中,人们会尽最大努力来回避自己认为不确定性的因素,而回避程度低的文化中,人们不会花费过多的时间和精力来有意回避不确定性的东西③。从话语量来看,教师发言比例最高达到92%,教师授课持续连贯地灌输有效减少了师生可能发生的思想冲突。学生被动发言最高占比达90%,倾向于按照老师的计划和指令,按部就班学习,听取老师的解释和答案,不喜欢质疑老师或在没有把握的情况下回答问题。如:

(14) T　"有一个写得很好的,是 S9,你读一下你的这个句子。"

　　　 S　"我写得很好吗?"(学生要跟老师确认,确保万无一失,才放心读自己的句子。)

　　　 T　"对"。

　　　 S　"肯德基……给中国市场带来了冲击。"

(15) T　"应该是打破原则,谁来说一下这个例子,S15 可以吗?"

---

① 胡冰,张瑾.《从文化维度视角解读跨文化交流中的中西文化差异》[J].河北学刊,2012,32(06):201—203.

② Ting-Toomey, S. *Communicating across cultures*. New York: Guilford Press, 1999.

③ 祖晓梅.《跨文化交际》[M].北京:外语教学与研究出版社,2015.

S "还没写。"

T "S10 可以吗?"

S "没有(写)。"(两名学生以没写为理由拒绝脱稿发言的任务,不想尝试口头组织语言来表达。)

五、 研究启示

(一) 重视文化理论运用的具体场景

"高语境和低语境文化"与"文化维度"两个理论是根据不同民族间交际文化的差异,在宏观层面上概括总结所得到的。理论倾向于以各种交际特征来区分不同国家民族的文化特点,即把世界上各国文化二分,如"集体主义与个体主义、权力距离大与权力距离小、不确定性回避程度高与不确定性回避程度低"、"高语境与低语境"等。在二分法中,代表某个民族交际文化特征的往往是非此即彼的关系。一般来说,"权力距离缩小"和"低语境"理论上偏向于西方国家的交际文化特点,"集体主义"和"不确定性回避程度高"偏向于亚洲国家的交际文化特点。然而,这四个本应属于不同类别的交际文化特征却集中出现在一个课堂上。这和两个文化理论的类型设定及不同国家文化分类不完全吻合,原因很可能和对外汉语教学课堂场域有关。

首先,对外汉语课堂不同于国家之间或民族之间这种宏大而内部成员较为均质的场域,它属于微观层面某一特定场景,来自不同文化的个体汇聚在一起。在这个微观场景中,师生交际行为主要基于"教与学"的关系。教师作为"知识传授者",大量使用简单明了的语言编码,旨在让学生更容易掌握语言知识,而学生遇到不懂的语言问题也倾向于直接提问,向老师请教,导致课堂呈现出"低语境"文化的交际特征。其次,来自 9 个不同国家的学生和中国籍教师形成名副其实的多元文化课堂,不同个体在多元文化的氛围中相互接触,容易产生"濡化(acculturation)"效应[1],从而产生一些不完全体现中国典型交际文化特征的新变化,如师生之间物理距离和情感距离拉近、"朋友式"师生关系等"权力距离小"的交际文化特征。可见,使用文化理论时应充分注意具体场景,基于宏观场域文化

---

[1]　安然.《解析跨文化传播学术语"濡化"与"涵化"》[J].《国际新闻界》,2013,35(09):54—60.

特征的研究和基于微观场景的研究得出的发现未必完全一致，某一场景所呈现的文化特征可能因内部成员之间关系的不同以及成员的非均质性而产生其独特之处，不一定完全符合文化理论的类型分类设定。在本研究之前，两个文化理论已经开始受到了一些挑战和质疑。施瓦茨（Schwartz）认为不同文化成员的价值取向有差异也有共性，而"文化维度"理论忽略了人类文化共同具有的一些基本价值层面①。也有国内学者认为，"文化维度"理论能够用来解释不同民族文化之间的差异，而用来直接解释人与人之间的差异恐不尽合理②。刘育东、周迎认为，全球化背景下，高语境与低语境不呈绝对的对立态势，而是不同程度地共存于各种文化中，并非所有在高语境或低语境文化中的交际都一定是高语境或低语境的③。综合以上学者意见以及本文对汉语课堂微观场域中师生跨文化交际的分析，我们认为文化特征的分类比较既要重视宏观层面基于文化共性的区分，也要尊重微观层面内部成员的个性差异，有时并不能使用一个文化理论简单一刀切。

（二）浅层次的"融合式教学"课堂需进一步优化和提升

对外汉语课堂旨在培养学生的汉语运用能力和跨文化交际能力。本文发现教师在课堂上主导"知识传授者"的角色，教学内容仍然比较局限于教材，学生的学习积极性还没有充分调动起来。为此，本文提出以下教学建议：

第一，教师继续深化"以学生为中心"的教学理念，想方设法调动学生的主动性，组织更多学生积极参与的课堂互动。如在提问方式上，可以融入更多开放性的问题而不仅仅是局限于课本的"找答案"的问题；互动群体应覆盖班级所有学生，引导学生自主发问、自我表达，提高课堂语言的主动输出，针对学生输出过于简短，应有意识鼓励他们尽量使用完整句子来表达完整的意义；组织不同水平的学生合作学习，带动学生之间的"传帮带"，实现师生之间、学生之间充分有效的意义协商。

第二，教师讲授内容依托课本，但不能只局限于课本。应适当提高课外知识的比重，进一步加深学生对目的语词汇和文化内涵的了解，在学习语言知识的同时引导学生产生对目的语文化的感情共鸣。

---

① Schwartz, S. H. "Individualism-Collectivism: Critique and Proposed Refinement." *Journal of Cross-Cultural Psychology*, no.2(1990).

② 彭世勇.《霍夫斯塔德文化价值理论及其研究方法》[J].《解放军外国语学院学报》,2004(01):95—99.

③ 刘育东,周迎.《全球化背景下中美高低语境文化的对比研究》[J].《河北学刊》,2011,31(03):234—237.

第三,课堂上,教师应全过程监控学生的学习状态和教学效果,以便及时、随时调整教学方法和教学策略。课后也要对每一节课进行认真细致的教学反思。在本次研究中,教师的课堂教学模式比较固化,授课时缺乏动态调整机制,有时候学生学习兴趣降低,课堂教学效果也随之下降,这种情况应努力避免。

六、 结语

本文从跨文化交际的视角观察对外汉语课堂个案,发现该课堂是一个兼具中西方特点的"融合式教学"的课堂,不过这种中西融合是一种浅层次的融合,只是在教学距离、师生关系、课堂管理等方面部分体现了西方教育的特点,中式教育仍为内核,表现为教师在教学活动中主要担任"知识传授者"的角色,师生之间有意义的协商较为缺乏,教学活动中"以学生为中心"的教育理念没有充分体现。在多国别的汉语课堂中,师生交际体现出"集体主义、不确定性回避程度高、权利距离缩小、低语境"的文化特征。这些杂糅性的文化特征提示着研究者,文化理论的运用要注意使用的不同场景,在不同场景得出的结论也许不一样,在微观层面的研究要重视场景本身和内部成员的特点。最后,根据研究发现提出了优化对外汉语课堂教学的建议。

本次所观察的 3 名教师均是 30 岁左右的年轻女教师。目前较多年轻女教师从事对外汉语教学是个不争的事实;班上 24 名留学生,其中 23 名学生属于"一带一路"共建国家,对他们的关注也有较强的现实意义。教育部官网数据显示①,2019 年在我国学习的"一带一路"共建国家留学生占比达 54.1%,他们已成为来华留学群体的新亮点。本研究在一定程度上能够反映出以年轻女教师和"一带一路"沿线国来华留学生为代表的对外汉语课堂的教学现状,具有一定的参考价值。

研究还存在不足。比如,所观察的教师教学情况无法代表教学经验丰富、教龄长的老教师以及男性教师的教学情况。所选取的班级限于一个,学生人数有限,课程类型也可以再扩充。期待日后能进一步充实研究数据,以便更全面客观地反映对外汉语课堂的教学现状。

---

① ［中国网］"十三五"时期来华留学生结构不断优化——中华人民共和国教育部政府门户网站(moe.gov.cn).

作者简介：冯雨霞(1991—　)，女，河南漯河人，华南理工大学新闻与传播学院硕士，曾赴美国爱达荷大学孔子学院担任汉语教学志愿者，研究方向为跨文化传播，**电子邮箱：**1838269228@qq.com。**通讯作者：**单韵鸣(1978—　)，女，广东广州人，华南理工大学国际教育学院教授，博士，研究方向为汉语研究、国际中文教育、跨文化传播，**电子邮箱：**ymshan@scut.edu.cn。

The Observative Case Study on the Intercultural Communication between Teachers and Students in Class

Feng Yuxia[1], Shan Yunming[2]

（1. School of Journalism and Communication, South China University of Technology; 2. School of International Education, South China University of Technology, Guangzhou, Guangdong 510006, China）

Abstract：This paper targeted a class majoring in Chinese in a certain university of Guangdong Province, observing the communicative behaviors of teachers and students in three different courses. Based on the four dimensions, namely classroom environment, classroom management, relationship between teachers and students, and the role of teacher, it is found that it is an integrative-teaching class that symbolizes the features of Chinese and western education. Nevertheless, Chinese education occupies the core position. Furthermore, the cultural characteristics such as collectivism, high degree of uncertainty avoidance, low power distance, and low-context are found in the intercultural communication between the teachers and students, which is not completely consistent with the classification by both Hall and Hofstede in their theories. The paper analyzes this phenomenon and puts forward suggestions upon how to improve the Chinese teaching in class.

Keywords：Intercultural communication; Integrative education; Cultural characteristics; Classroom observation

中国当代文学海外传播和教学方法探析[*]

——以麦家《解密》为例

王丽薇[1] 吴成年[2]

（[1]北京师范大学国际中文教育学院，北京，100875）

摘　要：近十年，海外文学界猛然掀起一股"麦家热"，麦家的小说《解密》被译成33种语言在海外热销，成为中国当代文学域外传播的一大热门。《解密》在译介研究方面已经硕果斐然，但是在国际中文教育领域仍然缺少关注。《解密》译介文学在海外的热销奠定了其作品本身在海外具备传播的可能性和价值，本文在国际中文教育视域下对《解密》在海外传播及教学的必要性进行分析，旨在探寻中国当代文学海外传播的限域，并提出具体的教学方法与传播模式，为推进中国故事"走出去"和实现中国"文学梦"添砖加瓦。

关键词：解密；麦家；中国当代文学；海外传播与教学

中国当代文学作品是中国当代文化最重要的标志，海外读者能够从优秀的中国当代文学作品中直观地了解当代中国的现状，因此对于中国当代文学海外传播与教学的研究必将走向精细化，在文本选择上要谨慎考量，既要体现当代中国的优秀文化，又要满足海外读者的阅读期待和海外市场的传播运行规则。麦家被称为当代"中国特情文学之父""谍战小说之王"，他的长篇小说《解密》于2002年在国内出版，其英译本于2014年在英美等35个英语国家同步上市，发售的首日就取得了中国作家海外售书的最好成绩，并入选英国"企鹅经典"文库，

---

*　基金项目：本文为同济大学国家语言文字推广基地"双强项目"重点项目：国际学生"中国理解"教育路径与模式探索（项目编号：TJSQ22YB08）项目资助。

以及西班牙行星出版集团的"命运"书库,成为了这两个经典文学文库的首部中国当代作品。《解密》译介书走出国门并收获了大量海外读者的喜爱,标志着中国当代文学向国际读者视野迈进了一大步,彰显着中国当代文学走向世界的绝对实力,也为其他当代文学作品的海外传播提供了参考价值。当前学界针对《解密》英译本在海外传播和译介方面的研究已经硕果斐然,但是在国际中文教育领域却没有学者关注。鉴于此,《解密》让停滞不前的中国当代文学"走出去"看到了曙光,其作品本身充分具备了海外教学的条件,译介书已经打开了海外的市场并且占领了一席之地,如何运用原文文本并进行教学以进一步开拓海外市场,传播中国声音,讲好中国故事,是国际中文教育界应该关注与进一步探讨的问题。本文拟在国际中文教育视域下,解决译介文学未能解决之问题,深入探讨《解密》文本的独特性,为国际中文教师海外教学提供路径与方法,从而探索出中国当代文学海外传播模式。

一、 译介文学未能解决的问题

虽然《解密》译介书在海外传播时已经博得关注,但背后仍然存在阻碍其进一步发展的问题。翻译本身是再创作的过程,即使译者主观上会追求原文的准确翻译,但是实际上必定存在着差距。由于不同语言在音、形、义等文字结构本身上的差异,翻译出来的作品无法完全复刻原作品的文学价值,同时也无法将原文的古典气质和诗意的语言尽显。除此以外,最为关键的就是译本中的"误译"问题。

为降低读者阅读和理解的难度,译者常对原文进行简化,有时因对中国的文化历史知识储备不够充足,甚至会错译一些内容。《解密》的英译本由两位译者合译,一位是英国汉学家米欧敏,另一位是伦敦大学的中国文学博士克里斯托弗·佩恩,他们在翻译时对一些文化负载词和成语俗语采取了归化、省译、删节等策略,译文注重了故事性却忽略了文化性,这恰恰削弱了《解密》的中国文化特色,也是我们国际中文教师需要着力阐释和补充的内容。

如原文中有很多体现中国宗族社会的称谓词语,译者采取了省译的做法。比如"长嫂"被简译成"Mrs Rong",就很难体现出荣夫人在家族中的大家长地位,她在家族中有着不可忽视的话语权,掌握着"大头算盘"在家族中去留的决定性权利。宗族社会体系下的称谓隐含了很多文化信息,并不是"Mrs Rong"可以简单涵盖的。而这样的省译现象在后面的译文中反复出现，大大减弱了《解密》本身蕴含的中国特色。由此看来，对于《解密》原文的普及和教学将成为其在海外传播过程中不可或缺的重要环节。

二、 解密《解密》文本的独特性

《解密》在海外的热销绝非偶然，而是由多种因素共同促成的。外部因素包括良好的海外宣传媒介、该书的推出时机恰逢斯诺登事件等。内部因素包括其题材符合西方读者口味，打破了中国当代文学的传统、叙述技法，兼具中西诗学等。外部因素不可控因素较多，不在本文的讨论范围之内，我们着重分析一下《解密》文本的内部独特性，这些特点将是国际中文教师的教学立足点。

不同于中国传统式小说，《解密》是集中西表现手法和叙事方式为一体的小说，与西方受众的审美趣味相吻合。在企鹅出版集团网站对《解密》译本的推广词写着：这是中国式间谍小说的开山力作，并开创了一种混合了间谍、破译、犯罪、人性、历史小说和元小说的一种独特文学类型。

第一，谍战题材在海外具有广泛的读者基础。麦家的小说被国内文学界誉为新智力小说。它既具备欧美侦探文学的元素，又延续了中国上世纪五十到七十年代的红色经典题材。因此《解密》跨文化传播的良好效果体现在兼备"世界性"和"中国特色"两种因素上。侦探小说一直以来都深受全世界读者的喜爱，在欧美的销售量能超过图书销售总量的 20%，在美国甚至能高达四分之一。《解密》不仅有着侦探小说严密细致的描写与缜密的推理，还暗含着敌我之间惊心动魄的智力较量，更体现了民族大义和爱国情感。它在海外的畅销深刻体现它符合西方读者的阅读期待，有效避免了"水土不服"的问题。由于文化的异质性，西方读者对于中国的间谍小说心怀好奇。相对于西方传统侦探小说的套路，麦家作品当中包含的中国特殊文化刻画和时代背景深深吸引了他们。

第二，它远离政治说教，凸显个体价值。许多海外读者对中国现当代文学有着刻板印象，认为其充斥着政治说教和价值输出，因而产生排斥、抵触心理。《解密》的故事发生在战争年代，虽在历史的宏大叙事下，但麦家笔锋一转，将政治、历史的部分淡化，转而专注于人物的刻画。线性的叙事结构中穿插了很多人物内心的独白，使得叙事节奏或缓或急，情节扑朔迷离，具有后现代的文学特征。

主人公荣金珍是一个数学天才,有着极高的智商,但又有着极度自闭、孤僻的性格,同时是个生活白痴。他一生都在追求解码,破译密码才是他个体价值所在,最后却在平凡的生活中不堪一击而倒下。

第三,《解密》塑造了一个不完美的英雄,契合西方文学传统。说到英雄,不得不提到中国现当代文学史上的十七年文学,在这类文学作品中几乎都用了绝对肯定的手法来凸显人物形象的"高大全",其实并不符合人性的真实。英雄人物对国家、民族、人民和信仰的坚守,是每一个人都景仰的,而英雄又具备普通人的缺憾,不得不接受在命运漩涡中挣扎的悲剧。西方读者早已对英雄饱受苦难,最后走向毁灭的故事原型相当熟悉,荣金珍的出现一反舍生取义的中国传统式的英雄形象,体现了麦家异于主旋律叙事的反叛精神,一定程度上是对中国当代文学中主流叙事的背离。

第四,《解密》充分体现了西方诗学,这也得益于西方作家对麦家的影响。《华尔街日报》认为:"《解密》的可读性和文学色彩兼容并包,暗含诸如切斯特顿、博尔赫斯、意象派诗人、希伯来和基督教经文、纳博科夫和尼采的回声。"麦家自己也承认受到卡夫卡、阿加莎·克里斯蒂等作家的影响,其中对他影响最大的则是博尔赫斯。《解密》围绕情报与密码的题材探讨人生哲理,而博尔赫斯的著名短篇小说《小径分岔的花园》亦将形而上学的思考融于侦探小说、间谍故事的形式之中,二者之间似有隐秘的师承关系①。从主题、结构、情节、语言等诸多方面都可以看出《解密》的叙事化用了博尔赫斯的小说手法,小说的后现代主义描写手法提供了多元的解读视角。西方诗学对麦家潜移默化地影响行走在《解密》的字里行间,很容易让西方读者从中体会出某种亲切的文学感受,寻找到认同感,从而化解了异域文学的陌生感和距离感。

第五,《解密》具有中国古典文学的美学特征,同时麦家还独具匠心地融入了新的创作元素。麦家重拾起中国章回体小说中"起承转合"的叙事手法,在稀松平常的线性结构中陡然增添了时间和空间的变化,多种叙事视角来回不断切换,建构出一个错综复杂的叙事迷宫。比如主人公荣金珍很少有正面描写,而是出现在各式各样人物的回忆当中。此外,《解密》蕴含了丰富的中国文化元素,文中出现的梨花、梨园、白玉雕刻的观音像、草药水等描写,还有"男人女相、阴阳相济"的江南民间传说,这些隐喻意象体现了中国文化特征,使作品带有浓郁的东

---

① 张伟颉:《〈解密〉的"解密"之旅——麦家作品在西语世界的传播与接收》,《小说评论》,2015 年第 2 期。

方神秘主义色彩,引起了西方读者对神秘东方的无限想象。因此,这也为文化教学开辟了一条新路径,好的文本可以兼顾民族传统和世界性,在二者间寻求一种平衡,拥有独到的创新之处。

正是《解密》"世界性"与"本土性"并存的特点使西方读者产生了既陌生又熟悉的阅读体验,获得了海外读者广泛的关注和好评,为《解密》在海外进行传播与教学提供了可行性,同时也为中国当代作品走向世界文学之路提供了宝贵经验。

三、《解密》海外教学方法探析

教师在进行文学作品的教学时,自然不会将作品照搬过来直接使用,那么如何进行取舍,笔者充分结合《解密》这本文学作品的特点提出了如下四个方法并进行示例,为国际中文教师提供教学。

(一) 规避政治敏感话题

《解密》的故事背景发生在近现代中国,所以在一个政府权力变迁和社会大动荡的时代里,即使麦家已经做了弱化处理,政治因素仍然很难完全回避。考虑到国际政治话题的敏感性、麦家之前的军人身份,以及目的语读者对中国历史的认知水平,教师在选择教学内容时应对原文中含有政治叙述和意识形态色彩的内容,需要做巧妙的规避处理。

> 这样的人当乡绅不免要行恶积下怨债,加上日伪政府期间他还在县政府担过要职,跟鬼子有些暧昧的往来……①
> 后来我俩还被当众剃成阴阳头,完全变成人不人鬼不鬼的,……②
> 两人站在大楼进出门厅的台阶上,头上戴着高帽子,胸前挂着大牌子,……③

文中"日伪政府""鬼子"等词汇政治色彩浓重,容易引起异议,教师在选择教学内容的时候应对文本进行适当删减。中国文化大革命运动的特殊产物"阴阳

---

① 麦家:《解密》,北京十月文艺出版社 2019 年版,第 96—97 页。
② 麦家:《解密》,北京十月文艺出版社 2019 年版,第 125 页。
③ 麦家:《解密》,北京十月文艺出版社 2019 年版,第 126 页。

头""高帽子"都是特殊的体罚手段。"高帽子"用于文革批斗,目的是对被批斗者进行人格羞辱,源自北伐战争大革命时期湖南农民运动给土豪劣绅戴高帽子游街示众的做法。而在西方语境中,比如英国,高帽子是绅士与文化的象征,代表一种身份和礼节,这恰恰和中国历史上的高帽子蕴含的意义是相悖的。类似的文化内容涉及复杂的历史环境和特殊的文化环境,很难和海外读者讲解清楚,甚至关系到意识形态斗争,教师可以直接回避。

(二) 注重语言现象和文化现象的溯源

《解密》里有大量的谚语、俗语和典故,这些词语能够最大程度地体现原汁原味的中国文化,是汉语的精髓所在,教师在教学时可以借助多媒体手段,借中西文化的异同阐释其中的含义及背后的文化背景、历史故事等。如果文化内容在中西文化中有不同的含义,可以作文化比较,布置成自主探究题让学生课后查找资料,培养学生自主探究能力,提升学生对中国文化的理解力。

> 福兮,祸所伏。[1]
> 本来把他排斥在外是不公平的,但结果却成全了他,有点塞翁失马的意思。[2]

"福兮,祸所伏"出自《老子》,蕴含中国道家哲学思想,教师可以深入浅出地解释为美好的事情背后也隐藏着不好的事情,万事万物有他的两面性。"塞翁失马"的典故说的是一个循环往复的故事,表明了祸与福之间对立统一的关系,正好揭示了"祸兮福所倚,福兮祸所伏"的道理。因此这两个谚语可以放在一起讲,相互串联替换,并且鼓励学生能够在书面语写作中熟练运用出来。教学时应兼顾中国古典文化的精髓和学生的理解能力,将典故的来龙去脉或暗含的故事补充完整,这样既能提升课堂的趣味性,又能吸引学生的学习兴趣。

> 祖坟青烟直冒的运气。[3]

---

[1] 麦家:《解密》,北京十月文艺出版社 2019 年版,第 291 页。
[2] 麦家:《解密》,北京十月文艺出版社 2019 年版,第 164 页。
[3] 麦家:《解密》,北京十月文艺出版社 2019 年版,第 157 页。

"祖坟青烟直冒"是中国特有的民俗文化，蕴藏着复杂的风水知识。在风水学中，青烟是一种吉祥的青色气体，象征着吉祥的事情来临，民间的说法是官运将会变好。教师教学时，可以解释为对于传统的中国人来说，祖坟的地位非常重要，它的位置好坏体现了人们是否尊敬和怀念自己的祖先。在中国古代传说中，得道成仙的人死后身体会化作一缕轻烟去往仙界。"祖坟冒青烟"就是祖上有人成为神仙的显化现象，祖先成仙了自然会保佑子孙走好运。教学时，教师可以引入一些视频片段辅助解释这个俗语，同时将风水的概念进行科普，达到文化教学的教学目的。

（三）兼顾文化教学，注重中西宗教文化比较

《解密》里有着大量基督教的叙述，这与麦家个人经历息息相关。麦家的爷爷是一位基督徒，在宗教信仰被压制的年代里不被大众认可和理解，这些不正当待遇麦家都看在眼里。此外，麦家通过在自己作品中引入大量宗教元素来弥补中国当代文学中久久缺失的信仰问题。

《解密》的主人公容金珍因为受到养父洋先生的影响而信仰基督教，所以文中有大量的《圣经》故事。《外一篇——容金珍笔记本》是荣金珍的日记，最直接地体现了他的精神活动，基督教文化展现得尤为突出。第 6 篇说的是《圣经》故事，讲述的是保罗劝说农夫年轻男人门牙脱落和额头开跳窗是好事降临的象征，从而得到一切事情好坏难定，并不能被预知。第 7 篇和 66 篇都出自《圣经》传道书第五章，说的是主人公对神的思考与自我反省；第 54 篇最后一句"我要往没药山和乳香冈去，直到天起凉风，日影飞去时才回来"出自雅歌《圣经》第四章；第 84 篇和第 85 篇最后一句"如同苹果树在树林里，好像百合花在荆棘内！"出自雅歌《圣经》第二章。这些优美的句子既典雅神圣，又富含着善和美，有着东方色彩，提供了不同视域下的基督教文化。

在教学这部分内容时，教师可以让学生说一说在西方视角下如何看待、理解东方人笔下的基督教文化，二者之间存在着怎样的异同。同时，可以鼓励学生进行对比学习，将《解密》的原文进行英文翻译，再与《圣经》中的句子对比，让他们体会出语言风格的差异和东方文字的韵味和诗学特征。

（四）注重品味文学语言及语体风格

修辞格的巧妙运用是形成繁丰语言风格的重要手段。《解密》中包含了反

复、排比、比喻等多种修辞手法，从而能够做到生动地描绘事物、表现人物性格、全面、周密地论证事理，增强了小说文本的表现张力。这些修辞手法都是学生可以反复品味、学习并运用的文学技巧，教师在教学时应注重培养学生关注文学的语体色彩和情感表达之间的关系，体会与感受中国文学的文字之美。

> 因为他巨大的头颅，还有险恶可怖的出世经历早给他注定了一个响亮的绰号：大头鬼。
> 大头鬼！
> 大头鬼！
> 这么喊他，是那么过瘾又恰切无比。
> 大头鬼！
> 大头鬼！①

"大头鬼"的反复使用，一下子映入了读者的眼帘，充满了冲击力，使容金珍的形象更加深入人心。反复的手法让文章摆脱了陈述上的平铺直叙，强调了重点，表达更有气势。老师可以引导学生揣测文中的语气，再让学生尝试大声朗读出来，身临其境地感受暗含在文字中的情绪，体会作为主人公荣金珍当时的心境。

> 鸟在树上做巢，蛛在门前张网，路在乱草中迷失，曲径通了幽，家禽上了天，假山变成了真山，花园变成了野地，后院变成了迷宫。②

这里使用了排比句，句型结构一致，富有节奏感和诗韵，展现了语言的表现张力。麦家用了白描的手法，用寥寥数笔勾勒出了宅院的景物，展现出了一个没落的大户人家。昔日的繁华已然逝去，消散于时间里，只剩下一片荒芜和破败的景象。教学时，教师可以让学生通过观察总结出句子结构的相似之处，并且鼓励他们尝试仿写语段，运用排比手法描绘一段景物。

> 表兄问："39 天 7 个小时等于——"

① 麦家：《解密》，北京十月文艺出版社 2019 年版，第 14 页。
② 麦家：《解密》，北京十月文艺出版社 2019 年版，第 16 页。

表妹答:"943 个小时。"

表兄问:"943 个小时等于——"

表妹答:"56580 分钟。"

表兄问:"56580 分钟等于——"

表妹答:"3394800 秒钟。"①

这是表兄妹的一番问答,而这番问答看上去是数字的堆砌,却不尽然。精确的数字描写反映出了麦家独特的写作风格。"数学化"的叙述方式是他的一处精巧设计,不仅是出于《解密》本身与数学因素紧密相关,同时营造出了科学严谨的叙述风格。作家如此不厌其烦地罗列数字,增加了表达的新鲜感,也符合西方受众的审美趣味。亚马逊网站上一名美国读者这样评论道:"在阅读过程中,读者甚至能够感受到战火纷飞的景象,前线战事的胜负取决于破解密码时跳跃的字符,惊心动魄的紧张气氛贯穿阅读始终。"可见西方读者对文学中数字的熟悉度和敏感度较高,这种文字会非常吸引他们,同时也是他们熟知的文学叙述方式。教师教学时,可以将数字的表达方式和文学表达手法相结合,融会贯通地教给学生。

似乎也只有神,才有这种巨大的能量和力量,使你永远围绕着她转,转啊转,并且向你显示一切:一切欢乐,一切苦难,一切希望,一切绝望,一切天堂,一切地狱,一切辉煌,一切毁灭,一切大荣,一切大辱,一切大喜,一切大悲,一切大善,一切大恶,一切白天,一切黑夜,一切光明……②

这个语段结构紧凑,内涵丰富,几十个"一切"依次排开来,作者用同一短语结构接连表达十几组情绪,每一组的出现都极富力量,一次比一次沉重,生动地描述出了容金珍心中情绪的繁复和焦灼——理性与情感疯狂地碰撞。这是故事的高潮之处,容金珍在失去理智之前对自己人生进行了反思。他接受上天赐予他天才的智慧,但也因为这份智慧失去了很多人生体验,无论是美好的还是罪恶的,都被他一一埋藏在心底,压得他喘不过气来,而此刻再也掩盖不住,所有的情绪像高压水枪一般奔涌而出,精神濒临崩溃的边缘,最后齐齐爆发。

① 麦家:《解密》,北京十月文艺出版社 2019 年版,第 8 页。

② 麦家:《解密》,北京十月文艺出版社 2019 年版,第 206 页。

教师在教学时,可以将词语一对对组合起来,"欢乐"与"苦难""希望"与"绝望""天堂"与"地域""荣"与"辱"……将反义词教学与文学表现手法相结合,既有助于学生记忆词汇,也能让学生体会到主人公垂死挣扎的绝望之情。

四、 从《解密》探析中国当代文学海外传播模式构建

前文我们对《解密》作品本身进行了深入地剖析,发现《解密》的海外走红绝非偶然。这给我们提供了中国当代文学海外传播的思路,一部有海外市场的作品除了自身具有极高的文学价值以外,如果还具备"世界性"的特点,即符合海外读者的阅读品位,将会比其他作品更加容易地走进海外读者的视野,加上海外出版机构的推波助澜和海外媒体出于商业性的考量进行的大力宣传,就可将市场打开。前有良好的海外译介做铺垫,海外已经有了相当一部分受众,我们作为国际中文教师即可乘胜追击,借文学的力量去传播中国语言文字与文化。

(一) 构建作家、译者、国际中文教师联动机制

《解密》的作家麦家受到西方作家文学熏陶已久,他文学功底几经磨炼,终于在写《解密》时将这种中西文学风格的融会贯通体现到极致,在作品叙述上做到驾轻就熟。《解密》因为题材的特殊性、历史背景的敏感性,在国内出版时遭遇了层层阻力,没想到却在海外找到了正确的定位。中国当代文学并不缺作品,很多作品或者没有受到关注,或者在推广途中夭折,不妨多发现和麦家有着相似特征的作家,将此类作家的作品大胆推到海外去,将会发现是另一番发展光景。

译者是作品海外传播的中间一环,与国际中文教师都充当着"中间人"的角色,但是角色定位不同。译者用别人熟悉的语言复述中国的故事,对译者有着极高的要求。《解密》的译者都是外国的学者,即使是在中国现当代文学领域造诣极深,但是翻译时总要顾及意识形态冲突和自己的身份认同问题。国际中文教师充分保留汉语语言的本味,给文学作品接近最完整的展现。如果说译者的功劳在于初步打开文学市场,国际中文教师将会是文学进一步推广的关键性角色,译者和国际中文教师要形成默契,在推广作品上达成共识,将途径不同转化为传播链上相辅相成的伙伴关系,达到双管齐下的效果。

(二) 以受众为导向,准确定位学生群体

学者缪佳、余晓燕曾以美国亚马逊网站上的"读者书评"为依据,对《解密》英

译本的读者书评数据进行系统的统计,他们对评论内容进行了梳理和分析,发现从美国读者的阅读接受情况来看,《解密》获得的书评数量较多,评星等级较高,并且好评的数量远远多于负面评价。这说明《解密》在美国普通读者群中的阅读量和关注度普遍较高,它顺利跨越了中西文化心理与叙述模式差异的隐形门槛,成功地进入了西方的主流阅读语境。

然而《解密》的受众远不止于此,它的译介书在全球的 35 国家同步上市代表着它有着数量庞大的受众,因此这些受众都是潜在的学生群体,他们对书籍的反馈充分体现了他们的兴趣点在何处、对作品的把握程度是多少、理解难点在哪里,为海外教学做足了诊断性评价。国际中文教师可以将这些作为切入点,深刻把握学生群体的阅读需求,在筛选篇章时将上类因素充分考虑进去。因此,对海外文学市场进行全面背调,深入分析读者评价是教师选择中国当代作品的重要参考因素,不仅可以大致了解潜在学生的数量,还可以精准把握教学内容的切入点。

(三) 借海外媒体之力,扩大国际影响力

自《解密》英译本推出后,海外各大媒体对《解密》的关注也是前所未有的。全球媒体都聚焦于此,美国的《纽约时报》《华尔街日报》《纽约客》杂志,英国的 BBC 电台、《卫报》《泰晤士报》《经济学人》周刊等 40 多家西方主流媒体都给予了极高的评价。《纽约时报》这样说道:"麦家在作品中所描述的秘密世界,不仅是关于中国的,也是关于世界的"。《书单》如此评价道:"才华横溢的作者给英语读者展现了一块中国文化瑰宝。"

此外,"FSG 出版社为了拍一个麦家的宣传片,就派了一支摄制团队从纽约飞到杭州,和麦家一起用了整整一个星期,花了数十万为《解密》量身定制了一部宣传片。"(现代快报,2014)这些媒体的助力为《解密》留下了充足的影像资料,这都是国际中文教师在课堂上可以运用的教学资源,比如截取片段放到翻转课堂中让学生自主学习,尝试让学生用概括性的语言复述宣传片的内容,训练学生的概括能力;同时布置成小组任务让学生翻译英文宣传片并为之配上中文字幕,以任务为导向、以学生为导向全面提升学生的自主学习能力。

国际书展、文学国际研讨会、国际图书博览会等活动是良好的线下推广契机。从德国的"麦家之夜"就可以看到欧洲读者对麦家的喜爱程度,来自美国、意大利、俄罗斯、捷克、西班牙、土耳其等十多个国家的出版人争夺麦家作品的国际

版权。国际中文教师要充分抓住国际书展等的一切线下活动的良好机会,巧妙利用海外媒体精心策划的一系列推广展览,让学生身临其境地参与其中,深切体会作家与作品的魅力。

(四) 以孔子学院为依托,拓宽教学渠道

由于麦家在全世界的多个国家已经产生了一定的文学影响力,可以在这些麦家作品受欢迎的国家与地区,以当地孔子学院为依托,组织作家巡讲、作家与读者及中文学习者见面会、作家作品研讨会、作品朗诵会、文学专题讲座、文学作品欣赏课等多种形式,扩大当代作家作品的国际影响力,提升孔子学院的学术品位与文化影响力,让当地民众与中文学习者受益。

麦家在美国、英国等西方国家已经具有了良好的舆论导向和传播条件,可以先一步在这些地域建立起"孔子学院+作家+中文学习者"的互动模式,为其他国家及地区文学传播提供范式。孔子学院担当组织者,为作家和中文学习者积极创造交流的机会。在此优良的文学研讨平台下,国际中文教师要以作家作品为媒介,以中文学习者为导向,全面开发与建设多样化的文学课程和研讨活动,大力提升中文学习者的主观能动性,逐步吸引越来越多的当地民众参与其中,与作家"零距离"学习与交流作品,深切感受中国文学和中华文化之美。

五、 结语

"麦家现象"为中国当代文学走出去提供了一个很好的案例参考,使更多海外的读者关注到中国当代作家的作品,也为中国当代文学在西方的传播、接受与研究提出新的机遇。《解密》在海外的传播,无论是在意识形态还是诗学传统都与西方受众的审美趣味和阅读期待相契合,教师在教学时应根据学生背景和认知能力对作品进行有必要的筛选,规避带有明显政治色彩的语篇,注重小说中俗语、成语、俚语等能够体现中国特色文化的教学,同时文化之间的异同点往往是一个很好的教学切入点,是海外读者与文本之间的一座桥梁,能够消解背景差异达到迅速的连通交流。从《解密》的一枝独秀到中国文学海外传播的开枝散叶,任重而道远。要实现中国"文学梦",讲好"中国故事",中国当代作家应内外兼修,锤炼打造优秀作品。译者要练就找寻优秀作品的慧眼,将好作品识别并翻译推广出去,在海外市场上开辟出一片天地。而国际中文教师要培养自身文学素

养,深入海外文学市场提高发现好作品的敏锐度,借海外媒体和孔子学院之力,将"作品解读"和"讲好中国故事"相结合,将"课堂教学"与"活动体验"相统一,积极向外传播中国声音,练就中西合璧的内力,全力投入中国当代文学"走出去"的传播事业中去。

作者简介:1.王丽薇,女,北京师范大学汉语国际教育硕士;

2.吴成年,男,北京师范大学国际中文教育学院副教授,文学博士。

Analysis of Overseas Communication and Teaching Methods of Contemporary Chinese Literature—Taking MaiJia's "Decoded" as an example

Abstract: In the past decade, there has been a sudden surge of "Mai Jia fever" in the overseas literary community. Mai Jia's novel "Decoded" has been translated into 33 languages and sold well overseas, becoming a hot topic for overseas dissemination of contemporary Chinese literature. "Decoded" has achieved remarkable results in translation and introduction research, but there is still a lack of attention in the field of international Chinese education. The hot sales of the translated literature of "Decoded" overseas have laid the foundation for the possibility and value of its work's dissemination overseas. This article analyzes the necessity of "Decoded"'s overseas dissemination and teaching from the perspective of international Chinese education, aiming to explore the limitations of contemporary Chinese literature's overseas dissemination and propose specific teaching methods and dissemination models, in order to contribute to promoting the "going global" of Chinese stories and realizing China's "literary dream".

Keywords: Decoded; MaiJia; Contemporary Chinese literature; Overseas Communication and Teaching

中华文明传播与文化互鉴研究

主持人语

张恒军

    党的二十大报告对新时代中华文明传播进行了全新的战略部署。报告首次将文明传播力影响力列入国际传播能力建设的重要范畴,具有极为重要的现实意义和理论创新价值。报告深刻阐释了中国共产党关于增强文明传播力影响力新思想;全面构建了独具中国特色的中华文明传播体系新战略;清晰作出锚定国际传播能力建设中心任务新部署。本期三篇论文从不同的视域出发,集中思考了如何"增强中华文明传播力影响力"。

    《玉成中国:一种造物与信仰观照的文明叙事》从源头入手,探源中华文明。论文关注"玉成中国"的源头叙事。这是中国古代新石器时代从符号显圣物中挖掘的成熟的造物空间叙事,是以玉石信仰为文化原型观照整体的造物进程。玉石制成的象征物因其直观、体悟生命、演绎抽象的功能,成为从中国古代延续并继承的活态"物"的在场。作者梳理了其在整体文明维度下经历的造物历史,以及至今仍旧深刻影响着文化思维与精神追求的内涵,探究其如何最终构成国中有玉、以玉验德的造物经验传统。

    《建构"异位"认同:中国核心价值观何以跨文化传播》从当下入手,诠释"何以中国",如何对外宣介"人类文明新形态"。论文提出,文化认同是最深层次的认同,其核心是价值观的认同。社会主义核心价值观是当代中国精神的集中体现。它从个人、社会到国家层面提出培育怎样的公民准则、建设怎样的社会取向和实现怎样的国家目标。中国特色社会主义核心价值观在世界范围内能否成功共享是时代任务。本文试图从文化认同的视角出发,以当前中国核心价值观跨文化传播的认同现状为问题导入,分析原因并尝试提出建构"异位"认同的进路,从唤醒集体记忆、注重主体对话、聚焦 Z 世代群体、强化技术助力等四个方面阐述中国核心价值观实现有效跨文化传播的可参考路径。

《文化自信与民族学经典专著的对外译介》从文化互鉴入手，探讨如何坚守中国立场、超越隔阂。论文指出，民族学经典专著中透露出独特的文化自信。民族学经典专著的对外翻译是国际社会了解中国文化的重要渠道，其英译本也要展现原著蕴含的文化自信。《丝绸之路戏剧研究》英译本较好地展现了文化自信。译者在展现文化自信时采用的翻译策略包括：努力提升译文质量，精确传达原著信息；展现中国学术著作范式，构建中国学术著作译写风格；兼容外来文化，弘扬中国文化。

今天，以文明沟通民心、以文明塑造国家形象的思路更加清晰。只有理解了中华文明及其传播，才能理解人类命运共同体背后的思想力量和精神力量；只有以文化互鉴来超越文明冲突，弘扬全人类共同价值，才能真正构建人类命运共同体。

主持人简介：张恒军，大连外国语大学新闻与传播学院教授、院长，国际传播研究院院长，中华文化海外传播研究中心主任。

玉成中国：一种造物与信仰观照的文明叙事[*]

熊承霞　韩启喆

　　摘　要："玉成中国"是中国古代新石器时代从符号显圣物中挖掘的成熟的造物空间叙事，是以玉石信仰为文化原型观照整体的造物进程。玉石制成的象征物因其直观、体悟生命、演绎抽象的功能，成为从中国古代延续并继承的活态"物"的在场。阐释造物观念，具体来说，需要从其最初发生的以生存为主要目的的工具造物中，探索其观念的形成、表现方式以及提供给后世造物不可替代的对文化原型的继承，揭示传衍与递生在造物对象中的文化表述体系与造物文化思维。先民通过"法自然"观物，利用可资使用的"石土木"天然材料，在数百万年间的手制工具中探寻"物"的话语权利，从石的恒定特性中发现玉石的"执着"，赋予其通灵与化生精神的意义建构，并在物化观念作用下不断强化和加深对玉石符号物的象征阐释，透过直观的可视造物，提供器以载道的持续参照，最终构成国中有玉、以玉验德的造物经验传统。

　　关键词：造物；玉石信仰；叙事；符号象征

　　在全球的文明传播路径中，只有一个叫中国的国家，这个国家崇信"以玉比德"，"化干戈为玉帛"的观念。梳理其空间叙事，其文明脉络经历了"石器中国——玉成中国——玉承中国"的三大流变。道金斯在《自私的基因》一著中提出：基因延伸中有着复制因子和载体。^①载体的作用就是努力扩大传递基因的成功率，保持基因间的合作方式，彼此适应。文化原型也具有这个特征，"文化原

＊　基金项目：本文系教育部人文社会科学研究项目"中国上古神话中的'造物'研究"（项目编号：20YJA760090）的阶段性成果。
①　（英）理查德·道金斯著，卢允中等译.《自私的基因》[M].北京：中信出版社，2012：260—278.

型"依赖人们的认同感构建统一的知识体系,以文化叙事发展自身的主体意识,形成集体式的觉醒。作为中国叙事的文化原型是从旧石器的石头工具开始的造物的启蒙,形成最初的"玉呈中国";经过数百万年的旧石器的手制工业实践,在"仰观象於天,俯观法於地,观鸟兽之文,与地之宜"中,先民的文化意识被启蒙出来。漫长的与石头的交往,石头的品格被提取出来以"通神明之德、类万物之情"。制作石器工具培养了造型、选材、加工、精神感知的能力,在总体坚贞、化钝为利的石头中先民学会用石头的禀赋阐释不可见的精神观念。从石料中摸索出玉石,对玉石呈现的种类进行神圣符号化,使得中华先民先于其他族群获得"物"载道的力量,发展为玉石信仰,从而成就出"玉成中国"的精神特质。玉作为一种特殊的媒材,以玉为媒介承载的共同体,在远古的中国先民手中发展为统一的象征性符号,并以复刻赋新的方式,转为跨媒介跨历史时空的造物叙事。其并非空穴来风,而是有着衍变的历史逻辑。正因为中华文明固守和多元继承的玉石信仰,并将其作为不可见之"道"的转化、解释和继承,先民在思想观念、造物智慧、文明持续等方面得到培育。其中在精神上用佩玉、类玉完成对君子的塑造;在国家神圣符号上用执玉玺、传玉信传播其思想;在造物智慧上用瓷器完成对"尚玉、近玉"思维的模仿,形成"玉石信仰"在日常生活中的渗透,人造瓷器实现对天然玉石的模仿,在 China(中国)与 china(瓷器)词源间的会意中可见其力量。可以说对玉石的多角度信仰和继承成为中华文明的底牌,正是中国古代持续地坚持对玉石的信仰,至今仍旧保持着对玉的继承,而成为中华文明持续向前的基因动力。

一、 旧石器时代石头造物中的一般叙事

追溯造物设计的历史源头,毫无疑问离不开旧石器时代的石器造物。作为一种造物的历史,必然有着可资论证的文本表述和实物显示的证据。由于文字成为成熟记录体系远远晚于实物,文本表述的证据也就不及实物的历史长度。因此在文字之前数百万年间的物质图像证据可视为最早的造物历史,这类实物证据在近年的十大考古报告中均有新的突破。按照考古学划分的旧石器和新石器分期,可对应出无文字传播的文化大传统和有文字纪年的文化小传统。在数百万年间,史前先民经历了从无至有,从有到美、从日用到精神塑造的造物历程。其完整的体系涉及生存活动各方面的造物,学界常用造物成就代表一个特定的

文化期，如彩陶文化、青铜文化等。造物历史属于设计学的门类，以设计学概念对应旧石器和新石器出土的物证，必然涉及物证的生发、缘由、使用功能、材料形态、结构样式、色彩表达等分析要素。因此从设计学角度归纳旧石器、新石器和历史时期的造物表征，可探讨的方法和研究的模式交叉而复杂。然而，在中华文明的造物历史中，也无法回避一种时而清晰、时而隐匿的线索，即石（工具）——玉（信仰符号）——瓷（器物美学日用的统一）中更替的文化原型。作为造物的历史终其价值是提供文明和文化的意义，必须从数百万年间的造物对象中识别那些足以代表文明进程的造物、具有传承更新意义的造物流线。由于旧石器时代先民有限的造物能力，集中在用天然的"土木石"进行工具的制作，遗存较多的是石器类劳动工具。旧石器时代经历的时间最为漫长，形成对石器工具制作和使用的"刻骨铭心"的记忆，直接影响到新石器时代的石器造物。

在数百万年间，先民通过石器造物得以了解自然世界，世界上各民族几乎都经历了这一旧石器时代，20 世纪 60 年代，石器考古学界的泰斗格拉姆·克拉克把人类石器技术分为了六个种类，最初的石制品组合属于奥杜威（Oldowan，模式 I）工业，之后逐渐经历了阿舍利（Acheulean，模式 II）、莫斯特（Mousterian，模式 III）工业发展过程后，进入以石叶（Blade，模式 IV）和细石器（Microlith，模式 V）为代表的旧石器时代晚期。[①]发现于坦桑尼亚奥杜威峡谷的 120—140 万年前的奥杜威石斧，是目前而言最彰显"系统设计"意识的工具。Oldowan 工业的主要特点是以砾石、岩块等为原料，经过早期人类简单打制，且以石核、石片为主体的一套石制品组合。[②]这说明 Oldowan 石器是基于石块原型简单地进行打制，其过程是"选材"、加工技术、最后成型，几乎与设计的原理相通。

一直以来，在旧石器时代的证据上，有关中国旧石器的成就并未得到国际认同。考古不断出土的新证据，有力地拨乱反正了"认同度"。2021 年全国十大考古之一的"四川稻城皮洛遗址"，就出土了典型的技术成熟的"阿舍利石器"手斧、手镐、薄刃斧、大型石刀等，使得世界考古的历史得到了重新认识。[③]

制作工具的精良与形制取舍实际上取决于原料的资源，据高星等分析，中国旧石器时代先民生存的区域与同时代的非洲、欧洲和美洲拥有大量天然燧

① Toth N，Schick K. Overview of Paleolithic Archaeology[C]. In：Henke W，Tattersall I，eds. *Handbook of Paleoanthropology*[M]. Berlin：Springer-Verlag Heidelberg，2007：1943—1963.
② 裴树文.《奥杜威工业石制品分类综述》[J].人类学学报，2014(3)：330.
③ 凡一.《揭秘稻城皮洛遗址》[J].金桥，2021(12)：86—87.

石和黑曜石材料不同,其可利用的石器原料总是以脉石英、石英岩、砂岩、火山角砾岩等劣质原料为主体,燧石、黑曜石等优质材料不仅少,而且呈结核和小块状裂隙。①鉴于这个情况,就不能完全按照克拉克观察和研究的结构,而应根据考古出土的实际情况考察属于中国旧石器时代工具制作的思路,总结其造物体系。由于旧石器时代物在中国大地上出土众多,本节仅仅选取代表性的出土物论证其掌握的石头加工、施技、塑形等制造生存工具为主体的叙事。叙事是相对其历史性和工具成就的生存而言,实质上旧石器时期的工具从设计角度考察,可以用功能进行分析。劳动生存为主的功能器主要集中在石器工业中,对此贾兰坡有断论:旧石器石器是造型艺术的起源,最早先民用一块石头,把另外的一块石头打击成薄刃状并当作斧头或刀子使用时,就已经开始了造型和技术的有计划性人造工具物的实践。②这个观点呕待引起设计学界进行学术史的思考。

工具因为对象的不同,也分化出不同的形态,加工的方式更是不一样,生活在中国旧石器时代早期,距今约有 170 万年的云南元谋人时期,其地层里和地表出土了 17 件刮削器、砍砸器等石器,还有烧骨和大量的炭屑,提供了元谋人制作工具和用火的证据。③火的收集和利用,足以证明元谋人及其相近人群的生存巧智。火攻之下,土成为陶,石器中的金属也可能被发现,剡剌木技术就得益于火而能够制作独木舟。火能之下,先民的身体素养得到极大的提升。刀耕火种之下,借助火的热情,先民生发出对文化的表述经验。火也是检验石料的有效方法,经过火的淬炼,石头的工艺技术同样得到提高。尽管旧石器早期先民便开始有计划地制作工具,但是其制作的方法主要是"砸砍、摔击、锤击、敲打"等粗犷的技术,生产的工具种类也主要是"剥片类、废片类和打击类"工具。④旧石器较晚时期才出现精细的磨制技术,磨制技术代表着一种美学方面的能力。距今大约 70 万～20 万年的旧石器时代,北京周口店龙骨山,考古出土的制作石器之技术,包括两端打片法,钻制有孔小砾石及磨制器。⑤其中磨制的鹿角为梅花鹿的下颌骨,以及染有红铁矿的两面钻孔的石珠。可见在北京人制作生存工具的同时,已经开始制作一些"象征性"的装饰物。

距今约二万三千年至一万六千年间,属于旧石器晚期后一阶段石器文化的

① 高星等.《中国古人类石器技术与生存模式的考古学阐释》[J].《第四纪研究》,2006(4):507.
② 贾兰坡.《造型艺术的起源》[J].《郑州大学学报》(社会科学版).1980(2):94.
③ 张兴永.《向人类起源的禁区冲击——云南古人类考古 40 年》[J].《民族艺术研究》.1989(S1):63.
④ Ignacio de la Torre,等.《旧石器时代早期石制品分析方案》[J].《人类学报》,2021(4):551.
⑤ 裴文中.《周口店山顶洞之文化》[J].《文物春秋》,2002(2):4.

山西沁水县下川遗址，已能够制造比较复杂的石器。考古学者指出下川遗址涵盖旧石器中期、旧石器晚期早段简单石核—石片文化、旧石器晚期中段石叶—细石叶文化以及旧石器晚期晚段石叶—细石叶文化 4 个发展阶段。①在下川遗址出土的圆端刃刮削器中，开始使用脉石英作为原料，足见当时人类制作石器的技术选型已相当娴熟。

从考古现象考察，旧石器的造物工具已经朝向朦胧的"美学"效果发展，有了一定的材料选型和类型识别的能力，主要制作的细石器工业包括"砍砸器、刮削器、尖刺器和石滚"等。"细石器工业是指从预制定型（锥状、楔状、柱状和半锥状等）的细石核上用压制技术有序地生产石叶，选用这些初级产品主要用压制技术制成各类工具。"②此期间也出土了一些可冠之为美术或艺术的石器工具，在下川遗址的细石器使用中，用脉石英和石英岩制成的石镞和短身圆头刮削器，已经达到了精美的程度，这就是说，即便石头原材料欠佳，只要技术先进，同样也可以制造出精美的石器。考古还发现在下川遗址制作的石器工具中，已经开始使用宝石级别的石头制作工具，包括燧石、玛瑙、玉髓、黑曜石等硅质的石料。③而在形制上，从下川出土的九件石锯中，可见有意识朝向扁平斧型的发展，形制虽然简单，却用宽石片选材，并把加工技术集中在石片一边，从平整的一面向另一面均匀地敲成锯齿状。④这几乎代表了一种"工匠"性的技术革新。

每个不同的阶段其工具类型都会因为技术和材料的提升而进步，到旧石器晚期的时候先民已经开始从其他地方搬运石料、磨制石磨盘和构筑火塘，甚至加工木楔与石器组合成复合形工具。综上可见，在工具的实践过程中，从"暴力"锤击到切磋琢磨经历了漫长的过程，造物磨砺了先民的精神与审美。旧石器的三个阶段中，原始人的石头工具，已经具有下意识的设计思维，奥杜威（Olduvai）石器是选择类似鹅卵石石料，以两块石头相互敲击出"刃"边，留下天然圆润部位供手抓取，这显然是一种选择分析式的工具设计，这种工具直接帮助先民获得生存的机会，类似的加工技术可见皮洛遗址的遗存。阿舍利（Acheulian）工具是按照长尖对称性方式打制，类似凿子类工具，其攻击性和美观度优越于奥杜威。类似的考古出土有元谋人文化遗址的出土工具，这种工具的思维与庄子寓言中的凿

---

① 杜水生.《连续与断裂.重新认识下川遗址在中国旧石器文化研究上的意义》[J].《第四纪研究》,2021(1):158.

② 张森水.《中国北方旧石器工业的区域渐进与文化交流》[J].《人类学学报》,1990(4)9 卷:325.

③ 王建等.《下川文化——山西下川遗址调查报告》[J].《考古学报》,1978(3):263.

④ 王建等.《下川文化——山西下川遗址调查报告》[J].《考古学报》,1978(3):279.

混沌七窍,有着类似的使用工具的思维。莫斯特工具则已经迈进更精细的加工阶段,类似的出土可见下川文化遗址,已经呈现精巧和美感的设计特征,并且开始出现制作复合工具以及使用玉石类材料制作工具的萌芽。随着使用、控制火的技术,先民获得用已知的语言探索神圣符号物的设计与叙事的能力。这一时期,总体上是根据石头的呈现展开造物经验的探索,虽然涉及造"物"形式,但是仅仅是获取石头分类、建立质地初步感知、模拟造型的加工方式,处在设计学概念中的设计方法的初级阶段,因此可概括为"石器中国"。

目前旧石器造物研究在分类体系上有着诸多可待考察之处。虽然考古研究的分类提供给设计史以充分的证据和可以规划的分类研究法,为从设计角度分析旧石器工具提供了科学分析的帮助,但设计学强调的形态、造型、语义之间的联系,以及美学表征与意义内涵的研究仍旧需要建构自身的理论方法。尤其不可回避的是,一种形制的催生往往受到另一种形制的启发,一种造型的出现也受到技术条件的影响,设计学必须关注漫长的旧石器时代的造物对新石器以后的造物观念、惯习、审美产生了什么影响,形成了何种文化原型。

二、 新石器时代玉石符号象征物的信仰叙事

在旧石器晚期的最后阶段,也即迈进新石器的初期阶段,此时造物进入系统性农业与渔猎分工的阶段,《易经·系辞下》以"十二盖取"概括这些造物智慧,涵盖生存生活居住中"木作、弧矢、杵臼、市场、宫室、网罟"等不同类型的物的设计。其设计功绩被统辖在祖先的神圣文本叙事中,这些"神而化之"的智慧,展现出精细分工造物的表述,显示为朝向农耕发展的脉络。可见新石器时代,彩陶及其纹饰、渔猎、农业、建筑均体现出成熟的造物设计趋势。然而,从大量新石器墓葬出土的物质中,还存在一种非"十二盖取"类的象征工具,那就是从9000年的兴隆洼文化到3500年左右的三星堆文化等诸多遗址中出土的"玉石礼器"。考察这些玉石器的形制,有着几何、抽象、具象、意象等特征,大型的有良渚文化的玉琮、齐家文化的玉圭璋;从加工方式上考察玉礼器,极尽切磋琢磨之能;从玉礼器的选材上观察,玄黄赤白色质的白玉、青玉、黄玉、墨玉及赤玛瑙均有出现。伴随玉石器的还有其造型与审美的塑造能力,尤其是雕琢在玉器上的纹饰与图徽,包括红山文化出土的优雅威仪的玉猪龙、炫灵脉动的梳齿状璇玑;凌家滩文化出土的四方星纹及三头猪鹰合体器;良渚文化出土的玉琮王以及统一在不同器物上的

神秘族徽。超多而庞大的出土数量、精巧灵韵的造型、超高难度的加工技术，隐喻着玉礼器的神秘内涵。这些非实用的器只有一个可能，为了生命、神权、王威而象生。

先民通过石器读懂隐藏在石头中的玄机密码：发现一种超越当时其他天然土木材料，具有媲美肌肤、云气、水精，种类繁多且温润多彩的玉石。可见，漫长的旧石器时代的"石器工业"，石头的均衡性、稳定性、恒定性刺激了先民象征比拟思维的开蒙，构成新石器时代由石中美玉表征精神的符号思维。此时的石头种类及其意义建构在世界各大文明叙事中均有呈现，古埃及、古巴比伦选取青金石作为意义建构；古墨西哥、古波斯以绿松石为奥秘辟邪之物；而中国先民也开始其由玉石统辖的意义系统，以"玄黄赤白"为更替的结构象征，并形成以玉石"通神明之德、类万物之情"的洞见。从文明叙事的脉络出发，只有选择并确保玉石信仰持续的中华文明，在几乎无中断过程中得以发展出玉石象征系统。各地考古出土提供了诸多有效的玉礼器证据，本文选取代表性的红山文化玉猪龙、良渚文化玉琮王及其神徽、凌家滩文化三头玉鹰为例进行造型论证。

红山文化的代表物证是兽面形玦形玉饰及三星他拉 C 字龙，尤其是 C 字龙，被誉为"中华第一龙"，在距今约 5000 年的先民手中，龙被塑造或拥有高贵憨厚的气度，雍容地俯瞰众生，这种塑型拟态极具现代性。孙守道先生考证其为红山文化，强调兽形玉雕虽首似豕，但显然也是某种被神化了的灵物。[①]以猪形推测，可能源于红山文化遗址出土的大量猪遗骸，说明此时红山先民已经获得驯养猪的生活方式。甲骨文"家"的原型，就是在房子里有"豕"。加上 C 字龙伸出的前吻，形似野猪之鼻。但也有学者提出熊首说，原因是牛河梁女神庙中供奉的熊图腾，证明红山先民以祭熊崇拜熊为习俗。叶舒宪认为熊女神偶像崇拜在人形与熊形之间的对应在内蒙古赤峰地区形成了长达数千年的深厚传统。[②]郭大顺曾依据龙吻端截面上对称的双孔洞推测为猪，但后发现和确认的出土龙吻部截面都并非平面，而且上翘，已非猪吻特征，更似鹿。结合牛河梁女神庙的相关出土，最后得出红山文化玦形玉雕龙为熊龙。[③]由于熊有冬眠的习惯，红山文化所处地的辽宁属于熊栖息的区域，用交感巫术的原理，把熊视为一种

---

① 孙守道.三星他拉红山文化玉龙考[J].文物,1984(6):9.

② 叶舒宪.狼图腾还是熊图腾——关于中华祖先图腾的辨析与反思[J].长江大学学报(社会科学版),2006(4):19.

③ 郭大顺.龙凤呈祥——从红山文化龙凤玉雕看辽河流域在中国文化起源史上的地位[J].文化学刊,2006(1):16—17.

"通天神兽"是有可能的。朱乃诚根据建平玉兽面大、耳大的纹饰特征,认为以熊首理解较为准确。①红山文化玉龙的整体设计形态有着玉璧的圆融特征,在造型拟态方面透着一种高度概括的"熊神威",其极富现代感染力的设计赋形使其超越数千年仍旧发散着艺术之魅。

作为世界文化遗产的良渚文化代表物证诸多,其玉石器在造型设计、图像拟态、几何结构等方面均凸显出5000年前先民的美学精神。以反山遗址出土的M12:98玉琮王为例,不仅是玉琮外方内圆的符号造型,玉琮的"内圆外方"形制,象征着"天圆地方",玉琮可能是古代宇宙观与通天行为的象征物。其立面上用二重浮雕方法雕琢的"神徽王",显示着良渚族群已经形成用神巫图像统一族群内部权威的符号系统,也可能是良渚文化族群的保护神或庇护神的象征。李新伟认为是神鸟驮负神兽,巫师(应该也是统治者)在萨满状态下与神鸟沟通结合,成为"人面神鸟",获得驮负神兽的能力。②还有认为神徽是以鸟纹为祖先崇拜和以兽面纹为代表的自然崇拜以及人纹为代表的偶像崇拜。③无可置疑的是,此神徽由繁到简的叙事变化,造型隐喻深刻,预示着神人驾驭鸱鸮巡游天下。其称奇的做法是,用这个图像形成大小不等的图像变形,根据不同形制进行图像的配置,构成在山形器、玉钺、冠形器、玉璜器之上的高度集中的象征体系。

在中部凌家滩文化遗址出土的"三头玉鹰猪"玉器中,编号为M29:6的三头玉鹰,鹰作展翅飞翔状,两翅各雕的猪头对称分别朝着不同的方向飞翔,器物中心雕刻八角星纹。邓淑萍将此"玉件隶定为鹰与熊的合体。"④从设计造型角度,此三头鹰比例恰当,左右结构均等,作为一种有机形态,其审美性、象征性的多维创构是生命精神的表现。⑤这件玉鹰纹样在内涵上,表现出早期部族集权的象征形式,呈现崇拜多元性和对象复合性的统一。⑥徐峰认为此鹰是"鸟、猪、鹰"的"集优"心理,史前东方沿海先民将最重要的三种动物利用兼体的设计方法,表现在同一件器物上,从而起到利益分配、象征优势最大化的效果。⑦李修松也认为

① 朱乃诚.论红山文化玉兽面珏形饰的渊源[J].文物,2011(2):48.
② 李新伟.良渚文化"神人兽面"图像的内涵及演变[J].文物,2021(6):55.
③ 毕洋.试析良渚文化玉器组合纹饰的内涵[J].中国美术研究,2019(3):31.
④ 邓淑革等."鹰熊拟英雄"的考古学观察[J].吉林师范大学学报(人文社会科学版)2019(6):5.
⑤ 安徽省文物考古研究所.凌家滩文化研究[M].北京:文物出版社,2006:11.
⑥ 刘俊等.凌家滩玉器纹样的文化意象分析——以玉鹰为例[J].皖西学院学报,2022(3):135.
⑦ 徐峰.三位一体:凌家滩玉鹰的文化阐释[J].四川文物,2013(6):27.

此鹰是当时凌家滩人太阳崇拜、鸟崇拜、猪崇拜三位一体的综合。[①]在没有拷贝复制工具的时代，制作对称性的象征物显示着凌家滩先民的造物智慧与精神崇拜的统一。

凌家滩遗址距今 5300 年，良渚文化距今 5300—4300 年左右，辽宁赤峰红山文化遗址距今 5000 年左右，此三者均以玉石琢磨切磋出"图像"视觉叙事，它们不能食、不能日常使用，那么只有一种可能，便是神明信仰，借天然玉石的通灵通神而构建出一统的意义崇拜体系。本文仅仅选取玉礼器庞大象征符号物中的一角，无论是提取崇拜对象，还是美学造型，均能够见到先民对玉礼器投入的设计巧智。东西南北的早期文化不约而同使用玉作为显圣物，源于在旧石器时代制作石器工具中生发的情感与智慧，或者说是在旧石器的造物琢磨中获得了"象生""载道"的文化思维。

人类通过记忆产生思想，记忆的载体是由语言、实物、仪式等一般和特殊的事件构成的。先民在旧石器走向新石器的阶段，已经运用玉石礼器实践出一种系统化表征文明的方法。将生命转世、族群控制权等神幻意象的功能凝聚在玉石上，以玉石统一观念。并从玉石作为符号象征物的意识中产生出两种重要的道器系统：器物和建筑。换言之，各地先民大费周折地塑造玉礼器，目的是统一信仰，但是却给现当代的设计学提供了一种全域考察玉石崇拜而生的设计体系。几乎可以肯定，先民在玉石设计方面达到的极高历程，使其成为穿越上万年的文化原型。而这一文化原型也奠定了后世的尚玉、尊玉的精神与美学思维，因此总体上新石器可概括为"玉成中国"的象征符号造物时代。

三、 玉石信仰的阐释、转化与继承中的"出位"

在上述的物证和文字证据中，玉石是最初的天然野生材料工具。工具同人类的意识是孪生兄弟。[②]在解决生存危机中，石器工具无意识越出石头的本位而"出位"。石头作为功能的介体得到突破，其固有的特性在先民设计赋形的同时已经转变为一个具有思想媒介的多义"物"。按照人的意愿，无生命的原

---

① 李修松.《试论凌家滩玉龙、玉鹰、玉龟、玉版的文化内涵》[J].安徽大学学报哲学社会科学版,2001
(6):43.

② (英)阿诺德·汤因比著.徐波等译,马小军校.《人类与大地母亲》[M].上海:上海人民出版社,2012:
1072.

始物"换位"为感动人的意义物,物从其原有界限中偏离成为佩特的"出位之思"(Anderssreben),这个概念原本是指一种艺术进入到某种其他艺术的状态里,从自身原本的界限中部分偏离出来,生化为两种相互提供新力量的艺术。①在先民制作石器工具的过程中,原始的观念与思想并非一开始就显现。在见证野生物蜕变为人造物的过程中,人也在物的加工效果中看到了朦胧的艺术意象。在使用物的过程中,物与不同场景生成为"跨媒介"般的不对称的差异,从实用造物中分化出专门的"象征造物",为彼此提供"相互交融、相互借鉴、相互竞赛的发展方向"。②

先民追求生命的长久和永恒意识不断强化其寻找替换物,野生的石木土实际上都极力朝向对生命永恒状态的攀附。"物质的存在不仅在于它是生活意义上的上手之物,还在于它产生和规定了我们的基本观念。"③石头经过磨砺而"出位"为"通灵";木头经过漆护也"出位"为"醇厚";土经过火炼而"出位"为"坚实"。这种野生材料的变异实际上都代表着人的意义追求,共性的目标催生造物的新生,通过场景涵义与圣化符号的叠加,野生材料不仅超越了其本体的形式,还超越了它衍生的内涵,进入到形而上之"道"与形而下"器"的符号互通状态。在石木土三种材料中,石头是唯一不需要"改性"的材料,且其本身包含普通与珍贵的多元品格,面对大自然呈现的成千上万种石头,整个旧石器时代允许先民数百万年时间的造物浸润,先民在"手制工具"实践中交融、互置与游戏……。根据Lemonnier的观点,一件人工制品的生成,代表大脑图像和思想的表达,这种表达可能在无意识间在社会群体中传播,并随传播而统一为群体的认可,由此可见石器技术来源于每个社会群体特殊的技术行为特点。④先民选取玉石作为通神、生命互换、道德培育、信仰见证的设计叙事,毫无疑问是顺应自然的恩赐,法自然而造物的智慧。自然物质实现对人的意义载体,统一符号是前提条件,必须在自身的特征中发展出情感意志、美学涵义的文化体系,连同相应的符号假设,才能获得自我心灵体验和观照的形式语言,以求在个体的生活之外聚拢出文化的表征符号。

---

① (英)沃尔特·佩特著,李丽译.《文艺复兴》[M].北京:外语教学与研究出版社,2010:169.
② 潘建伟.《论艺术的"出位之思"——从钱锺书〈中国诗与中国画〉的结论谈起》[J].《文学评论》,2020(5):217.
③ 闫月珍.《物:中国文学研究的新途径》,《学术研究》,2017(6):140.
④ Lemonnier P. *Topsy turvy techniques. Remarks on the social representation of techniques*[J]. Archaeological Review from Cambridge,1990,9(1):27—37.

中国有文字的纪年约 2500 年左右，文字基本是根据其形象原型会意而成，文字虽然以书写和绘录的习惯呈现二维平面，但其内在的隐喻却是宇宙时空观、社会伦理观的符号体现。如果借"中"和"国、國"字分析其符号的空间感知，便代表一种华夏文明本体的设计逻辑和设计思维的共同体，其中"玉"与"国"的关系、"或"与國的"中国"关系，隐喻着"玉承中国"的造物逻辑。《周易·系辞下》载：包栖氏"仰观俯察""观象授时"，进取诸身，远取诸物——以通神明之德、以类万物之情，这里的神明是宇宙万物的本体，而在其中统一话语和思维的是玉石所成就的神灵崇拜与族群聚落之间的关系媒介，这个关系成为表现在中国古代文字中的"玉"符号原型。从玉原型出发：国中有玉，《说文》载：王玉通字，玉是王用于执媒介替天行命的媒介象征。国和國是外四方内中有"玉"有"或"。一般的观察视角总是以平面二维角度，假设此时我们以三维的角度重新观察"中""国"与"國"便会发现：中字是在天地时空宇宙间的空间关系，以轴线贯通天地冥三界时空。"國"中有"或"就是在四方疆域之类的围合空间，代表国族行使通神交感巫术的王居于疆域间掌控和配置权力，以玉为媒介信使，统一国族的精神。可见中国文字原型中透辟出玉成就的中国，并从王权神权中衍生出"德性"，以空间四方正义和空间媒介信物维系德的意义和话语，以德作为社会的准则，统一的标准。从德中探明美的品质，所谓"被褐怀玉"、君子文质彬彬有玉德。这些国家层面的"玉帛为二精，化干戈为玉帛"等等均是一种"玉承"。

一种文明或文化最重要的考量标准是传承和继续的可能，作为以象征为宇宙空间哲学的古代先民，自始至终寻求设计学方面的实践和继承。玉之国的玉媒介作为原汁天然材料的不可复制性，在白玉引发的普世信仰及媒材需求使得原材料走向枯竭，而需要借助造物实现变通。尽管历史等文献记载，周穆王西行、张骞出使西域等，均与求优质白玉有关，甚至在求取之下推动了中华文明的"玉石之路"，也即李希霍芬所表述的"丝绸之路"。但是对于替代品的求索，人工可持续的同质的替代品需求，却激发先民在造物成就上生发出新的突破。

经过近万年的事玉过程，作为信仰和神话观念的原编码走向成熟，超越同时期彩陶、漆器等实用器物，朝向抽象的"道德"体系与具象的造物标准而发展，并被继承在抽象和具象代表的不同属中。在抽象的"道德"体系中发展出国家、社会、个体三者统一的玉礼器。王国维释"礼"字的初型为"以玉事神"。[①]也就是

---

① 王国维著.《观堂集林·第 1 辑》[M].北京：中华书局，1959：290.

这个体系分别获得国家、社会、个体以玉为文化象征的最高标准,形成"国中有玉""君子佩玉"的表述,玉礼器用可感知的"符号"在道德观念上统一了中国。在具象的造物标准体系中发展出以瓷器和建筑为表征的双重文化再编码,其中瓷器的质感是对玉礼器美学求索的结果,"从一块石头中开启神圣的话语文本,以此作为原型辐射、转译、培育为超越自然之物,使其作为文化载体先期在国家信仰、文化记忆、普世美学等层面中获得统一,从而构成在考古发现中实际可证的上古文明邦国的文化信物,到至今仍旧在使用(实用)的瓷器,可谓是一个文明最直接的持续力的'在场'说明。"[①]

中华文明"物证"极富多样化,在现有的证据链中,中华文明可考证的空间叙事离不开玉石信仰所奠定的"道德精神",且表现为"直根式"和"叠代式"两种空间叙事模式。

可考证的文明"直根式"叙事模式显示双通道:其一是从"玉成中国"到"玉承中国"的精神特质与象征形态,先民从玉石的切磋、象征中建立了统一信仰,为国家象征、社会伦理、个体君子的信仰提供了统一的可见表征物。表述为"化干戈为玉帛""被褐怀玉""君子比德于玉"等,在精神层面上由"玉"统一认知。其二是从"五方中国"到"天人合一"的宇宙时空形态,先民依据天地(南北)与东西的时空方位,通过"以身为度"到"立杆侧影"确立"中",构建出"天人合一"的"五方中正"之国,通过规划城市、族群聚落、建筑居住统一时空形态,从而"九经九纬""轴线贯通""坐北朝南",在时空层面统一空间象征形态。以上两点上对国家,下探百姓,在最广泛的层面实现"道器融合"。

中华文明的"叠代式"的叙事模式是由器物、建筑及其图像为代表的历史性物证,在新石器初期先民利用"火中生陶"逐渐衍生到"冶炼青铜",器物也从功能实用状态走向承载通过彩陶制作完成聚落的分工,彩陶在使用功能之余也作为纹饰、符号的表述对象,其鼎鬲等造型直接在后世转化为青铜器和瓷器的样式,这些造型之间具有技术和样式的叠代。在功能器具之外是象征玉礼器的切磋琢磨,附会动物的拟态造型和几何图形的发展,新石器先民发展出全域层面、广泛表征"天、地、人、神"的祭祀器物系统,极大提升了精神层面的造物观念。值得注意的是,中国古代先民的空间场域精神,使其总是在建筑空间叙事中关照心灵,也即实体空间与精神空间在相互观照中继承观念。这真是杨国荣所言的

---

① 熊承霞.从玉石到瓷器的造物路径[J].中原文化研究,2022(2):38.

通过日常生活内外的实际做"事"过程，感知对象的不同形态和性质得到了具体"物"的展现。①建筑及其建成环境内外的事在一定的信仰引导下，更易完成对精神外化的培育。先民建造房子的过程经历了"穴居和半穴居"，根据自然摹仿，经过夯土、木构、垒石三种结构的推敲，产生新石器晚期的三种建筑结构原型，在良渚、河姆渡、仰韶和半坡遗址中均有相对集中的聚落组织，建筑最后成熟为中国独树一帜的木结构为主题的体系。在文明的表征物中，玉石代表精神推进的速度，利用天然玉石作为文化原型是中华文明的重大的贡献，从制作石器工具生存到以玉礼器为原型发展出"象征体系"，集中代表了中国精神造物方面的成就，这些成就成为汉字组词的来源之一。同时，因玉石系统的完备而开辟符号体系，建构国家和社会道德认知，起到了承继中华文明的主张。这些石器、玉礼器、建筑时空的叠代再生，不仅仅是器物自身发生的材料、技艺、美学和功能的嬗变，更重要的是演变为文化的表征和文明史的活态证据，反映在与物有关的中华文明的器以载道的表述中，作为坚不可摧的文明基础。这一整个历程，总体可以表述为从玉开启的"玉承中国"。

四、 结语

从文化原型的设计脉络考察造物观念，经历了天然野生材料到人工复合材料的贯通，经历了"以器探道"到"以器载道"的造物求索。一个国家的文明或文化总是有着相应的载体。所谓"文以载道、器以载道、含道应物"，这其中文（纹饰）表明的是图形图像的叙事，器表明的是器用和器用的形态与结构叙事。即先通过物质实体构成对物的直观感知，从物的功能引出惯习思维，从物的外在质貌中找到隐喻在物之内的思想性，从物的制作选型选材中生发出抽象象征思维，形成文本的互文间性之概念。

文明的精神特质和发展形态涉及物质表征，追溯文明的历史必然不可缺少造物的历史。在中华文明的特质形成中，造物表述可追溯近万年的有文字记载的新石器时期"象征物"证中，也表述在由符号图像工具组成的旧石器时代的"实用物"。前者是有文字记载的文化小传统，后者是无文字记载的文化大传统。旧石器数百万年的"石器工业"提供了新石器文明的业态和精神体系的特征，串联

① 杨国荣.《心物、知行之辨：以"事"为视域》[J].《哲学研究》，2018(5)：52.

两者的是"道器"以及伴随而出的"国家道德、社会伦理及个体禀赋"的发展。此时,中国文化已经在无文字的文化大传统时代与有文字的文化小传统时代。借助玉石这样一种被广泛认可的神明之物,在最为抽象的层面,诸如象征崇拜的接受、君子符号的置换、国家道德的显示统一性和整合。在最为思想的层面,诸如美、善、德的统一性感知,传达了"尚玉、近玉"的观念。

中华文明持续上下五千年,不仅是其和世界上众多民族同样发现了玉石的通神生命崇拜的功能,但更重要的思想观念的一以贯之式继承,即以玉及其隐喻的宇宙空间媒介,美学道德的凭信为目标的继承,从石器工具中呈现的有灵,发展出玉石成就的中国,又从玉石基因的进程中,实现玉成的中华文明体,最后再将玉成就的文明体系转化、继承在不同的状态和对象中。在"石器中国"的工具造物意识中走向"玉成中国",并从对文化原型持续的继承中完成"玉承中国"的造物观念。

作者简介:熊承霞,上海理工大学出版印刷与艺术设计学院广告系副教授;韩启喆,墨尔本大学本科生。

A Concept of Creative Design: from Stone Tools to Jade Symbols and Civilized Narrative of Faith Care

Abstract: "Yucheng China" is a mature creation space narrative excavated from symbols and sacred objects in the Neolithic Age in ancient China, and it is a creation process that takes jade belief as the cultural prototype to take care of the whole. Symbols made of jade, because of their intuitive, life-aware and abstract functions, have become the presence of living "things" that have been inherited from ancient China. To explain the concept of creation, specifically, it is necessary to explore the formation and expression of its concept and the irreplaceable inheritance of cultural archetypes for later generations from its initial instrumental creation with the main purpose of survival, and to reveal the cultural expression system and cultural thinking of creation. Through observing things through "law and nature", the ancestors explored the discourse rights of things in hand-made tools for millions of years, found the persistence of jade from the constant characteristics of stone, endowed it with the meaning construction of psychic and metaplasia spirit，and constantly strengthened and deepened the symbolic interpretation of jade symbols under the action of materialized concepts，and provided a continuous reference for carrying Tao through intuitive visual creations.

Keyword：Create design objects；Jade spiritual belief；narrate；Symbol symbol

建构"异位"认同：中国核心价值观何以跨文化传播[*]

张恒军　范沐蓉

摘　要：文化认同是最深层次的认同，其核心是价值观的认同。一个国家的价值观，从本质上来说，反映了这个国家整体的社会价值追求以及民族的精神风貌。社会主义核心价值观是当代中国精神的集中体现。它从个人、社会到国家层面提出培育怎样的公民准则、建设怎样的社会取向和实现怎样的国家目标。中国特色社会主义核心价值观在世界范围内能否成功共享是时代任务。本文试图从文化认同的视角出发，以当前中国核心价值观跨文化传播的认同现状为问题导入，分析原因并尝试提出建构"异位"认同的进路，从唤醒集体记忆、注重主体对话、聚焦Z世代群体、强化技术助力等四个方面阐述中国核心价值观实现有效跨文化传播的可参考路径。

关键词：中国核心价值观；跨文化传播；文化认同；"异位"认同

一、 问题缘起

在国际传播的认知转向视域下，信息是否能够客观反映真相已变得次要，更重要的是，它能否进入到个体的认知范畴，是否对个体自身有用，是否符合个体过往形成的认知结构和认知地图。关世杰曾在《中国核心价值观的世界共享性初探》一文中选取了海外9国民众作为调查对象，以问卷形式得出其对于我国社会主义核心价值观中12项内容(富强、民主、文明、和谐；自由、平等、公正、法治；

＊　基金项目：本文为国家社科基金重大项目"人类文明新形态话语体系构建与全球传播研究"(项目编号：22&ZD311)的阶段性成果；教育部国际中文教育创新项目"中华文化经典推动亚洲文明对话"(项目批准号：21YH003CX6)的阶段性成果。

爱国、敬业、诚信、友善）的共享性排序，其赞同率平均数从大到小依次为印尼（92.7％）、印度（88.5％）、越南（87.7％）、俄罗斯（84.2％）、沙特（82.8％）、美国（79.7％）、韩国（72.2％）、德国（64.5％）、日本（55.0％）。①尽管核心价值观在接受调查的大部分国家中显示出较高的共享层级，但其中作为同处于儒家文化圈影响下的邻国日本却对儒家文化发源地的价值观持较低认同感。同时，"民主""文明""自由""法治"等均来自西方文明的价值观，自明治维新以后主张"脱亚入欧"的日本对此依然持较低赞同率，这其中是否带有近代对于中华民族文化先入为主的判断仍需要进一步研究。社会主义核心价值观如何获得其他民族的广泛认同依然是当今中华文化跨文化传播亟须解决的一大难题。

事实上，我们的确面临着一道天然屏障。偏见无处不在，尽管人类科技飞速更新迭代，发展到人工智能时代也依然会存在算法偏见，即使是在赛博空间也依然能折射出不同种族、阶级和性别之间的偏见和歧视。福柯的话语规训理论认为，权力生产关于主体性的科学，从而生产主体。萨义德受益于福柯，在《东方学》一书中区分了纯粹知识和政治知识，他认为，以美国为代表的当代西方国家所产出的对世界具有重大贡献的知识，大部分都被公认为是非政治性的纯粹知识，但这些知识生成、发展时所必然经历的政治环境影响以及权力凝视却极其容易被忽视，最终导向了"东方"不断被"东方"以外的地域所表达，掌握了话语权的自我实际掌控了建构"他者"的权力。②"他者"在西方哲学中向来是受到偏见的一种概念，因为"他们"无法与"我们"保持同一，就会生发出敌意。于是随着学者"非政治"的研究深入，"东方"被不断建构成妖魔化的"他者"。葛兰西认为，秩序的维系不在高压的统治，而在于通过教育、文化和传播的渠道等意识形态制度及活动塑造出共识，从而建立文化领导权，实质也是对意识形态的领导权。"当我们认识到像文化这样无孔不入的霸权体系对作家、思想家的内在控制不是居高临下的单方面禁止而是在弱势方也产生了生成性时，我们就可以更好地理解其影响为什么能够长盛不衰。"③海外受众对于核心价值观的接受现状也表明，在生成"文化共享"的过程中，解读偏移的风险无法完全规避，受众以自己更倾向于选择的符号将接收到的信息非总体化，而在另一个参考框架中将信息再总体化，

---

① 关世杰.《中国核心价值观的世界共享性初探》[J].《国际传播》，2019(6)：9—26.

② ［美］爱德华·W·萨义德.《东方学》，王宇根译，生活·读书·新知三联书店2019年版，第12—16页。

③ ［美］爱德华·W·萨义德.《东方学》，王宇根译，生活·读书·新知三联书店2019年版，第20页。

往往他们所倾向选择的符码系统和参考框架就来源于教育、新闻机构的长期建构，也就是葛兰西口中的"文化霸权"，从而形成了"习惯记忆"，由此生成刻板印象。

二、 文化认同作为一种视角

"文化认同"这一概念在学界至今缺少被一致认可的明确界定。从精神分析层面来看，认同（Identity）是西格蒙德·弗洛伊德所说的"与他人一种情感联系的最原始的表达"①。也有学者指出，认同概念的基本内涵是指"身份""同一性"，所谓认同就是指人或事物的内在一致性获得外在认可；认同本质上是对自我根源的不断追寻，对自我身份的不断追问。文化认同之中，文化是自变量，认同是因变量，能否最终实现认同直接取决于文化的内涵，但同时，文化认同并非静止，其表现为多种文化在"间性"对话之中逐渐表现出的相近性以及认同感。"认同总是存在于关系当中，或者说认同本身就是一种关系，而且认同关系就是指人与人、人与群体及人与社会之间的关系。"②文化认同既需要广泛的社会群体受众，又需要在广泛的社会群体受众中形成可供流通的一致性。

一种文化的形成必定有其背后孕育它的历史背景和社会原因。生活在同一文化下的群体具有相同社会经历和记忆，霍夫斯泰德称为"心理程序"。囿于这样的程序并不具有普遍性，不同民族因社会发展、社会经历不同导致文化差异的产生。文化的多样性和可变性也决定了文化差异是不可避免的。索绪尔认为，差异是意义的根本，如果没有差异也就无所谓意义。我们需要差异是因为我们只有在与"他者"的对话中才能产生意义，"差异的标示是文化的基础"。③正是由于"他们"的存在，"我们"才能成为"我们"，只有在明晰"我们"与"他们"的区别或是界限之后，才能进一步强调"我们"，而每一次对于界限的明确也将加深"我们"的认同感。因此，认同由差异建构而成，两者相辅相成互为表里。现如今之所以会出现文化认同危机，是因为地方与地方之间的界限被逐层打破，区域间的裂隙不断被逐渐频繁的人类交流活动所弥合，"我们"和"他们"的区别变得模糊，不同

①　[奥]弗洛伊德.《精神分析引论》，彭舜译，陕西人民出版社 2001 年版，第 11 页。

②　崔新建.《文化认同及其根源》[J].《北京师范大学学报（社会科学版）》，2004(4)：102—104、107.

③　张江彩.《跨文化传播中的文化认同困境及其启示——以中国题材合拍电影为例》[J].《社会科学家》，2012(5)：77—84.

社会背景下孕育的文化争相走进人们的视域，呈现纷繁复杂的景象，而这样的奇观使得个体无所适从，当主体接收到与其长久以来被规训而形成的认知相悖的逻辑时，文化认同的危机也随之产生。任由对文化认同危机的置之不理，将会导致个体与社会、种族甚至世界的冲突升级。

一个国家的价值观，从本质上来说，反映了这个国家整体的社会价值追求以及民族的精神风貌，包含着整个国家最基本的道德水准。社会主义核心价值观是当代中国最基本价值观念，从个人、社会到国家层面提出培育怎样的公民准则、建设怎样的社会取向和实现怎样的国家目标。无论何种社会形态的国家都需要有属于自己的核心价值观，这不仅承担着思想文化引导和统领的重要作用，同时，价值观作为一种文化要素，更是民族文化在世界人类文明交流互鉴的基石。而文化、思维以及行为规范等也标示着特定的价值观，在某种程度上，文化本身便是一种价值观的表现形式，因此文化认同的核心即价值观认同。任何一种价值观的具体内容都是在具体时代中的特定阐释，在国家或民族漫长的发展过程中，逐渐形成了这些具有鲜明的民族特性和时代特性的价值观念，换言之，民族的烙印从价值观孕育伊始便存在。我们向国际社会传递的价值观是否能展示出除民族性以外的普世性，各国人民能否接受并理解这样的价值观，将直接决定我们的文化能否收获认同，在互鉴中发展。如同前文所述，在本民族文化向外传播的过程中，我们需要正确地认识到文化差异存在的必要性和重要性，需遵从文化差异造就的文化特性。

三、 中西核心价值观文化认同实现的可能性

萨姆纳认为帝国主义的基础是自民族中心主义，即认为孕育自己的群体和民族文化是上等群体和优越文化，并以此为基础贬低其他文化和群体的人们，将其视为未开化的民族，只有追赶上他们的脚步才算是进步。这样的自民族中心主义发展到最后无疑指向了故步自封，同时在某种程度上也可以认为是种族歧视的根源所在，以西方为中心的排斥有色人种、歧视亚裔愈演愈烈。在如今信息高速发展的现代社会，只有坚持各种文化的交流互鉴才是面对不同文化群体和不同民族文化的正确姿态。可以肯定的是，不同文化并无优劣之分，文化的生成必然有滋养它的土壤，即社会环境和民俗。我们需要去借鉴异文化中具有价值并对现代发展具有指导意义的部分，做到为我所用，实现世界文化的共同繁荣。

第一，从普适性价值之自由的角度看，中西价值观中皆注重自由的观念。中国核心价值观在提出伊始就旨在坚持自身文化价值的基础上，创造一个既能密切观照中国自身发展、提升民族凝聚力，又能反映出全人类共同利益的价值体系。西方于 17、18 世纪开始对古典自由主义思想的探索，反对以"君权神授"为首的一系列限制个人自由的观点，主张以个体为单位的个人自由，包括言论自由、思想自由、信仰自由等。其中，言论自由是最基本的自由权利，1644 年，约翰·弥尔顿发表《论出版自由》，由此诞生了观点的公开市场以及观点的自我修正过程两个著名理论，个人的言论自由得到极大的提升，盘活了处于危机中的西方新闻事业的同时，也激发出学界对于自由限度的思考，逐渐形成的社会责任理论在《一个自由而负责的新闻界》中得到明确的肯定。由此观之，只有尊重并满足个体作为独立人格所必需的自由的权利时，一切有利于群体以及社会健康发展的观念才能得以充分涌流。在现代中国转型时期，一批先进的知识分子为"自由"振臂高呼。陈独秀眼中的自由即"自由而非奴隶的""绝无以奴隶自处之义务"与"绝无奴隶他人之权利"两方面。自此，自由观念唤醒了民众个体意识，也成为中国社会现代性追求的重要表征。自由作为社会主义核心价值观之一，同时在中西两大文明域都有具体的历史源流，因此其普世性价值理应得到各文化体不同程度的认可。

第二，从普适性价值之法治的角度看，中西核心价值观皆注重法治观念。西方法治精神源于古希腊城邦民主制，其最初旨在推翻教皇黑暗统治，后演变为抨击封建的君主专制以及黑暗的人治，法治精神在西方经历了漫长的发展过程，已深刻根植于人们心中。回看中国法治发展，亦是不断法治化的过程。自公元前 221 年秦始皇一统天下后确立君主专制制度，一直到 1911 年孙中山领导的辛亥革命彻底推翻清朝的封建统治，君主专制在中国延续了两千多年。在这期间虽有法家、道家等关于治国思想的相继提出，但大都以"人治"主义为核心要义，秦初对于法家的推崇也只是有意识的推崇符合统治者意愿的内容，崇法而废法，实则是封建统治者加强其封建统治的手段和工具，与现代意义的"法治"相去甚远。"中国法治文明的发展先后经历了先秦的礼乐文明、秦汉至明清的礼法文明和清末向现代法治文明的转型，形成了卓有特色的中国法治文明模式"。①在中国法治文明发展的早期，主要都是建立在礼的基础之上。《说文解字》中对于"礼"的

---

① 张中秋.《中西法治文明历史演进比较》[J].《南京社会科学》，2015(5)：77—84.

解释是"礼，履也，所以事神致福也"。①古代的祭祀仪式被称作是礼。中国法治文明真正向现代转型主要是在中西文明剧烈冲突时期，也就是鸦片战争以后。清王朝对中国礼乐制度改革拉开序幕，一系列现代意义上的法律条文正式出现在国人的视野中。中国的法治之路虽然曲折，但与全人类法治文明发展的方向始终一致，那就是依法而治。"依法治国"作为《中华人民共和国宪法》的条例而存在于现代中国人的生活中，法治观念也早已深入人心。"法治"作为社会主义核心价值观的又一重要内容，在全世界范围内依然具有高度的普适性价值。

第三，从普适性价值之平等的角度看，中西核心价值观皆注重平等观念。在儒释道三教合一的中华传统文化中，佛教"众生平等"的思想深刻地影响着中国人。佛教自西汉末由印度西域传入，经历了华化革新后，成为中华传统文化的重要组成部分，种下了"众生平等"的种子。进入当代，作为社会成员的个体在个人特征、职业身份等方面都有或多或少的差异，但每一个个体都应享受到平等并尊重他人享有的平等，这也是社会主义核心价值观所极力倡导的，同时也称得上是"放之四海皆准"的道德规范，是任何国家、民族不可或缺的追求，也是一切的群体规范和权利的基石。起源于古希腊的奥林匹克运动会自诞生之初就一直倡导和传递着平等的观念，不允许任何来自经济、政治或国家因素的干扰。我国于2008年承办的北京奥运会和2022年承办的北京冬奥会，都始终践行着全人类、各种族平等的理念，提出"同一个世界，同一个梦想""一起向未来"的主题口号。无论是观照东方文明抑或是西方文明，平等的观念具备在全世界各民族高度共享的可能性。

以上择要予以分析。中国核心价值观跨文化传播当然面临"异位"认同问题。卡迪—基恩由此提出跨文化认同的四类模式：批判型（critical）、类并型（syncretic）、共栖型（cohabiting）和逃避型（runaway）②。批判型指利用其他地区或国家的知识来瓦解习以为常的感知和实践，促使在全球范围内的自我反思式重新定位；类并型指全球化想象认同以增加、扩展、延伸（而非融合）的方式来吸纳全球化之流中的多元内容；共栖型指认同中并存的两种相互作用而非对立的文化以及对应的全球意识；逃避型指以极端的容忍和被动丧失了有效的干预

---

① ［汉］许慎撰、［清］段玉裁注：《说文解字注》，上海古籍出版社1981年版，第2页。
② Cuddy-Keane, Melba. "Modernism, Geopolitics, Globalization." *Modernism/Modernity*, Vol. 10, No.3,（Sept., 2003）, p.546.

立场。这四类模式描摹了跨文化传播必然遭遇的认同变异。因此，迫切需要摒弃西方文化霸权话语，正视全球化流动中的跨文化关联性，倡导跨文化异位认同（transcultural heterotopic identity），寻求同位（直接体验）中的异位认同、异位（非直接体验）中的异位认同①，以实现中西文化认同的理想境界：对话、共存、互动、互补，即钱钟书所言之"东海西海，心理攸同；南学北学，道术未裂"②。

四、 中国核心价值观跨文化传播的路径选择

（一）着眼全球视野，唤醒集体记忆

法国社会学家哈布瓦赫突破了记忆的生物学研究框架，转而从文化视角进行阐释，认为记忆是被社会性地建构的，人们在社会中获得记忆，并将个体记忆置于群体交往中，首次提出集体记忆的概念，即"一个特定社会群体中的成员共享过去的过程和结果"③。对于国家来说，集体记忆是凝聚人心的关键，是唤醒民众对于国家以及民族认同的重要方式；对于世界文明交流互鉴来说，唤醒或是塑造集体记忆更是收获不同民族文化认同、形塑不同民族人民对某一特定文化的理解的有效举措。日本前首相竹下登曾在 20 世纪 80 年代访华时说道，"我们日本人一听到丝绸之路、敦煌、长安这些词就激动不已"④。日本作家井上靖认为，日本历史上曾经出现过三次丝绸之路热潮，即中国盛唐时期、明治维新时代以及 20 世纪 80 年代《丝绸之路》纪录片播出时期。⑤可以肯定的是，中日双方民众对于"丝绸之路"拥有一段集体记忆，至少在这一文化的理解上所达成的一致性在双方社会之中充分流动过，也就是说，具备实现文化认同、生成"文化共享"的前置条件。今年是"一带一路"倡议提出 10 周年。"一带一路"建设的过程，也是中国核心价值观跨文化传播的过程。为此，应以唤醒丝路集体记忆为契机，搭建、还原丝路文化中日共同认知场景，使得核心价值观内容在丝路集体记忆中被活化，从而被理解和接受。这一过程便需要大众媒介主动介入，通过媒介符号的表征在个体之间、群体之间营造出"想象的共同体"，以凝聚共识进一步促进共情传播。

① 陶家俊.《文化全球化视野中瑞查兹的跨文化异位认同研究》[J].外国文学研究，2020(5)：64—76.
② 钱钟书.《谈艺录》，中华书局 1984 年版，第 1 页。
③ 黄荣.《央视新闻 B 站号年终盘点类短视频的集体记忆建构与国家认同研究》[J].《新媒体研究》，2022(16)：109—111.
④⑤ 李书琴.《日本社会丝绸之路文化认同的形成与中日交往的时效》[J].《日本问题研究》，2021(5)：10—19.

跨文化传播的过程中，我们依然需要借助大众媒介在智媒时代还原集体记忆，编织出唤醒集体记忆所需要的认知结构和认知场景，找到核心价值观在世界舞台中的共通性与共情性，着眼于全球视野、运用全球思维和全球话语进行全球叙事。

同时我们应该注意到，随着 UGC 的深入发展，各种文化以不同文本形态呈现在纷繁复杂的互联网络空间之中，UGC、OGC 与 PGC 并行，在带来传播主体多元化的另一方面，造成主流传播信息被海量数据所淹没、大量民族性文化内容在传播共享过程中被曲解的现象。用户生产内容时代，信息井喷，信息泡沫化使人们获取效率低下，从而影响思考和判断。如何使受众在碎片化时间尽可能多地获取到精准事实和独到见解成为当务之急，这不仅影响文化内容是否能够成功再现，也关系着由集体记忆触发文化认同这一程序的正常运转，一定程度上，这为传统媒体在新的起点上回收话语权、实现再中心化创造了机遇。意识形态客观存在，但在国际传播中，官方媒体应该尽可能基于传播内容以及目标受众建构共通的审美意象，呈现完整的背景链条，通过丰富特定文化现象的背景知识，来降低高语境文化在传播过程中的内涵损耗以及"文化折扣"。

（二）走出独白主义，注重主体对话

复调理论是巴赫金在研究俄国作家陀思妥耶夫斯基小说的基础上提出的，其理论以对话性为核心，主要强调不同主体的独立性以及主体间对话的平等性，而这种对话性是建立在不同意识之间对于价值的相互探讨。在核心价值观的跨文化传播中，需要审视我们在对话意识方面存在的问题，探究如何基于复调理论展开多民族文化的交流互鉴，更好地推进文化价值的生产以及再生产。冷战结束之后，塞缪尔·亨廷顿提出"文明冲突论"，认为 21 世纪的冲突主要是来自不同文明之间的对抗："文化共同体正在取代冷战阵营，文明间的断层线正在成为全球政治冲突的中心界限"[1]。加拿大人类学家艾伦·斯玛特认为，文明之间的对话比冲突更有意义，更深层次、更大强度的对话是解决文明之间冲突最有效的途径。[2]在复调理论运用于跨文化传播实践的过程中，我们首应该意识到对话双方，比如核心价值观与其他民族核心价值观首先是平等的关系，赋予

---

[1] ［美］塞缪尔·亨廷顿.《文明的冲突与世界秩序的重建》，周琪等译，新华出版社 2002 年版，第 129 页。
[2] 樊小玲.《文明互动视域下国际汉语教科书的对话意识与中国形象传播》[J].《现代传播》（中国传媒大学学报），2022，(8)：20—27、39.

不同文化和不同主体之间交流对话的空间,警惕进入"优质文化"陷阱,走出"独白主义"。《非正式会谈》是湖北卫视和哔哩哔哩视频网站联合主办的跨文化传播经典案例,是一次推动主体间对话的成功实践。该节目是一档会谈节目,各国青年代表根据主持人提出的议题轮流发表观点看法。不同文化背景下的青年人根据自身的价值立场畅所欲言,节目中最大限度地消除了强势文化对弱势文化的压制情况,会谈是有来有回的进行,强势文化与弱势文化轮流登台,弱势文化在一些具体场景中的表现对其他文化仍旧具有借鉴意义。孙英春认为"文化认同缘起于文化的差异、流变和断裂"[1],谈话者在文化差异的相互关照中进行反思,从而使得谈话场话语权力的'博弈—认同'互动趋于一种动态平衡,通过'竞争—合作'的手段实现文化理解,达成某种程度的文化共识,解决了从前强势文化与弱势文化之间一贯尖锐的矛盾问题,构建相对均衡的对话模式。[2]通过会谈,不同民族核心价值观以温和的形式实现了共享,一定程度上消除了强制性传播所造成的抵触心理。此外,来自不同国家的"代表"在各自社交媒体上发文从而实现"第三人称"传播,更具有说服力也较容易得到积极正面的反馈。

同时,我们应该注意到,只有在文明交流互鉴过程中保持谦虚的对话意识,才能进一步完善我们自身的观念,应与其他文明对话的过程中,吸纳更具世界性、时代性的内容。历史上,中国曾经为此付出过代价。如今,我们已经意识到问题所在,文化发展的国内外环境也得到了很大程度的改善,一系列"文化出海"的举措使得中华文明较从前收获了更多的赞许,但赞许并不意味认同,更不意味我们已然抵达人类文明巅峰。直到今天,西方以及受西方文明影响较大的其他民族对于中华文化仍然存有质疑。

(三) 聚焦 Z 世代青年,提升传播精度

Z 世代的成长伴随着电子媒介的发展,相比其他群体,他们更能深刻地体会到虚拟世界与现实世界的交融。而在电子媒介大行其道的当下,媒体使用群体主要还是以 Z 世代的青年人为主,所谓"得青年者得天下",作为中华文化国际传播的主要渠道之一,需要密切关注此受众群体实时呈现出的新的传播特点,针对这一群体进行具体文本内容、传播渠道的偏好研究,在传播的环境塑造上予以重

---

① 孙英春.《跨文化传播学导论》,北京大学出版社 2008 年版,第 181 页。

② 陈纪宁,张袁月.《互动语言学视角下跨文化语境的话语传播——以〈非正式会谈〉为例》[J].东南传播,2021(10):97—100.

视,以期达到更好的传播效果。众所周知,以年轻一代为代表的大部分互联网使用群体,使用媒介已不只是停留在获取讯息的层面,他们的需求更加多元、旺盛并且更加强调即时性。近年来,TikTok已然成为了海外Z世代群聚的社交媒体平台,一些meme通过无限多的十几秒的复制很快可以成为爆红内容,去中心化推荐算法和个性化推荐技术不仅能有效实现视频的分发和扩散,而且能根据受众的观看习惯进行精准的内容推荐,爆红视频吸引众多青少年模仿翻拍,取得了巨大的传播效果。实现文化认同的首要条件是需要保证对文化有充分且准确的认知,换言之,价值观的内涵是否能够在受到外界噪音干扰的情况下尽量还原并再现给其他群族至关重要。信息触达作为传播全过程的第一个关键性节点,在一定程度上对信息的有效传播起决定作用。要将一种文化传递给自身价值观还处在形塑阶段的青年群体来说,首先要保证核心价值观内涵能够真正触达这一青年群体。在海外一些媒体蓄意抹黑或是歪曲理解中国核心价值观的背景下,"精准的年轻流量集中地"或许可以作为核心价值观海外传播的一个平台目标。为此,需要构建线上线下可持续、可交互的传播矩阵,将价值观以通俗易懂的形式呈现,满足青年群体实现对核心价值观的准确认知所必需的条件。但同时,由于当下短视频传播及算法推送依然容易造成用户的信息茧房,长此以往导致对文化的固定认知从而加深偏见,因此,中国互联网社交媒体平台、短视频平台也需要继续吸引、扩大海外受众群体、增加在世界范围的知名度和影响力,从而在内容的选择及把关上保持审慎的态度,减少传播过程中的噪音。

同时,我们应该注意到,"元宇宙"自概念提出以来一直受到传播学界的重视,更是在Facebook更名meta后掀起学术界和大众讨论的热潮,元宇宙意即依靠虚拟现实技术所创造出的非现实世界的空间,相比较原来的互联网络场域,更注重用户的沉浸体验,强调虚拟的真实性,Z世代群体作为互联网新生代对于元宇宙的期待却一直较高。相关研究表明,Z世代花费在游戏等虚拟网络空间的时间是现实世界的两倍。作为"数字时代原住民"一系列虚拟现实的文化产品都得到了他们的青睐。但同时,彭兰认为,"即使元宇宙时代,很多新闻可能还是以相对质朴、低成本的方式去呈现和消费。"[1]元宇宙需要更加庞大的资本支撑,换言之,成本更高。而现如今的大部分开发只是借元宇宙噱头吸引流量,做不到真

---

[1] 彭兰.《我们用什么样的姿态关注元宇宙》[J].《传媒》,2022(17):24—25.

正意义上的无缝衔接和转换。同时,数字藏品以及非同质化代币想要在大众的消费生活中普及,还有很长的一段路要走。Z世代是当今国际战略传播的核心和关键,如何搭乘元宇宙的快车,创新技术、加快平台基础设施建设、营造元宇宙生态等难题有待突破。

(四) 搭建传播场域,贴合日常生活

霍尔(Stuart Hall)将认同的概念分为三个阶段:启蒙时期主体、社会学主体与后现代主体。启蒙时期主体认为,个人对于世界的阐释是以自我为中心,由个人作为尺度去衡量世界万物;社会学主体认为,人的意识是在后期与社会的互动之中逐渐形成,比如芝加哥学派库利提出的"镜中我"理论,认为他人及社会是一面镜子,我们通过他人对于自己的评价逐渐形成并完善对自我的认知;后现代主体则主要体现一种矛盾的、易变的认同,更多依赖于社会环境与结构变迁,而这样的变迁必然会牵涉到主体的认同。①在去中心化的大背景下,话语权被逐层下放,受众成为互联网内容的生产者和主力军,声量也与日俱增。在此过程中的KOL对于舆论的引导和话语环境的形塑都发挥着至关重要的作用。2021年2月2日,李子柒以1410万的YouTube订阅量刷新了"YouTube中文频道最多订阅量"的世界纪录。首先,传播主体上,自身甜美仙气形象具有较高辨识度,容易引起各国网民的情感偏好以及人际吸引。其次,传播内容上,与大部分网络平台展示的繁华都市的同质化内容形成鲜明对比,以展示中国乡村闲逸生活的异质性脱颖而出。第三,传播渠道上,国内的微博和国外的YouTube都是当下较热门的超级社交媒体平台,具有丰富的注意力资源。第四,传播受众上,国外受众对于中华文化的强烈好奇心,降低了"文化折扣",且传播内容符合国外受众对于中国古代"神仙生活"的想象,容易引起共鸣。最后,传播效果上,这就是一次意义非凡的跨文化传播。视频内容不仅仅是洗衣做饭耕种采摘,而是内化了中国人民勤劳质朴、中国式乡村山清水秀的形象,已然在潜移默化之中传递给国外受众,更为重要的民族核心价值观也就随之共享。

同时,我们应该注意到,传播内容应以贴近日常生活为主要特征,赋予核心价值观以血肉而非"假大空",实现价值共享而非价值推销。在核心价值观向外传播时应该避免口号式呼喊。通过推陈出新创作出更优质的文本内容,从而搭

---

① 张江彩.《跨文化传播中的文化认同困境及其启示——以中国题材合拍电影为例》[J].《社会科学家》,2012(5):112—115.

建有利于核心价值观传播的场域。语言和文化的关系十分密切。语言不仅是一种符号,更是文化的载体,任何文化形式都不可能脱离语言而单独存在。由此,在核心价值观跨文化传播的过程中,将语言转化成与目标群体文化、社会背景相适应的本土化表达也是重要环节。索绪尔将符号的意义分为能指和所指,进行跨文化传播时,就是最大限度将符号的所指进行转化,易于让目标受众接受和理解,从而还原民族文化的全貌,减少其在跨文化传播中的文化损耗,增强传播效果。此外,技术迭代发展的加持下,web3.0 给了价值观传播更多新的可能性。随着 VR、AI 等新技术逐步应用于传播领域,各种可穿戴设备与人体深入结合,逐渐呈现出以语言、图像、声音等多模态具身传播的方式,虚拟现实这一具身化的传播也重新得到重视。通过对我国一些传统节日或者习俗的场景再现,以文化的传播助力价值观传播,观看者借助 VR 技术体会身临其境的感官体验,对于价值观文化的理解也就更加全面具体。

五、 结语

总之,中国核心价值观何以跨文化传播是一项系统工程,不可能毕其功于一役。面对西方全球化文化霸权话语,依旧步履艰难。所幸,中国提出了人类命运共同体的理念,积极探寻如何在中西之间形成多元、平等的核心价值观流动,致力于如何诸跨文化干预、介入、超越形成跨文化"异位"认同。这是中西文明交汇的必由之路,也是人类在对话、共存、互动、互补中实践诗意栖居的必然选择。

作者简介:张恒军,大连外国语大学新闻与传播学院教授、院长,国际传播研究院院长,中华文化海外传播研究中心主任。范沐蓉,大连外国语大学新闻与传播学院硕士生。

**Constructing Heterotopic Identity: How Chinese Core Values
Can Be Transmitted Across Cultures**

Abstracts: Cultural identity is the deepest identity, the core of which is the identity of values. The values of a country, essentially, reflect the overall social value pursuit and national spiritual outlook. The core socialist values are the embodiment of the spirit of contemporary China. It proposes what kind of civic norms, social orientation and national goal to cultivate, build and achieve at the individual, social and national levels. Whether the core values of socialism to build with Chinese characteristics can be successfully shared across the world is the task of the times. From the perspective of cultural identity, this study attempts to introduce the identity status of the current transcultural communication of Chinese core values, analyzes the reasons and attempts to propose an approach to constructing heterotopic identity, and expounds the reference path for effective transcultural communication of Chinese core values from four aspects: awakening collective memory, paying attention to subject dialogue, focusing on Generation Z, and strengthening technological assistance.

Keywords: Chinese core values; Transcultural communication; Cultural identity; Heterotopic identity

文化自信与民族学经典专著的对外译介[*]

——兼评李强著、高芬译《丝绸之路戏剧文化研究》的英译本

石春让　高　芬

摘　要:民族学经典专著中透露出独特的文化自信。民族学经典专著的对外翻译是国际社会了解中国文化的重要渠道,其英译本也要展现原著蕴含的文化自信。《丝绸之路戏剧研究》英译本较好地展现了文化自信。译者在展现文化自信时采用的翻译策略包括:努力提升译文质量,精确传达原著信息;展现中国学术著作范式,构建中国学术著作译写风格;兼容外来文化,弘扬中国文化。

关键词:《丝绸之路戏剧研究》;民族学经典专著;文化自信

一、　引言

习近平总书记指出,"文化自信是一个国家、一个民族发展中更基础、更深沉、更持久的力量。"繁荣发展中国特色社会主义文化需要创作者提高文化自觉、文化自信、文化自强意识(云杉 2010)。[①]促进中国文化走出去,也需要译者提高文化自觉、文化自信、文化自强意识。民族学经典专著代表了中国学者民族学研究的重要成果,包含了中国民族学研究最前沿、最独特的信息。民族学经典专著

---

* 基金项目:本研究是全国科技名词委科研项目"中国术语翻译理论史稿"(YB20200014)和西安外国语大学科研项目"新时代科技文档汉英翻译的优化模式与评价机制研究(编号 XWB03)"的阶段性成果。

① 云杉.《文化自觉　文化自信　文化自强——对繁荣发展中国特色社会主义文化的思考中(中)》[J].《红旗文稿》,2010(16):4—8.

的对外翻译是国际社会了解中国民族学经典研究和中国人文社科成果的权威渠道。因此,民族学经典专著翻译更应该呈现出文化自信,展现出中国民族学经典的研究成果的独特魅力,以便向世界学术界呈现中国民族学经典及其研究的亮丽风景。

李强著、高芬译《丝绸之路戏剧研究》的英译本是国家社科基金中华外译项目之一,2018 年由新加坡 World Scientific 出版社出版。[①]该书英译本被国家社科基金委选中、并由世界权威出版社出版,并获好评,标志着中国民族学研究专著开启了走向世界的征程。我们有必要探讨该英译本的成功策略。当前,文化自信已然成为中华民族提高文化软实力、构建社会主义文化强国的时代要求。我国正在以不同的方式,提高我国国际影响力、感召力、塑造力,提升我国世界话语权。本文探讨《丝绸之路戏剧研究》的英译本呈现文化自信的策略。

二、《丝绸之路戏剧研究》中英文本及其译介意义

李强教授是国内民族学研究领军人物。他是陕西师范大学文学院教授,比较文学与世界文学、中国少数民族语言文学博士生导师,兼任山西师范大学戏曲文物研究所戏剧戏曲学博士生导师。曾撰写出版有《中西戏剧文化交流史》《塔塔尔族风情录》《中国少数民族舞蹈史》《西域音乐史》《丝绸之路戏剧文化研究》《神州大考察》《丝绸之路音乐研究》《中外民族戏剧学研究》等 20 多部学术专著,发表论文 100 余篇。先后获国家图书、中国艺术图书、中华人民共和国文化和旅游部、中国文联民间文化、国家民委社科等多项大奖。

李强教授的《丝绸之路戏剧研究》是民族学研究的翘楚。该学术专著由新疆人民出版社出版,全书共十四章,50 余万字,另附 62 幅精美的插图。文字内容大致可分为三大部分,即国内戏曲研究部分,国外戏剧研究部分,国内外比较研究部分。作者通过大量历史事实,以及中国与周边地区、国家与民族的戏剧文化交流成果的丰富资料,令人信服地诠释神州大地乐舞戏曲的发生、形成与发展的客观规律。中华人民共和国文化和旅游部研究员曲六乙等学者相继在《戏曲研究》《中国比较文学》《新疆师大学报》《文化艺术报》等学术刊物发表《丝绸之路戏剧文化研究》的书评,同时被《西域研究》《新疆社会科学》《丝绸之路音乐研究》、

---

① 李强.《丝绸之路戏剧文化研究》[M].新疆:新疆人民出版社,2009.

新疆日报网等多家期刊杂志网站引用及采纳,引起了学界的广泛关注。

曲六乙研究员指出,2003 年《民族戏剧学》的问世,为我国民族戏剧学新学科奠定了学术基础,奠定了中外戏剧文化交流的格局。专著属于联合国教科文组织与中国联合开发的丝绸之路文化遗产项目之一,由国家社科基金资助出版,《丝绸之路戏剧文化研究》作为"丝绸之路研究丛书"之一,为丝绸之路研究领域内最权威、最全面、最系统的学术巨著。《丝绸之路戏剧文化研究》一书,荣获陕西省教育厅 2011 年高校人文社会科学著作一等奖,2012 年获"陕西省哲学社会科学优秀成果三等奖"。2013 年获"教育部高校人文社科优秀成果奖"等多种奖项。

《丝绸之路戏剧研究》英译本由陕西师范大学外国语学院高芬副教授译出,获得国家社科基金中华外译项目基金资助,由新加坡世界科技出版公司(World Scientific)于 2018 年出版。①国家社科基金中华外译项目基金资助是我国最高等级的学术著作翻译资助项目,其数量少,评审严格,考核严格,在我国翻译界、出版界享有较高声誉。世界科技出版公司(World Scientific)是亚太地区规模最大的英文科技出版公司和全球顶尖的学术出版机构之一。该公司总部位于新加坡,成立于 1981 年,拥有"世界科技(WSPC)"和"伦敦帝国学院出版社(ICP)"两个出版界的知名品牌和八方文化工作室等子公司,在新泽西、伦敦、悉尼、慕尼黑、东京、北京、上海、天津、香港、台北等设有分公司。世界科技专职出版高科技书刊,物理、数学、工程、经济、金融、管理、亚洲研究、公司每年出版 600 多种新书、120 多种期刊,许多世界著名大学,如普林斯顿、哈佛、斯坦福、耶鲁、麻省理工、康奈尔等都采用世界科技出版之书籍作为教材。世界科技公司在亚洲研究尤其是中国研究领域处于世界领先地位,已出版关于中国研究的英文专著、编著和期刊近 400 种,其中包括两个具有影响力的系列丛书:Series on Contemporary China, Series on Chinese Economics Research。公司的中国研究书籍得到了来自北美、欧洲和亚太地区的顶尖学府的知名学者的大力支持。出版作品被世界著名大学,如普林斯顿、哈佛、斯坦福、耶鲁、麻省理工、康奈尔等广泛采用。目前,《丝绸之路戏剧研究》英译本已获得中华外译项目办公室验收通过,获得优秀等级。该译作由 70 万英语单词构成,长达 800 多页,装帧优美,制作精良,堪称皇皇巨著。可以说,该书英译本的出版是中国民族学研究专著走向世界的典范。

《丝绸之路戏剧研究》对于亚洲研究尤其是中国丝绸之路的戏剧文化研究和

① Gao Fen. Silk Road : The Study of Drama Culture[M]. Singapore : World Scientific Publishing Co. Pte. Ltd. , 2019.

中国古代中西方文化交流的领域有重大的指导和借鉴作用。丝绸之路是历史上连接中国和地中海的一条重要贸易路线,对丝绸之路文化的研究已经成为国内外学术界关注的重大议题。《丝绸之路戏剧文化研究》的英译本填补中外文化交流领域中的学术空白。它会促进东西方文明双向传播,建立丝绸之路戏剧学学科,有助于将中华民族的戏剧文学艺术推向世界演艺文化平台,沟通东西方文明双向传播,与世界戏剧文化体系接轨,从而推动人类社会向前发展。同时,此书的全球出版和发行会推动中国学术有效"走进去",深化中外学术交流与对话,帮助世界更好地了解中国传统文化、丝绸之路文化、古代西域文化、新疆古今戏剧文化等,增强中国学术的国际影响力和国际话语权,不断提升国家文化软实力。

三、《丝绸之路戏剧研究》英译本与文化自信的翻译策略

(一) 努力提升译文质量,精确传达原著信息

一部译著是否成功,在很大程度上取决于译文质量。《丝绸之路戏剧研究》的译者以精益求精的态度完成了翻译工作。

首先,译者极其忠实地翻译原文的内容。一般而言,翻译包括两个层面:理解和表达。译者深刻地理解原文内容,充分把握和领会了原文的方方面面。原文中有很多生僻怪异的术语,也有许多引述,引述来自不同的典籍。译者通过查阅资料、咨询专家,充分领会了这些术语和引述的多层面的信息。基于准确的理解,译者采用了适当的方法把原文的信息清晰地表达出来,为了使译文显得流畅自然,译者下功夫用不同的翻译方法把原文的信息在译文中适当地展现出来。在《丝绸之路戏剧研究》一书中,作者使用了大量的术语,这些术语的概念信息和内容信息是非常丰富的,也多样地展现了中国文化。但是,这些术语却是翻译难点。译者在翻译术语时,译者要先查阅相关背景资料,明白这些术语背后的意义、习俗、作用等,然后采取相应的翻译的方法来翻译。

原文:他还创设"无遮大会""盂兰盆会""梁黄宝忏"等佛教典仪,为佛教音乐提供了新的形式范例和演出场合。(p.63)

译文:Also, Emperor Wu created the Buddhist rituals of the "Kumbh Mela", the Buddhist ritual conference held every five years for donation, the "Buddhist Ghost Festival", and the "Imperial Confession of the Royal Family of Liang." All of these provided form reference and occasions for the performance of Buddhist music.(p.141)

"无遮大会""盂兰盆会""梁黄宝忏"等术语都是用来表述法会的。译者将"无遮大会""盂兰盆会""梁黄宝忏"分别译为 the "Kumbh Mela", the Buddhist ritual conference held every five years for donation，the "Buddhist Ghost Festival", and the "Imperial Confession of the Royal Family of Liang"。显然，三个法会名称的翻译方法各不相同，"无遮大会"先选用英语中固的译名"Kumbh Mela"，然后加上简短注释，"盂兰盆会""梁黄宝忏"则是非常简洁的意译法。三个译名都是译者创造性的翻译。这样的翻译，不但简要地译出了三个法会的名称，并且用简短的解释性文字让英语读者了解了三个法会的内涵信息。

其次，译者用流畅的英语转达原文信息。英语读者的文化背景与中国人的文化背景不同，英语读者在阅读译文中时，可能会感觉到译文的异质文化信息是晦涩难懂的，按他们的惯常思维理解起来是非常别扭的。所以。译文流畅，才能被英语读者接受，才能不使英语读者感到枯涩难懂。译者为了行文方便，在译文中对相关信息的顺序做出适当调整。比如，译者对下面的句子是这样翻译的。

原文:任继愈主编的《宗教词典》"五台山"条介绍了一些与本文佛教乐舞与戏曲关系重大的文化背景资料。(p.61)

译文:In the *Dictionary of Religions*, edited by Ren Jiyu, the term Mount Wutai includes the cultural background information greatly related to Buddhist music-dance and traditional Chinese operas, as discussed in the book.(p.136)

在本例中，为了符合英语表达习惯，使得英文译文更加简洁明了，译者将"任继愈主编的"处理为一个插入语"edited by Ren Jiyu"；此外，将"介绍"译为"，as discussed in the book"，并放在句尾。虽然译文对原文语句顺序做了些许改变，但是语序的调整使得译文结构清晰，行文简洁，意思明了，符合英文表达习惯。这样的调整是可行的，也是必要的。

其三，译者用多种巧妙的方法转达原文丰富多彩的句法信息。原著引用了大量中国古代典籍中的名句，这些名句大多为文言文。这些名句有的信息显豁，有的通俗有趣，有的则韵味深远。原作者将这些名句巧妙地镶嵌在句子中，使句子的信息丰富多彩。但是，这种名句及其表述方式却是译者的拦路虎。译者用多种巧妙的翻译方法，将这些充满中国文化信息的名句及其表达方法转换成英语。

原文:至南朝齐梁时,佛教在江南一带甚为兴隆,"南朝四百八十寺,多少楼台烟雨中"即为当时的宗教艺术写照。(p.63)

译文:When it came to the period of Qi and Liang in the Southern dynasty, Buddhism was flourishing in the south of China, particularly south of the Yangtze River. A poem read, "Of the 480 temples built by the Southern dynasties, many towers and terraces still remain in the misty rain," which served as the artistic portrait of religion at that time.(p.141)

译者用两个句子来译写原文信息。前半句"至南朝齐梁时,佛教在江南一带甚为兴隆,"被译成一个时间状语从句。后半句"'南朝四百八十寺,多少楼台烟雨中'即为当时的宗教艺术写照。"被译成一个宾语从句。在译文第一句中,译者按原文的句式特征来译写原文信息,"至南朝齐梁时",汉语省略主语,译语增加主语 it,并且对"江南"这个汉语读者非常清楚概念意义和内涵意义的词汇进行增译,将其译为"in the south of China, particularly south of the Yangtze River"。在译文第二句中,译者使用"A poem read,+诗句引述"的惯用表达法来译写原文的信息。译者这样做,不是对难翻译的中国文化信息及其表达方法进行随意的删除、改写,而是忠实地转译,将中国传统文化尽可能准确、生动、有效地传达给英语读者,保留了中国文化韵味,把中华文化魅力向英语世界传播。潘卫民、阳东频(2016)指出,"只有尊重原文的结构,才能保证译文的准确性,不损害原文的语气和表达作者的风格"。①这样就突显了译者对中国文化的自信,也使译文展现出了文化自信。

(二) 展现中国学术著作范式,构建中国学术著作译写风格

中国优秀传统文化是中华民族的"根"与"魂",坚定文化自信,就是要努力从中华优秀传统文化中不断汲取营养和智慧,延续文化基因,萃取思想精华,展现精神魅力,以时代精神激活中华优秀传统文化的生命力(杨宪邦 1994)②。民族学经典专著外译的目的是让外国读者了解中国研究者的独特发现,进而了解中国文化的博大精深和传承的生命力。因此,译者需要自信地将传统文化忠实翻译出来,以使外国读者了解和认知这些特性,进而促进中国文化成为世界多元化文化体系中的亮丽风景线,增强中国文化在世界多元文化中的话语权。中国的

---

① 潘卫民,阳东频.《〈毛泽东选集〉英译中的规范探究》[J].《外语与翻译》,2016(1):7—11.
② 杨宪邦.《弘扬中华优秀文化》[J].中华文化论坛,1994(2):5—6.

民族学经典专著呈现出独特的中国学术著作范式,其词汇运用、句式选择、引述等等都有独具特色的书写风格,因此,译者应该在译文中充分、贴切地展现原著的书写风格。

首先,译者需要忠实地转换原著的写作范式。原著的写作范式是自成中国风格的,是中国学者的学术写作范式,这种范式是中国学界长期积淀形成的。这种范式具有中国学界学术写作范式的共性,也具有作者的独特个性,既是借鉴国际学术范式的结果,也是中国传统学术范式的创新。用英文来呈现这些学术范式是译者自豪地展现中国文化,自信地展现中国文化,既是给国际学术界增添新的学术范式,也是为国际学术界做贡献。译者应充分理解中国民族学著作学术范式的特征,并巧妙地将其转换成英语。译者理解的学术范式可能是语言学界的,也可能翻译学界的,这些学术范式与民族学学术范式是不同的,也是与具体的民族戏剧学学术范式不同的。

原文:"五台山"居于我国佛教四大名山之首,位于山西省忻州地区五台县境东北处,系太行山之余脉,历有"华山屋脊"之誉。因其境内拥有东西南北中台及五座山峰,故名"五台山"。据有关史料记载,早在东汉明帝永平年间(58—75 年),印度高僧到我国中原地区传教,看到五台山形态与释迦牟尼修行的灵鹫山相似,特奏请汉帝在山上修造大孚灵鹫寺,即今显通寺,为佛教初入五台山之标志。(p.61)

译文:Mount Wutai, ranking first in the four famous mountains of Buddhism in China, is located to the northeast of Wutai County, Xinzhou Municipality in Shanxi province. Lying in a branch of Taihang Mountains, it is known as the "Ridge of Northeastern China". Mount Wutai was named because of its platforms at the east, west, south, north and middle and its five peaks. As recorded in the relevant historical literature, as early as the Yongping period (58—75 AD), during the reign of Emperor Ming of the Eastern Han dynasty, during the reign of Emperor Ming of the Eastern Han dynasty, an eminent Indian monk came to the Central Plains of Cathay to disseminate Buddhist teachings. When he saw that the shape of Mount Wutai resembled that of Griddhraj Parvat, where Buddha Shakyamuni cultivated himself, he presented a sum of money to the Emperor to build Dafu Lingjiu Temple(Temple of Griddhraj Parvat) in Mount Wutai, which is the Xiantong Temple today. The construction of the Temple marked the introduction of Buddhism to Mount Wutai.(pp.135—

136)

　　原文写作范式是独具特色的。最鲜明的特色是表述中有较多的简练古汉语词汇,如"之首""历有""因其""故名""据""即""为"等,这些古汉语使原文在词汇层面呈现出简练、正式、富有美感等学术风格。原文在句法层面也充分显示出汉语结构简约、语义丰赡的特色。如"据有关史料记载,早在东汉明帝永平年间(58—75年),印度高僧到我国中原地区传教,看到五台山形态与释迦牟尼修行的灵鹫山相似,特奏请汉帝在山上修造大孚灵鹫寺,即今显通寺,为佛教初入五台山之标志。"只一个句子就清晰地介绍了五台山形态、佛教渊源,其上寺庙名称的演变等的写作风格。原文的语篇风格也非常独特,因为充分呈现了汉语传统学术语篇的写作逻辑。这一段宏观介绍"五台山",原文的写作逻辑是先说"五台山"的地位、位置、称谓、称谓由来。这种写作逻辑是典型的汉语写作逻辑,行文流畅自然。原文的写作范式充分彰显了作者的学术写作功底和中国学术语篇的独特韵味,即用词呈现佛教色彩和文学色彩,叙述恢宏大气,信息显豁多元,语气清新自然。

　　译者在翻译时紧扣行文特点,尽力使译文风格与原文风格保持一致。译文选用了正式、庄重的词或词组来表达原文的信息,例如"ranking first""is known as""was named because of""As recorded in"等。这些英语词和词组使得译文简练明了,正式庄重,逻辑清晰,非常符合原文风格。原文的逻辑顺序也清晰地在译文中呈现出来。译文忠实地转换原文的逻辑叙述,没有对原文的结构、次序作随意地删减改动,清晰地呈现出原文的佛教色彩和文学色彩浓厚的风格。译文在清晰转换原文的逻辑的情况下,尽力对原文句子的结构、次序进行转换,在转换过程中,不是随意的调整句子顺序或删减某些句子,而是充分尊重原文的句子之间的关系,尽力译写出地道的英语句子,并按照符合译语习惯的衔接关系排列译文的句子成分。这样,很好地把原文的叙述特征呈现出来。

　　其次,译者在译本中创造性地构建中国学术著作的译者风格。译者风格是译者忠实地传达原著的表述特征的同时,为了呈现流畅译文而形成的译语文本风格。长期以来,人们多关注文学作品翻译的译者风格,学术著作的译者风格几乎没有被人提及。《丝绸之路戏剧研究》的译者在呈现译者风格方面也有独特的贡献。下面举一例来说明。

　　原文:"五台山"居于我国佛教四大名山之首。(p.61)

　　译文:Mount Wutai, ranking first in the four famous mountains of Buddhism in China.(p.135)

原文以脚注的形式对"佛教四大名山"进行注释：

中国佛教四大名山分别是山西省五台县境的五台山，传为文殊菩萨说法道场；浙江省舟山群岛的普陀山，传为观音菩萨说法道场；四川省峨眉县境的峨眉山，传为普贤菩萨说法道场；安徽省青阳县境的九华山，传为地藏菩萨说法道场。

译文也以脚注的形式对这个注释进行忠实地翻译："The four famous mountains of Buddhism are：Mount Wutai within the territory of Wutai County，Shanxi Province，known as the ritual performing sites of Manjushri Bodhisattva；Mount Putuo at Zhoushan Archipelago of Zhejiang Province，known as the ritual performing sites of Avalokitesvara Bodhisattva；Mount Emei within the territory of Emei County，Sichuan Province，known as the ritual performing sites of Samantabhadra Bodhisattva；and Mount Jiuhua within the territory of Qingyang County in Anhui Province，known as the ritual performing sites of Kshitigarbha Bodhisattva."(p.135)

这个注释简明地介绍了中国佛教四大名山。原文中"传为……菩萨说法道场"被译者创造性地译成"known as the ritual performing sites of ... Bodhisattva"。原文"传为"既说明千百年来人们这样传说，也说明现在人们都是这样认识的。因此，译文是非常贴切的，英语读者很容易理解，也会为这样的表述赞叹。这样的译文能使英语读者轻松、晓畅地理解中国佛教四大名山的相关信息，如位置、因何闻名等信息。译者保留民族学经典专著的学术范式，精确地传达了原著的信息，形成了语义清晰、表述自然的译文风格。

(三) 兼容外来文化，弘扬中国文化

民族学经典专著必定会涉及中外民族交往的史实。中外民族的交往史实一定会涉及一些论述外来文化的信息。译者在翻译这些有关外来文化的信息时也需要坚定文化自信，用适当的方法来翻译相关信息。译者在翻译表述外来文化的专有名词时，不能一味地找寻西方文化中的对应词，即全盘西化，亦不能不考虑选用西方文化中的对应而一味地对其进行曲解翻译。译者需要特别深入地研究这些表述外来文化的专有名词的本质信息，以及在中国的接受和传播情况，还要考虑这些专有名词的历史意义和现实意义。简言之，译者需要秉持自信心、包容心来翻译这样的术语。正如朱振武所言，译者要真正促进中国文化走向世界，

就必须统筹、整合和优化翻译资源，同时还要改变翻译概念，认清译入和译出的本质差异，形成翻译自觉（朱振武 2016）。①

《丝绸之路戏剧研究》的译者在翻译表述外来文化的专有名词时，多采用音译加注的方式。专有名词包括人名、地名、特指概念等，音译加注的译法使译文呈现出杂合型特征。这种杂合型翻译法使译文的外在形态和内涵信息都呈现鲜明特点。原文本中的专有名词以音译的形态在英语句子中出现，可以帮助英语读者体会到音译词汇外在形态的陌生特质；而在注释中，译者向英语读者传递出专有名词富含的中国文化的异质性信息，这有助于读者更好地理解原文本中专有名词的丰富信息。这种翻译方法保留了外来文化的原有形象，也清晰地呈现了这些外来文化在中国的接受和传承情况。这样的译法是译者翻译自觉意识的显化，也是译者文化自信的彰显。

原文：《清凉山志》亦载："大显通寺，古名大孚灵鹫寺。汉明帝时，腾兰西至，见此山，乃文殊住处，兼有佛舍利，奏帝建寺。腾以山形若天竺灵鹫，寺依山名。帝以始信佛化，乃加大孚二字。"(p.62)

译文：In the *Journal of Mount Qingliang*, it was recorded that：Da Xiantong Temple was anciently known as Dafu Lingjiu Temple（Temple of Griddhraj Parvat）. During the reign of Emperor Ming in the Eastern Han dynasty，Teng Lan came to the Temple in his journey to the West and saw the mountain where Manjushri Sudhana resided and where there were relics of the cremated Buddha. So he submitted a petition to the Emperor to build the Temple. Teng believed that the shape of the peak resembled Griddhraj Parvat in Tianzhu. Therefore，it was also known as Lingjiu Temple. The Emperor believed that the peak was incarnated by the Buddha，so he added two words Dafu（literally known as Grand Buddha）to the name of Temple.(p.139)

这段文字中，有"大显通寺""大孚灵鹫寺""大孚"等专有名词，这些专有名词清晰地表达佛教最初传到中国时人们对佛教文化的接受和认知情况。"灵鹫"是佛教来源地古印度的寺庙名，也是佛教最为重要的文化概念词之一。"大孚"一词是中国皇帝自己创造出来的表达"大佛"的词汇。原文将"大孚灵鹫寺"讲述得非常清晰："大孚灵鹫寺"是"大显通寺"的旧名，之所以有这个寺名，皆因寺建在

---

① 朱振武.翻译活动就是要有文化自觉——从赵彦春译《三字经》谈起[J].外语教学，2016(5)：83—85.

五台山，五台山"山形若天竺灵鹫，寺依山名。帝以始信佛化，乃加大孚二字。"这是中国文化包容并传承外来文化的典型例证。这些专有名词传达的信息淋漓尽致地表述了中国文化对佛教文化的包容及传承。这段文字中的"大孚灵鹫寺""大孚"如果仅音译出来，则会使英语读者觉得不知所云。译者翻译这个词时，充分考虑了这个词的语境意义，充分展现文化自信，以音译加注释的方式，将两个专有名词分别译为"Dafu Lingjiu Temple（Temple of Griddhraj Parvat）"和"Dafu（literally known as Grand Buddha）。这样，这个词语的涵义及语境信息便清晰地呈现出来。

民族学经典专著自然也会涉及中华民族最核心的概念信息，这些概念信息经过千百年的演化，已经变成中华民族耳熟能详的典故和民间俗语。这些典故和民间俗语清晰地表达了中华传统文化的精髓，也彰显着中华传统文化的自信。译者需要充分地将这些典故与民间俗语蕴含的文化自信在译语中释放出来。这需要译者坚定文化自信，与时俱进，以发展的眼光理解、认知中国文化，并且要积极地传承、发展中国文化。译者应该注意到汉英文化差异，或者在汉英文化中寻找共同的信息将这些典故和民间俗语表达出来，或者用新的方法将这些词语表达出来。这一方面体现了译者的翻译自觉，另一方面也透露出了译者的翻译自信。

《丝绸之路戏剧研究》的第三章取名"五台山与西域佛教戏曲"，非常详细地介绍佛教戏曲在五台山及中国的发展情况，是非常有价值的佛教戏曲研究成果。由于五台山与佛教有着千丝万缕的联系，因此原作者用了大量笔墨介绍佛教在中国和在五台山的发展，不可避免地使用了大量中国佛教词汇。佛教在中国兴盛2000多年，对中国文化产生重大影响，佛教文化已演化成中华文化的重要组成部分，许多佛教词汇对于中国人而言是耳熟能详的。这些佛教词汇已成为中国文化自信的表征。对于这样的词汇，译者或者借用英文相近含义词汇来翻译，或者采取意译的方式进行翻译。这样的翻译很好地弘扬中国文化，也展现了译者的自信。一些代表性的佛教词汇是这样翻译的。

高僧 an eminent monk

传道 preach

道术 rituals

说法 disseminating the Buddhist teachings

佛舍利 relics of the cremated Buddha

出家 be converted to a Buddhist disciple

净土宗 Pure Land School

禅宗 Zenist School

华夏正声 the orthodox music of the Chinese nation

这些佛教词汇已成为中国文化的鲜明标志，是历史文化积淀的结果。翻译好这些文化词汇，有助于给中国文化注入了新鲜血液，帮助中国文化更好地传承和走出去。

《丝绸之路戏剧研究》的译者创造性地翻译这些词汇，有助于英语世界的读者理解和认知，有助于这些词汇及所包含的文化信息在英语世界传播开来。这实际上是在新时代展现中国文化的文化自信，延续中华民族的文化生命，弘扬中华民族的精神和观念。

四、 结语

《丝绸之路戏剧研究》是一部民族学经典专著，以宏富的内容，典型的中国式书写风格呈现出独特的文化自信。这样的经典专著是中华文化的宝贵财富，也是世界文化的珍宝之一。这样的经典专著有利于提高中国文化的地位，增强中国文化自信。民族学经典专著的对外翻译也需要译者在译文中充分展现原文呈现的文化自信。《丝绸之路戏剧研究》译者在翻译民族文化经典时，选用恰当的翻译策略，在译文充分彰显了文化自信。《丝绸之路戏剧研究》英译本为民族学经典专著汉译外，以及中华文化走出去提供了良好的借鉴模式。

作者简介：石春让，西安外国语大学英文学院教授，博士生导师；高芬，陕西师范大学外国语学院副教授。

Cultural Confidence Should Be Revealed in the Translation of Ethnological Classics
—A Review of Translation of *Silk Road：The Study of Drama Culture*

Abstract： The ethnological classics reveal a unique cultural confidence. The translation of the ethnological classics is an important channel for the international community to understand Chinese culture，therefore the self-confidence of the culture contained in it must be presented in its translation as well.

The English version of *Silk Road : The Study of Drama Culture* is a good example of cultural confidence. And the translation strategies employed by the translator in demonstrating cultural confidence include: shouldering the mission of translation and the responsibility of the times; striving to improve the quality of the translation and accurately conveying the original information; demonstrating the paradigm of Chinese academic works and constructing its translation style; merging with foreign culture and promoting Chinese culture.

Keywords: *Silk Road : The Study of Drama Culture*; Ethnological classics; Cultural confidence

行业汉语研究

主持人语

黄亚欣

　　随着"一带一路"经济命运共同体建设的发展，如何精准对接"一带一路"共建国家产业需求，按需培养行业汉语人才，进一步推进国际中文教育事业的发展，成为当前亟须解决的问题。一方面，"中文＋行业知识＋技能"是命运共同体建设的有效手段，另一方面，以行业汉语人才培养为抓手促进国际交流与合作也是新时代国际中文教育的题中之义。

　　"一带一路"建设的不断推进产生了大量的人才缺口，人才的匮乏对中国高等教育提出了新的挑战，要求我们以"一带一路"国际汉语人才的真实需求为导向，关注区域化、国别化问题，综合考量"一带一路"共建国家的政治背景、经济状况、文化传统、宗教信仰、地理风貌及制度政策等多重因素，在国际汉语人才培养理念、培养目标、培养内容、培养方式等方面做出新的探索。

　　2022 年 11 月，"第二届'一带一路'行业汉语人才培养高峰论坛"在同济大学举办，参会者围绕"行业汉语人才培养面临的问题与对策""行业汉语教材开发及相关资源建设"等议题展开深入讨论，进一步拓宽了行业汉语领域研究的视野和深度，探索出许多高水平的新成果。在此，我们特设"行业汉语研究专栏"，精选了部分会议论文与大家共享，希望能够共同开创国际行业汉语理论研究与实践的新篇章，也为国家语言文字推广基地（同济大学）正在进行的"工种汉语系列教材"编写工作提供理论支撑。

　　本专栏共收录四篇论文，既有基于数据库的行业汉语研究，也有中医汉语、冶金汉语、旅游汉语等具体行业领域的研究。周延松从中医中文资源建设的理念和意义出发，结合中医中文教学的对象与需求，探讨了中医中文教学资源建设分级分类的建设方法、多通道的建设路径、多模态的呈现方式，并以具体课程实践为例，阐述了"中医中文"课程资源建设的构想与实践。黄媛媛、曾小燕、徐方富结合中国—东盟"五通"合作成果及国际中文教育的发展需求,基于东盟孔子学院课程信息库,对 39 所孔子学院开设的 8 类行业汉语课程进行分析,在此基础上提出完善孔子学院行业汉语课程体系、丰富职业技能课程教学资源、语言教育与职业教育融合发展等课程优化措施,为区域与国别的行业汉语人才培养研究提供了重要参考。张浩从跨文化交流视角出发,结合《冶金汉语》教材编写的实际经验,认为"中文+行业"需要研究人与人之间的跨文化交际障碍与应对方法,在制订"中文+行业"教学大纲时必须要考虑跨文化的问题。笪舒婷探讨了如何将旅游汉语教学与地域文化相结合的问题,指出想要将地域文化融入旅游汉语教学,可以从合理利用资源、转换师生的多重角色、发挥任务型教学法的优势等三个方面入手。

学界在国际中文教育的方方面面已积累了较多成果,但将国际中文教育与"一带一路"建设的实际相结合、与具体的行业和工种相结合进行研究却是一个有待进一步深入研究的课题。这一课题既需深研学理,又需洞察现实,且需要研究者具备宽阔的学术视野和深厚的行业素养,希望更多学者加入这一讨论,推进相关研究。

主持人简介:黄亚欣,同济大学国际文化交流学院助理教授

中医中文教学资源建设初探[*]

周延松

摘　要：中医中文是中国特有的专门用途语言领域。中医中文教学资源建设应着眼中文与中医的国际传播事业，注重中文和中医复合型人才的培养。从学科发展的角度，以中文与中医的文化同构为理论基础，实现中医与国际中文教育融合的目标，促进专门用途中文教学，以及专门用途语言研究的中国化，并从语言要素、语言技能和文化因素等各个方面，深化中文作为第二语言教学的理论探讨。为此，需要对中医中文的概念与属性、对象与需求等进行准确的定位，进而采取分级分类的建设方法、多通道的建设路径和多模态的呈现方式，满足学习者的多样化需求。本文还以《医用汉字》为例，阐述了中医中文教学资源开发的相关实践，以期能够为行业中文教学资源建设提供一种思路。

关键词：中医中文；教学资源；医用汉字

教学资源建设是国际中文教育的重要内容之一。随着形势的发展和理念的更新，学界对教学资源的认识不断深入。展望未来，专门用途中文教学资源具有一定的发展空间。①本文从中医中文资源建设的理论探讨出发，结合相关的实践案例，以期能够为专门用途中文及行业中文的教学资源建设提供一种思路。

一、　中医中文教学资源建设的背景、理念和意义

中医中文是中国所特有的专门用途语言领域。②现有的中医中文教学资源

---

* 本文受教育部中外语言交流合作中心 2022 年国际中文教育研究课题一般项目资助（项目批准号：22YH47C）。
① 吴应辉、梁宇、郭晶、马佳楠：《全球中文教学资源现状与展望》，《云南师范大学学报（对外汉语教学与研究版）》2021 年第 5 期，第 5 页。
② 张黎：《专门用途汉语教学》，北京语言大学出版社 2016 年版，第 36 页。

品类较少,而且基本上属于纸本加音频的传统呈现方式。后疫情时代,多种形式的线上教学活动逐步展开,中医中文课程资源建设因而具有较强的紧迫性。

1. 建设背景

中医中文教学资源建设的背景可以从以下三个方面进行考察。

一是中文与中医国际传播事业的发展。从学科专业的角度,国际中文教育和中医药国际传播分属不同的领域,它们有着各自不同的目标、渠道、途径和方法。而在中国文化国际传播事业的层面,两者又殊途同归。中医中文教学是其中的一项基础性工作,具有重要的推动作用。

二是复合型人才的社会需求。一方面,在中文国际教育与传播的实践中,经常会涉及中医相关的知识内容;另一方面,中医国际教育和传播同样需要中文的有效参与,即便外文翻译,根本而言也必然以中文为依据。因此,掌握国际中文教育的知识与技能,同时了解一定的中医基础知识,成为这种复合型人才的基本"配置"。

三是学科融合与"中文＋"模式的施行。随着学科建设的深入发展,融合成为一种新的常态。各个领域、各种形式的融合,促进了论域拓展和知识进步。国际中文教育经过七十余年的发展,在通用中文教学及其理论研究相对成熟的当前形势下,"中文＋职业教育"逐渐成为新的增长点。中医中文作为其中的一个重要门类,也应具有较大的发展和提升空间。

2. 建设理念

中医中文教学资源建设的理念可从内容和形式两个层面进行考察。

在内容层面,优质教学内容的供给能力及创新发展,是教学资源建设的发展方向。①在世界文化史的总体视域下,中文和中医都是中华文化的重要组成部分。就呈现形态来说,中医学术的传承与传播,在根本上均离不开中文;经典的中医学文本,无不以中文作为其载体和工具;中医的物质性、技术性与观念性、思想性相辅相成,而后者与中文同根同源、一脉相承。因此,中文和中医紧密地裹挟在一起,构成一种互融与共生的形态。而中华文化,则是贯穿其中的"灵魂"。以中文与中医的话语同构为理论基础,实现中医文化与国际中文教育融合的目标,是中医中文教学资源建设的基本理念。

在形式层面,叶军认为,国际中文教育要以"资源"来取代对"教材"的依赖,教学资源建设应有泛在化、专门化和模块化等特征,全能型教材的作用将进一步

---

① 马箭飞、梁宇、吴应辉、马佳楠:《国际中文教育教学资源建设70年:成就与展望》,《天津师范大学学报(社会科学版)》2021年第6期,第20页。

弱化,如此更加能够满足自主学习的需要。①基于这样的观念,中医中文教学资源建设需要突破"教材"的模式化框架,针对不同的环境、对象、目标,因"需"制宜,以"适"为本。

3. 建设意义

吴应辉认为:依托行业经验和优势,教学资源建设可以发挥对更广泛群体文化与多元文化教育的公共贡献。②中医中文教学资源建设不仅具有实践与应用价值,而且具有较强的理论意义。

首先是实践方面。中医中文教学资源建设可在课程设计、教材编写、教学实施、测试评价等各个环节,助力国际中文教学,传播中医文化。国内中医院校和海外中医孔子学院,是中医中文教学实践的主要阵地;海外的中医药教学与临床机构,对中医中文教学资源也有一定的需求。

其次是理论方面。中医中文教学资源建设能够推动专门用途中文的教学与理论研究,并且从语言要素、语言技能和文化背景等方面,深化中文作为第二语言教学的理论探讨,促进专门用途语言教学和第二语言教学理论的中国化;同时,从中医这一特定的领域出发,更加深入地研究中文的特性。

中医领域中文研究的传统,主要集中于医古文和医史文献学科,通过文字训释、语义阐发及其发展演化,挖掘经典医籍中的相关内容,服务于临床临证,或者作为中国传统文化研究的例证和材料。中医中文既与之关联紧密,又有所侧重,它更多关注现代语境下中医学文本的话语方式与国际传播方式,因而具有不同的视角,能够有效拓展中文领域中文研究的固有思路。

二、 中医中文教学资源的需求与特点

基于教学资源的适用对象与目标需求,对中医中文的概念和性质作出准确定位,可以有效促进中医中文教学资源建设的顺利开展和有序推进。

1. 概念与属性

就学科体系而言,中医中文教学处于以下的"序列"之中:语言教学＞第二语

---

① 叶军:《没有万能的课本,唯有万有的资源——新时代国际中文教育资源建设的几点思考》,《国际中文教育(中英文)》2021年第4期,第17页。

② 吴应辉:《加强教学资源研究,助力国际中文教育体系和我国国际传播体系建设》,《云南师范大学学报(对外汉语教学与研究版)》2021年第4期,第1页。

言教学＞中文作为第二语言教学＞专门用途中文教学＞中医中文教学。这是一个基本认识。从教学资源的角度,还需要对"中医中文"作出进一步界定。

在基本的构词法层面,"中医中文"不是联合结构,而是偏正结构。在"专业/职业/行业中文"的语境中,"中医中文"指的是中医这一特定专业/职业/行业使用的中文。无论哪种,"中文"都是中心语。因此,在对"中医中文"概念与属性的理解上,必须坚持中文本位。

在"中文＋"理念下,"中文中医"可以被理解为"中文＋中医",或者"中医＋中文"。这就牵涉到学科交叉或知识融合的问题。陈平认为,学科交叉研究可分为多学科、跨学科、狭义的交叉学科、超学科等4种方式。①"中文＋"模式以中文为基础和本体,有机融入其他学科专业的内容,其研究的理论、方法和领域依然为中文和中文教学。从这样的特征来看,它属于一种"跨学科"交叉。

2. 对象与需求

精准对接需求②,这是国际中文教育深入发展的重要体现。在一般意义上,中文学习和应用的需求最终要落实到教学资源的适用对象上,因而对象和需求可以说是一体两面。

首先,作为专业/职业/行业中文的一个门类,中医中文的教学对象应为中医药专业或准专业的学习者,包括中医药专业来华留学预备教育学生和海内外进行中医临床实习、培训进修等需要应用中文的中医学习者或从业者。

对于非专业的普通中文学习者来说,中医往往是作为中国文化的元素或符号而体现出来的,教学内容主要为科普性质,而不讲求专业性。在较为严格的意义上,这不属于专门用途中文的范畴。依照《国际汉语教学通用课程大纲》③,可以归入"日常生活"(保健、就医)或者"身心健康"(保健意识、疾病的预防等)话题。而且通用课程大纲的话题及内容建议表中,并没有专门提及"中医",而是在卫生健康的总体框架下进行描述的。

其次,对象不同,学习目的不同,对中文教学资源的需求自然也不一样。一方面,与面向普通中文学习者的中医文化教学相比,中医中文在教学内容的选择、专业词汇的选取、专用句式的选用,乃至话题表述的视角(中医药从业人员或

---

① 陈平:《语言交叉学科研究的理论与实践》,《语言战略研究》2021年第1期,第13页。
② 吴应辉、梁宇、郭晶、马佳楠:《全球中文教学资源现状与展望》,《云南师范大学学报(对外汉语教学与研究版)》2021年第5期,第5页。
③ 孔子学院总部/国家汉办:《国际汉语教学通用课程大纲》,北京语言大学出版社2014年版,第147页。

非专业人士及求医者)等方面,都应有所区别。这也是科普性与专业性的区别。

另一方面,语言要素之中或之外,中医的物质与技术内容、制度与风俗、精神文化属性可以在不同的话题中得到呈现,并且具有程度不等的相关性。按照通用课程大纲的话题及内容框架,比如"科学与技术"中的中药与针灸,"节日活动"中的中医民俗,"价值观念"中的中医思维及文化背景等。

三、 中医中文教学资源建设的方法与路径

依据"学习者视点",为满足多样化的学习需求,中医中文教学资源建设需要遵循"受众细分"的基本路径和方法。

1. 分级分类的建设方法

在国际中文教学资源的建设中,材料的分级贯穿于从要素到文本、由形式到意义的全过程,而且超越了结构的单一标准,同时强调功能、内容与文本类型的多模态特征。[①]而且,"分类细化"的重要性也逐渐凸显。[②]可见,分级和分类已经成为国际中文教育资源发展的普遍趋势。

不同于普通中文,中医中文的教学资源建设需要考虑中文(语言)和中医(专业)两个方面的层级划分和类型区分。在中文/语言方面,应该遵照国际中文教育通用课程及汉字、词汇、语法、文化的标准、规范或参考框架;在中医/专业方面,则有基础理论、诊断、中药、针灸、养生、文化等主题类别,课堂学习、临床实习、理论研究的目标类别,以及门诊室、治疗室、住院部、中药房等中医临床相关的功能类别。

把语言和专业结合起来,中医中文教学资源的分类和分级可以从不同的角度提出。与上述的"中文本位"观相应,需以中文为"表",中医为"里",中文为"体",中医为"用"。具体来说即,资源的呈现形态是语言结构要素与交际功能类别,文本内容则是中医。比如,有中医汉字、中医专业词汇、中医名言名句等语言要素类型,也有分别适用于理论学习和临床应用等不同功能的中医中文类型。

---

① 叶军:《没有万能的课本,唯有万有的资源——新时代国际中文教育资源建设的几点思考》,《国际中文教育(中英文)》2021 年第 4 期,第 19 页。

② 马箭飞、梁宇、吴应辉、马佳楠:《国际中文教育教学资源建设 70 年:成就与展望》,《天津师范大学学报(社会科学版)》2021 年第 6 期,第 16 页。

2. 多通道的建设路径

就建设路径而言,国际中文教育资源的发展逐步形成"多通道"[1]的新形态。在资源应用的环节上,有教师的讲授、学生的学习;在资源流动的方向上,有单向(主要是教师)的展示、双向(师生)或多向(师生与生生)的互动;在资源应用的环境上,有线下的课堂教学与学生自主学习、线上的远程教学,以及基于互联网和人工智能技术的人机交互。

在比较广泛的意义上,教学资源既包括纸质版、数字版、多媒体版的教材和各类教学素材与应用软件,也包括网站与移动终端提供的网络资源,还包括以校园和专业性场馆为代表的社区资源。但一般来说,非课程类网络资源和社区资源具有开放性,尤其是社区资源,多以"碎片化"的方式存在。从功能的角度来看,它们大多处于"关联性"或"泛化性"等各种资源圈层。[2]而且,语料库、教学案例库之类的"生成性资源"常作为教师教学的参考或研究之用,"预设性资源"才是可以直接应用于实际教学活动的资源建设目标。

在多渠道的国际中文教学资源建设中,"模块化"既可在一定程度上消除"关联性"与"泛化性"资源的"碎片化"弊端,也能从操作层面实现"分类细化"的目标。以中医中文为例,可以弱化"综合""阅读""听力""口语"之类的传统技能划分或课型区分,而以理论学习、临床运用或文化拓展为纲,设计不同的课程资源模块。实际上,它们已内在地包含了技能方面的目标。比如理论学习偏于书面的阅读,临床偏于听说,文化偏于与专业性理论知识相关的医学史背景和养生传统、中医民俗等。

实际上,这样的模式在医学中文教材的编写中已经得到了较为普遍的应用。在综合性的《医学汉语》之外,北京大学出版社出版了《专业基础医学汉语》和《医学汉语·实习篇》,外语教学与研究出版社的《实用医学汉语》分为语言篇、基础篇、临床篇。也有把技能要求和功能目标结合在一起的,如暨南大学出版社的《临床医学汉语会话教程》。北大版《专业基础医学汉语》且有"解剖与组胚篇""细胞生物学篇"等更为"细分"的分册,《实用医学汉语·临床篇》也分内科、外科、妇儿科、小科等。而对于中医中文教学,目前尚未见此类教材出版。

---

[1] 叶军:《没有万能的课本,唯有万有的资源——新时代国际中文教育资源建设的几点思考》,《国际中文教育(中英文)》2021 年第 4 期,第 20 页。

[2] 曾君、陆方喆:《国际汉语数字化教学资源的概念、分类与体系》,《云南师范大学学报(对外汉语教学与研究版)》2021 年第 3 期,第 28 页。

3. 多模态的呈现方式

就资源呈现的方式而言，"多模态"和"多媒体"也是国际中文教育资源的新形态。①这不仅是指教学资源包括文字、图片、音频、视频等多种媒体类型，更是要将多种类型融为一体，如此形成"文字＋图片＋影像"的多模态文本，更加符合多种感官综合运用的人体动力学机制，以及当下人们的接受习惯。

在中医中文教学资源的建设过程中，应该充分挖掘有利因素，努力打造多模态的文本资源。比如汉字，具有很强的形象性，涉医汉字同样能够传达出远古时期人们的健康观念与医学思想，它们一直传承至今。从这些汉字的形体演化、语义变迁，以及六书的造字与用字方法，都能探寻到中医基础理论的源流与发展、中医思维的结构与特质。将这样的内容以多模态文本的形式制作出来，本身即具有较强的趣味性。在中文和专业相结合的程度上，可以说，这是中医中文区别于其他门类专业/职业/行业中文的显著特色之一，也是中医中文资源建设的一种优势。再如临床中医中文，重在口头交际能力的培养，适合以对话的形式出现，话语风格偏于口语化，话题内容宜于场景化。教学资源采用情景模拟与实景拍摄，会收到比较好的呈现效果。

四、 中医中文教学资源建设举隅

南京中医药大学和美国克利夫兰州立大学合作，开展"中文＋中医"课程资源建设项目。其中，"中医中文"系列课程包括《中医中文·基础》《中医中文·临床》和《医用汉字》，在最为基本的层面上，这3门课程分别适用于中医理论学习、临床实习和拓展学习。下面以《医用汉字》课程为例，介绍"中医中文"课程资源建设的构想与实践。

1. 课程结构

《医用汉字》课程选取40个常用的中医药相关汉字，分理论基础、生理、病理、诊疗、方药等5个专题，各8个汉字。选字注重基础性和常用性，依据《国际中文教育中文水平等级标准》②，包括1—6级汉字33个，7—9级汉字6个，未定

---

① 叶军：《没有万能的课本，唯有万有的资源——新时代国际中文教育资源建设的几点思考》，《国际中文教育(中英文)》2021年第4期，第20页。

② 教育部中外语言交流合作中心：《国际中文教育中文水平等级标准》，北京语言大学出版社2021年版。

级汉字1个。具体字种如下：

> 理论基础：医、阳、阴、木、火、土、金、水
> 生理：脏、腑、精、气、神、经、络、脉
> 病理：病、疾、患、邪、痛、虚、湿、燥
> 诊疗：诊、治、望、闻、问、切、针、灸
> 方药：药、性、味、毒、寒、热、方、剂

该课程从字源学角度，用通俗、简明的方式，讲述医用基本汉字的结构形式、基本语义及其文化内涵，使学习者了解隐含其中的理、法、方、药等方面的中医文化知识背景。对每个汉字的讲解，大体分为三个部分：一是从古文形体及其演化，阐明原初语义，兼顾繁体与简体，注重造字理据的分析；二是当前使用的通用语义；三是用于中医学的专业语义。根据各个字的具体情况，重点略有不同。尽量控制讲解文字的难度，同时兼顾中医学文本表述的专业性。

2. 教学内容

依据中医中文的特性，安排和处理教学内容，主要表现在语料的选择、出现的先后、表述的详略等方面。

首先，从历时与共时相结合的角度，突出原初语义、通用语义和专业语义之间的发展轨迹和相互关联。如义项较多，仅描述关系较为显著和直接者，不求全面。于专业性知识内容，不作详述，点到为止，并且注意阐发附着或隐含在汉字中的中医思维方式与传统文化观念，这是中文和中医同构性的基础。

其次，有些汉字，具有不同的专业内涵。如"寒""热"，既属于病因理论中的六邪，以及中医辨证的基本纲领，又用为中药的药性；再如"火"，既为五行之一，又是六邪之一。根据该字所属的专题类别，分别有所选择或侧重。

再次，中医学中的基本概念，有不少是成组出现的，它们构成一个个相互联系，且相对独立的小系统。在我们所选的汉字中，就有"阴"和"阳"、"脏"和"腑"、"寒"和"热""木""火""土""金""水"五行、"望""闻""问""切"四诊，等等。在最先或最后出现的汉字中，对这组汉字的系统性关系进行一定的阐述。

3. 资源应用

在教学资源的呈现形式上，《医用汉字》主要以单个汉字为单位，配以中英双语字幕，各3分钟左右，共40个短视频。结合课件的呈示，视频中还包含了精短

的文字和丰富的图片,"多模态"的特征比较明显。同时,有双语文本,可供直接阅读。如有需要,还可以增补、扩充,对更多相关汉字进行相同体例的描述。

《医用汉字》课程资源具有"模块化"的特点,使用时具有较大的灵活性。用于线上或线下教学,5个专题40个汉字,可以组合在一起,作为一门独立的选修课程,也可以进行自由切分,作为微课程开设,还可以配合其他课程,用作补充或辅助性资源。用于网络课程,可供学生自主观看、学习。

总体看来,因为教学内容的特点,《医用汉字》课程资源对"多模态"和"模块化"的探索还存在着较大的提升与改进空间。资源应用以后,在收集、分析学员反馈信息的基础上,可以作出进一步优化。

作者简介:周延松,南京中医药大学国际教育学院副教授。

Exploration on the Construction of Teaching Resources
for Chinese Medicine Chinese

Abstract:Chinese Medicine Chinese is a language field for specific purposes unique to China. The construction of teaching resources for Chinese medicine Chinese should focus on the international communication of Chinese language and traditional Chinese medicine, and on the cultivation of compound talent. From the perspective of disciplinary development, based on the theory of cultural isomorphism between Chinese language and traditional Chinese medicine, we aim to achieve the integration of traditional Chinese medicine and international Chinese education, and promote the teaching of Chinese for specific purposes, and sinicization of the research of language for specific purposes. We also deepen the theoretical exploration of the teaching of Chinese as a second language from various aspects such as language elements, language skills, and cultural factors. Therefore, it is necessary to accurately locate the concept and attribute, objects and needs of Chinese medicine Chinese, and then adopt graded and classified construction method, multi-channel construction path, and multimodal presentation method to meet the diversified needs of learners. This paper also takes *Medical Chinese Characters* as an example to expound the relevant practices of the teaching resources development for Chinese medicine Chinese, in order to provide a train of thought for the construction of teaching resources for professional Chinese.

Keywords: Chinese medicine Chinese; Teaching resources; *Medical Chinese characters*

基于数据库的东盟孔子学院行业汉语课程设置研究[*]

黄媛媛　曾小燕(通讯作者)　徐方富

摘　要:随着"一带一路"建设的深入推进,孔子学院在中文教学多元化方面做出了积极尝试,由单一汉语教学转向"汉语＋技能"教学,这也是新时代国际中文教育转型发展的战略需要。东盟在国际中文教育事业发展中成熟领先。本文基于中国—东盟"五通"合作成果、国际中文教育自身发展的需求和东盟孔子学院课程信息库,对39所孔子学院开设的行业汉语课程在历时发展、现状分类、课程体系等方面进行系统的定量研究。同时结合 SWOT(态势分析法)模型分析课程设置的优势与不足,从而提出三项建议:包括增强课程设置的实用性、科学性和系统性;完善"中文＋技能"教学资源;拓展孔院职业教育职能,以期为东盟本土的行业汉语人才培养和行业汉语课程建设提供参考。

关键词:"一带一路";东盟;孔子学院;行业汉语;课程设置;中文＋

一、　引言

《中国东盟战略伙伴关系 2030 年愿景》为构建更为紧密的中国—东盟命运共同体指明了方向。在教育文化领域,双方建立了"中国—东盟教育交流周"平台、中国—东盟职教院校合作联盟等,促进了东盟地区的国际中文教育事业蓬勃发展。目前东盟国家(新加坡、泰国、马来西亚、菲律宾、印度尼西亚、越南、老挝、

* 基金项目:国家社会科学基金青年项目"东南亚国家华文教育动态数据库建设"(18CYY027);中国石油大学(北京)科研基金资助项目"基于'一带一路'能源合作中文融合型人才培养数据库建设研究"(2462020YJRC002);"一带一路"能源合作国家汉语传播数据库建设及研究(编号:2462020YXZZ010);2022 年国际中文教育研究课题青年项目资助"基于数据库的东南亚中文教育交流活动研究"(项目批准号:22YH09D)。

柬埔寨）已设立了 39 所孔子学院和 34 个孔子课堂，中文教育日趋成熟。我国《孔子学院发展规划 2012—2020 年》中明确提出了"要促进孔子学院办学与所在国的国民教育体系相结合，与学生未来职业发展相结合"的要求。由单一中文语言教学转向"中文＋技能"教学是全球孔院在中文教学多元化方面做出的积极尝试，有助于中文教学更好地为当地经济和社会发展服务。在"一带一路"建设的背景下，学界对东南亚地区国际中文教育的研究主要涉及三个方面：新时期东南亚孔子学院整体发展研究①②、孔子学院课程设置③以及专门用途汉语教学发展④⑤。目前学界有关东盟孔子学院行业汉语课程设置方面的研究较少。本文基于东盟孔子学院课程数据库，梳理该地区孔子学院行业汉语课程总体发展现状，分析东盟地区孔子学院行业汉语课程的优势与不足，并对优化东盟孔子学院行业汉语课程等问题提出建议。希望本文能为区域与国别的行业汉语人才培养相关研究提供参考。

二、 东盟地区行业汉语课程需求分析

中国和东盟积极参与区域共同体的构建，持续深化政治互信、着力推动互联互通，积极促进人文交流，在"政策沟通、设施联通、贸易畅通、资金融通、民心相通"方面成就斐然。同时，面向东盟的国际汉语教学学科建设和"中文＋"项目的推广也取得了丰硕的成果，行业汉语课程需求日趋旺盛，亟须开发多元化课程体系。

（一）东盟行业汉语人才需求分析

1. 行业汉语人才需求的迫切性

2019 年 11 月《中国—东盟关于"一带一路"倡议同〈东盟互联互通总体规划 2025〉对接合作的联合声明》的签署，标志着中国与东盟国家优势互补和全面合

---

① 李宝贵，刘家宁：《新时代国际中文教育的转型向度、现实挑战及因应对策》，《世界汉语教学》，2021 年第 35 卷第 1 期，第 3—13 页。
② 吴才天子：《基于数据库的东南亚孔子学院比较与评估研究》，中央民族大学博士学位论文，2018 年。
③ 吴应辉：《汉语国际传播研究理论与方法》，北京：中央民族大学出版社，2013 年。
④ 李泉：《论专门用途汉语教学》，《语言文字应用》2011 年第 3 期，第 110—117 页。
⑤ 单韵鸣：《专门用途汉语教材的编写问题——以〈科技汉语阅读教程〉系列教材为例》，《暨南大学华文学院学报》2008 年第 2 期，第 31—37 页。

作迈出了坚实的步伐。双方在经贸合作、科技创新、教育交流等领域,急需具备国际视野,且精通汉语、熟悉本国国情、国家政策和公共政策方面的东盟本土人才。

在政策指引下,中企"走出去"的步伐逐渐加快。东盟是中国最重要的海外工程承包和劳务合作市场,结合重点合作行业的需求,我国政府、教育部门、孔子学院应和沿线国家合作,共同在能源、建筑、物流、数字通信等工程技术领域开发"中文+技术"课程,培养懂汉语的高素质技能型人才。例如,泰中罗勇工业园是中泰合作开发的首批境外经济贸易合作区之一,现已成为中国在东盟最大的产业集群中心和制造业出口基地,有力地支持了泰国产业体系的发展完善。中泰铁路的贯通极大增进了沿线地区生产、贸易、物流等行业资源的优化整合。华为公司与泰国签订合作协议,促进本国数字基础设施转型升级,开启了泰国 5G 数字技术的新时代。东盟作为中国重要的海外工程承包和劳务合作市场,民营企业是承包工程的主力军,其次是国有企业和外商投资企业。海外企业布局需因地制宜地招募多元化的本土人才,为产业发展提供可持续的人力支持。当前,技术型人才对基础设施项目的推进具有先导作用,需要大量高层次复合型人才。因此,孔子学院应结合国际或区域间的金融市场需求,开发实用性强的商务汉语专业门类,为东盟行业企业输送深谙国际市场规则、资本运作和货币流通、投资并购等金融业务,同时具有良好的法律和汉语水平的国际金融人才。

2. 行业汉语课程建设导向多元化

在学术交流方面,中国已与东盟国家成立了高校战略联盟,签订学历学位互认协议,并设立"丝绸之路"奖学金项目助力国际化的人文交流及人才培养;在慈善事业和公共卫生方面,推动实施"中国—东亚减贫示范合作项目",建设中国—东盟卫生应急合作论坛。同时,中国与东盟各国互为重要的客源地和旅游目的地,双边媒体经常开展广泛合作与深入交流,共同讲好中国与东盟在"互联互通"方面蓬勃发展的故事。

行业汉语需以"一带一路"和人类命运共同体建设需求为导向,坚持多元化、应用化、弹性化的指导方针,培养本土化的复合型汉语人才。孔子学院要加快推进"语言+职业教育"复合型师资队伍建设,联合政府和高等教育相关部门,畅通高校人才交流和培养渠道,完善相应的人才培养标准和行业汉语课程体系。只有实现海外市场"需求侧"与国际中文教育人才培养"供给侧"的有效对接,打造良好的行业汉语教育和交流平台,才能精准支持"一带一路"的合作领域,为构建人类命运共同体贡献力量。

(二) 国际中文教育自身发展的需求分析

1. 区域国别汉语教育标准化建设

我国"十四五"规划和"2035年远景目标纲要"提出了建设中文传播平台,构建中国语言文化全球传播体系和国际中文教育标准体系的要求,这标志着国际汉语教学正向现代化语言教学之路转型。在汉语教育标准化建设的进程中,语合中心通过制定国别化中文师资队伍标准、中文教材标准、学习标准、课程标准以及考试大纲等,强化区域化的教师培养、教材开发、教法研究等核心能力建设。如开设汉语师资来华研修项目和中外专家赴外培训项目,强化专业化及职业化的本土师资力量。此外,还颁布了《国际汉语教师标准》大纲,为海内外国际中文教师提供能力资质证明。在考试标准规范方面,目前语合中心运行的考试资源有《汉语水平考试》(HSK)、《商务汉语考试》(BCT)和《医学汉语水平考试》(MCT),相关的行业汉语考试资源有待进一步开发。在教材编写和课程设计方面,语合中心以服务全球、贴合需求为原则,为所在国量身打造集核心课程、配套教学资源、教学智能工具、辅助学习工具、教师培训课程和学习指导于一体的资源服务。语合中心充分利用现代教育技术优化传统的线下教学方式和内容,推出了慕课、"中文联盟"直播课、数字化本土课程项目等线上教学资源,创建中文教学资源共享平台。同时,语合中心还组织权威专家定期召开学术研讨会、设立科研课题、组建联合实验室、发布国际中文教育数字资源年报、编订专项技能汉语学习教材和职业汉语教材,各类汉语教学资源日趋丰富。

2. 东盟地区高校合作开展"中文＋"培训项目建设

"中文＋"培训项目为行业汉语课程的开发与应用夯实基础,受到了东盟各国的普遍欢迎。项目内容涉及高铁、经贸、旅游、法律、海关、航空等数十个领域,可见,职业技能培训是"中文＋"建设的重点领域和方向。2015年柬埔寨王家孔子学院和柬埔寨职业培训与劳工部共同成立的汉语中心正式揭牌,为本国政府部门、军队警局、企业公司及职业技术院校开设量身定制的汉语课,给他们提供了便利的汉语学习机会。随着"泰国4.0"政策、东部经济走廊计划与"一带一路"倡议的深入对接,更多的泰国职业技术学院期待加强与中方的合作。泰国海上丝路孔子学院将泰国的职业教育与汉语人才培养作为重点,开发一系列"汉语＋职业技能"项目,培养出一批"汉语＋高铁""汉语＋航空""汉语＋电商"人才。北京语言大学和山东理工职业学院联合举办"中文＋职业"交流营,为东盟地区学员教授空乘、航海技术、新能源汽车技术、光伏发电与技术应用、智能制造、旅游管理、智慧教育与汉语教学等主题模块。可见,当前东盟地区的国际中文教育结合新时期发展方针和现代化技术的应用,表现为汉语教学标准化、信息化建设进程加快;教学领域向纵深拓展;教学模式更加多元化,为行业汉语建设提供了有效的政策引领、资金保障、技术服务与教学支持。

三、 东盟孔子学院行业汉语课程设置分析

(一) 行业汉语课程设置特点

1. 行业汉语课程发展进程存在差异

从国别化的角度看,不同国家的行业汉语课程发展进程不均。泰国孔子学院及其课程总数、行业汉语课程数量均居于东盟地区榜首,且行业汉语课程开设较早,课程体系较为完善。新加坡虽只有一所孔子学院,但办学历史悠久,教育资源优质,具有行业汉语课程继续推广的潜力;同时两国孔子学院积极参与"一带一路"经济建设,立足实际需求开发"中文＋职业教育"课程,与各领域合作走向深入。印尼、马来西亚、菲律宾国家的孔子学院需要有效整合行业汉语课程资源,减少同质、单一课程的开设,丰富课程形式、提高课程质量,打造品牌课程。柬埔寨、老挝、越南的课程数量和孔子学院数量都较少。孔子学院可与当地中资企业或教育部门合作,开发迎合市场需求的特色汉语课程,规范课程标准和学时安排,加强教学研究,提升授课质量。缅甸和文莱目前还未开办孔子学院,基于中国与两国间的经贸和基建项目合作需求,需要做好孔子学院布局的顶层设计和科学规划,积极稳健扩大孔子学院数量,开发多元化的汉语课程。

2. 行业汉语课程体系日益完善

从课程类别的角度看,已形成了商务汉语、旅游汉语、政务汉语、科技汉语、传媒汉语、医学汉语、警务汉语、航空汉语在内的八类行业汉语课程体系。商务汉语课程占行业汉语课程比重的 60%;其次为旅游汉语课程,占比 11%;政务汉语占比 10%;航空汉语课程所占比重最小,仅为 0.6%。课程等级分为初级/中级/高级三个级别。课程学员来源广泛,包括在读大学生、政府官员、企业行政人员、媒体从业者、导游人员、医务工作者以及工程技术人员等。相应的课程设置

经历了起步、发展与深化阶段。在课程结构方面,包含必修、选修课程,综合课程和技能课程。

3. 行业汉语课程形式多样、应用领域不断拓展

在课程形式方面,有兴趣课程、非学历课程、文凭课程和证书课程。课程的应用领域包含政府和企业职能部门、金融行业、酒店、旅游服务行业、传媒行业、航空业、卫生保健和警务工作行业。同时,行业汉语课程在教学目标、内容和学时安排方面进一步完善,逐渐凸显出交际性、专业性和实用性的特征。课程目标旨在帮助学员熟练地运用行业汉语基本表达和言语知识,知晓相关行业动态,提高汉语交际能力。课程内容涵盖汉语基础知识、各类行业的专业术语表达和语言技能训练,兼顾中国国情和跨文化交际知识。

4. 行业汉语课程学时安排趋于合理化

在学时安排方面,商务汉语课程大致为 120—150 学时;旅游汉语课程通常学时安排为 30 周,学年总课时 100—150 小时;这两类汉语课程体系较为成熟,属于中长期课程。政务、科技、传媒、医学、警务和航空汉语学时集中在 30—50 课时之间,多为短期汉语培训项目。

(二) 行业汉语课程设置的 SWOT 分析

1. SWOT 矩阵分析

SWOT 分析法(态势分析法)是一种通用性很强的分析工具,被广泛应用于各个领域。它将研究对象的内部因素和外部条件相整合,进行有步骤的、系统的分析与评价,从而选择出最适合自身发展的战略方法。目前已有一些学者将 SWOT 分析法应用于汉语国际传播相关领域,分析来华留学生教育、孔院运营模式和课程设置等方面,根据矩阵分析,为其提供理论和实践上的指导策略,具有一定的合理性和逻辑性。对东盟各国的行业汉语课程设置进行 SWOT 分析进而总结课程面临的外部机遇与挑战,分析行业汉语课程设置的优势与不足。通过 SWOT 矩阵分析展示了东盟地区孔子学院行业汉语课程设置概况。(详见表1)

表1　东盟地区行业汉语课程设置 SWOT 分析矩阵表

	优势(S)	劣势(W)
行业汉语课程设置	a. 行业汉语课程与学分课程融合趋向明显,有助于规范化教学。 b. 行业汉语课程与当地合作领域不断扩展。	a. 课程开设门类少,与"一带一路"的市场需求衔接不够紧密。 b. 汉语综合型教材多,职业教育教学资源不够丰富。 c. 课程设置中语言教育的比重偏大,技能要求比重偏低。

机会(O) a."一带一路"倡议与东盟各国发展需求相适应。 b. 双方在教育领域深化合作,成立"中国—东盟"职教合作联盟。 c. 中国积极推进"汉语+"平台建设,助推职业技能发展。	SO 增强型策略 a. 孔子学院应与职业教育院中资企业、高校"跨界合作"推动"产学研"一体化。 b. 孔子学院与职业院校协同发展,亟须拓展职业教育职能,推动行业汉语课程建设。	WO 扭转型策略 a. 孔子学院与企业密切合作是优化课程设置的现实基础,可依照企业需求制定人才培养标准。 b. 开发"语言+技术"的特色教材,推进线上直播实训平台、丰富技能教学资源。 c. 制定规范的课程标准和考核标准,加强校企合作,企业提供学生实习实训岗位并给予个性化辅导和考核。
威胁(T) 东盟内部国家间差异大,一些国家人民受教育水平低,低技能劳动人口比例很高。	ST 多元化策略 行业汉语教育辐射范围应涵盖当地国民经济和社会发展的各个领域,培养复合型的技能人才,促进当地经济建设。	WT 防御型策略 a. 进行国别化人才需求调研,因地制宜的促进行业汉语课程建设。 b. 注重发挥孔子学院奖学金的作用,成绩优异的学员可赴华接受高级别职业技术培训,帮助当地青年成长。

2. 外部机遇

东盟地区行业汉语课程面临"一带一路"建设和东盟各国发展战略相适应的机会。中国与东盟在"政策沟通、民心相通"方面的合作使得本土化复合型汉语人才供不应求。随着中国—东盟战略伙伴关系加速推进,中国—东盟职业教育共同体将进一步扩大语言与职业技能教育方向的合作。同时,汉语教学标准化、信息化水平提升为行业汉语课程推广提供了扎实的语言教学、技术应用和课程开发基础。中国积极推进"中文+"平台的建设,整合优势资源,拓展"中文+"项目内涵及中国语言文化传播能力,赋能国际中文教育转型升级发展。

3. 外部挑战

行业汉语课程在东盟内部不同的国家发展进程并不均衡。如泰国、马来西亚、新加坡孔子学院的行业汉语课程开设较早,课程数量丰富,教学目标和课程内容设计较为完善,当地孔子学院积极参与"一带一路"经济建设,立足实际需求开发多样化的"中文+职业教育"课程;缅甸、文莱还未开设孔子学院;老挝、越南、柬埔寨等国缺乏优质的教育资源、低学历和低技能的劳动力占比较高,孔子学院的行业汉语课程类别和数量较少,需加强与当地政府、高校机构的多方合作,增设课程门类,规范课程标准和学时安排,加强教学研究,提升授课质量。

4. 课程优势

经过近十年的发展,东盟地区孔子学院开设的行业汉语课程呈现以下两项突出优势。

(1) 行业汉语课程与学分课程相融合

东盟孔子学院行业汉语课程与学分课程相融合的趋势加快,商务汉语、旅游汉语、传媒汉语课程已进入当地国民教育体系,且在当地大学成为独立专业和学分课程。如:孔敬大学、泰国农业大学孔子学院开设的必修课程—商贸汉语会话课程,清迈大学、宋卡王子大学孔子学院为本科大学生开设的商务汉语对话课程,已加入大学学分课程体系。菲律宾亚典耀大学孔子学院为该大学人文学院学生开设"中国媒体"汉语选修课程。"学分＋行业汉语"的课程模式,将学分折合于各个专业,有助于增强汉语教学的规范性,提高孔院的课程质量,培养学生专业素质和能力。孔子学院应加强统筹规划,积极配合各国教育部门,有序地推进"中文＋"课程纳入国民教育体系的广度和深度。

(2) 课程应用领域不断拓展

东盟地区孔子学院开设的行业汉语课程立足实际,与当地机构展开多项合作。课程建设结合所在国的实际需求,与当地金融商业、旅游文化等资源发挥优势互补的作用,覆盖政府部门、商务、旅游、媒体、服务业等多个领域。例如:南洋理工孔子学院与当地银行、公司、企业开办商务汉语教学证书课程和文凭课程;普吉孔子学院将商务与旅游相结合开设了"中国语言文化及旅游商务特色课程";泰国朱拉隆功大学孔子学院开设泰国国家旅游局汉语培训班;柬埔寨王家学院孔子学院开办总理府官员中文课;泰国农业大学孔子学院开设泰国文官委员会教学点、泰国军政官员班。这些体现了行业汉语课程建设多元化、实用化、本土化的特色。

5. 课程不足

目前行业汉语课程在东盟地区推广建设的过程中尚存在以下不足。

(1) 行业汉语课程体系不全

行业汉语课程体系不够完善,主要表现为课程对接的"五通"行业不够全面,亟须增强学科体系建设与课程标准建设。在现有八类"中文＋技能"课程的基础上,应依据所在国重点行业和中国经贸发展的需求,增设行业汉语课程的门类。例如:结合跨境贸易发展的需要,开设国际化物流管理专业;针对一些国家缺乏装备制造业技术技能人才的现状,加快"语言＋技术"的工业汉语课程建设等。

同时,行业汉语课程应设置规范的课程标准,包括人才培养标准、课程教学标准和课程考核标准。企业、高校、孔子学院三方应达成深度合作机制,深化产教融合,规范课程建构,促进复合型行业汉语人才供需精准对接,服务双边产业发展。

(2)"语言文化＋职业教育"教材偏少

汉语教育的标准化、信息化建设有助于丰富行业汉语课程学习资源。但目前孔子学院行业汉语课程使用的教材主要是综合性汉语教材、以"听、说、读、写"为重的分科型汉语教材以及少数的"专业型"汉语教材。如:《当代中文》《新实用汉语课本》《长城汉语》《体验汉语》《发展汉语》《经贸汉语阅读教程》《阅读中文》《商务汉语听说》《科技汉语综合教程》《中医汉语综合教程》等。可以看出,"中文＋专业技能知识"并重的教材资源较少,要加快编写融合语言与技能教育的特色教材。在强调技术应用、技能操作的重点行业领域,可建设线上汉语教学直播实训平台,拓展课程教学资源,构建应用型、专业型的课程体系。

(3)课程结构失衡

经过对东盟地区行业汉语课程的教学目标、教学内容和学时分配进行分析,发现在课程实施环节,语言教学所占比重较大,专业技能训练占比较低。新形势下的国际中文教育应着重内涵式高质量发展,由单一中文语言教学向多元化"中文＋技能"教学转变。因此孔子学院不仅要提供汉语教育服务,还需承担相应的输送复合型人才和信息咨询服务。当务之急是促进汉语教育与职业技能教育融合发展,实现语言能力与技能教育并重的课程目标,以解决当前行业汉语课程语言与技能教学比重分配不均的问题。

四、 行业汉语课程优化措施

通过对行业汉语课程进行 SWOT 分析,得出课程设置方面存在以下问题:课程类别偏少与课程标准缺失,未能与当地市场需求充分对接;"语言教育＋职业技能"型教材偏少;语言教育比重较大,技能要求比重偏低。据此提出具体的优化措施。

(一)完善孔子学院行业汉语课程体系

完善行业汉语课程体系需要增加行业汉语课程开设类别,并规范该课程的教学标准、人才培养标准和课程考核标准。

"一带一路"行业合作的人才需求与孔子学院行业汉语课程开设现状存在明显的脱节,具体表现在中国与东盟合作的主要领域中,汉语人才培养与课程开设方向缺乏紧密衔接的情况较为普遍。为此,孔子学院应不断完善课程设置,增加涉及相关专业和职业教育的汉语课程,促进职业教育类课程与语言文化类课程有效融合与衔接。

在制定"汉语+技能"型人才培养标准方面,企业与孔子学院密切合作是优化课程设置的现实基础。孔院要和"走出去"的企业构建深度合作机制,根据市场需求培养管理人才和劳动技能人才,采取"订单式"培养方针,实现人才培养与企业实际需求的"无缝对接",这是当前行业汉语人才培养的方向。为了确保行业汉语人才培养标准的可靠性,孔子学院管理者或公派教师负责人可邀请企业高级工程师、技术顾问等参与学生的培养方案调研,全程论证、修订并充分吸纳他们的专业意见、以确保课程体系和教学内容符合企业的岗位需求,使得行业汉语人才培养标准有据可依。

为规范课程教学标准,孔子学院应综合考虑我国行业规范标准和高等教育专业课程大纲,从专业和语言要求两方面着手,统一课程标准并合理设置学时,协调语言课程和技术课程的课时安排。此外,为了推广应用语言课程并促进行业汉语语料库的全面、规范性建设,孔院可与当地鲁班工坊、职教联盟开展合作,为孔子学院授课教师、行业汉语课程学员、合作中资企业的员工开展技术通用语培训,以技术带动语言、文化的传播和发展,提高教师教学水平和学生的行业汉语运用能力。

在课程考核方面,孔院与高校应参照国家语委颁布的《国际中文教育中文水平等级标准》和 HSK 考试资源,将技术操作、行业用语、汉语交际技能同时纳入考评,进一步推进非学历课程和证书课程建设是规范课程考核标准的重要途径。完善相应的课程标准有助于中国企业掌握当地人才技能情况,选拔懂语言、精技术的人才为企业发展服务。

(二)丰富职业技能课程教学资源

行业汉语课程面临着技能课程教学资源不足的困境,从丰富职业技能课程教学资源的需求出发,孔子学院应推进汉语直播教学平台建设并开发实用性的行业汉语教材。

线上汉语教学实训平台的建设应基于东盟地区各个行业领域的人才需求。孔子学院与"走出去"的企业合作推进"中文＋技术"线上实训平台的建设,对丰富技能教学资源具有重要意义。在国家战略和教育政策层面,支持各国高校在重点领域建设一批国际合作课题研究中心,推进平台关键技术的研发,带动教育资源共享及沿线国家科技创新能力提高。在孔院具体实施教学活动的层面,跨境线上汉语教学实训平台可解决学生职业技能的实际操作难题,便于企业专家及时发现参训学员的问题,并提供针对性地管理培训项目。

目前商务汉语类教材资源多,市面上有80多种,但仍然存在内容宽泛、技能训练内容不足的缺陷。针对工业、技术、医学类行业汉语教材资源少,且内容陈旧的现状,要持续推进教学资源开发。教学资源开发是一项系统性工程,要以中国与东盟合作的重点行业需求为出发点,对教材内容进行整体设计,按照多样化的行业领域研发集语言训练、技术学习、技能操作为一体的特色数字化教材。教学内容涵盖通用汉语技能、行业术语、业务知识、职业技能四个方面,同时可依据语言能力测试等级,划分不同层次的教材,满足不同语言能力层次的学习者需求。

(三) 语言教育与职业教育融合发展

职业教育与国际中文教育融合发展,既是国际中文教育转型升级发展的着力点,也是提升中国语言文化传播能力的突破口。打造职业教育与汉语培训并举的模式,通过成立孔子学院区域职业教育创新中心,为东盟地区中资企业的当地员工提供语言和职业技能培训服务,或建设特色鲜明的职业技能型孔子学院,可有效解决目前行业汉语课程建设中语言教育和技能要求比例失衡的问题。宁继鸣认为:"职业技能型孔子学院建设的模式可从三种类型进行设计,即学历教育为主型、学历教育＋非学历培训型、技能培训型。"[①]

一是学历教育为主的职业技能型孔子学院,致力于把中国的高等教育课程尤其是急需的技术类专业课程引入当地大学,如:土木工程、铁道装备、数字化与智能制造专业。此类型实施难度较大,因为中国职校的高等教育课程涉及复杂的专业课程内容和先进的技术装备,有些国家的经济、教育水平较为落后、孔院办学也刚刚起步,不足以支撑此类应用型课程体系的落实,应针对国别开展办

学。新加坡、泰国、马来西亚等国家具备大众化的高等教育基础,同时孔子学院已积累了丰富的办学经验,课程建设较为完善。双方在教育领域的合作,应根据所在国产业和就业需求对课程进行详细规划,既包括宏观的目标和层级设置,也包括详细的课程安排。针对老挝、越南等欠发达国家,可引进"双师"制的培养模式,学员首先要具备较好的汉语基础,掌握汉语通用知识和一定的交际能力。当地孔院教师或志愿者负责攻克专业词汇、术语等语言难关,中方选派优秀的职业院校教师到当地大学或孔院挂职,教授专业技术型课程。专兼职教师相互配合,确保取得有效的教学成果。

二是"学历教育+非学历培训"的职业技能型孔子学院。非学历培训主要是指在办好特色专业的过程中,依托孔子学院开展短期技能培训项目。借鉴巴基斯坦的费萨拉巴德农业大学孔子学院开设的"中文+焊接技术"课程模式,此类孔院开设的行业汉语课程分为中文培训和技能实训两个阶段。第一阶段,学员先通过12周的沉浸式学习掌握基础的中文知识,达到相应中文水平后加入与焊接技术相关的中文知识进行学习,夯实语言基础。第二阶段,学员将进行6个月的"理论+实操"课程学习,由专业技术人员进行实践教学,帮助学员掌握焊接技术。以这样的方式将学历证书和职业技能等级证书相结合,推进"学历证书+若干职业技能等级证书"(即1+X证书)的有机衔接,提升技能培训的专业化水准和社会认可度。

三是技能培训型孔子学院,技能培训着重指一些需要投入较少的硬件且孔子学院专职教师稍加培训就可进行教学的"通用型"技能,如烹饪、编织、篆刻、种植、养殖等中国传统工艺技术,或卫生健康、酒店服务、新媒体运营、财务会计等现代服务业技能,学生具备这些附加技能,有助于学生学以致用,在实践中使用汉语、增强就业竞争力、提升职业技能。

五、 结语

在"一带一路"建设的推动下,东盟地区的汉语国际传播取得了可喜的成果,基于"五通"合作和国际中文教育转型发展的需求,催生出"中文+技能"的项目,行业汉语课程在东盟地区蓬勃发展。通过数据库对东盟孔子学院开设的八类行业汉语课程进行分析,总结出课程设置经历了相应的起步、发展与深化阶段;教学内容和教学目标逐渐明确、应用领域不断扩展,课程等级和学时安排衔接合理,但在课程门类、教学资源和课程标准等方面亟须开发和完善。提出的建议是:首先,推动孔子学院行业汉语课程建设,包括结合市场需求,增加课程开设类别并规范行业汉语课程教学标准。其次,丰富行业汉语课程教学资源,按照多样化的行业领域研发集语言训练、技术学习、技能操作为一体的特色数字化教材和线上汉语教学实训平台。最后,孔子学院应与职业院校协同发展,建设特色鲜明的职业技能型孔子学院,推进职业教育与国际中文教育融合,培养适应"一带一路"建设的"中文+"的复合型人才。行业汉语在东盟地区前景广阔,为推动教育国际化合作、助力中文现代化建设和复合型人才培养方面注入了强大动力。希望本文的研究能为行业汉语课程的建设及发展提供参考。

作者简介:

第一作者:黄媛媛,中国石油大学(北京)外国语学院硕士,现任盐城市大丰高级中学教师。

第二作者(通讯作者):曾小燕,中国石油大学(北京)外国语学院汉语国际教育中心副教授。

第三作者:徐方富,中国石油大学(北京)外国语学院教授。

Study of Vocational Chinese Courses in the Curricula of Confucius Institutes in ASEAN Countries Based on Database

ABSTRACT: With the popularization of "The Belt and Road Initiative", Confucius Institute has made a positive attempt in the diversification of Chinese teaching, changing from single Chinese teaching method to "Vocational Chinese" teaching. At the same time, this is also the imperative development of international Chinese education in the new era. ASEAN occupies a dominant position in Chinese education. In this paper, we make a research on the achievements of China-ASEAN "five Focuses" cooperation and the situation of international Chinese education as well as the information about Vocational Chinese Courses in the database of ASEAN Confucius Institute. Meanwhile, we also make a systematic and quantitative study on the diachronic development, current situation classification and curriculum system of the professional Chinese courses offered by 39 Confucius Institutes. At the same time, combined with the SWOT (situation analysis) model, we analyze the advantages and disadvantages of the curriculum, and put forward three suggestions to enhance the practicality, science and systematicness of the curriculum, perfect the teaching resources of "Chinese+skills", and expand the vocational education function of Confucius Institute, in order to provide reference for the training of Chinese talents and the construction of Vocational Chinese Courses in ASEAN.

Keywords: The Belt and Road Initiative; ASEAN; Confucius Institutes; Vocational Chinese; Curriculum

基于跨文化交流需求的"中文＋冶金行业"教材编写研究*

张　浩

摘　要:语言教学从专注本体研究,到引入影响语言教学的"交际文化"和"知识文化",再到今天我们着重研究行业汉语,走过了波澜壮阔的道路。"中文＋"对于专业技术的引入,将极大地扩展与语言教学相关的文化与跨文化因素。在专门用途中文的教学中,"中文＋行业"与"中文＋职业技能"是两个层级的教育,二者既密切联系又相互补充,二者之间的关系与教学中的定位也是本文论述的主要内容之一。冶金在工业链条中既是起点也是终点,冶金行业是一个微缩的工业体系。本文通过对现代冶金工业体系的研究和"中文＋冶金行业"教学大纲的编写,就"中文＋行业"的教学特点,以及"冶金汉语"的教材编写进行了初步的研究与探索。

关键词:行业汉语;跨文化;中文＋;专门用途中文;冶金汉语

中文是人类古代文明流传至今唯一仍在使用的语言。从古代的百工刻画文字①,到当今中国完备的工业体系,行业汉语与中文水乳交融不可分割。语言教学与文化密切相关,从专注语言本体研究,到引入影响语言教学的"交际文化"和"知识文化"②③,再到今天我们着重研究行业汉语,"知识文化"成为了教学的主要内容。语言教学走过了波澜壮阔的道路。

国际中文教育的语言要素包括:语音、词汇、语法、汉字、文化共五大

＊　本文的写作得到了同济大学国际文化交流学院郑婕老师的指导,在此表示感谢。

① 张浩:《从"道"字含义浅谈"中文＋冶金行业"》,同济大学《汉舟》2023年春之卷(总第59卷)。
② 张占一:《试议交际文化和知识文化》,《语言教学与研究》1990年第3期,第15—32页。
③ 张占一:《交际文化琐谈》,《语言教学与研究》1992年第4期,第96—114页。

类①②③。其中文化所包含内容非常宏大，广义上的文化包含各种知识及人类所创造的物质财富和精神财富的总和④，所以在实际的语言教学中，应当重点考虑的是与语言教学相关的文化，并简称为"语言教学相关文化因素"。行业汉语的引入，使得我们在教学中不得不考虑更多的文化与跨文化因素。专业技术体系是影响语言教学的文化因素。

当研究"中文＋专业技术"时，国际中文教育走入了一个全新的领域，即现代工业专业技术体系。现代的专业技术体系有其自身的特点，如高度的标准化、国际化、跨专业配合复杂等。因此，"中文＋"对于现代工业体系的引入，将极大地扩展其语言教学相关的文化因素，而且还涉及了纵向、横向不同层次的跨文化、跨专业、跨学科等问题。在"中文＋"教学的研究中，我们必须从全新的视角去研究跨文化、跨专业、跨学科，尤其是从现代工业体系的实际需求去看跨专业与跨学科的问题，这样才能看得更全面、更清楚一些。对外汉语教学的目标是培养汉语跨文化交际能力⑤，对于专门用途汉语（即行业汉语）⑥教学的研究，扩展了跨文化的范围与内涵。在本文中跨学科、跨专业都属于跨文化的范畴。

文化是一种知识体系，凡是具有不同知识体系的人之间的沟通，都存在跨文化沟通的问题。如图 1 所示，文化在纵向上简单分为浅层（物质文化、行为文化）中层（制度文化）深层（观念文化）三个层次⑦。跨文化在横向上简单分为国与国之间，企业与企业之间，个人与个人之间三个层次。这样任何两个人之间的沟通交流，必然会因为自身知识结构的框架与深度等不同，而造成跨文化交际的障碍。如何避免这种潜在的沟通障碍，提高人们在纵向和横向上跨专业、跨学科之间配合作业的效率，这对于现代工业体系有着非常重要的实际意义。明白了现代工业体系这种跨文化交流的需求，国际中文教育就可以利用自身学科的优势，基于企业的实际需求，编写出有针对性的指导大纲和相关教材。

① 毛悦等：《汉语作为第二语言教学——汉语要素教学》，外语教学与研究出版社，2015 年。

② 胡明扬：《对外汉语教学中的文化因素》，《语言教学与研究》1993 年第 4 期。

③ 林国立：《对外汉语教学中文化因素的定性、定位与定量问题刍议》，《语言教学与研究》1996 年第 1 期。

④ 胡仲文：《跨文化交际学概论》，外语教学与研究出版社，1999 年。

⑤ 崔永华：《对外汉语教学的目标是培养汉语跨文化交际能力》，《语言教学与研究》2020 年第 4 期：25—36。

⑥ 李泉：《论专门用途汉语教学》，《语言文字应用》2011 年第 3 期，第 110—117 页。

⑦ 刘珣：《对外汉语教育学引论》，北京语言大学，2000 年。

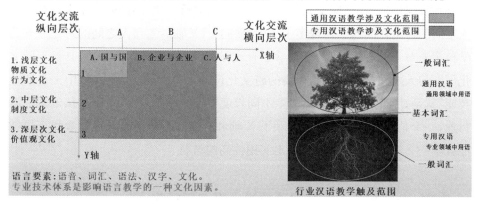

图1 通用汉语和专用汉语涉及的语言文化教学范围

专门用途中文教材编写,是国际中文教材的重要部分。从1982年的《外贸洽谈500句》开始,到2020年底全球共出版国际中文教材19530种,通用教材与专用教材比例为10∶1。其中商务汉语与医学汉语做得相对较好,而工业系统汉语刚刚起步,还没成熟的指导大纲①②。这其中主要一个原因是跨文化或者说是跨专业配合、跨学科人才的问题③④。从某种角度上说,跨专业的难度比普通意义上的两个国家跨文化更难,因为有的国家很小,本质上并无很大的文化差异。而现代社会分学科、划专业,每个人都深入研究自己的专业领域,这虽然有力地推动了科学技术的进步,但也会造成一种负面效应,即越深挖本专业的知识深井,越容易让自己陷入了本专业的"知识陷阱"中,不能自拔,即日常所说"隔行如隔山"。不注意这种跨文化(知识体系结构)障碍的话,即使都讲母语也无法一下子有效沟通专业问题。这是"中文＋"教育进入工业体系后面对的艰巨问题。目前很多行业汉语的研究都强调专业技术人员的介入,这是非常正确的方法,也

---

① 孙博,王硕:《"职业教育走出去"背景下专业用途国际中文教育教材开发研究》,《深圳信息职业技术学院学报》,2022年第20卷第4期,第12—17页。

② 马箭飞,梁宇,吴应辉,马佳楠:《国际中文教育教学资源建设70年:成就与展望》,《天津师范大学学报(社会科学版)》2021年第6期,第15—22页。

③ 崔永华:《试说汉语国际教育的新局面、新课题》,《国际汉语教学研究》2020年第4期,第3—8页。

④ 郑通涛,郭旭:《"一带一路"倡议下国际汉语人才培养模式研究》,《厦门大学学报(哲学社会科学版)》2020年第1期,第69—81页。

是编写行业汉语教材对跨文化交流需求的一种体现。

和单纯的语言文化教学相比,现代工业技术体系涉及的文化深度和宽度完全不同。单纯的语言文化教学注重从浅到深的纵向研究文化,并且尽量将文化控制在浅层讲解;在横向上只关注国与国之间的跨文化交际问题,不太重视人与人之间的跨文化问题。而现实生活中,横向上(X轴),人与人之间的跨专业和跨学科沟通对于社会生产、教育教学更有实际意义;在纵向上(Y轴),具备不同文化深度的人之间的沟通也是重要的跨文化沟通。"中文+行业"与"中文+职业技能"就是针对同一行业在纵向上不同程度要求的一种分层,一个是从宏观上看行业,一个是从微观上看行业。除了 X 轴和 Y 轴,还要考虑语言要素和言语技能教学①(Z轴)。这样才能编写出实用性高的教材。

中文+冶金行业: 冶金汉语教学大纲编写探索

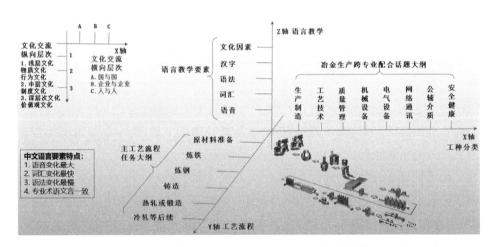

图 2 "中文+行业"教学大纲需要围绕主工艺流程考虑跨专业的沟通配合

现代工业体系中人与人之间的工作模式既独立运行又深刻联动。一方面各个专业有着严格的分工甚至专业隔阂,另一方面却又有着紧密的衔接配合。能做到这种既有隔阂又有配合的关键,是工业生产中,所有专业的人都在围绕着本行业的主工艺流程这一庞大的文化知识体系服务,对本行业生产的主工艺流程理解越深,就越有利于各个专业的配合作业。

---

① 李绍林:《对外汉语教学中语言要素和言语技能的关系》,《汉语学习》2011 年第 1 期,第 73—80 页。

冶金是工业的龙头,流程长、专业配合复杂①,是一个微缩的工业体系。这正是研究"中文＋行业"所需要的良好样本。本文以冶金工业为样本,对于"中文＋冶金行业"制订教学大纲与教材编写作了初步研究。

一、 冶金工业与现代工业体系的特点

基于跨文化交流需求的"中文＋冶金行业"教材编写,首先要注意的是现代工业体系的特点和冶金行业在其中的位置。

1. 现代工业体系与冶金工业简介

1.1 现代工业体系简介

现代工业体系是以 1770 年左右英国引领的第一次工业革命为发端,经过 1870 年德国和美国引领的第二次工业革命和 1970 年左右美国引领的第三次工业革命而发展起来的。现在我们处于第三次工业革命结束和第四次工业革命开始的阶段②③。即将到来的第四次工业革命有很多新的变化。例如:从第二次工业革命开始,由于流水线分工配合作业的优势,人们开始了深度地分学科和划专业,如今已持续了一百五十多年。而现在第四次工业革命的特点是大数据和人工智能,在技术上强势要求各专业优化配合甚至是高度融合。这种类似反向旋转、螺旋上升的变化,必将对工业系统与社会科学产生深刻的影响。

因此"中文＋行业"必须重视工业系统的跨专业配合及其变化特点,这是工业体系为追求更高效率的真实需求。

1.2 冶金工业的地位与特点

工业生产是一个很长的链条,冶金是工业链条的起点,为其下游的生产提供原料。从青铜器到铁器④再到生产芯片的高纯硅,冶炼工艺一直是我们社会发展的主要支撑。同时,冶金又是工业生产链条的终点,所有机器设备服役寿命结束后,废旧金属回炉重铸得到新生。

---

① 王博,孙立根,李慧蓉,等:《虚拟仿真技术在冶金工程专业中应用的探究》,《科教文汇》,2019 年第 29 卷,第 81—82 页。

② 西马克集团《news letter》2019 年第 2 期"体验数字化"以及相关内部培训资料。

③ 孙鸿飞,李兴唐:《德国工业 4.0 的本质及其展望》,《进出口经理人》2016 年第 1 期,第 19—21 页。

④ 张福明:《钢铁冶金从技艺走向工程科学的演化进程研究》,《工程研究——跨学科视野中的工程》,2020 年第 12 卷第 6 期,第 527—537 页。

　　从天然矿石原料,变成金属材料,再变成机器设备,先进的机器设备又直接应用于现代冶金工业,工业生产在冶金这个节点形成了一个闭环发展的链条。所以冶金行业是一个微缩的工业体系。

　　如下图3所示。以钢铁冶金生产为例,从矿石原料开始,经过炼铁、炼钢、热轧、冷轧、后续处理等变为各种钢材,钢材做成机器又用于冶金生产。这其中,每个工艺步骤都涉及了质量、生产、机械、电气、网络通信、公辅介质等多个专业的密切配合。

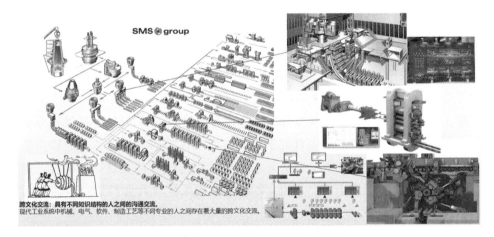

图3　冶金生产总体工艺技术流程图

2. 现代工业体系的特点以及对语言教学的影响

2.1　标准化与复杂化

　　现代工业技术体系有着高度标准化的特点,可以说工业化生产的目的就是为了实现全世界统一的标准化生产。工业系统有完善的标准体系,例如:

　　1) 美国ASTM即美国材料与试验协会标准体系,全称 American Society for Testing and Materials,成立于1989年,是目前世界上最大的制定自愿性标准的非营利组织①。

　　2) 日本工业标准调查会(JISC)属于政府标准化组织,成立于1949年,主要

---

① 周立军,王美萍:《国外团体标准发展经验研究——以ASTM国际标准组织为例》,《标准科学》2016年第10期,第106—110页,第120页。

负责组织制定、审议日本工业标准(JIS)①。

3) 德国标准学会(Deutsches Institut für Normung)德文缩写 DIN，成立于 1917 年，是德国最大的具有广泛代表性的公益性标准化民间机构。目前 DIN 每年大约制定 15000 个标准，其中 80％以上会被欧洲各国采纳并使用。

4) 我们国家采用的是国家标准，国标(GB)体系，是由国务院标准化行政主管部门制定，在全国统一实施的标准。国家标准分为强制性国家标准和推荐性国家标准。

除了高度标准化，工业系统也有高度复杂化的特点。复杂化主要表现为宏观和微观两个方面。在宏观方面，标准制定是国际竞争的制高点。各国的标准之间既有合作也有竞争，如我国的国标与德国 DIN 标准比较接近，与日本标准和美国标准差异也不是很大。在微观方面的复杂性，主要表现为，工业系统的每一个生产步骤都需要工艺技术、机械、电气、网络通信、公辅介质等多个专业的高度协调配合才能完成。各个专业都有自己细致入微的标准与规范，最后各行各业各司其职，形成了整个工业社会严密配合的复杂网络。这种标准化与复杂化的特点，在行业汉语中表现为"书面化"和"文学化"的特点，即类似古代文言文，"文言一致"，用词既要简洁准确又必须生动形象。例如装钢水的大桶叫"钢包"，"包"的本义是"胎胞"，钢包就是钢水出生的地方。"生产"一词也是一种隐喻②的表达方式。所以中文的专业术语是一个文化内涵非常深刻的体系，"中文＋行业"应该是从宏观上看行业，"中文＋职业技能"③应该是从微观上看行业。这样的定位比较适合覆盖整个工业体系。

2.2 中心化与独立化

现代工业系统，不论生产哪种产品，都可分为主要工艺技术流程和辅助部门。主生产工艺技术流程是生产的核心与一切运行服务的中心。例如在冶金生产中，矿石的冶炼和冷热金属的加工是主要工艺技术流程。而机械设备、电气设备、网络通信、公辅介质等则都是辅助部门。

虽然在工业生产中各个专业高度配合并指向中心，但各个专业都有着极高

---

① 王小兵，李艺茹：《国外部分典型标准化机构概况比较分析》，《中国标准化》2017 年第 15 卷，第 63—67 页。

② 王寅：《从体验哲学到体认哲学——兼谈体认语言学对认知语言学的继承与发展》，《哲学探索》2022 年第 1 期，第 60—70 页。

③ 宋继华，马箭飞，朱志平，王静，彭炜明，陈晨：《职业中文能力等级标准的构建》，《语言文字应用》2022 年第 2 期，第 2—14 页。

的独立性。每个专业只关注自身的领域以及与其他专业衔接的部分，除此之外，各专业的关系如《老子》所说"邻国相望，鸡犬之声相闻，民至老死不相往来"。现代工业系统在第二次工业革命中形成了类似机械配合的模式，即各个零件只按照自身的功能要求来运转，最后集成起来实现整体机器的良好运转。这样做虽然提高了效率，但也造成了今天严重的专业隔阂。

未来智能化的发展，则出现了完全相反的势头。智能化从某种角度讲，就是希望每个零件都能"说"出自身运转中的痛苦之处。这样人们就能及时消除这个零件损坏的风险，从而避免出现整个机器系统停转的致命后果。通过优化跨专业配合，可以大幅提高整个系统运行的可靠性①。因此"主工艺流程"和"跨专业配合"是工业体系的两个重要特点，也是"冶金汉语"教学大纲设定的核心所在。

2.3 国际化与跨文化

在工业革命基础上形成的现代工业技术体系，是一个高度国际化的领域。宏观上各国争相抢占技术与标准的最高峰，跨国公司生产经营横跨全球，纵横捭阖。微观上每一个专业技术人员，每天都在接触着全球最新的技术发展，同时也推动和创造着最新的技术进步。因此现代工业体系天生就有国际化的视野和跨文化、跨专业沟通配合的强烈需求。

汉语国际教育专业，是最近几十年才发展起来的新兴学科，行业汉语的研究，必然会推动中文教育走向更广阔的领域。从过去只是局限于通用语言的教学，往前发展，将会进入专业技术用语这一工业社会赖以生存的基石；往后深入，也会逐步找回古代百工虔诚刻画象形文字以及传世经典的文化根基。

二、 浅谈"中文＋行业"与"中文＋职业技能"

"中文＋行业"与"中文＋职业技能"都是为冶金汉语教学服务，二者相互融合，相辅相成，不能绝对分割。我们可以在冶金这个知识体系的纵向上，对比二者，从而在教学中准确定位二者的关系。

1. 二者的层次高低不同

1.1 "中文＋行业"类似顶层设计，是从宏观上看冶金行业：

1) 说明冶金行业各个工艺路线和总工艺技术流程图；

---

① 李良巧：《可靠性工程师手册（第二版）》，中国人民大学出版社，2017年。

2）说明冶金行业自身各个专业的跨专业的配合；

3）与专业技术人员配合,优化行业汉语与国际中文教育的跨学科合作；

4）说明人与人之间跨文化交际的障碍和应对方法。

1.2　"中文＋职业技能"类似底层基础,是从微观上看工种岗位：

1）说明工种岗位所涉及的工艺路线段；

2）说明工种岗位所涉及的跨专业的配合；

3）与专业技术人员配合,编写有实用性的行业汉语教学内容；

4）简单了解人与人之间跨文化交际的障碍和应对方法。

1.3　二者一个是基础,一个是顶层,相互依存,并无贵贱之分。

2. 二者的教学对象不同

"中文＋行业"是对行业专业知识的宏观总结,面对的学生,应该是具有一定文化知识水平、学能较强的学生。教学目标是希望学生宏观上掌握行业概况,例如：行业的总体工艺路线和跨专业配合要点等。"中文＋行业"面对的学员范围更大,例如,可以是各个行业需要了解冶金行业的人,并不一定只局限于在冶金行业工作的人。

"中文＋职业技能"是对行业工种岗位的微观深入,学生通常是在本行业工作的人员,学生的文化程度主要取决于工种岗位的要求。这时,教学目标也只是希望学生快速掌握工种岗位工作必需的语言知识,例如工作中涉及的主要设备名称、工具名称、工作指令以及相互之间的关系等。

3. 二者的中文教学不同

"中文＋行业"必须完成通用汉语和专用汉语教学两部分内容,这是行业高素质人才的必备条件。

"中文＋职业技能"教学,以专用汉语教学为主导,通用汉语教学为辅助,可以使员工尽快投入工作岗位,但对于技术人员的长期发展来说,通用汉语和专用汉语教学两部分内容都是需要的。

4. 二者的职业之路相同

如《大学》所说,学知识要"心正意诚""格物致知"[①]。所有技术人员的专业技术成长之路都是从具体工种岗位的举手投足认真学起,直到经过数十年磨砺而对本专业的大概了然于胸：

---

① 王培友：《宋代理学"格物致知"意蕴的历史生成及其流变》,《国际儒学(中英文)》,2023年第3卷第1期,第53—70页,第169页。

第一步是熟悉自己工作的工种岗位工艺段；

第二步慢慢熟悉上下衔接的工艺路线；

第三步是熟悉冶金生产的总体工艺流程图。

所以"中文＋行业"教学大纲对"中文＋职业技能"有指导作用。具体的教材编写，"中文＋行业"应偏向于行业的宏观介绍；而"中文＋职业技能"应聚焦于工种岗位的实际需求。

本文专注于冶金汉语教学大纲的制订与"中文＋冶金行业"教材的编写。

三、 编写冶金汉语教学大纲的一些初步经验

基于现代工业系统"主工艺流程"和"跨专业配合"纵向和横向跨文化的两个特点，以冶金工业为研究对象，编写"冶金汉语教学大纲"。我们首先需要厘清冶金生产的主要生产线和总的工艺流程框架图，然后围绕冶金工艺流程再分析各专业的配合情况，并同时考虑好跨专业跨学科沟通的问题，这就有了编写教学大纲的大致框架。

1."中文＋行业"冶金汉语教学大纲编写思路

我们从冶金汉语能力总体设定、冶金话题大纲设定和冶金任务大纲设定三个方面介绍"冶金汉语教学大纲"的编写思路。

1.1 冶金汉语能力总体设定

"中文＋行业"教育的核心是让学生具备在目标行业内的语言使用能力。因此我们研究的主要范围是专业语言在实际工作情境中的应用。在实际的冶金生产情境中，现场的工作人员主要应掌握的冶金汉语是与本专业相关的冶金知识和语言。例如电气人员需要掌握与其工作相关的冶金知识。

教学大纲以初级冶金工艺技术人员应该掌握的工艺知识为主要内容。这对于从事冶金工作的所有专业都是必须掌握的知识。刚毕业的冶金专业学生，通过学习，可以掌握总体工艺流程知识框架(本专业学习)和辅助的机械、电气等基础知识(跨专业学习)，这样就具备了用汉语学习更深层次冶金知识的能力。其他专业的人如机械、电气、通信等在熟知自己本专业知识基础上，若能掌握冶金总体工艺流程知识框架(跨专业学习)，则能更好地配合冶金行业实现高效的生产。

因此在冶金汉语总体能力中,所有专业的人都必须掌握的言语技能为:

1) 冶金生产总的工艺流程和主要相关设备名称与功能的听说能力和简单的读写能力。

2) 每个专业的人,必须要学会自己本部门专业所需要的冶金汉语听说能力,一定的认读能力和简单的书写能力。

3) 每个专业的人,必须明白跨专业沟通的障碍与换位思考的应对方法。

由于工业体系自身分学科划专业的特点,即使中文母语的人也一下子听不懂跨专业的谈话。我们在"中文＋行业"教育中必须要注意到这个跨文化交际障碍,让学生具备跨专业沟通的意识,这样在需要跨专业配合时才能更高效地完成配合作业任务。

初级冶金汉语水平的人员,能够基本满足现场实习的要求,能大体理解与自己专业相关的内容,能够就自己部门相关的现场生产情况进行简单的交流与沟通。

中级冶金汉语水平的人员,能够总体满足现场实习的要求,能基本理解自己专业相关的较为具体的内容,能够就自己部门相关的现场生产情况进行较为复杂的交流与沟通。

高级冶金汉语水平的人员,能够完全满足现场实习的要求,能完全理解自己专业相关的具体内容,能够就自己部门相关的现场生产情况进行复杂的交流与沟通。

1.2 冶金汉语话题大纲设定

冶金汉语话题大纲的设定是难点也是重点。如图 2 所示,我们将所有横向上的跨部门跨专业的沟通设定为话题大纲,以冶金工艺技术人员与机械、电气、信息、公辅介质、安全健康、人事财务等人员的交流为话题。这样最有实际意义,也更贴近复杂的工业生产流程中人与人之间跨专业沟通的实际需求。

例一,冶金技术人员与财务人员沟通时,主要涉及差旅或其他费用报销的一些情况,这个时候向财务人员询问工资问题是完全错误的。工资问题应该咨询人力资源处的同事,而且通常企业对于工资薪酬问题的讨论也有相关规定,是不可以随意谈论的。同样道理,财务人员应该细致回答与报销相关的规定,而不可以说"这个事情我不知道,你应该去问你们部门领导"。这种跨专业的对话,如果在"中文＋行业"教学中不考虑,就必然造成学生在工作现场语言交际的失败,并且也会降低企业各部门沟通效率甚至引发不必要的冲突。

例二,冶金工艺技术人员希望了解工艺技术的问题,应该请教本部门的人员才行,如果请教机械设备专业的同事,虽然机械同事能说清楚设备的机械功能,但涉及生产工艺技术相关的功能与问题,机械专业的同事也不清楚。如果深入和机械专业同事探讨工艺技术问题就是严重降低了跨专业配合的效率。

例三,通用汉语中的一些教学要点例如汉语家庭成员内外有别、长幼有序,在专用汉语中也应说明其跨专业沟通时的注意事项,通常工作中除了本部门的人员,与其他专业特别是上下级同事之间也是要尽量避免谈论家庭等个人隐私问题的。

所以在话题大纲编写时,和不同部门的人以及上下级之间的跨文化沟通,要考虑可以谈论请教什么和不可以谈论请教什么。在这里应该讲清楚人与人之间的跨文化沟通问题。这样才能提高学生在实际工作中语言交际的效率。

1.3 冶金汉语任务大纲设定

冶金汉语任务大纲的设定是重点。如图2所示,我们以纵向上的冶金主工艺流程,来设定任务大纲。一方面要整理出最有代表性的生产线流程,例如板材热轧冷轧工艺流程,另一方面也列出了其他主要的冶金工艺流程,如锻造生产和长材轧制工艺流程。这样就基本涵盖了冶金生产的主要流程。

在主工艺流程路线中,还要依照生产步骤,分出不同的工艺段。依照专业岗位不同,编排出学生掌握相关工艺段的主要工艺流程名称、主体设备的名称等。如在炼钢生产工艺段,必须知道原料、炼钢、脱碳、精炼、连铸等工艺流程名称,还要知道转炉、电炉、AOD炉(氩氧炉)、VOD炉(真空炉)、LF炉(钢包炉)、连铸机等主要设备名称。这样在炼钢现场就可以进行简单的沟通交流和听懂大概的指令了。

在任务大纲中单独设立跨文化交流的任务,让学生具备跨专业配合意识和能听说与自己部门相关的跨专业配合指令。

"中文＋行业"的教材应该从宏观上注重总体工艺流程图的教授和学习。

"中文＋职业技能"的教材应该从微观上注重工种岗位技能的教授和学习。

对照冶金生产的技术工艺路线,也有助于我们厘清冶金汉语相关词汇以及这些词汇含义之间的关系。在教学中既要注意专业词汇,又要讲清楚这些词汇之间的关系。

2."中文＋冶金行业"教学中跨专业沟通的障碍与换位思考的应对方法

具有不同知识结构的人之间的沟通,就是跨文化沟通。人与人之间跨文化沟通的主要障碍是缺少对方相应的专业知识，而人又有从自身的角度看待问题的思维惯性，不能一下子跳出自己的知识深井，从而影响了跨文化交流的效率。如果能学会换位思考，从正反两个方面分层次来学习和看待问题，则能有效克服跨专业沟通的障碍。通过对冶金汉语的研究和冶金工业中实际跨专业沟通的经验总结，我们将人与人之间跨专业跨学科沟通的障碍与应对方法，总结如下：

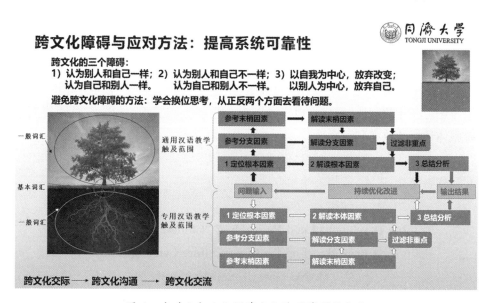

图 4　应对人与人之间跨文化沟通障碍的方法

专业术语是否合适，并不单纯取决于工业技术水平，语言与文化对专业术语体系也有着重要的影响。人与人之间由于不同的知识结构，而造成的跨文化交流障碍，在工业体系和普通生活都是一致的。道通为一，二者在哲学基础上都是统一的，中国的传统哲学比较强调"大一统"理念①②。这些也是我们国际中文教育的优势所在。

四、 结语

现代工业体系中有着层次复杂的跨学科、跨专业配合需求，这是我们研究

① 姚中秋：《一个文教，多种宗教》，《天府新论》2014 年第 1 期，第 34—41 页。
② 姚中秋：《以国家整合为中心的大一统理念：基于对秦汉间三场政治论辩的解读》，《学海》2022 年第 5 期，第 32—41 页。

"中文＋行业"教材编写时的实际跨文化交流需求。其次，"主工艺流程"和"跨专业配合"是工业体系两个重要特点，也是"中文＋行业"教学大纲设定的核心所在。理清所在行业的主工艺流程才能理清各个专业词汇含义之间的关系。对于类似冶金的复杂生产流程，可以绘制出总工艺流程框架图，作为让学生掌握的教学重点。以主工艺流程为纲才能将各专业各学科的配合作业任务设置清晰，并在此基础上整理出专业词汇、设定教学场景等。这样的设定也最符合专业技术人员的实际成长之路：即从工种岗位起步，然后逐步熟悉上下衔接的生产工艺段，最后熟练掌握本行业的大概生产工艺特点。最后，"中文＋行业"需要研究人与人之间的跨文化交际障碍与应对方法，在制订"中文＋行业"教学大纲时，必须要考虑跨文化的问题，这样可以提高工作中跨专业沟通配合的效率，从而提高系统整体运行的效率和可靠性。

作者简介：张浩，同济大学国际文化交流学院硕士研究生。

The Development and Research of "Chinese＋Metallurgy" Text Book Based on the Cross Culture Communication
ZHANG Hao　Tongji University

Abstract：In the past teaching language focused on the language itself, then people started to concern the culture and picked up the part which will give influence to the language education. Based on language teaching function, people divided culture into "commutation culture" and "knowledge culture". Now we come to "Chinese＋", which is CSP(Chinese for Special Purpose). "Knowledge culture" turned into part of our teaching content. We have to reconsider the range of culture which is related to the language teaching and cross culture communication related issue.

We used metallurgy industry as reference, developed the rough guideline and textbook for Chinese language teaching. Meanwhile we also developed the cross culture communication in industrial language system. Since the industrial system has very complicated cooperation of difference department and majors. There is very practical requirement for cross department & major communication. We use the cross culture principle to solve the problem of cross department cooperation issue, since the philosophy foundation is the same for industry and normal life

Meanwhile we also divided the "metallurgy Chinese teaching" into two level, one is "Engineering level", another is "Operation level", which will give some difference for language teaching.

Keywords: industrial Chinese; cross culture; "Chinese＋"; Chinese for Special purpose; Metallurgy Chinese.

旅游汉语教学与地域文化相结合的新探索*

笪舒婷

摘　要: 本文从四个方面探讨旅游汉语教学与地域文化的结合,即地域文化在旅游汉语教学的定位、地域文化的重要组成部分及其内在联系、地域文化与重要旅游环节的联系、实施策略。地域文化具有"地方性"且为学生亲密度较高的文化,可以为课堂提供鲜活的语言和文化材料,创设真实的情景,更利于教师因地制宜讲好中国故事。旅游汉语教学中的地域文化主要由历史、重要人物、方言、人文观念、艺术、风俗习惯组成,且常常以组合体的形式出现。食、住、行、游、购、娱这六个旅游的重要环节皆与地域文化有或多或少的关联。教师可以通过转化旅游资源、挖掘"云旅游"资源等科学技术资源、转换师生多种角色、任务教学法,实现旅游汉语教学与地域文化的结合。

关键词: 旅游汉语教学;地域文化;结合

为来华留学生开设的旅游汉语课,教学目标主要是让学生掌握与旅游相关的汉语,可以用汉语独立进行旅游活动;走进中国,通过中国丰富多彩的旅游资源,了解中华文化,感受中国各地风土人情。当前的旅游汉语教学和教材,语言项目教学内容表现为"通用性",即教授旅游活动中全国通用性高的生词、句子。而文化教学部分则表现为"全面性",展示中国整体的旅游文化资源情况,以及各地自然生态、历史风貌、人文风情。

然而,中国著名的城市、景点以及值得宣传的文化千千万万,学习者的吸收能力有限,旅游汉语课的课时也有限;如何既能帮助学习者学习语言,又能增加

　＊　本文是同济大学国家语言文字推广基地"双强项目"一般项目"国际学生'中国理解'教育路径与模式探索"(项目编号:TJSQ22YB08)的阶段性成果。

学习者对中国旅游文化资源的了解,为学习者打开探索中国的大门? 笔者认为将旅游汉语教学与地域文化相结合,是实现这一目的的有效途径。如今不少学者已经认识到地域文化的重要性,将其运用于对外汉语教学;但鲜有学者研究旅游汉语教学与地域文化的结合,为数不多的研究为石慧敏(2010)[①]、刘雨晴(2020)[②]从教材角度阐释了旅游汉语教学与地域文化的结合。

本文将从地域文化在旅游汉语教学的定位、旅游汉语教学中地域文化的重要组成部分及其内在联系、旅游汉语教学中地域文化与重要旅游环节的联系、地域文化与旅游汉语教学结合的实施策略,四个方面探讨如何将旅游汉语教学同地域文化相结合。

一、 地域文化在旅游汉语教学中的定位

从性质上看,地域文化是一定空间范围内人们所创造的物质财富和精神财富的总和,本文特指学生的学校所在地、以现代行政区划为标准进行划分的地域文化,如"上海文化""天津文化""福州文化"。地域文化从属于中华文化,又区别于"中华文化"这个博大精深的整体概念,在与中华文化保有共性的同时,却又因各地历史沿革、地理环境、民族构成等诸多因素的不同,使得在表层、中层、深层文化皆有其"地方性"。此外,本地的地域文化对于到此留学的学生而言,更是能够产生本地生活经验联想,情感亲密度较高的文化。

从教学内容上看,地域文化是旅游汉语教学内容的一部分。旅游汉语课的主要任务是学语言,次要任务才是学文化,这也意味着地域文化并不适宜总是以文化知识的形式传授给学生;这与中华文化课对学习和教授地域文化的要求是不同的。从课程分布上看,笔者将旅游汉语教学内容分为两大块,第一块是通用、全面的语言和文化教学内容,第二块则是能够体现地域文化的语言和文化教学内容。在课程分布上,笔者先完成第一块的教学内容,让学习者能够学习掌握基础内容;再借助第二块的教学内容,一方面精进学习者的语言,另一方面增加其对地域文化的了解和喜爱。例如第一块学习了"咨询旅行社",那么第二块就让他们查阅福建旅行社官网或者实地询问,了解福州旅行线路(有哪些著名景点、文化故事)。

---

① 石慧敏:《游学上海》,人民教育出版社 2010 年版,第 1 页。
② 刘雨晴:《基于地域文化的旅游汉语教材对比研究》,湖南师范大学硕士学位论文,2020 年,第 1 页。

从功能上看,地域文化是途径也是目的。作为途径,地域文化为旅游汉语教学提供了丰富的、真实的语言和文化材料,也是开发真实交际情景的重要组成部分。作为目的,地域文化其本身是文化,属于学生学习目的以及教师教学目的。在旅游汉语教学中处理好地域文化,更有利于教师因地制宜,讲好"本土故事";在学习过程中,学习者接触并学习地域文化,成了文化的切身体验者,甚至是介绍与传播者。

二、 旅游汉语教学中地域文化的重要组成部分及其内在联系

对于文化的分类或文化教学内容的分类,已有不少学者提出自己的见解。许嘉璐(2006)[①]将文化分为表层(物质文化)、中层(制度文化,包括风俗、礼仪、制度、法律、宗教、艺术等)、底层文化(哲学文化,包括伦理观、人生观等)。程裕祯(2017)[②]细分为地理、历史、教育、科技、姓名文化、汉字、学术思想、科举制度、宗教信仰、典籍藏书、建筑、文学、艺术、精美器物、风俗习惯、文化交流。

至于旅游汉语教学中如何将地域文化进行分类,刘雨晴(2020)[③]通过研究三本基于地域文化的旅游汉语教材文化知识内容,将地域文化分成六大类,分别是地区概况、地理空间、生活方式、人物事件、风俗习惯、文学艺术。参考前人的分类,笔者认为旅游汉语教学中地域文化的重要组成部分有历史、重要人物、方言、人文观念、艺术以及风俗习惯。

表1 旅游汉语教学中地域文化的重要组成部分

重要组成部分	具体内容
历史	古代历史、近现代历史
重要人物	传说中的名人、现实存在的历史名人、当代名人
方言	日常方言词、熟语歌谣
人文观念	世界观、价值观、人生观、审美观
艺术	文学、曲艺、手工艺、建筑
风俗习惯	饮食、服饰、节俗、婚寿事俗、信仰与禁忌

① 许嘉璐:《什么是文化?》,《中国社会报》2006年6月2日。
② 程裕祯:《中国文化要略》,外语教学与研究出版社2017年版,第1—6页。
③ 刘雨晴:《基于地域文化的旅游汉语教材对比研究》,湖南师范大学硕士学位论文,2020年,第40—41页。

在旅游情境下,这些地域文化会在一定的区域范围内(例如人文旅游景区)相互依存、相互衬托,共同形成一个和谐的组合体。这一现实情况,一方面体现了旅游汉语教学的综合性,另一方面也为教师教学提供了思路,那就是当教师想让学生了解或体会地域文化时,并不需要一种一种地独立呈现,而是可以借助文化间的联系,以点带面,向学生呈现地域文化的组合体。那么,上述地域文化的重要组成部分有哪些组合的可能性?

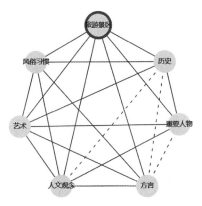

图1 地域文化间及其同旅游景区形成组合体的关系网络图

在旅游中,旅游景区是非常重要的区域范围,与地域文化有着密切联系。笔者绘制了地域文化的重要组成部分之间以及其同旅游景区之间能够形成组合体的关系网络图。图中的实线表示两种成分之间有着较强的关联性;虚线则表示较弱的关联性,如方言-历史,人文观念-历史,方言-重要人物;关联性的强弱由笔者主观按照“旅游活动中从一种成分关联到另一种成分”的普遍性而定。

这张关系网络图不仅揭示了地域文化的重要组成部分之间以及其同旅游景区之间形成组合体的可能性,也体现了或大或小组合体内在成分的关联性强弱。本文以最大的组合体为例,对关系网络图进行解读。

最大的组合体为“旅游景区-风俗习惯-艺术-人文观念-方言-重要人物-历史”。较大的组合体为教师提供了将成分组合的最大可能性。如当教学环境设定在一个人文旅游景区内,学生可以接触“风俗习惯”(如特色小吃、特色服饰),接触“艺术”像建筑、文学作品(如与该景区相关的诗歌)、曲艺表演(如在该景区上演的特色曲艺表演)、手工艺(如在该景区内售卖或者展览的手工艺品),接触“人文观念”(如建筑反映的审美观),接触“方言”(如叫卖使用的方言),接触“重要人物”(如曾居住在这里的历史名人),接触“历史”(如中国朝代更迭)。

但当教师呈现组合体的时候,同样需要处理各成分之间的关系,做好成分之间的关联。关系网络图中的实线示意两种成分较强的关联性,因此两种实线连接的成分之间,是比较容易由 A 关联到 B,或由 B 关联到 A;当实线连接的成分增加,如组合体成分由 2 种变为 3 种,且都由实线连接,那么可以较容易实现 A 到 C、A 到 B、B 到 C,以及反向的,C 到 A、B 到 A、C 到 B。

借此,教师可以根据教学内容、重难点、目标,选择或大或小的地域文化组合体,考虑教学时从哪一种成分出发,关联哪一些成分以及关联顺序。

三、 旅游汉语教学中地域文化与重要旅游环节的联系

与一般的文化课、语言课不同,旅游汉语教学在文化内容上具有很强的综合性,石慧敏(2001)[1]提出"旅游汉语"应该是密切结合一个外国旅游者(留学生)到中国后,在旅游过程中,特别是食、住、行、游、购、娱环节中,经常要碰到的、典型的语言和文化现象的总和。笔者认为地域文化与这些重要旅游环节联系密切,但事实上又不是每一种地域文化皆与这些环节有较强的关联。因此,笔者综合旅游实际,列出此表,讨论地域文化与重要旅游环节的联系。

表 2 重要旅游环节与地域文化的关联(√意为较强关联)

重要旅游环节 / 地域文化重要组成部分	旅游景区	历史	重要人物	人文观念	艺术				风俗习惯					方言
					文学	曲艺	手工艺	建筑	饮食	服饰	节俗	婚寿事俗	信仰与禁忌	
食	√								√		√	√	√	
住	√							√						
行	√													√
游	√	√	√	√	√	√	√	√	√	√	√	√	√	
购	√						√		√		√			
娱	√					√						√		√

"食"环节,与之关联性较强的是旅游景区、饮食、节俗、婚寿事俗、信仰与禁忌。当今的旅游景区,常常有很多"老字号"饮食店、小吃摊;旅游过程中旅游者一般会希望体验到当地的风味菜、小吃,这必然就涉及当地的饮食文化,如当地

---

[1] 石慧敏:《"旅游汉语"教学——对外汉语教学的一个重要课题》,《暨南大学华文学院学报》2001 年第 4 期,第 20 页。

人的饮食口味、常用食物烹调方式等;"吃什么"常常是一个地方节俗、婚俗、寿俗的重要环节;此外像佛寺等宗教场所,还会涉及如素食、素面等特色食品。

"住"环节,与之关联性较强的是旅游景区和建筑。旅游者出于便利的需求,往往会根据旅游景区的位置,选择与之距离较近的地点作为住宿点;民宿发展迅速,很多民宿为了吸引客流,在装修上下足功夫,有古色古香的客栈,也有现代感十足的时尚民宿。

"行"环节,与之关联性较强的是旅游景区和方言。旅游者的目的地大多为旅游景区,因此景区的地址,所在的道路都十分重要;方言虽然与普通话相比,使用范围正在不断萎缩,但在中老年群体以及一些特定的区域(例如普通话普及率偏低的偏远自然旅游景区)中,方言仍是重要语言,旅游者在问路可能会遇上方言词。

"游"环节,与之关联性较强的地域文化非常丰富。旅游者游在景区,了解景区的历史、重要人物,欣赏该地的文学、曲艺、手工艺、建筑等艺术,享用当地的风味美食,若景区为宗教类景区,则不可避免要了解一些信仰与禁忌文化。此外,有的城市也开始将方言里的熟语作为旅游宣传语,例如福州话熟语"七溜八溜,不离福州",这句话也曾被习近平总书记在考察福州城市建设——郊野福道时引用过。人文观念作为底层文化,则贯穿"游"的始终。

"购"环节,与之关联性较强的地域文化是旅游景区、手工艺、饮食、服饰。手工艺、饮食和服饰是体现地域特色的重要方面,例如湖笔,是国家非物质文化遗产,是湖州文化的典型代表,有"笔中之冠"的美称;再如北京的豆汁,更是老北京小吃中独树一帜的存在。

"娱"环节,与之关联性较强的地域文化是旅游景区、曲艺、节俗和方言。旅游者若遇上节日还可体验当地的节日习俗,例如端午节的赛龙舟,春节的舞狮舞龙;戏剧、相声都有着很强的地域特征,如西北地区的秦腔、天津的相声等,且很多用本地方言进行演绎。

四、 地域文化与旅游汉语教学结合的实施策略

(一) 合理利用资源,为我所用

1. 转化旅游资源

旅游汉语教学的实质是教学,而非旅游;但作为专门用途汉语教学,旅游汉

语教学不可脱离旅游活动、旅游场景,所以在某种程度上,旅游汉语学习者和旅游者的身份具有较高的重合性。从汉语教学的专业角度出发,地域文化之于学习者更多是文化知识或者文化技能;但从旅游的专业角度出发,更注重的并非地域文化本身,而是那些能够吸引游客的地域文化旅游资源。

当前从旅游资源的功能分类,可以将旅游资源分为观光旅游型、参与体验型、文化型、购物型、情感型、保健修疗型①。笔者认为这样的分类,为旅游汉语教师设计、组织教学内容和教学活动提供了思路;教师可以根据旅游资源的功能,将其转化为教学中适用的各类资源或教学活动。

观光游览型旅游资源,是供旅游者游览和鉴赏,获得各种美感享受的旅游资源,例如古建筑、古典园林、城市风貌。这类型的旅游资源可以转化为汉语教学资源中的教学环境,教师可以将这些旅游资源设置为学生开展模拟真实的旅游活动(或是语言任务)的环境。

参与体验型旅游资源,是旅游者可以亲自参与活动,获得切身体验的旅游资源,例如龙舟竞渡、集市贸易、冲浪、节庆活动、制作、品味。教师可以选择把这种类型的旅游资源转化为能够在课堂上进行的体验式教学活动;这当中有的参与体验型旅游资源是可以在课堂上真实模拟的,例如品味某个地区的特色小吃、制作某个地区的简易手工艺;但也有很大一部分的资源是无法真实体验的,这便需要教师对这类型的资源根据其特色进行微调或重制,例如龙舟竞渡在课堂上无法体验,但是教师可以通过带学生制作手工小龙舟、玩龙舟竞渡的电子游戏代替。

文化型旅游资源,是可以让学习者获得一定科学文化知识,增长阅历的旅游资源,例如历史古迹、博物展览、宗教文化、文学艺术、社会风情、古建筑。这类型的旅游资源可以转化为教学内容,作为学习者在学习过程中可以学习掌握的知识性内容。

购物型旅游资源,主要供旅游者购买,纪念旅游经历,例如各种土特产、工艺品、文物商品及仿制品。这类型的旅游资源可以转化为汉语教学资源中的教学工具,教师可以将这些实物资源作为学生完成某个任务(例如购买土特产、鉴赏工艺品)的道具;亦可以作为课堂奖励赠与学生。

情感型旅游资源,是可供开展祭祖、怀古、探亲等旅游活动,以表达旅游者思古、怀念、敬仰等思想感情的旅游资源,例如名人故居、名人古墓、革命纪念地。这类型的旅游资源同观光游览型类似,皆可转化为教学环境;不同之处在于,观

---

① 马耀峰、宋保平、赵振斌:《旅游资源开发》,科学出版社 2017 年版,第 25—26 页。

光游览型旅游资源对应的教学环境下的语言任务以完成蕴含说明、描写、评价等功能项目的赏景性质的旅游活动为主,而情感型旅游则以蕴含敬佩、伤心、缅怀等功能项目的抒情性质的旅游活动为主。

保健修疗型旅游资源,是供旅游者度假、疗养、健身的旅游资源,例如气功、针灸、温泉浴、度假村、沙疗。这类型旅游资源大部分受限于场所,无法开展体验式教学活动,比较适宜转化为讲授式的教学活动,讲授知识性内容为主,例如讲授温泉的种类、疗效。像气功这类健康保健的健身活动,擅长这方面的教师可以让学生学习一下,感受其带来的身心疗愈效果。

上述内容,可以归纳为如下表格:

表3　旅游资源类型-可供教师考虑的转化方向

旅游资源类型	可供教师考虑的转化方向
观光游览型旅游资源	教学环境
参与体验型旅游资源	体验式教学活动
文化型旅游资源	教学内容(知识性内容)
购物型旅游资源	教学工具
情感型旅游资源	教学环境
保健修疗型旅游资源	教学内容(知识性内容)/体验式教学活动

2. 充分挖掘和使用科学技术资源

旅游汉语教学与地域文化相结合,教师可以发挥地域优势,让学生到实地体验。但这样的机会也并不是很多;同时因为疫情,有的学校将课程转为线上;这样的情况下充分挖掘科学技术资源变得尤为重要。

近些年"云旅游"发展火热,加速了"云旅游"供给形式的发展与创新。传统景区的食、住、行、游、购、娱在5G、AR、AI、VR等科学技术的帮助下,在线上也可以呈现在旅游者面前。当前中国"云旅游"形式主要有虚拟旅游网站、APP和微信小程序,网络游戏,科技展示与模拟体验,基于自媒体平台的"云旅游"视频。

虚拟旅游网站、APP和微信小程序,具有代表性的是"云游敦煌"小程序、"云游故宫"小程序、"E游温州"小程序。像"云游故宫"集智慧地图、AR探索、全景故宫、文创产品、数字文物库、陶瓷馆、紫禁城365、故宫名画记、数字多宝阁等于一体;"E游温州"作为城市旅游小程序,内含活动日历、玩吃住购推荐、文艺惠民、文脉传承、安心智游,不仅是内容充实的旅游攻略,更是阐释城市魅力的鲜活材料。此外还有集合全国各地景点的虚拟旅游网站,例如全景虚拟课旅游网、中国全景网等。

网络游戏,具有代表性的是河南博物馆推出"一起考古吧"小程序,用户可以使用手铲、毛刷等工具模拟真实考古发掘环境;以及广州长隆野生动物园开发的"滚滚大闯关"H5答题游戏。

科技展示与模拟体验,多出现在博物馆、科技馆、人文旅游景区,通常针对已经不复存在的景观、规划中的景观、限流保护的文化遗产以及人类暂时无法实现的活动等,会采取虚拟"云旅游"的形式呈现,以提升旅游质量和体验效果①。例如商丘博物馆利用声光电多媒体技术,将燧人氏钻木取火、玄鸟生商等神话故事进行三维可视化改造,为观众提供沉浸式的文化体验。

基于自媒体平台的"云旅游"视频,观众通过自媒体平台观看视频在线体验、接收旅游信息,视频可以是城市宣传片、个人Vlog视频、直播、慢直播;更有"实景直播＋主播讲解＋现场卖货"的"云旅游"形式。

上述主要是为旅游而开发的在线资源;除此之外,还有一些如"大众点评""小红书"(可以完成的任务:如让学生搜攻略)、"携程旅游"(可以完成的任务:如让学生找酒店信息)、"高德地图"(可以完成的任务:如让学生找交通线路)的软件,也可以成为很好的教学资源。

(二)转换师生的多重角色

在旅游汉语课上,教师和学生不应只是教学者与学习者。

教师最基本的角色是教学者,有着传授语言文化知识与技能、解答学生问题的重要责任。但旅游汉语课特殊的教学环境和教学任务,意味着教师同时也可以是一位导游,例如教授如何评价一个人文旅游景区时,教师可以先以导游的身份,说一段导游词介绍该旅游景区。这样的角色不仅有利于模拟较为真实的旅游环境,而且导游词本身就是很好且必要的教学材料(因为这在旅游活动中出现频率较高,且语言表达上具有特殊性),这样对学生而言也可以获得较好且真实的学习体验。

学生最基本的角色是学习者,在课堂上学习语言文化知识与技能。但在特定的教学环境以及教学任务中,学生可以是旅游者、体验者、规划者、介绍者,甚至是传播者。

---

① 张丹:《供给侧视角下的"云旅游"可持续发展路径研究》,《南宁职业技术学院学报》2022年第5期,第97—103页。

旅游者——开展各类旅游活动,例如观光游览、购物、饮食。

体验者——参与体验某一项活动,例如品味地域美食、学唱地方曲艺。

规划者——规划旅游行程,例如阅读本地景点美食攻略,使用地图软件,确定酒店、交通工具、旅游线路。

介绍者——介绍地域文化,并对其抒发个人感想。例如介绍名人故居的相关人物、历史、建筑特色。

传播者——传播地域文化。学生体验后,获得良好感受,告知亲友;教师安排学生向亲友、班级学生发表旅游感想、介绍景点美食;学生学唱地方曲艺,表演给亲友,抑或是制作手工,展示给亲友。学生是很好的地域文化传播者。

(三) 发挥任务教学法优势

旅游汉语教学对场景和学生体验感有较高的要求,任务教学法强调任务中心,在用中学,合理运用任务教学法,有利于为学生创建寓教于"游"的汉语课堂。本文将以中高级水平的旅游汉语课,任务"阅读美食点评后,向朋友推荐一家老字号"为例,探讨任务教学法在基于地域文化的旅游汉语教学中的实施。

"任务"指教师在课堂上布置让学生完成的语言活动,但这些活动不是以语言形式为中心的教学活动,而是按学生将来使用语言的需要而设计的交际活动①。它有六个主要的组成要素,即交际目的、交际功能、交际话题、交际情境、交际途径、语言要素及其规则②。

表4 任务"阅读美食点评后,向朋友推荐一家老字号"的组成要素

任务 组成要素	阅读美食点评后,向朋友推荐一家老字号
交际目的	向朋友推荐一家美食老字号
交际功能	分析、评价、喜欢、称赞
交际话题	饮食
交际情境	旅途中讨论今日的晚餐地点
交际途径	美食点评页面
语言要素及其规则	有关美食以及老字号的词句,推荐一个事物时的句子组合

① 马箭飞:《任务式大纲与汉语交际任务》,《语言教学与研究》2002 年第 4 期,第 27 页。
② 马箭飞:《任务式大纲与汉语交际任务》,《语言教学与研究》2002 年第 4 期,第 28 页。

"任务"的类型按照完成方式和结果可以分为信息差任务、观点差任务、推理差任务、陈述性任务、拼版式任务、比较型任务、决定式任务、解决问题式任务①。

一个复杂的任务还可以包含几个子任务,上述"阅读美食点评后,向朋友推荐一家老字号"可以是"讨论并确定今日的晚餐地点"的子任务之一。

表5 "讨论并确定今日的晚餐地点"任务表

任务:讨论并确定今日的晚餐地点		
序号	子任务	任务类型
一	阅读美食点评后,向朋友推荐一家餐馆 (老字号、新派菜馆……)	陈述性任务
二	教师确定两家餐馆,全班分组比较两家餐馆	比较型任务
三	各组提出自己的建议,全班确定今日的晚餐地点	观点差任务、决定式任务

任务型教学的教学模式为"任务前——任务中——任务后",任务前明确任务内容和要求,激活、建构相关图式,任务中学生运用语言形式完成任务,任务后学生展示、教师反馈,将注意力聚焦于语言形式。那么如何开展任务"阅读美食点评后,向朋友推荐一家老字号"?

任务前:"头脑风暴"美食点评中出现的介绍、推荐餐馆的词句,教师做好记录。教师布置任务,向学生明确目的"向朋友推荐一家美食老字号"以及要求"需要有对老字号的简单介绍、你的评价、你推荐的原因"。

任务中:学生各自遣词造句,进行成段表达;教师适时提示相关语言形式。

任务后:请5位学生进行推荐,教师将学生所说记录下来(可以直接打字);学生推荐完毕后,教师对学生所说进行反馈,纠正调整语言形式,表扬学生表达中较好的句子;教师选择其中1位学生的内容(教师可以在保留原义的情况下对其进行完善),归纳进行推荐时的句子顺序、重要内容。

五、 小结

本文从地域文化在旅游汉语教学的定位、地域文化的重要组成部分及其内

---

① 刘壮、戴雪梅、阎彤、竺燕:《任务式教学法给对外汉语教学的启示》,《世界汉语教学》2007年第2期,第119—120页。

在联系、地域文化与重要旅游环节的联系以及实施策略四个方面探索旅游汉语与地域文化的结合。地域文化在旅游汉语教学的定位可以从三个角度看，分别是性质、教学内容和课程分布、功能；在性质上，地域文化从属于中华文化，却具有"地方性"，对学生而言是更具亲密感的文化；在教学内容和课程分布上，教师可以在教授全国通用性高的词句后，设计体现地域文化的语言和文化教学内容；在功能上，地域文化是教师为学生提供真实语言和文化材料、创设情景的重要途径，同时也体现了旅游汉语教学中学生想深入学习目的语文化的学习目的、教师因地制宜讲好中国故事的教学目的。地域文化的重要组成部分有历史、重要人物、方言、人文观念、艺术以及风俗习惯，这些成分往往以或大或小的组合体形式呈现于学习者（旅游者）面前，教师可以参考本文所示关系网络图，根据教学内容、重难点、目标，选择地域文化组合体的大小、教学出发点和关联顺序。

食、住、行、游、购、娱是旅游的重要环节，本文借旅游案例探讨各环节与地域文化间的关联。想要将地域文化融入旅游汉语教学，可以从三个方面入手，即资源、师生角色、教学方法。在资源方面，旅游资源可以转化成较好的教学环节、内容、工具、活动，如工艺品等购物型旅游资源可以转化为教师开展任务的教学工具，"云旅游"资源等科学技术资源也十分值得挖掘。在转换师生多种角色方面，教师是教学者，也是导游；学生是学习者，也是旅游者，在具体的活动中，更可以成为体验者、规划者、介绍者，甚至是传播者。在教学方法方面，将任务教学法应用于地域文化旅游汉语教学中，有利于为学生创建寓教于"游"的汉语课堂。

作者简介：笪舒婷，1999 年，女，福建福州，北京师范大学国际中文教育学院，硕士生。主要研究方向为汉语与中华文化国际传播、对外汉语教材研究。电子邮箱 da_shuting@163.com。

Exploration on the Combination of *Tourism Chinese* and Regional Culture

Da Shuting

(Beijing Normal University, Beijing)

Abstract：This paper discusses the combination of *Tourism Chinese* and regional culture from four aspects: the positioning of regional culture in *Tourism Chinese*, the important component of regional culture and its internal connection, the connection between regional culture and tourism related activities, and the implementation strategy. Regional culture is "local" and has a high degree of intimacy for students. It can provide fresh language and cultural materials for the classroom and create real situations, which is more conducive for teachers to tell China stories well according to local conditions. The regional culture in *Tourism Chinese* mainly consists of history, important figures, dialects, humanistic concepts, arts, customs and habits, and often appears in the form of combination. Food, accommodation, transportation, travel, shopping, entertainment, these six important links of tourism are more or less related to regional culture. Teachers can realize the combination of *Tourism Chinese* and regional culture by transforming tourism resources, using scientific and technological resources, changing teachers and students' roles and using task-based teaching methods.

Keywords: *Tourism Chinese*; Regional culture; Combination

国际中文教育研究生论坛

主持人语

许歆媛

  习近平总书记在党的二十大报告中对增强中华文明传播力影响力作出了重要部署,强调"深化文明交流互鉴,推动中华文化更好走向世界"。国际中文教育事业,是提升中文国际地位和影响力的重要载体,也是中外文化传播与交流的桥梁与纽带。搞好国际中文教育工作,有助于增强我国的文化软实力,促进国际理解,推动构建新型的国际关系,也有利于进一步深化中外文明的交流互鉴,推动构建人类命运共同体。可见,其重要性不言而喻。近年来,全球发生了百年未有之大变局,国际中文教育事业和学科发展面临诸多机遇和挑战。我们应准确把握国际形势变化,与国家发展战略相适应,以推动国际中文教育高质量、可持续发展。若要实现高质量发展,就必须重视学科建设,而学科建设的重要内容之一就是研究生教育,研究生教育肩负着为国家现代化建设培养高质量、高层次的创新型人才的重任。习总书记在全国研究生教育工作会议上强调,各级党委和政府要高度重视研究生教育,党和国家事业发展迫切需要培养和造就大批德才兼备的高层次人才。当前国际中文教育研究生培养的重点,已逐渐从"追求数量"转向"提升质量"上。2022年国务院学位委员会和教育部将"国际中文教育"正式归入教育学门类,增设博士专业学位,标志着国际中文教育本、硕、博贯通培养体系正式建成,对国际中文教育事业发展和学科建设意义深远。

  为了进一步推动国际中文教育的学科建设、提升本专业研究生的科研水平,也为了构建多层次、全方位的学术交流平台,本刊特别开辟了一个固定栏目——"研究生论坛",专门刊发本专业研究生的优秀学术论文,在该专栏中,大家可以分享国际中文教育领域的最新成果和学术观点,提出切实可行的教学方法和策略,探讨与国际中文教育相关的一切热点问题。

  本期专栏共收录三篇文章。汤驿的《汉语言本科专业来华留学生学习适应性的调查与分析》针对同济大学的汉语言本科留学生的专业学习适应情况进行了调研。通过问卷和访谈发现,汉语言本科留学生总体的书面交际能力偏弱、汉语中、高级词汇运用和语法是专业学习适应的主要问题;还指出显著的影响因素依次为学习动机、汉语水平考试、学生和教师社会交往关系、教学环境和年龄,最后提出一系列具体的建议。于慧勤的《基于多元智能理论的美国初中汉语教学设计》在多元智能理论的指导下探讨适合美国初中学生的汉语教学模式。作者在赴美教学期间观摩了当地的西班牙语课堂教学,并结合自身的教学经验,提出了针对美国初中生的一些汉语教学设计原则和思路,还展示了一个详细的教学设计方案,为美国汉语教学提供一些新的启示。王俊的《母语为日语的汉语学习者"被"字句习得研究》基于 HSK 动态作文语料库探讨了日语母语者习得"被"字句时产生偏误的类型和原因。首先将偏误类型分为施事相关类、动词相关类、受事相关类、其他类等,指出偏误的高发区在动词及物性和其他偏误上,并采用"被"字句可接受度测试加以检验。尤其强调日语母语者"被"字句的教学重点,应该放在动词及物性引起的"被"的误加与遗漏,以及物主被动句的结构这两点上。总之,本专栏的三篇文章做了很好的示范。比如,论文形式丰富多样,分别涉及调查报告、教学设计、专题研究;选题内容各有千秋,既有针对留学生学习适应的研究,也有针对汉语教学模式的研究,还有针对语言要素习得偏误的研究;研究角度上也有所创新,考察新的研究对象、引进新的理论、提出新的分类标准。

设立本专栏的初衷,旨在为广大的研究生同学们打造一个学习和交流的平台,期待更多研究生的关注和参与,共同探讨与国际中文教育相关的研究课题,欢迎大家踊跃投稿,为推进国际中文教育事业的创新和发展贡献一份力量。

主持人简介:许歆媛,同济大学国际文化交流学院副教授

汉语言本科专业来华留学生学习适应性的调查与分析

——以同济大学国际文化交流学院本科留学生为例

汤　驿

摘　要:随着国际中文教育事业的不断推进,汉语言本科专业依旧是来华留学生的热门选择,如何有效提升留学生专业学习适应能力显得尤为重要。本文对上海同济大学汉语言本科留学生的专业学习适应情况进行了调查与研究,并基于问卷和访谈结果提出研究建议。

关键词:汉语言专业;本科留学生;学习适应

一、 研究背景

2019 年 12 月国际中文教育大会在长沙召开,根据会议精神和教育部《留学中国计划》的目标与要求,高校应进一步加强来华留学教育质量评估体系和国际中文教育项目的建设,重视对学校教学条件、教学质量和来华留学管理工作队伍的服务水平的评估与机制建设,精准定位,办出学校的来华留学教育特色。因此,如何培养教师的专业素养,提升留学生的学习成效;如何完善高校留学生教育体制和管理模式;如何树立良好口碑、打造国际中文教育特色品牌,都将成为高校留学生教育工作的重中之重。

位于上海的同济大学国际文化交流学院,从 2002 年开始招收第一批汉语言本科专业外国留学生,目前,共开设经贸和汉语国际教育两个专业方向。本专业旨在培养具备跨文化交际能力和较高汉语能力的国际化复合型汉语人才,同时,应掌握系统、扎实的汉语言专业基本理论知识和技能,对当代中国的政治、经济、文化和社会领域有深层次的了解。①

综合上述任务目标，本文将对本科留学生的实际专业学习情况进行深入调查与研究，探索影响学生学习适应的因素，并针对学习适应的问题提出建议，从而提高汉语言本科留学生的培养质量，促进汉语言专业的课程改革、师资培养和专业研究。

二、 调研概况

本次调研的调查对象为同济大学汉语言专业本科留学生，调查人数 67 人，其中男生 37 人，女生 30 人，来自 19 个国家。调研目的是深入了解本科留学生专业学习适应现状，考察影响学习者学习适应的因素，以及专业课教学中存在的问题。

（一）调查问卷

调研按照前期准备、中期收集数据和后期统计分析数据三个阶段有序开展，主要包括问卷法和访谈法两种研究方式。基于国内外学者的相关研究，研究者分别编制了学生和教师《汉语言本科留学生专业学习适应性调查问卷》，共计回收 67 份学生问卷和 8 份教师问卷。问卷数据处理是通过软件 Stata13.0 对量表问题项目逐一进行描述性统计，包括对均值、标准差、最小值和最大值的统计，并着重依据被试学生的人口统计学特征，使用方差分析检验留学生学习适应性的特征差异。

1. **学生问卷信度检验。** 笔者将学生问卷中 9 个因素所涉及的数据录入 Stata13.0，分别统计得出学习适应性状况及各因素的 Cronbach's α。根据内部一致性信度分析结果如表 1，总体学习适应性的 Cronbach's α 为 0.9056，表明总体汉语言本科专业留学生学习适应性的内部一致性信度很高。各一级评价指标的 Cronbach's α 均大于 0.7，说明各一级评价指标的内部一致性信度亦较高。

---

① 同济大学国际文化交流学院.学院简介.https://is.tongji.edu.cn/10262/list.htm

表1 学生问卷内部一致性信度检验

问卷	项目		Cronbach's α 系数	项目数
学生问卷	汉语言本科专业留学生学习适应性的状况	专业自我效能	0.7665	10
		专业学习动力	0.7532	9
		专业学习行为	0.7310	13
		专业承诺	0.7458	6
		总体学习适应性	0.9056	38
	影响因素	语言交际能力	0.8863	4
		学习动机	0.8325	10
		教学环境	0.9272	7
		社会关系网络	0.7951	6

2. **学生问卷效度检验。** 笔者对学生问卷的构造效度进行评估，用 Stata13.0 进行凯泽-梅尔-欧津采样充足度检验（简称 KMO）和巴特利特球体检验。各模块的效度系数均达到统计显著性水平，即 KMO 值＞0.5 且 Bartlett 检验卡方统计值的显著性概率（P 值）＜0.05，表明本量表各模块的效度均较为合理。

3. **教师问卷信度与效度检验。** 由于教师问卷样本数量较少，所以笔者未对教师调查问卷数据进行信度和效度检验。

（二）访谈调查

访谈调查分为预访谈和正式访谈两个阶段，研究者根据对 3 名学生预访谈的调查情况，编制了《汉语言本科留学生专业学习适应性访谈提纲》用于正式访谈。访谈对象均为填写问卷的师生，包括 17 名学生和 3 名教师。访谈旨在将质性研究与量化研究进行有效结合，通过与典型学生个体和教师访谈交流，深入挖掘问卷中未涉及的实际情况，从而进一步探究影响留学生专业学习适应的主要成因。

三、 研究发现

（一）汉语言本科留学生的学习适应情况及影响因素分析

调查结果表明，留学生专业学习适应整体处于中等偏上水平。影响留学生专业学习适应的显著因素依次为学习动机、汉语水平考试、学生和教师社会交往关系、教学环境和年龄。性别、年级、专业方向、国别、汉语能力表现、学生和同学社会交往关系程度六个方面的差异对学习适应没有显著影响。

1. **学习动机**。学习适应能力强的留学生具有良好的学习动机,专业学习目标明确,会主动参加学校培养计划外的汉语考试(如 HSKK 和 BCT),并对毕业后的学习计划和就业去向做好提前规划。学习适应能力较差的学生则缺乏主观学习动机,专业选择并非根据自我兴趣和个人发展,多呈现被动学习的表现。

2. **汉语水平考试**。调查显示,HSK4 级的留学生学习适应情况最佳,原因是学生正处于低年级阶段,课程难度和汉语能力要求不高;其次是 HSK6 级的学生,该水平学生处于高年级阶段,经过 3 年以上的在华学习,已具备较强的汉语交际能力和学习适应能力;学习适应情况较弱的是 HSK5 级学生,多为大二学生,随着专业课程的深入学习,对中国教育模式差异的认识和适应要求也在不断提高,学习适应压力相对较大。

3. **学生和教师的社会交往关系**。学习适应能力强的留学生能与教师保持良好的交流关系,了解自身汉语水平和学习情况,能选择合适的时间和方式请教老师解决问题。反之,消极面对学习困难,固守陈旧的学习方法和有限的学习资源,缺乏与教师的有效沟通,对学习适应会产生很大的反作用影响。

4. **教学环境**。结果显示,学校在新生入学教育、教学资源利用等方面的宣传和指导不全面,教材选用缺乏反馈评价机制,行政部门管理人员的跨文化交际意识不足,都不同程度地影响了学生的学习适应。留学生需依靠自身适应能力,通过客观评价课程难度、教师的授课方式和教学质量,主动了解图书馆、各类教学资源和公共设施的使用方法以解决学习困难,无形中给其学习适应增加了难度和不便。

5. **学习者年龄**。调查显示,20—22 岁的学生学习适应最好,该年龄段基本与中国大学生平均年龄一致。被试中有 59.7% 的学生处于 20—22 岁的年龄段,说明年龄的差异会对来华本科留学生的学习适应产生影响,并且同龄学伴对学习者的学习适应有一定的促进作用。

(二) 汉语言本科留学生总体的书面交际能力偏弱。 随着专业课程难度不断提高, 汉语中、高级词汇运用和语法成为专业学习适应的主要问题。

本文主要在汉语交际能力、学生口语能力以及汉字文化圈的国别化影响因素上,对汉语言留学生的汉语能力进行考察研究。从汉字文化圈因素看,来自汉字文化圈国家的日本学生整体学习适应能力较好。从留学生汉语交际能力来看,学生的口头理解能力>口头表达能力>书面表达能力>书面理解能力,即听力>口语>书写>阅读,与访谈情况相一致,除了大一年级学生的听说能力较弱外,其余三个年级学生的听说能力均处于中、高级水平。所以,有效提高留学生的汉语口头表达能力、书面表达能力和书面理解能力,有利于他们的专业学习适应和可持续发展。

四、 研究建议

(一) 学生层面对提高自身学习适应的建议

调查结果表明,本科留学生自身的学习动机和汉语能力是影响学习适应的主要因素,除此之外,学生对教学环境的积极适应态度和处理现实困难的能力是促进学习适应的根本因素。

1. 学习动机的强弱是受学生自身和外在双重影响的,学生应了解自身学习动力来源并予以强化。调查结果得出,提升自我规划能力在一定程度上能激发学习动力,提高学习适应能力。入学前,学生应通过网络、同胞、学校教师等渠道,提前了解所学专业的课程要求和学习重难点,学习学校相关教学管理制度,熟悉校内可以利用的教学资源等。入学后,积极寻求导师或者相关学习支持者的帮助,探寻适合自身学习需求的学习方法,了解可能面临的学习困难和解决困难的途径。在专业学习不同阶段,应合理分配学习时间,明确教师的课程和考核要求,制定长、短期学习计划并总结学习得失。

2. 汉语言本科留学生汉语口头表达能力的强弱会影响专业学习适应。调查表明,汉语水平为中、高级的学生,口语能力也相对较强,而口语和听力能力是密切相关的。访谈中交流表现不佳的受访者,一部分表示自己没听懂研究者的问题,也有部分表示可以用简单的词语和句子来解释,但不能用汉语完整地表达自己的想法。这些受访者的表现说明其听说能力较弱,也意味着会影响专业学习适应。笔者认为,听说能力较弱的学生首先应了解自身存在的听说问题属于哪种类型(表2),其中,类型一的听说问题最大。

表2 汉语听说能力欠缺的具体表现及主要原因

类型	汉语听说能力欠缺的具体表现	主要原因
一	听不懂,也看不懂听力文本	书面理解能力也较弱,语法和词汇理解存在问题
二	听不懂,但看得懂听力文本	听力输入型训练不够
三	听得懂,但完全无法使用汉语表达	口头表达能力较弱
四	听得懂,但无法用准确的汉语表达	词汇量不够、语法运用能力欠缺

学生应认清问题和原因,再通过课内外交流、录音操练、同伴互练等形式加强听说训练。(1)使用以应试为学习目的的 HSK 和 HSKK 辅导教材,用于听力和口语训练,同伴之间还可以通过朗读对话文本来加深记忆;(2)使用以兴趣为出发点的听力素材,挑选合适的有声读物或中文歌曲,通过欣赏、朗读和模仿等方式锻炼听力和口语;(3)中、高级汉语水平的学生可以选择经典中文影视作品、电视节目和新闻等材料,通过复述、听写和翻译等方式进行训练。

笔者认为,了解自身学习问题,能善于听取他人建议,吸收优秀学习经验,积极克服学习适应问题的学生,学习适应能力也相对较强。访谈得知,有少数受访者存在口语能力差而阅读能力强的表现,习惯独立学习而缺乏交流,这类学生往往缺乏借鉴他人学习经验的本领。对于这种情况,学生应尝试增进与同学、教师的课后交流,拓宽学习思路,有助于更好地巩固和提高自身学习适应能力。

3. 承接以上关于提高口头表达能力的建议,调查结果显示,汉语言本科留学生学习困难集中体现在中、高级汉语词汇和语法学习上。笔者认为,汉语口语、阅读和写作能力的提升与突破取决于中、高级汉语词汇和语法的掌握程度。汉语口头表达和书面表达所用词汇和语法结构存在一定差异,所以应考虑口头和书面表达的相通性和差异性,利用丰富的网络教学资源挑选自己感兴趣的学习资源进行课外学习;积极参与学生社团、汉语角、学习经验分享会等交流活动,有意识地用所学词汇和语法来锻炼口头和书面表达能力,活动后及时整理和总结有利的数据和信息。

4. 学生应主动适应环境,积极面对外在环境所带来的问题。调查表明,学习适应强的学生对自己有一定的学习要求,克服困难以适应在华的学习要求。本科学习与其他类型最显著的区别在于学习时长,四年的学习是留学生接受中国高等教育模式,感受中国教育的魅力,在中国教育下不断提升自我的过程。在中国的求学过程中,入乡随俗并努力适应各种差异,探索克服学习困难的解决方式,也是学习的必修环节。

综合调查分析,笔者建议,在日常学习中,留学生应学会向他人虚心请教,主动寻找志同道合的学习伙伴,积极构建良好的人际关系;在解决文化冲突问题方面,留学生应学会改变自己的固有思维,加强对中国教育环境优势的了解,提高对中国文化的认识和理解,从而逐渐增强自身的学习自信心,减少学习不适应带来的影响。

(二) 教师层面对提高学生学习适应的建议

"师者,传道授业解惑也。"出自韩愈的《师说》。笔者认为,教师也可以从"传道""授业""解惑"这三个角度分析学生的学习问题,从激发学生学习动机、优化教学模式和增进师生交流互动三方面提出解决对策。

1. **笔者认为"传道",不仅要传授知识,还应在教学过程中有意识地引导学生明确自身各阶段的学习目标,激发和强化学习动机。**留学生的学习动机是可以培养和激发的,而通过提高教师自身素养和优化课堂教学模式,能够在一定程度上激发学生潜在的学习动机。

根据访谈结果,留学生非常关注教师本人的精神面貌和教学时所呈现的状态。教师面对学生,应积极表现自身乐观的人生态度,正确引导学生适应专业课程的学习,消除学生的畏难情绪。教师可以通过设计生动、易开展的课堂活动激发学生对专业学习的热情,鼓励学生积极参与课内外教学活动。教师应分析不同类型和不同学习阶段留学生的特点,帮助学生明确学习目标,激发学习动力,从而提高学习成效并达到学习适应。

2. **笔者认为"授业"主要是指课前准备和课堂教学。**高效传授专业知识的前提是对教学对象的深入了解,并在教学过程中不断优化更新授课内容、教学和知识讲授方式、教学进度及语速等。调查表明,学生对部分汉语课和公共基础课(包括计算机基础、中国概况、中国简史和中国文化等)教师上课内容枯燥、教学内容陈旧、教学手段单一的不满意程度较高。主要原因是公共课程教师对于中国学生和留学生的教学内容和差异考虑不充分,传统的教学模式和评价方式与留学生学习适应需求不完全契合。

(1)以计算机基础课为例,课程主要包含计算机基础理论知识和上机操练两部分。课堂教学多为教师讲授,学生记录的传统形式,"填鸭式"的教学模式和全中文版电脑软件给学生学习造成较大的不适应。教师在教学过程中,应有意识地将最新的学科前沿内容与留学生在华实际生活相结合,通过简单易懂的语言描述和动手操作来调动留学生学习的积极性,同时加深对计算机知识的理解和应用。

(2)以中国概况为例,作为教育部规定的留学生本科必修课,常把识记作为教学目标之一,留学生多以考前突击和死记硬背的方式来应付课程的学习。在课堂教学方面,教师应控制教学内容的深度和广度,使用简单易懂的词汇和句式;或以文化活动的形式来讲解概念,减少枯燥的文字解释和背诵记忆。除了传统的多媒体教学手段和课堂师生互动外,教师还可利用信息化教育工具(见表3),提高学生的学习效率,扩大语言学习的涉猎范围。

表 3　信息化教育工具与教学形式

教育工具	教学形式
思维导图工具 Mind Manager	制作汉语词汇分级(分类)记忆图
概念图工具 Inspiration	构建专业知识体系、制定学习研究计划、用于展示教学过程
外语学习评价工具 Hot Potatoes	制作 Web 交互式练习题和测试题

考核方式方面,教师可采用混合式教学模式来确定终结性评价和形成性评价的考核比重,即结业考试成绩(100%)=终结性评价(40%)+形成性评价(60%=考勤10%+作业20%+参与教学30%)。

3. 笔者认为"解惑"主要是指课后答疑和师生交流。研究发现,学生和教师社会交往关系程度对汉语言本科来华留学生的学习适应有显著影响。刘强和黄鑫(2017)通过课堂问卷调研开展了针对上海大学教师坐班答疑效果的评估,研究得出,"坐班答疑"制度很可能作为一项长期的基本校策予以保留,并加以完善,研究建议以系、院为单位统一在工作日白天某时间段集中坐班答疑。[①]所以,增加工作日白天坐班答疑具有必要性,一方面能增加学生求学的便捷性,另一方面营造强化教师之间、师生之间交流的公共空间,为提高学生学习适应创造条件。

(三)学校层面对提高学生学习适应的建议

研究发现,教学环境满意度和 HSK 考试对学生的学习适应有显著影响。

[①]　刘强,黄鑫."坐班答疑"制度实施情况反馈——以某校大三本科生问卷调研为例.高等教育在线,2017(948):153.

其中,学校层面的教学环境满意度主要影响因素有:行政教辅的日常管理、考试对教学的促进影响和专业课程双料型师资三个因素。

1. 教学管理团队应不断完善留学生入学教育和日常教学反馈与督导工作。

(1)以教学管理办公室为基础梳理留学生教学管理规定、规范事务流程。

从调查结果得知,学生因选课失误、错过缓考和退课申请,导致几门课不及格而申请了重修,影响了最终的平均绩点,从而对学生学习积极性造成影响。因此,入学教育是帮助留学生尽快适应中国学习的第一课,而日常教学节点的提醒对学生了解和适应学校教学管理规定具有关键作用。

(2)关注留学生日常学习动态、把握高年级学生毕业动向。

调查结果表明专业深造和未来就业问题对留学生学习动机的影响较大。学校应积极落实教学与教材使用满意度常规化调查,测评并挑选合适的教材,并将教学满意度反馈给任课教师;对高年级留学生开展毕业计划的调查,及时了解学生毕业动向,强化学生认识并努力实现未来目标的学习动机。

(3)深化研究"考教结合"的汉语教学模式。

调查分析显示,HSK 考试对学生的学习适应有显著影响。新 HSK 考试明确提出了"考教结合"的思想,而且应试是本科阶段学习的重要部分。笔者认为,中级汉语听说课程可以在选用专门听说教材的同时,配合一册(套)HSK辅导教材,日常测验或考核也可以参照 HSKK 考试形式,鼓励学生参加HSKK(中级、高级)考试,将考取证书作为阶段学习的目标。培养学生"汉语+技能"的专业发展思路,鼓励经贸方向和汉语国际教育方向的留学生分别以商务汉语考试①和国际汉语教师证书(本土教师版)②作为中、高年级学生的学习目标。

2. 加强学校来华留学生管理人员和双料型专业教师建设。

(1)朱国辉(2011)研究指出,高校来华留学生管理正逐步走向趋同化,来华留学生接触的不仅仅是留学生办公室的教师,而且包括学校行政部门和各院系的教学管理人员。③根据本文问卷和访谈可知,留学生对非外事管理部门的服务满意度偏低,由此学校应加强诸如图书馆管理人员、体育场馆管理人员的管理能

---

① 商务汉语考试是为测试第一语言非汉语者从事商务活动所应具有的汉语水平而设立的国家级标准化考试,由国家汉办委托北京大学研制开发,英文名称为 Business Chinese Test,简称 BCT。

② 《国际汉语教师证书》考试是由孔子学院总部/国家汉办主办的一项标准化考试。

③ 朱国辉.《高校来华留学生跨文化适应问题研究》[D].上海:华东师范大学,2011.

力建设。可以通过外语沟通能力和跨文化交际能力培训，来增强文化差异认知，从而减少误解甚至冲突的发生，促进来华留学生的学习适应。

（2）加强"汉语＋经贸"双料型专业教师的培养。

汉语言本科经贸方向的专业必修课，主要包括经贸口语、国际贸易理论、国际贸易法、进出口贸易实务、国际商务沟通等课程。据调查，目前经贸汉语课程缺乏双料型师资人才，经济专业的不懂国际中文教学，语言专业的又不精通经济。仅仅依靠教师自己补充专业知识的"充电"方式显然不能解决问题，由此，学校应重视双料型专业教师的培养。院、系之间应搭建汉语课与经贸专业课教师之间课堂观摩的平台，甄选学科优秀带头教师举办教学沙龙或专业课程培训，切实增强双料型教师的专业素质和对课程的把控能力。另外，在课程教学方面，教师可选取实用性较强的商务交际案例，让学生将经贸口语和公文写作运用于真实商务场景中，切实提高学生经贸汉语的听、说、读、写技能；教师也可组织学生参观金融机构或中国经济相关的文化中心，增强学生对经贸专业知识和实战交际的真实感受。

3. 强化来华留学生自我管理意识，搭建学生自我管理平台。

国内高校对来华留学生的管理，多归属于国际文化交流学院之类的专门部门，管理方面时常被认为是"特殊化"对待。为了让留学生更好地融入学校整体发展，学校应在一定程度上将留学生纳入校级统一管理，为学生搭建自我管理平台，具体可从班级、住宿和学生社团三方面进行考量。

（1）班级是留学生日常学习的基本单位，选拔一支优秀的班干部队伍是开展正常教学管理工作的保障。在班级管理方面，班干部能作为辅导员与班级同学沟通的桥梁，及时反馈同学的学习表现和需求，协助教师共同营造优良的班级风气。在学习方面，班干部可以在班内组建学习帮困小组，或者邀请高年级同学开展"传帮带"的学习经验分享会，帮助同学摆脱学习困难。

（2）宿舍是留学生课后相处时间较多的场所。住宿校内的学生基本是多人一室的居住格局，室友的学习生活习惯也会影响自身的学习，所以可以通过组建留学生宿舍自管会的形式，增进课后互助学习的机会，并积极营造良好的寝室学习氛围。住宿校外的学生通常较为独立，学校可以通过与当地社区联动，鼓励学生参加社区活动，从而增强学生的社会责任意识，深刻体会"入乡随俗"的现实意义。

（3）学生社团的建设是促进留学生自我管理和发展的重要部分，而只有将来华留学生社团纳入校级学生社团管理,才能更为有效地开展活动。尤其是中外学生互学互鉴的过程,也有助于提升留学生的汉语交际能力和学习适应性。

参考文献

［1］国家汉语国际推广领导小组办公室.国际汉语能力标准［M］.北京:外语教学与研究出版社,2007.

［2］姜颖,杨纪荣.混合式教学模式下中国传统文化课考试改革研究［J］.考试周刊,2015(89):50.

［3］柯清超.现代教育技术应用［M］.北京:高等教育出版社,2016:108.

［4］唐文清.大学生专业适应性量表编制及其应用［D］.重庆:西南大学,2007.

［5］朱国辉.高校来华留学生跨文化适应问题研究［D］.上海:华东师范大学,2011.

作者简介:汤驿(1990—),男,上海,上海立信会计金融学院,助理研究员,硕士,研究方向:汉语国际教育。

A Study on the academic adjustment of Bachelor Degree International Students majoring in Chinese Language——A Case Study of Bachelor Degree International Students of the International School at Tongji University

Abstract: With the continuous advancement of international Chinese education, the Undergraduate major of Chinese language is still a popular choice for international students in China. Therefore, it is particularly important to effectively improve the learning adaptability of international students. This paper investigates and studies on the academic adjustment for international students majoring in Chinese Language in Tongji university in Shanghai and puts forward research suggestions based on the results of questionnaires and interviews.

Keywords: Chinese Language major; international students of undergraduate program; academic adjustment

基于多元智能理论的美国初中汉语教学设计

于慧勤

摘　要:近年来,随着汉语国际教学在美国的发展,不少国内老师陆续赴美任教。由于中美教育理念、教学模式以及教学对象的巨大差异,赴美中国老师会出现不同程度的教学"水土不服"现象。本文从多元智能理论出发,参考当地西班牙语教学方式,研究适合美国学生的汉语课堂活动,一方面探索以更好的教学方法来促进美国学生对汉语学习的认知,激发他们对汉语学习的热情,提高学习的兴趣,使他们轻松自在地学习汉语。另一方面为美国汉语教学提供一些新思路,希望对赴美教师的教学设计有所启示。

关键词:多元智能理论;美国初中;汉语教学;教学设计

随着中国与世界各国经济贸易、文化交流日益频繁,汉语的经济价值和文化价值不断提升,汉语学习在各国持续升温。笔者于 2017 年赴美国俄勒冈州布朗中学进行汉语教学,通过对该校各科教学的观摩,发现美国教学十分倡导个性化和多元化,这与美国教育学家、认知心理学家霍华德·加德纳(Howard Gardner)提出的"多元智能理论"理念不谋而合。这一理论认为人的思维和认知方式是多元的,强调"承认存在许多不同的、各自独立的认知方式,承认不同的人具有不同的认知强项和对应的认知风格"①②。因此,要求教师在授课过程中要尊重学生的个性,实施多元有效的教学方法。

笔者通过查阅相关文献发现,有关多元智能理论对英语教学指导作用的研究成果颇丰。近年来,将该理论运用到对外汉语教学的研究也越来越多。然而将该理

---

① ［美］霍华德·加德纳著,沈致隆译.《多元智能新视野》[M].北京:中国人民大学出版社,2008.
② 沈致隆.《多元智能理论的产生、发展和前景初探》[J].《江苏教育研究》,2009,9:17—26.

论运用于美国汉语教学的研究较少,运用这一理论指导美国初中汉语教学的研究尚未发现。因此,本文尝试进行关于如何运用这一理论指导美国初中汉语教学的研究。通过调查学生多元智能分布特点,结合多元智能理论,探索适合美国初中学生的汉语教学模式。希望通过理论与实践的探索为美国汉语教学提供新的教学思路。

一、 多元智能理论的提出及发展

多元智能理论(Theory of Multiple Intelligence,简称 MI)是由美国心理发展学家霍华德·加德纳于 1983 年在其《智能的结构》一书中提出的。加德纳指出人的智能结构是多元的,每个人都或多或少地拥有七种智能:语言智能、逻辑—数学智能、空间智能、肢体—运动智能、音乐智能、人际关系智能和内省智能。

多元智能理论提出后,经历了从心理学理论到教育实践,又根据实践进一步完善和发展理论的过程。1993 年加德纳出版的《多元智能》一书是对实践的介绍和经验的总结。90 年代中期,加德纳又肯定了自然观察智能的存在。1999 年加德纳出版《重构多元智能》一书,根据实践对该理论进行了更深层次的思考。20 世纪末,该理论和实践全球化并扩展到社会各界。2009 年,加德纳主编的《多元智能在全球》出版,引起了世界各地教育界的关注,进一步深化和拓展了多元智能的理论和实践①。

美国教育专家托马斯·阿姆斯特朗(Thomas Armstrong)研究多元智能理论长达 20 年之久,先后出版了《每个孩子都能成功》《如何开发孩子的八大潜能》《与众不同的大脑》等多部著作,对教师教学和家长教育孩子都有非常强的指导意义。美国教育学教授琳达·坎贝尔等(2015)所著的《多元智能教与学的策略》一书,介绍了美国的六所多元智能学校如何运用多元智能理论以及如何评估学生学习成果,给教育工作者打开了新的视野。同时,还推出了"多元智力清单"的概念,帮助读者辨认自身智能分布情况②。

二、 多元智能理论在语言教学中的应用

外语教学领域,越来越多的国内外研究者将目光投向了多元智能理论。遵

---

① [美]霍华德·加德纳著,沈致隆译.《智能的结构》[M].北京:中国人民大学出版社,2008.
② [美]琳达·坎贝尔,布鲁斯·坎贝尔,迪伊·迪金森著,霍力岩,沙莉,孙蔷蔷译.《多元智能教与学的策略》[M].北京:中国轻工业出版社,2015.

循多元智能理论的外语教学充分利用多样化的智能特点为教学设计服务，从而丰富教学手段，提高教学效果。

由多元智能理论得知，教学对象具有差异性，因此教师在教学过程中要关注学生的个性化特点，注重因材施教，采用灵活的教学方法。外语学习最直观的智能是语言智能，语言智能较高对学习语言会有很大的帮助。此外，其他智能也能有效帮助语言学习。如音乐智能较高的人，对于汉语的四声发音就会更敏感，更容易掌握声调的发音；数学—逻辑智能较高的人，其归类、推理的能力比较强，可以利用这一智能将词汇进行归类记忆和对语法结构进行推理和灵活运用；人际关系智能良好的人更容易在外语学习小组中与人合作，顺利完成言语交际任务。教师在做课程设计时，可以将所有类型的智能用表格形式列举出来，并为从属于每类智能的孩子设计一些活动。这种做法不仅体现了对所有类型的智能的尊重，并且可以时刻鼓励孩子们努力做到最好。在一节课的课时里，对任何一种智能类型的孩子都予以照顾具有很大挑战性，因此可以尝试在一周的时间里或一个单元周期内达到兼顾平衡。

多元智能及其在语言课堂中的运用如表 1。

表1　多元智能及其在语言课堂中的运用[注1]

智力类型	擅长项目	语言应用
语言	阅读、写作、讲故事、文字游戏等	课堂上的所有活动
逻辑—数学	实验、质疑、解决逻辑题、计算等	观察、绘制图表
空间	设计、绘画、想象、涂鸦等	展示古安系列（Gouin Series）、一遍遍地写下某个物体的单词并使其形成这个物体的图画
肢体—运动	跳舞、跑、跳、为歌曲和歌谣添加动作	全身反应法（Total Physical Response）、造型、触摸、做手势等
音乐	唱歌、吹哨、哼曲子、为喜欢的童谣谱曲	使用歌曲和带有韵律的童谣、轻叩双脚和双手、聆听等
人际关系	领导、组织、与人和睦相处、操控、调节、社交聚会等	小组作业或和搭档合作
内向个体[注2]	确立目标、沉思、空想、制定计划、保持安静	写日志、建立档案
自然主义[注2]	理解、分类、解释自然世界中的万物	摄影、远足、分类

来源：Adapted from Gardner（1983，1993，1999）and Armstrong（1993，1994）。

注1：由于这是翻译所得的资料，"擅长项目"与"语言应用"的命名及一些具体内容的分类还有待商榷，不过该表对本文研究具有明确的启示意义。

注2：内向个体即内省智能，自然主义即自然观察智能。

三、 面向美国初中汉语教学的设计原则和思路

(一)教学设计原则

1.主题式教学原则

主题式教学法是一种为学生提供良好的学习情境,让学生在参与活动的同时,接触和主题相关的学习内容,通过实践来学习的一种教学方法①。主题教学的目标就是将有意义的语言和文化体验带给学生,让学生在各种情境中倾听和使用语言。

教学主题可以来自家庭、学校、社区、周边环境或者特定文化等。一个主题就是一个教学单元,可以全方位地展现多元智能在教学设计中的应用,为美国初中汉语教学提供一个较为完整的框架和思路。在这一框架和思路下,教师可以灵活地加入自身的想法。无论教学内容是什么,都可以沿着这样一种思路去设计。这也是该教学设计想要达到的目标。比如涉及具体词汇或语法的教学,不同的人有自己不同的想法。过于细化的设计将没有通用性的效果,这是本文力图避开的一个方面。

2.程式化与多样化相结合原则

教学设计是一项系统工程,各个子系统的排列组合具有程序性特点。教学设计应立足于整体,从教学对象的分析入手,结合教学内容和教学方法的选择,由浅入深、循序、系统、连贯地进行。这符合学生的认知规律,有利于学生对知识的理解和记忆。具体说来,就是要符合讲授、练习、复习和检查的大致顺序,及时发现存在的问题并纠正,使整个教学系统相互协调,达到整体优化的效果。

所谓程式化,并非指一成不变的僵化教学模式,而是教学的程序,特别是warm-up 环节是固定的,这样学生能够尽快进入状态。程式化与多样化相结合,就是课堂程序程式化,学习方式多样化。以学生的发展为本,从学生特点和教学目标出发,运用多样化的教学资源和教学方式为学生设计多样化的课堂学习活动是教学设计的主要任务。多元智能在课堂活动设计方面为教师提供了广阔的思路。

---

① [美]安・索德曼,李筠,浦江.《主题式教学:中小学汉语课堂教学设计》[M].北京:外语教学与研究出版社,2016:1—22.

3."做中学"原则

建构主义教学论认为,人的知识不是被动地接受,而是通过自己的经验主动建构的。基于此,美国的教学方式就十分讲究"做中学"。

要实现"做中学",教学设计必须具有可行性。一是要符合主客观条件。主观条件应考虑学生的年龄特点、已有知识基础和师资水平;客观条件应考虑教学设备、地区差异等因素。二是要具有操作性。教学设计应能指导具体的实践。三是活动的有效性,要能够服务于教学,而不是喧宾夺主,为了进行活动而设计活动。不能课堂里热热闹闹,但学生并没有因热闹而发展新的语言能力,也就是说,学生玩了,但并没有学,"做中学"沦为一个好看而不中用的幌子①。

4. 趣味性原则

趣味性一方面表现在课堂活动的娱乐性。玩是学生的天性,特别是十三四岁的初中学生。前苏联教育家马卡连柯认为:"游戏在儿童生活中具有与成年人的生活,工作和服务同样重要的意义。"张晓宇(2018)在加拿大新布伦瑞克省孔子学院担任对外汉语教师期间,针对小学、初中、高中三个年龄阶段的学生特点,通过设计难度适中的游戏辅助汉语教学来探究创建新型汉语课堂模式。该种教学实践结果表明,游戏教学法可以明显提高学生汉语学习的积极性、主动性和参与度,并提高汉语交际能力②。教学设计有娱乐性,才能让学生主动参与课堂活动,增强学生的学习兴趣。趣味性另一方面表现在竞争性。课堂活动有竞争性,才能调动大家的积极性,激发学生的潜能。

此外,现代教育技术使课堂更生动和直观,深受学生欢迎。大量的在线学习平台以及课堂资料,为老师教学提供了极大的便利,也有助于提高学生的学习积极性。因此在课堂活动设计时,要充分利用现代教育技术来辅助教学,使课堂活动更丰富多样。

(二) 教学设计思路

1. 遵循学生认知规律

(1) 遵循学习规律

由浅入深,合理安排课堂活动。例如生词的学习上,要按照音义结合、音形

---

① 叶军.《国际汉语教学课堂活动的有效性》[J].孔子学院,2011(5):43—47.
② 张晓宇.《游戏教学法在海外对外汉语教学中的应用——以加拿大新布伦瑞克省中小学为例》[J].海外英语,2018,19:57—58.

结合、形音义结合的步骤来组织教学,最终达到学生能够把生词的形音义准确结合起来并加以运用的目的。汉字部分,按照熟悉汉字结构、部件,先认读然后再依据笔画书写的顺序来进行课堂活动设计,让学生逐步学习读写汉字。句型的学习上,要先熟悉句子语法结构,然后通过活动反复练习句型的使用。

(2)遵循学生的多元智能分布特点

了解学生多元智能分布特点,有针对性地设计课堂活动,才能达到更好的教学效果。笔者通过问卷调查,了解到所任教的布朗中学学生智能分布特点如下:

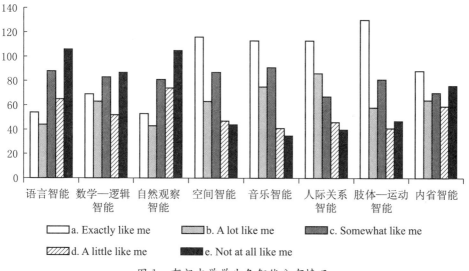

图1 布朗中学学生各智能分布情况

调查数据显示,选择 a 的学生最多的是肢体—运动智能。其次是空间智能、音乐智能和人际关系智能。由此可见这四种智能是大部分学生的优势智能或者说是比较感兴趣的方面。选择 e 的学生最多的是语言智能,其次是自然观察智能、数学—逻辑智能、内省智能。由此可见学生对于这些智能不擅长或不感兴趣。

教学设计中,应该多设计与学生优势智能相关的课堂活动。非优势智能虽然在语言教学中可发挥的余地不是非常大,但也为我们提供了一些不同的思路,可以适当加以运用,帮助有这些智能优势的学生学习。

2. 借鉴西班牙语教学经验

西班牙语是美国的第一大外语,有着较为成熟的适应美国学生的教学模式和先进的教学方法。语言教学具有相通性,为了尽快了解美国语言教育模式和多元智能理论在语言课堂中的运用,从而为基于多元智能理论的汉语教学设计提供可借鉴的经验,笔者在实习期间花了大量时间观摩当地西班牙语课堂教学,总结其教学经验并应用于汉语教学设计。例如方便学生交流和课堂活动实施的教室布置;对教学对象的充分了解;INB(interactive notebook)即交互式笔记本的运用;主题式教学方式;教学模式的程式化;及时收集教学反馈等。

3. 程式化的活动安排

(1)任务板书

在教室白板上辟出一块空间写每天的任务板书,这样学生一进班就可以快速了解本节课要做什么。任务板书包括本节有哪些活动以及学习目标是什么。尽量选择学生比较熟悉的活动或游戏,方便讲解规则,并注意给课堂活动取名字,方便学生看到板书就知道活动内容,快速了解课堂安排。

(2)每周一歌

在国外,Blanton Wincie Lowe[1]、Murphy Tim[2] 和 Christison M[3] 都尝试研究音乐教育和语言学习的关系,研究发现受过音乐训练的学生似乎有着更好的辨音和发音技巧,且将音乐运用于语言教学能够激发学生学习的热情。

调查发现,音乐智能是普遍都有的一种智能,而且音乐与语言密切相关,所以每周选择一首歌让学生每次课前听一遍。选歌的原则是欢快、发音清晰、歌词不要太难、节奏感强。这样既能调动学生的兴趣,又有助于学生对汉语发音的把握以及通过听歌学习生词和句子,充分把音乐融入语言教学。

(3)沉浸日

环境对语言教学有很大的影响。美国没有学习汉语的语言环境,课堂上全部用中文对学生又是很大的挑战,目前只适用于沉浸式学校。因此,综合各种情况,每周只选择一天作为沉浸日是学生比较能接受的,可以让学生逐渐适应汉语交流。因此,可以在教学设计中,每周设定一天作为固定的沉浸日,为学生创造一个语言环境,让学生习惯听中文,习惯用中文表达。沉浸日可设在周四或周五,通过前面几天的学习,此时语感比较强,效果较好。

---

[1] Blanton Wincie Lowe. *An experimental application of language theory, learning theory, and personality theory to evaluate the influence of music in language learning*[J]. Dissertation abstracts, 1962,23(1):351—352.

[2] Murphey Tim. *The discourse of pop songs*[J]. TESOL Quarterly, 1992, 26(4):770—774.

[3] Christison M. *Multiple Intelligences & Second Language Learners*[J]. Journal of the Imagination in Language Learning, 1995, 3:8—12.

（4）每周一星

老师通过一周的教学和观察，每周五的时候评出一个本周表现较好的学生，授予中文之星，并适当奖励。这样既可以鼓励表现好的学生，还可以激励别的学生努力，提高学生们的学习积极性。

（三）面向美国初中汉语教学设计方案

1. 教学对象：美国初中七八年级学生

2. 教学主题：爱好

教学内容：本文的教学设计主题是"爱好"，参考了《快乐汉语》中的部分内容。为了更贴近美国学生的生活，在选择词汇之前，先通过日常观察及小问卷了解到学生的日常爱好，从而选择了更常用更有针对性的词汇。

以下为具体教学内容：

生词句型表　　　　　　姓名：_____

爱好 爱 喜欢 会 也 还是	此部分学生写翻译	Talking about what you and others like 句型一： 你的爱好是什么？ 我的爱好是……。	此部分学生写翻译
爱好：hobby 听： 　音乐 玩： 　游戏 看： 　电视 　电影 　书 打： 　网球 　篮球 上网 徒步 画画		句型二： 你喜欢……吗？ 我（不）喜欢……。 我也（不）喜欢……。 我很喜欢……。 你喜欢……还是……？ 句型三： 你会……吗？ 我（不）会……。	

3. 教学目标：

（1）能够认读本主题的生词。

（2）能够运用本主题的词汇和句子表达自己的爱好及询问别人的爱好。

（3）能够进一步熟悉汉字结构并掌握：爱、会、也、打、看这 5 个常用字的写法。

4. 教学重点及难点

（1）掌握生词的形音义。

（2）用本章内容表达和询问爱好。

（3）写汉字。

5. 课时安排：每天 1 课时，每课时 50 分钟，一周 5 课时。

6. 教学方法："做中学"、运用多元智能理论指导教学活动设计。

7. 多元智能理论与教学设计

（1）教室布置：为促进多元智能理论在汉语教学中的应用，教室桌椅摆放需方便学生交流和课堂活动的实施；在教室内设置文具区域、图书角、与教学主题相关的知识园地等。

（2）学生多元智能分布与教学设计：问卷调查结果显示，学生总体的智能分布由高到低顺序大体如表 2，本设计将结合以下分布来做具体安排：

表 2　学生多元智能分布与教学设计

多元智能分布顺序	智能分布说明	教学设计启示
音乐智能	大部分学生较为擅长或感兴趣	可将音乐智能运用到 warm up 环节
肢体—运动智能	学生比较活泼好动	多设计一些可以让学生动起来的课堂活动
人际关系智能	喜欢参与集体活动、与人交谈	设计小组合作式的课堂活动
空间智能	学生喜欢设计、绘画、想象等	设计让学生绘画、结构观察想象等活动，适合汉字的学习
内省智能	安静，喜欢沉思，制定计划并执行	通过写日记、整理 INB、教学反馈等让学生认识和反思学习上的问题
数学—逻辑智能	逻辑思维能力强，善于归纳推理	设计一些与数字、棋类等相关的活动
语言智能	虽然比较靠后，但是与语言学习紧密相关，要多运用于汉语教学	设计一些阅读、写作、口语表达等活动
自然观察智能	善于观察自然界中的事物和进行分类等，调查显示学生该智能分布最低	与特定的一些教学主题关系紧密，不太适用于所有主题的教学

（3）多元智能在各语言要素教学中的运用情况如表3。

表3 多元智能在各语言要素教学中运用情况说明

语言要素	多元智能的运用及设计说明
语音	**语言智能**:通过认读、听说等练习语音 **音乐智能**:与语音练习密切,通过音乐培养学生语感 **人际智能**:通过小组活动进行学习和操练 **肢体—运动智能**:用肢体语言来展示四声发音等
词汇	**语言智能**:通过解释、翻译、TPRS(Teaching Proficiency through Reading and Storytelling)等方式学习生词 **音乐智能**:通过歌谣学生词 **人际智能**:通过小组活动操练生词,加深对生词的理解和记忆 **肢体—运动智能**:运用TPR(Total Physical Response)教学法或让学生动起来的课堂活动学习和操练生词 **空间智能**:将生词和图片或实物等联系起来,加深记忆 **数学—逻辑智能**:将词汇按照词义、构词特征等进行归类学习 **内省智能**:建立词汇档案(如INB),方便复习和记忆
语法	**语言智能**:运用口头或书面表达的形式来操练语法 **音乐智能**:选择包含相关语法的歌曲进行反复听练,帮助学生记忆 **肢体—运动智能**:运用动作、手势等帮助理解语法 **人际智能**:通过小组讨论、角色扮演等活动操练语法 **内省智能**:建立语法档案(如INB),方便复习和记忆
汉字	**空间智能**:设计绘画、拼字、临摹等活动帮助学生熟悉汉字的结构组成 **肢体—运动智能**:用肢体动作帮助学生识记汉字 **数学—逻辑智能**:数笔画、探索汉字结构组合规律等

8. 教学步骤与环节:

（1）第一课时

本节任务:歌曲 Song(音乐智能)

单词表 Vocabulary(内省智能)

游戏:你画我猜 Game(空间智能、肢体—运动智能)

写句子 Write sentences(语言智能)

学习目标:我能用中文表达我的爱好。I can express my interests in Chinese.

具体做法:

歌曲:分发本周歌词《我爱洗澡》,让学生抄写歌词后面所附单词的英文翻译,然后播放音乐,学生听音乐填空白处歌词。

单词表:分发本单元生词表,贴在INB(interactive notebook,即交互式笔记本)上。学生看PPT抄写生词的拼音和翻译,重难点部分老师可稍作讲解,如:会、也等。

游戏:你画我猜。全班学生分为两大组。每组各派一名学生上讲台前面,老师展示相关词汇给两个学生看,两个学生分别快速画画来描述这个词,其余学生猜。先猜对的组得一分。每两个或三个词结束后,换另外两名同学,每个学生都要有机会参与。

写句子:用单词表上的词汇和句子写五句话(不会写的字可用拼音),让学生对本单元的句型有大致的了解。写完交给老师,老师可根据这些大致了解一下学生的爱好,便于在以后的课堂中运用。

(2)第二课时

本节任务:歌曲　　　　　　　Song(音乐智能)

汉字找房子　　　　Looking for house(空间智能、人际智能)

TPR 教学法　　　　Total Physical Response(肢体—运动智能)

会话　　　　　　　Conversation(人际智能、肢体—运动智能)

学习目标:我可以认识到汉字的结构和表达自己的爱好。I can recognize the structure of Chinese characters and describe my interests.

具体做法:

歌曲:播放音乐《我爱洗澡》,填歌词。

汉字找房子:按汉字结构给汉字归类。2～3人一组,老师把汉字打印出来并剪开发给学生,让学生按汉字结构给汉字归类并注音,熟悉这些汉字的结构和发音,从而帮助记忆。学生完成后,抽一组派一个代表把相关字粘在白板上,如下表。

汉字结构练习活动页

Basic structure	Single	Left-right	Top-Bottom	Inside-outside	Left-middle-right	Top-middle-bottom	Symme-trical
Form	■	‖	⊟	▣	Ⅲ	☰	·⊥·
Chinese characters							

TPR教学法：即全身反应法，强调身体的互动性、教学的生动性。本单元的大量词汇可以用身体语表示出来，因此学生可用这一方法来练习生词。

步骤：①老师先表演，学生猜词。如唱歌、跳舞、游泳等。②老师找学生表演，别的同学猜词。③两两一组练习。

会话：老师拿一个小玩偶作为道具，老师问问题，然后抛给一名学生来回答这个问题，该学生回答后再问一个问题，然后抛给下一名同学回答。问题关于询问爱好，如：你的爱好是什么？你喜欢唱歌吗？

（3）第三课时

本节任务：歌曲　　　　　Song（音乐智能）

　　　　　汉字拼图　　　Chinese characters puzzles（空间智能、人际智能）

　　　　　Quiz-let　　　Quiz-let（语言智能、人际智能）

　　　　　西蒙说　　　　Simon says（肢体—运动智能）

学习目标：我可以认识到汉字的结构。I can recognize the structure of Chinese characters.

具体做法：

歌曲：播放音乐《我爱洗澡》，填歌词。

汉字拼图：用汉字的部件组合汉字。步骤：2～3人一组，老师把本单元汉字的部件打印若干份并剪开分发给各组，每组成员合作把部件组合成汉字，看哪一组组得最快最多。汉字部件如下：

彳　走　日　⺮　监　也　女　子　士　口　又　欠　斤　立　日　戈
又　礻　见　景　彡　扌　丁　王　求　乚　人　几　乂　云

Quiz-let

这是美国学生比较常用的一个学习软件。老师建立教学资源库，把相关的拼音、词汇和图片等输入进去，可以自动生成生词卡、书写、拼音、测试等练习，还有自动生成的配对等游戏。学校配备有pad，学生可进入网站学习。

通过quiz-let里的游戏练习掌握词义，让学生进一步熟悉汉字的书写和生词的意思。还可组织学生在quiz-let.live上自动进行分组PK游戏，调动学生积极性。

西蒙说：

学生全体起立，老师说生词，学生表演，错的同学坐下（被淘汰）。老师逐渐加快语速，最后胜出一到两名同学，老师适当奖励。（如小零食）

（4）第四课时

周四沉浸日 No English day

老师给学生分发沉浸日纸条,每人总分十分,说一次英语撕掉一半,扣五分,说两次扣十分。如图：

$$100\% \text{———} 50\% \text{———} 0\%$$
$$(10分) \qquad (5分) \qquad (0分)$$

本节任务：歌曲　　　　　　Song(音乐智能)

　　　　　单词爬梯　　　　Vocabulary ladder games(人际智能)

　　　　　打电话　　　　　Telephone(人际智能、肢体—运动智能)

　　　　　真与假　　　　　True or false(人际智能、数学—逻辑智能)

　　　　　字帖　　　　　　Copybook(空间智能)

学习目标：我可以认识汉字并用"喜欢"来表达自己的爱好。I can recognize the Chinese characters and use the forms of "like" to describe my interests.

具体做法：

歌曲：播放音乐《我爱洗澡》,填歌词,然后收上来看填写情况,稍作讲解再发下去。

单词爬梯游戏：一张单词表,左边一半是汉语,右边一半是英语(如下面材料所示)。学生两人一组,把单词表从中间折成两半,一个学生从底部往上认读词汇并说出英语翻译,说错或不会时,轮到另一个学生也从底部往上说。每次轮到的人都要从第一个词开始读起。看谁最先爬到梯子顶端。完成后可增加难度,如看英语翻译汉语等。材料如下：

Vocabulary ladder games

Fold the paper and practice with a partner. First read the words and say what the words mean. When you are wrong, it's the turn of your partner. When it's your turn again, you need to start over with the ♯1. After you get to the top, you can challenge yourself by translate English into Chinese.

打电话：老师把本单元词汇写在卡片上,放在教室前面的地上。全班同学分成五竖组,全部面朝前坐。老师展示生词给最后一名学生看(活动过程中,学生可看生词表),然后从最后这名学生这里往前面逐个传递信息。要求：不能说,只能用图片或身体来比划。坐在最前面的那名同学根据传递的信息猜是哪个词,然后迅速去地上找到该词,找对的组得一分。每猜完一个生词,调换座位,第一

汉语		拼音	英语
20	听	20 tīng	listen
19	音乐	19 yīnyuè	Music
18	玩	18 wán	play
17	游戏	17 yóuxì	Game
16	看	16 kàn	look
15	电视	15 diànshì	television
14	电影	14 diànyǐng	Film
13	书	13 shū	book
12	打	12 dǎ	play(a ball)
11	网球	11 wǎngqiú	Tennis
10	篮球	10 lánqiú	Basketball
9	上网	9 shàngwǎng	Surf the Internet
8	徒步	8 túbù	hiking
7	画画	7 huàhuà	draw
6	爱好	6 àihào	hobby
5	爱	5 ài	love
4	喜欢	4 xǐhuan	like
3	会	3 huì	be able to
2	也	2 yě	also
1	还是	1 háishì	or

个同学坐在最后一个位置,其余同学依次往前平移。这样每个同学都可以有平等的练习机会,而且可以让学生动起来,提高学生积极性。

真与假:练习会话,每人说一到两个句子,大家判断这句话是真还是假。如:我喜欢游泳。/我的爱好是唱歌等等,也可说以前学过的句子,复习巩固。

字帖:看笔顺字帖,练习写汉字爱、会、也、打、看。

(5)第五课时

本节任务:中文之星　　　　　Chinese star

　　　　　中文 KTV　　　　　Chinese song(音乐智能)

　　　　　日记　　　　　　　Journal(内省智能)

　　　　　项目　　　　　　　Project(空间智能,语言智能)

　　　　　教学反馈　　　　　feedback(内省智能)

学习目标:我可以描述我的爱好。I can describe my interests.

具体做法:

中文之星:奖励本周表现最好的学生,授予中文之星。适当奖励,如给一张荣誉证书(可自己设计和打印)及中国结等中式小礼品。

中文KTV:老师先领读本周音乐《我爱洗澡》的歌词,大家随音乐一起唱。然后找几个或几组学生自愿上来唱歌,可独唱或合唱,老师用视频显示歌词,播放伴奏。演唱结束后,由全班同学匿名投票选出最好的一个或一组演唱者。老师发奖品,如糖果巧克力等。最后,获奖者发表获奖感言,增加课堂的趣味性。

日记:回答以下问题,写在笔记本上。

① 你的爱好是什么?	
② 你会游泳吗?	
③ 你喜欢听音乐吗?	
④ 你喜欢看电影还是看电视?	
⑤ 中文歌好听吗?	

项目:这是学生的作业,可记入成绩。学生用本章所学的生词和句子介绍自己、家庭成员或朋友的爱好(至少介绍6个人),并配上插图。

教学反馈:了解学生本周学习情况,以便有针对性地调整教学。

a. What area of this theme do you feel is the most difficult?

A. Words   B. Writing   C. Speaking   D. Grammar

b. What activities helped you learn Chinese best?

A. Journal   B. TPR   C. Quiz-let   D. Drawing

E. Singing   Other_____

9. 课堂设计总结分析

本周各种智能运用于课堂活动的数量和设计总结见表4。

表4　多元智能运用于课堂设计总结

多元智能分布顺序	课堂活动数量(个)	课堂表现形式总结
音乐智能	5	每周一歌
肢体—运动智能	5(需要动手或站起来活动的有9)	TPR、打电话、西蒙说等活动
人际关系智能	7	小组合作、单词表演等活动
空间智能	5	绘画、握汉字结构等活动
内省智能	3	写日记、整理 INB、教学反馈等活动

多元智能分布顺序	课堂活动数量(个)	课堂表现形式总结
数学—逻辑智能	1	数笔画、逻辑判断等活动
语言智能	3	翻译、表演、写句子等活动
自然观察智能	0	观察图片等活动

从各智能课堂活动设计的数量来看,除语言智能运用较多外,基本做到了遵循学生多元智能的分布顺序。

(四) 教学设计实施效果、反思与总结

基于多元智能理论的教学设计实施以来,学生课堂参与度明显提升,学生的学习兴趣较以前浓厚,课堂纪律有所改善,作业完成情况良好,学习目标基本达成,课堂活动效果反馈积极。

教学是一项复杂的活动,需要全面了解教学内容与目标、教学对象、教学方式理念等各方面的内容。深入了解相关信息,课堂活动设计及实施将有很大的提升空间。笔者由于赴美时间较短,对美国教学方式及学生情况的了解程度不够深入具体,如美国的教学方式、学生喜欢的游戏类型、学生比较感兴趣的话题等等,对于多元智能理论的开发利用不够深入细致。因此,教学设计难免会有疏漏和不足,需要持续地改进和完善。此外,由于影响教学效果的因素众多,对于多元智能运用于教学的效果只能进行前后观察对比,更具体的研究有待今后实验对比的结果来进一步论证。

四、 基于多元智能理论对赴美汉语老师的建议

多元智能理论启示我们,每个个体都有其自身的特点。因此,从多元智能理论出发,首先要培养多元的教学观。不仅要尊重学生个体差异,也要考虑每个教师自身特点。在教学时如果能够融入自身的优势智能,那么教学效果会更明显。教学评价方面,要采用多元的评价体系,注重对学生综合素质的评价。其次,在具体教学实施过程中,要结合实际教学对象和教学环境,将多元智能理论灵活融入教学。要充分考虑到学生的具体情况以及具体的教学环境,有针对性地进行教学设计。最后,教学设计要注意调动学生的多种智能,提高学生学习积极性和

教学效果。

作者简介：于慧勤，女，1988，籍贯河南，**单位**：江苏省汾湖高新技术开发区实验初级中学，**职称**：中教二级，**学位**：硕士

The Chinese Teaching Design in American Middle School Based on Multiple Intelligence Theory

Abstract：In recent years，with the development of Chinese international teaching in the US，many Chinese teachers have successively went to the US to teach Chinese. Due to the huge differences between Chinese and American educational concepts，teaching models and objects，Chinese teachers in the United States will experience different degrees of teaching "acclimatization" question. Based on the theory of multiple intelligence(MI) and reference to the local Spanish teaching methods，this paper studies the Chinese classroom activities suitable for American students. On one hand，it tries to use better teaching methods to promote American students' cognition，stimulate their enthusiasm，and enhance their interest in Chinese learning. On the other hand，it provides some new ideas for American Chinese teaching，and hopes to enlighten the teaching design of American teachers.

Keywords：Theory of multiple intelligence；American junior high school；Chinese teaching；Teaching design

母语为日语的汉语学习者"被"字句习得研究

王　俊

摘　要:本文主要从施事、动词和受事的全新角度,探讨日语母语者的"被"字句偏误类型及原因。首先从该角度对 HSK 语料库中的日语母语者偏误进行了分类和讨论。其次针对另外收集的语料进行分析,并结合"被"字句可接受度测试对研究进行验证,最后调研对汉语教材中的"被"字句编排情况,对"被"字句的对日教学,从教材、教师和学习者的角度提出了自己的建议。

关键词:日语母语者;"被"字句;汉日对比;偏误分析;教学建议

本文的研究对象是汉语"被"字句和日语被动句,由此出发讨论日语母语者学习汉语"被"字句时出现的偏误及其解决方案。本文所讨论的汉语"被"字句,是非常明确的"NP1＋被(＋NP2)＋VP"构式,其中"被＋NP2"也可以替换为"给(叫、让)＋NP2"。与此同时,日语有标记被动句一般采用"NP1＋が/は(＋NP2＋に)＋Vれる/られる"的形式。可以看出,这两种不同语言在被动表达上存在着 NP1、NP2、V(VP)等共同点。其中的 NP1,并不一定是动作的受事,NP2 也未必是施事。木村英树(1997)①指出汉语"被"字句中 NP1 更接近"受影者",NP2 则是"诱发性动作者"或"有责性动作者",这种看法很有见地,后来的研究者由此出发,作出了很多有价值的研究。日语的 NP1 和 NP2 具有与此相似的特点。本文虽然赞同木村的观点,但为了叙述上的方便,仍依照传统见解将NP1 称为受事,将 NP2 称为施事。

---

① 木村英树.《汉语被动句的意义特征及其结构上之反应》[J]. Cahiers de linguistique—Asie orientale. 1997,26(1):21—35.

一、 HSK 语料库偏误分析

本文对 HSK 语料库 2.0 版的"被"字句偏误语料进行了分析归类。HSK 动态作文语料库 2.0(http://hsk.blcu.edu.cn/)中收录的日本汉语学习者"被"字句偏误,陈祚①指出有 221 句,但现在只能找到 85 句(经核实,陈文中的部分例句,在现在的版本中考生国籍为韩国)。陈文从遗漏、误加、误代、错序、杂糅以及多种误用的角度对偏误进行了分类,这也是偏误研究中最为普遍的分类方式,本文则从施事、受事与动词、其他的角度进行分类,期待能从新的角度深入这方面的研究。根据分析,语料库中 85 个例句的偏误可以如下表所示进行分类。

表 1　HSK 语料库"被"字句偏误分类统计表

偏误分类		偏误表现	例句	偏误数	百分比
施事相关	起点题元角色	"被"的误代	1—3	3	3.53%
	依据题元角色	"被"的误代	4—5	2	2.35%
	原因题元角色	句式杂糅	7—10	4	4.71%
	施事有生性	回避使用	11	1	1.18%
动词、受事相关	光杆动词	补语成分的遗漏	12—14	3	3.53%
	动词及物性	"被"的遗漏	6、15—41	28	32.94%
		"受"的遗漏	42—48	7	8.24%
		"被"的误加	49—57	9	10.59%
	动词语义特征	"被"的遗漏与误加、宾语的误加	58—61	4	4.71%
	受事相关	受事的误代、错序	62—66	5	5.88%
其他		以上因素之外的必需成分的误代、错序、遗漏,以及回避使用	67—83	17	20.00%
非"被"字句偏误			84—85	2	2.35%
总数				85	100%

由表 1 可知,在日语母语者的"被"字句偏误中,因日汉动词及物性差异而引起的"被"的遗漏和误加以及"受"的遗漏占比最多,高达 51.77%,其中"被"的遗漏占比 32.94%,是最容易出现的偏误。其次是其他偏误,占比 20%。而施事、受事相关的偏误总体上占比不高,其中施事相关的原因题元角色引起的偏误可

---

① 陈祚.《基于 HSK 动态作文语料库的日本学生"被"字句习得难度等级与规律研究》[D].四川师范大学.2020.

以归入动词语义特征差异引起的偏误,受事相关的偏误中绝大多数错序偏误,是日语所特有的物主被动句所引起的。因此,可以说动词和其他偏误是日语母语者"被"字句偏误的重灾区,施事和受事则不太容易出错。当然,表1的结论也难免有一定的主观性,但也可从中看出大致的趋势。

二、 关于"被"字句偏误的文献调研

在本文写作过程中,调查了王顺洪①、刘富华、古川裕②、鲁宝元③、杨德峰④、狄昌运⑤、周小兵等⑥等6本著作,并从中收集了84句日本学生"被"字句相关偏误,可与之前的HSK语料库偏误研究互为印证。通过简单的分类统计,得出表2。

表2 自建语料库"被"字句偏误分类统计表

偏误分类		偏误表现	例句	偏误数	百分比
施事相关	起点题元角色	"被"的误代	43—47	5	5.95%
	依据题元角色	"被"的误代	—	0	
	原因题元角色	句式杂糅	39—42	4	4.76%
	施事有生性	回避使用	—	0	
动词、受事相关	光杆动词	补语成分的遗漏	48—55	8	9.52%
	动词及物性	"被"的遗漏	26—33	8	9.52%
		"受"的遗漏	—	0	—
		"被"的误加	1—25	25	29.76%
	动词语义特征	"被"的遗漏与误加、宾语的误加	38	1	1.19%
	受事相关	受事的误代、错序	34—37	4	4.76%
其他		以上因素之外的必需成分的误代、错序、遗漏,以及回避使用	56—84	29	34.52%
总数				84	100%

---

① 王顺洪.《日本人汉语学习研究》[M].北京大学出版社.2008:189—192.

② 刘富华、古川裕.《对日汉语语法教学法怎样教日本人汉语语法》[M].北京语言大学出版社.2013:95—100.

③ 鲁宝元.《日汉语言对比研究及对日汉语教学》[M].北京:华语教学出版社.2005:246—262.

④ 杨德峰.《日本人学汉语常见语法错误释疑》[M].北京:商务印书馆.2008:216—222.

⑤ 狄昌运.《怎样说得对 日本人汉语学习中常见语法错误辨析》[M].冈田胜译.北京语言文化大学出版社.1996:173—180.

⑥ 周小兵、朱其智、邓小宁等.《外国人学汉语语法偏误研究》[M].北京语言大学出版社.2007:132—140.

可以发现日语母语者"被"字句偏误高发区仍然在动词及物性(共 39.28%)和其他偏误(34.52%),与表 1 的结论殊途同归。当然,这里所收集的偏误例句是 6 册图书的作者各自收集的,可能也有一定的倾向性或误差,但将其综合在一起之后,与 HSK 语料库的偏误分析不谋而合,想必可以作为本研究的一项佐证。

三、"被"字句的可接受度测试

为了检验根据语料库偏误分析所得出的结论是否正确,本文设计了针对日语母语者和汉语母语者的"被"字句可接受度测试,测试内容如下。

"被"字句的可接受度测试

国籍: 母语: 性别: HSK 等级: 级 学习汉语时间:年

这个测试的目的是调查你关于汉语"被"字句的语感。下面有 20 个"被"字句。请你用语感判断:你觉得这些句子的汉语表述是否正确?

选 1:这个"被"字句的汉语表述我完全不能接受。

选 2:这个"被"字句的汉语表述我基本上不能接受。

选 3:这个"被"字句的汉语表述我有点不想接受。

选 4:这个"被"字句的汉语表述我有点想接受。

选 5:这个"被"字句的汉语表述我基本上能接受。

选 6:这个"被"字句的汉语表述我完全能接受。

1 小王被小张生气了。

2 小王被小张感到为难。

3 小王被小张打。

4 报纸送来了。

5 这些蔬菜被使用了化肥。

6 被他写了一篇论文。

7 被他撑了一把伞。

8 房子被建起来了。

9 衣服被小王穿着。

10 衣服被小王脱掉。

11 小王被带进了房间。

12 小王被小张送了钢笔。

13 小王被小张说了一句话。

14 问题的解决被期待。

15 电影被小张看了。

16 小王的想法不被小张理解。

17 滑冰被小王学会了。

18 小王被受伤了。

19 眼睛被睁开了。

20 我的脚被踩了。

首先说明一下本测试的假设,即日语母语者"被"字句偏误较多由动词及物性差异引起,尤其是"被"的遗漏最为常见,其次是与 NP1、NP2 和 VP 无关的其他偏误,与 NP1 和 NP2 相关的偏误较少。问卷设计的思路如下:设计 20 个句子,分别涉及常见偏误类型,句子本身可能是错误的,也可能是正确的,但正确的句子容易让人感觉可能存在偏误。邀请汉语母语者和日语母语者分别进行可接受度测试,然后对结果进行分析。被试共两组,一组是同济大学 2019 级汉硕生 20 名(2 男 18 女),是具有一定汉语国际教育知识背景的汉语母语者,另一组是在沪或曾在沪学习汉语的日语母语者 20 名(7 男 13 女),汉语水平较高,2 人 HSK4 级,6 人 HSK5 级,12 人 HSK6 级,学习汉语年数最少 2 年,最高达 33 年,平均 7.4 年,是具有较高汉语水平的日语母语者。

问卷采取 6 点李克特量表形式,数值越高代表接受程度越高,中间值为 3.5。问卷内容如上,其中(1)涉及 NP2 的起点题元角色,(2)涉及 NP2 的原因题元角色,(3)涉及光杆动词偏误,均为日语母语者汉语"被"字句的常见偏误。(4)涉及日汉动词及物性的差异,汉语句子"报纸送来了"是意义被动句,不用"被"字是正确的,与此同时,日语中可以使用表示"送达"状态的自动词,此时也不用被动形式,但日语母语者可能会觉得汉语表达遗漏了"被"而导致接受度低。(5)则是由于日汉动词及物性差异而引起的"被"的误加,预计日语母语者接受度可能高于汉语母语者,这两句是需要重点关注的。

(6)~(19)则从动词语义特征出发,(6)是作用类动词的间接被动句,(7)是作用类动词的对象被动句,(8)是生产类动词,(9)是安装义位置变化类动词,

(10)是取下义位置变化类动词,(11)是移动义位置变化类动词,(12)是授受义位置变化类动词,(13)是语言类动词,(14)是思想感情类动词,(15)是感觉类认知义动词,(16)是思想类认知义动词,(17)是经验类动词,(18)是被动义受影响类动词,(19)是返身义受影响类动词。针对不同语义特征的动词,尽量按照日语的思维方式造出表述不太符合汉语习惯的"被"字句(6、7、12、13、14、18、19),一些在日语中也不常用被动表达的语义类型的动词,则采用与日汉两种语言表达习惯都不符合的"被"字句(8、9、10、11、15、16、17),来调查日语母语者和汉语母语者的接受程度。

(20)涉及NP1的主从关系,是汉语惯用表达,但不符合日语的表达习惯。所有测试句子预计(4)、(20)汉语母语者的接受度更高,(1)、(2)、(3)、(5)、(6)、(7)、(12)、(13)、(14)、(18)、(19)日语母语者接受度更高,(8)、(9)、(10)、(11)、(15)、(16)、(17)则各有胜负。

测试利用问卷星系统完成,所得测试结果经 SPSS 方差分析如下:

表3 "被"字句可接受度描述统计结果

题号	日语母语者		汉语母语者		F	p
	均值	标准差	均值	标准差		
1	3.65	2.01	1.45	0.89	20.101	0.000
2	3.35	1.79	1.40	0.75	20.252	0.000
3	5.40	0.99	5.55	0.94	0.239	0.628
4	5.45	0.94	5.60	1.14	0.205	0.653
5	4.30	1.63	3.85	1.79	0.695	0.410
6	2.80	1.85	1.60	1.14	6.080	0.018
7	2.85	1.73	1.70	0.98	6.723	0.013
8	3.70	1.81	5.20	0.95	10.768	0.002
9	3.10	1.52	4.00	1.78	2.965	0.093
10	3.55	1.73	4.70	1.45	5.173	0.029
11	4.15	1.73	5.95	0.22	21.412	0.000
12	3.00	1.62	2.25	1.25	2.680	0.110
13	3.80	1.58	1.95	1.43	15.096	0.000
14	2.75	1.74	2.80	1.79	0.008	0.929

续表

题号	日语母语者		汉语母语者		F	p
	均值	标准差	均值	标准差		
15	2.80	1.51	2.40	1.31	0.800	0.377
16	4.05	1.73	5.85	0.37	20.692	0.000
17	2.40	1.47	3.15	1.73	2.196	0.147
18	3.90	2.15	1.50	0.89	21.292	0.000
19	2.95	1.73	1.60	0.88	9.652	0.004
20	5.40	1.05	5.90	0.31	4.204	0.047

分析上表可以得出以下结论：

首先,(4)和(5)的接受度符合之前的预测,可见日语母语者的确容易出现动词及物性相关偏误,其中(4)差异并不显著($p > 0.05$),这应该与题目设计不够合理有关,因为其他句子都有"被",但这句没有"被",并且本身是没有偏误的句子,可能造成被试的疑惑,事实上访谈中确实有被试提到这个问题。(5)的差异较为明显($p < 0.05$),日语母语者接受度更高,但没有想到汉语母语者的接受度也大于3.5,这可能与手机阅读速度过快,不及思考有关。(3)的结果也是如此,口语中如果说到光杆动词"被"字句往往会感觉不自然,但在手机阅读中宽容度却非常高。有些汉语母语者被试在结束测试后的访谈中就是这样回答的。

其次,(1)、(2)、(20)的接受度也符合之前的预测,且差异十分显著($p < 0.05$),尤其是(1)、(2)的差异极其显著($p < 0.001$),可见日语母语者的确容易出现起点和原因题元角色相关偏误,而在主从关系上,习惯日语以物主作为句子主题、以从属物作为NP1的日语母语者,相比之下更不容易接受汉语的"主+从"一起作为NP1的用法。

再次,分析(6)~(19)中按照日语思维方式造出的汉语"被"字句,除(14)外,基本日语母语者的接受度高于汉语母语者,这也反映出日语间接被动、日语对象被动、授受义位置变化类、语言类、被动义受影响类和返身义受影响类动词在汉语"被"字句中容易出现偏误,与本文之前的分析相一致。作为例外的(14)是思想感情类动词,汉语母语者可接受度均值略高,但差异并不显著($p > 0.05$),这可能与汉语母语者在网络语言等的影响下对母语的宽容度更高有关。

最后,与日汉两种语言表达习惯都不符合的"被"字句,除(15)外都是汉语母语者的可接受度更高，也反映了汉语母语者对于生产类、安装义位置变化类、取下义位置变化类、思想义认知类、经验类动词等的"被"字句更为宽容，反而是日语母语者相对严格一些。(15)的感觉义认知类是个例外，可能与该句对于汉语母语者的语感而言明显难以接受有关。

以上可接受度测试样本比较小，时间比较紧，被试也存在一定的参差不齐，因此可能存在一定误差，但从目前得出的结论看，基本证实了本文之前得出的结论，对于日语母语者容易出现偏误的"被"字句研究，可以起到数据支撑的作用。

四、 关于汉语教材"被"字句讲解的调研

考虑到日语母语者"被"字句偏误可能存在教材的因素，本节将针对常见的汉语教材是如何讲解"被"字句的展开调研。不过，正如前面所提到的那样，国别化的汉语教材目前还比较缺乏，对日汉语教材同样不多，目前收集到的《中日交流标准中国语》和商务汉语教材《一见钟情学汉语》是完全针对日本学习者编写的，具有较强的针对性，但是使用范围并不是很广。以上两套对日教材，加上更加通行的汉语教材中"被"字句的讲解情况如下表所示。

表4　对日汉语教材与通行汉语教材"被"字句讲解情况表

书名		版本	页	课文例句	解说内容	练习形式	备注
中日交流标准中国语		人民教育出版社 2007	185	没人的地方才有自然的美，还没有被污染。	构式、施事省略、叫/让	替换、改写句子	"把"字句在下一课。
一见钟情学汉语	初级上	增订本上海译文出版社 2013	134	打印纸刚被用完。	构式	朗读、替换、日译汉、会话	课文中的例句不太自然。
	初级下	增订本上海译文出版社 2013	41	面包车已经被开走了。	构式、补语、叫/让、意义被动句	朗读、听力、造句、会话	
	中级上	第一版上海译文出版社 2006	15	您的粽子被小马给拿走了。	被/叫/让 …… 给 VP	听力	
			161	第一场 NBA 当然为球迷所看好啦。	被/为 …… 所 VP	听力	

续表

书名	版本	页	课文例句	解说内容	练习形式	备注
一见钟情学汉语 中级下	第一版 上海译文出版社 2009	76	听说昨天您给江先生拖去新天地了?	给……VP		
		88	因整容而被欺骗、被毁容的事件很多的。	被的连用	听力	
发展汉语 初级综合 2	第二版 北京语言大学出版社 2012	150	装钱的提包被我忘在出租车里了。	构式、给/叫/让、否定词位置	情景练习、造句	本册复现 23句"被"字句。
中级综合 1	第二版 北京语言大学出版社 2011	120	她完全被他给征服了。	被/叫/让 ……给 VP	造句、完成对话	中级共复现 34 句"被"字句。
中级综合 2	第二版 北京语言大学出版社 2012	171	同样大小的图像会被看成大小明显不同。	被 V 成	完成句子、完成对话、看图说话	
高级综合 2	第二版 北京语言大学出版社 2012	100	被誉为中国的文化符号。 被无数演奏家、著名乐团反复演奏着。	"被……着"描述场面。 保持当前话题。	改错、完成句子	高级 1、2 共复现 23 句"被"字句。
博雅汉语 初级起步篇 2	第二版 北京大学出版社 2013	153	他被姑娘的父亲挡在了门外。	构式、不用于"被"字句的动词	看图说话	
中级冲刺篇 1	第二版 北京大学出版社 2013	151	越来越多的大家庭已经被小家庭所替代。	"被……所"书面语特征、动词特征	改写句子、造句、选词填空	
中级冲刺篇 2	第二版 北京大学出版社 2013		被我们称做"哲学家"的黑黑……	被称做	完成对话、回答问题	课文中还有"被收养"等复现

续表

书名	版本		页	课文例句	解说内容	练习形式	备注
博雅汉语	高级飞翔篇1	第二版 北京大学出版社 2013	75	这一魔鬼的法宝到了19世纪的初叶,才被法国数学家和工程师孟奇所戳穿。	"被……所"书面语特征、可用的动词	改写句子	与中级冲刺篇1重复
			115	我是一个古怪的女孩,从小被视为天才,……	被视为	必须带宾语。可分开。	
成功之路	顺利篇2	北京语言大学出版社 2008	148	我的车被撞坏了。	构式、补语、副词位置、施事不定称或省略、叫/让	改写句子、改错	课文中多个例句。跨越篇1"为……所"。
汉语教程	第二册下	第三版 北京语言大学出版社 2016	104	我的腿被自行车撞伤了。	构式、施事省略、给/叫/让、否定词位置	朗读、替换、选词填空、改写句子、情景练习、改错	之前已学过意义被动句。本册复现5句,第三册复现10句。
新实用汉语课本	第二册	第二版 北京语言大学出版社 2010	262	林娜被撞伤了。	构式、副词位置	朗读、替换、情景练习、看图说话	之前已学过无标志被动句。本册复现11句,第三册复现3句
HSK标准教程	第3册	北京语言大学出版社 2014	171	我被他影响了。	构式、施事省略、给/叫/让、否定词和能愿动词位置	完成对话、造句	
魅力汉语	综合第二册	江苏大学出版社 2017	142	他被老师批评了一顿。	构式、叫/让、不如意语感	选词填空	第四册等处有复现

表4是对汉语教材"被"字句讲解情况调研的结果,从中可以发现一些有趣的事实。首先对日汉语教材的针对性确实比较强,《中日交流标准中国语》是所有教材中先讲"被"字句后讲"把"字句的,乍看之下与习得顺序相悖,但考虑到日语SOV的语序,日本汉语学习者掌握"把"字句应该难度相对小一些,相反如果过早接触"把"字句,可能由于母语负迁移而导致规则泛化的过度使用。当然这

只是个人的推测,是否成立可能还需要相应的研究。《一见钟情学汉语》初级上下、中级上下分别讲到了"被"字句,初级上册简单讲解,初级下册讲解更为详细,中级又进一步讲了更复杂的用法,体现了循序渐进、螺旋上升的编写思路。当然,初级上册所出现的例句"打印纸刚被用完"听上去不太自然,使用"打印纸刚用完"的意义被动句更符合汉语的表达习惯。这不得不说是该教材的瑕疵。说到对日汉语教材,另有一套商务用短期教材《我的汉语教室》(初级三册上海译文出版社、中级三册人民教育出版社)虽然并不完全是针对日本学习者编写的,因采用中英日三语,人物以美国人和日本人为主,也有不少日本学习者采用,但该教材难度偏低,"被"字句常见形式直到中级第三册第二课才出现。

而并非国别化教材的通行汉语教材,在"被"字句的讲解上就更加系统和科学。"被"字句涉及的内容较多,《成功之路》《汉语教程》《HSK 标准教程》《魅力汉语》四套教材采取一次性讲解的形式,所讲解的内容比较全面。《发展汉语》《博雅汉语》则分多次出现"被"字句,层层递进,从而起到复习旧知识、进一步学会新用法的效果。同时这几套教材也注重"被"字句在课文中的复现,在潜移默化中让学习者熟悉和掌握"被"字句,练习也都比较充足,形式多样,可以有效促进学习者对汉语"被"字句的理解和运用。

五、 偏误原因分析

根据以上分析,在日语母语者的"被"字句偏误中,由多到少的影响因素分别是动词及物性、其他、受事、动词语义特征、原因题元角色、起点题元角色、光杆动词、依据题元角色、施事有生性。本节将分析这些偏误产生的原因。

(一) 日语负迁移

本文偏误分析的基础即是汉语"被"字句与日语被动句的比较研究,两种语言的差异是主要的着眼点,而从分析的结果来看,由两种语言差异引起的偏误也是最多的,也就是说,偏误原因的第一大因素就是来自日语的负迁移。

首先有关动词及物性的偏误,其中遗漏"被"基本上是从日语的思维方式出发,将汉语的及物动词误解为不需要带宾语的日语自动词,从而发生偏误;遗漏"受"的原因与此类似,只是此时的及物动词往往是表示态度的;误加"被"则是把汉语常不带"被"字的意义被动句,按照日语使用被动态的思路加上了"被"字,总体来说，这类偏误都与日语负迁移有非常密切的关系。

在其他偏误中，"被"与"对"的误用，是因为两者在日语中均使用同一个格助词"に"。但除此之外的相关偏误，则是对汉语"被"字句的学习不够深入导致的，这一点将在下一小节讨论。

有关受事的偏误除受事词性不对的少数例句外，基本集中在物主被动句这一日语所特有的句式，由于日语习惯以物主为受事，以所属物为动词宾语，而汉语习惯以物主加所属物作为受事，来自日语的负迁移使得这样的句子很容易出现偏误。

动词语义特征引起的偏误，集中于思想感情类、授受义、认知义等日汉语被动用法存在较大差异的动词，此外原因题元角色、起点题元角色、光杆动词、依据题元角色、施事有生性等偏误因素也正是日汉语的差异之处，这些也从侧面说明了偏误原因是日语负迁移。

以上9类偏误中，除其他偏误和受事因素不完全与日语负迁移有关之外，几乎所有因素都与日语负迁移有密切关系，之前的分析也体现出这些中介语中存在明显的语际迁移现象。

（二）非母语影响

"被"字句是汉语比较基本、比较常用的句型，学习者从初级阶段就能接触到。但由于教材、教学以及学习者自身等种种因素，可能对"被"字句掌握不到位，使用不熟练，引起偏误。

在HSK语料库的日语母语者"被"字句偏误中，有几种偏误明显不是来自母语因素，而是对"被"字句相关知识没有掌握好而引起的。例如使用"这样"作为受事，以及诸多的其他偏误。

汉语"被"字句的基本结构是"NP1被（NP2）VP"，在其他偏误中，错序和缺少必要成分，明显是对这个结构掌握不好，才会弄错构式成分的顺序或弄丢某些成分。回避使用则是没有掌握汉语"被"字句的语用条件，在应该使用"被"字句的时候，由于没有概念，或由于没有掌握"被"字句的用法而产生畏难情绪，才会导致回避。关于"被"与"受"的误代，则是没有掌握汉语中两者不同的使用条件。在"受伤"前面误加"被"，是没有掌握承受义动词前面不能加"被"的知识点，其中应该也有"被"字句的泛化这样的因素。

总之，非母语影响主要是在学习汉语的过程中，对于应该掌握的知识没有掌握好,才会出现遗漏、错序、误代、误加等偏误,这些偏误与日语被动句没有任何相似之处,无法归咎于日语负迁移。非母语因素可能跟教材、教师或学习者自身等诸多因素有关。

首先是教材因素。目前对外汉语教材品种很多,但国别化的教材其实还很缺乏。真正面对日本汉语学习者的只有《中日交流标准中国语》《一见钟情学汉语》等少数教材,其他教材很多都是针对所有母语者的,对于日语母语者没有足够的针对性,其中"被"字句出现的时机是否恰当,例句是否典型,讲解是否得当,都会影响学习的效果。

其次,教师在教学的过程中,讲解是否清晰,练习是否充分,也会影响学生掌握的程度。教师是否懂日语知识也是一个很重要的因素,如果教师有一定的日语知识,就可以针对两种语言的差异点进行细致地分析,避免学习者偏误的产生。

学习者本身的因素主要跟学习策略和交际策略有关。因为汉语"被"字句与日语被动句存在相当多的共同之处,日语母语者容易轻视汉语"被"字句的学习难度,按照日语母语的思维来使用汉语"被"字句,这就是母语负迁移。另一方面,日语思维下的"被"字句有时会不符合汉语的表达习惯,为了避免出错,学习者又可能产生畏难情绪而刻意回避"被"字句的使用,这种回避是一种不恰当的交际策略。

六、 讨论

(一) 关于教材编写的讨论

根据教材调研的结果,结合日本汉语学习者常见的"被"字句偏误,本文在教材的编写上提出一些设想。

首先应该尽可能地开发有针对性的国别化教材,即真正面对日本学习者的汉语教材。虽然目前已经有这一类教材,但存在讲解不充分、例句不典型、使用不广泛等问题,相信如果组织有丰富对日汉语教学经验的教师来编写一套有针对性的教材,可以更好地解决这些问题,从教材的层面为日语母语者的"被"字句学习提供一个权威可靠的平台。通用的权威汉语教材很多,虽然有很多地方做得很好,但并不是针对日语母语者编写的,即使将书中的解释翻译成日语,也还是无法真正涉及两种语言的对比和针对性地讲解,因此汉语教材的国别化还是需要重新编写或进行较大幅度的改编。

其次,教材中的"被"字句知识最好能分层分级讲解。"被"字句虽然是比较基础的语法,但是其构式复杂多变,涉及的注意点也很多,如果只在教材的一课中讲解,学习者很难掌握正确的用法,而且进一步的复杂句式也只能依靠自己摸索使用。因此,教材中应该有足够的复现,并在不同的分册中再次针对"被"字句展开进一步的学习,通过螺旋式的上升,逐渐掌握"被"字句及其他被动句式,理解"被"与"叫""让""由""靠""受"等介词的差异。当然这个过程需要遵循语言学习的规律,在不同的阶段安排不同难度的学习内容。例如初级阶段仅介绍最简单的"被"字句构式,以及"叫""让"的用法,中级阶段则注重"被"字句 VP 包括补语等方面的要求,高级阶段再讲解 NP1、NP2 等的特色,与相近句型进行辨析等等。

最后,在教材编写的过程中要编排形式多样的丰富练习。练习不仅能促进学习者对"被"字句本身的理解和运用,而且能提供更多的语境,让学习者知道在什么情况下应该如何使用,通过反复的练习也能让学习者对掌握"被"字句充满信心,从而不会出现畏难回避等情形。

(二) 关于教学的讨论

上一节谈到教材中"被"字句内容的编排,但在实际教学中,教师手中的教材往往是已经确定的,其编写未必符合教学实际。在这种情况下,教师的主观能动性就尤其重要了,不能机械地教教材,而是要学会用教材来教。

在"被"字句的教学中,教师一方面要紧扣教材,让学习者掌握最基本的用法,同时也要善于利用情景法、对比法等多种教学法引导学习者在更广泛、更真实的情境下使用"被"字句。如果教材的"被"字句注重分层教学,教师要充分利用教材体系逐步教学,并检查学生每个阶段的掌握情况。但若是教材本身并没有"被"字句的分层解说,教师应该根据学生的学习情况,在不同的学习阶段安排不同的学习内容,例如针对入门阶段的学生主要讲解"被"字句最基本的构造,即"被+NP2+V",在学生对"被"字句的基本用法掌握之后,再讲解"被+NP2+VP"的形式,让学生掌握带补语的"被"字句。针对中级阶段的学生,结合课文例句讲解"被/叫/让 NP2 给 VP""被 V 成"等变化形式。针对高级阶段的学生则讲解"被 NP2 所 VP""为 NP2 所 VP"等书面色彩浓郁的用法。教师在讲授新知识之前可以有意识地对之前学过的内容进行复习,如果教师只承担某一阶段的教学任务,更要注重这一点。特别需要注意的是,如果所采用的教材仅在初级阶段出现"被"字句讲解,中高级阶段没有讲解,教师在中高阶阶段也要结合课文中出现的"被"字句,进行比初级阶段"被"字句更为深入的讲解。在教学过程中也要注意发挥学生的积极性,在讲解构式之后,可以创建更多的情境,让学生多说多练。不仅要充分完成教材中的练习,同时教师还要准备更多方式、更多题型、更多内容的操练,从不同的角度提升教学效果。

教师不仅要熟悉"被"字句的相关知识,也要对日语被动句有一定的了解,能够对两种语言进行比较,在面对日语母语者的"被"字句偏误时知道偏误的由来,从而有针对性地进行预防和纠正。针对学习者容易出错的地方,教师要做好铺垫,尽量避免容易出现的偏误,而在偏误出现时,不一定直接纠正,可以引导学生逐渐向正确的方式靠拢,然后讲清为什么原来的说法是错的,并利用反复练习来强化正确的用法。

日语母语者的"被"字句教学,重点应该在动词及物性引起的"被"的误加与遗漏(包括汉语意义被动句),以及物主被动句的结构这两点上。作为日语母语者"被"字句偏误最多的两个因素,汉语教师在对日教学时一定要多加注意。

(三) 关于学习者的讨论

日语母语者在学习汉语时,要善于进行对比,防止母语负迁移。例如初级学习者很容易受日语 SOV 语序的影响而说出宾语在动词前面的汉语句子来,这种负迁移通过反复操练是可以避免的。在"被"字句上,学习者要对汉日两种语言被动句的构式进行充分的对比,理解其差异的所在,并运用在学习中。本文提到的较为典型的差异,是需要日语母语者重点掌握的。

日语母语者还应该掌握"被"字句的语用条件,在应该使用"被"的语境下不要回避使用,即使说得不对,也要多说多练,在实际交际中多听多说,通过运用来掌握。另一方面,一旦遇到出现偏误的情况,也要保持信心,弄清偏误产生的原因并掌握正确的用法,通过进一步的使用,做到得心应手地运用。

作者简介:王俊,男,1978 年出生,湖北黄冈人。上海外语教育出版社副编审,汉语国际教育硕士。研究方向为出版、语言教育等。

A Study on the Acquisition of "Bei" Sentences
by Chinese Learners Whose Native Language Is Japanese

Abstract: This paper mainly discusses the types and causes of errors in Japanese native speakers' "Bei" sentence from the new perspectives of agent, verb and patient. The first part predicts, classifies and discusses the Japanese native speaker errors in HSK corpus from the perspectives. Then it verifies the research according to the additionally collected corpus and the acceptability test of the "Bei" sentence, and investigates the arrangement of "Bei" sentence in Chinese teaching materials. On this basis, this paper puts forward some suggestions on the teaching of "Bei" sentence to Japanese from the perspective of teaching materials, teachers and learners.

Keywords: Japanese native speakers; "Bei" sentence; Chinese-Japanese comparison; Error analysis; Teaching suggestions

征稿启事

一、出版信息

《中华文化国际传播》(The Communication of Chinese Culture)由同济大学国际文化交流学院主办,上海三联书店出版社出版,从2023年起正式出版,每年一辑,面向国内外公开发行。

二、办刊宗旨

习近平总书记在二十大报告中指出:我们要**"增强中华文明传播力影响力,坚守中华文化立场,讲好中国故事、传播好中国声音,展现可信、可爱、可敬的中国形象,推动中华文化更好走向世界。"**本刊旨在汇聚国内外力量,分享国际中文教育与中华文化国际传播的研究成果与学术动态,推进国际中文教育学科建设和中华文化国际传播工作,激发文化创新创造活力,不断提升中文与中华文化国际影响力。

三、栏目设置

本刊设有"国际中文教育学科研究""国际中文教育话语体系研究""国际中文课堂教学研究""中华文化传承与国际传播研究""中外人文交流研究""'一带一路'文化经典化研究""国际中文教育研究生论坛"等专栏,还将不定期开设反映中华文明特征、影响与传播相关领域以及跨领域研究前沿的专栏,诚邀您惠赐佳作。

本刊采取专栏主持人制,诚邀您自荐和推荐专栏主持人。

诚邀您与我们同舟共济,合力打造"构架人类文明桥梁·坚守中华文化立场"的优秀学术辑刊。

四、投稿要求

1. 本刊采取电子投稿方式,稿件每篇字数以8000—15000字左右为宜,本刊常年征稿,请将稿件以附件word和pdf形式发送至本刊编辑部指定邮箱。

2. 稿件应为尚未公开发表的原创性学术文章,稿件不得出现抄袭、重复发表或其他学术不端行为。

3. 本刊审稿周期三至六个月,六个月后如未接到用稿通知,请自行处理。

4. 中英文摘要:字数为 300 字左右,简明扼要陈述研究目的和结论;关键词:3—5 个词条,用顿号隔开;英文关键词词组首字母大写。

5. 来稿论文请注明作者信息,包括:姓名、出生年、性别、籍贯、单位、职称、学位、主要研究方向和成果、通信地址、联系电话、Email 地址。如有基金资助,另需注明:基金名称,课题名称(课题编号)。

6. 来稿一经录用,即赠送样书 2 本,并付稿酬。

五、稿件格式

稿件相关内容及其序次为:标题、作者姓名、中文摘要、中文关键词、正文、注释和参考文献(页内排序)、附录(如需要)、英文标题、英文摘要、英文关键词、作者简介。正文、注释和参考文献格式如下:

1. 正文的各级标题均需独占一行,书写样式为:一级标题用"一、二、……"二级标题用"(一)(二)……"三级标题用"1、2、……"以此类推。

2. 字体字号要求为:题目宋体五号加粗;摘要和关键词楷体五号;正文宋体五号;正文一级标题居中,宋体小四加粗;正文二级标题空 2 格,宋体五号加粗;正文三级标题空 2 格,宋体五号加粗;正文四级标题宋体五号;脚注中文宋体小五,英文 Times New Roman 小五。

3. 文中例句为楷体五号字,例句编号采用"(1)(2)(3)……"的形式,全文所有例句连续编号。例句首行前空 2 字格,回行文字跟首行文字上下对齐。

4. 注释和参考文献均采用脚注,页内排序;在正文中用加圆圈的数字(如①②)按先后次序标注,放在当页的页脚。参考文献格式如下:

① 李宇明:《人生初年——一名中国女孩的语言日志》,北京:商务印书馆,2019。

② 孙宜学:《中国当代文学"一带一路"翻译传播:内容、途径与策略》,《当代作家评论》2020 年第 1 期。

③ 崔希亮:《对外汉语教学的基础研究与应用研究》,赵金铭主编《对外汉语教学的全方位探索——对外汉语研究学术研讨会论文集》,北京:商务印书馆,2005。

④［美］欧文·白璧德:《卢梭与浪漫主义》,孙宜学译,北京:商务印书馆,2016。

⑤ 王祖嫘:《东南亚五国汉语传播与中国国家形象认知的相关性研究》,中央民族大学博士学位论文,2018。

⑥ Andrew Camie, Syntax: A Generative Introduce. 2nd edn. Oxford: Blackwell, 2007.

⑦ Manfred Krifka, Basic Notions of Information Structure. Acta Linguistica Hungarica, No.3, 2008, pp.243—276.

⑧ Huang C.-T. James, Logical relations in Chinese and the theory of grammar. Cambridge，MA：MIT dissertation，1982.

5. 其他格式请参阅样稿。

六、联系方式

编辑部投稿邮箱：ictj@tongji.edu.cn

《中华文化国际传播》（辑刊）编辑部

二〇二三年六月一日

图书在版编目(CIP)数据

中华文化国际传播.第一辑/孙宜学主编.—上海：
上海三联书店,2023.12
ISBN 978-7-5426-8293-2

Ⅰ.①中…　Ⅱ.①孙…　Ⅲ.①中华文化-文化传播-
研究　Ⅳ.①G125

中国国家版本馆 CIP 数据核字(2023)第 225595 号

中华文化国际传播(第一辑)

主　　编 / 孙宜学

责任编辑 / 宋寅悦　徐心童
装帧设计 / 徐　徐
监　　制 / 姚　军
责任校对 / 王凌霄

出版发行 / 上海三联书店
　　　　　(200030)中国上海市漕溪北路 331 号 A 座 6 楼
邮　　箱 / sdxsanlian@sina.com
邮购电话 / 021-22895540
印　　刷 / 上海惠敦印务科技有限公司

版　　次 / 2023 年 12 月第 1 版
印　　次 / 2023 年 12 月第 1 次印刷
开　　本 / 710mm×1000mm　1/16
字　　数 / 420 千字
印　　张 / 25
书　　号 / ISBN 978-7-5426-8293-2/G・1699
定　　价 / 98.00 元

敬启读者,如发现本书有印装质量问题,请与印刷厂联系 021-63779028